1938년 당시 37세이던 김교신 선생의 모습

『성서조선』 창간 당시 동인들의 모습. 1927년 2월 촬영된 것으로 뒷줄 왼쪽부터 양인성, 함석헌 앞줄 왼쪽부터 류석동, 정상훈, 김교신, 송두용

1933년 제자들과 함께. 앞줄 왼쪽 류달영 뒷줄 오른쪽 이창호

김교신 선생 일가의 모습.
사진은 1930년 3월 산상수훈 집필 전에 촬영된 것으로 뒷줄 왼쪽이 장녀, 가운데 줄 왼쪽부터 동거(同居) 순선 양, 선생의 모친, 선생의 부인, 앞줄 왼쪽부터 차녀, 3녀

정릉 북한산록에 있었던 김교신 선생의 자택 전경. 오른편이 서재이다.

Fri. July. 6th. 晴. P. LXXXII.   여 XVI. 5.30—10
  龍橋喜, 京畿道警察部에 出하야 交涉하고저하얏으나 无効.
  独逸語休講. 午后龍泳하다가 右足母指 을 다치다.

Sat. July. 7th. 晴. P. LXXXIII.   여 XVII. 5—10
  下学後에 Old boy 陸上競技로 竜山鉄道 Ground
  에 가서, 50m, 100m, 走廣跳, 400m, 投弾 等을 하야본
  하나도 優勝은 없었다. 養正職員이 大部 参加.
  每도 水色에서 朝集하였음으로 今週 順番이 사가되다.

Sun. July. 8th. 曇. P. LXXXIV.   여 XVIII. 6—10
  午前九時20分車로 楊柳洞行. 母親보다 楊時治氏와 同行
  宋明用氏 柳氏宅 장려로 移舎한 後에 처음. 禮拝에 宋兄의 引
  導에 感想을 述하다. 文字普及運動으로 왔다는 製革工業
  生徒三人이 寄宿中에 있었다. 午飯後 四時半車로 歸京.
  母親님은 곧 水色으로가시다(七時車로). 右足母指漸痛.

mon. July. 9th. 雨. P. LXXXV.   여 XIX. 6.30—11
  登校授業. 龍山警察署高警係에 呼出되어 聖朝七月号
  의 印刷転末 被詢. 独逸語出席. 佛経聴尺. 吉竜迪校
  徐風範氏 来校. 柳錫東氏의 資金運動. 今春職員勞動
  理由等初聞. 李昌鎬 大阪으로부터歸省하였다고 来訪
  하야, 大阪, 聯絡船 等의 朝鮮人의 寒心스러운 模様을 傳
  하고 十時頃에 返去. 尹浩榮이 東京→咸興途次来宅하다.

Tues. July. 10th. 曇. P. LXXXVI.   여 XX 5—10
  起来하야 祈祷하고나니, 참새들도 차츰 울기 시작한다.
  祈祷 또 讃頌하는中에, 大多한 恩惠으로 일을 悔改의 涕流
  있었다. 養正学校 하기보다 祈祷의 蓬萊亭으로 보아 感謝로다.

김교신을 말한다

김교신 金教臣

1901년 함경남도 함흥에서 출생. 한학을 공부하다 함흥보통학교, 함흥농업학교를 거쳐 동경고사(東京高師)를 졸업했다. 일본 유학 중 무교회주의자 우치무라 간조(內村鑑三)의 지도 아래 기독교에 입문한 이래 양정고보, 경기중에서 교사로 재직하는 동시에 『성서조선(聖書朝鮮)』의 간행에 혼신의 힘을 쏟았다. 1942년 3월호에 실린 권두언 「조와(弔蛙)」가 조선의 민족혼을 찬양했다는 혐의로 일제에 구속·수감되었다가 출옥한 뒤에는 흥남질소비료공장에서 5,000여 조선인 노동자의 복지를 위해 진력하다 발진티푸스에 감염되어 광복을 불과 넉 달 앞둔 1945년 4월 25일 타계했다.

노평구 盧平久

1912년 함경북도 경성(鏡城) 어랑(漁郞)에서 출생. 배재중 3학년 때 광주학생운동으로 일제에 체포되어 1년간 옥고를 치렀고, 출감 후에는 빈민촌에서 빈민 아동 교육에 종사했다. 1936년 김교신 선생의 권유로 도일한 이래 우치무라 간조(內村鑑三)의 제자인 쓰카모토 도라지(塚本虎二) 선생의 성서연구회에서 10년간 성서를 배웠고, 1945년 귀국한 후에는 월간 『성서연구(聖書硏究)』를 500호(1999년 12월)까지 발간했다. 성서조선 사건 때 거의 멸실되다시피 한 『성서조선』 158권을 10여 년에 걸쳐 수집·정리하는 각고의 노력 끝에 1975년 『김교신전집』을 완간했다.

김교신을 말한다 2001년 5월 18일 초판 1쇄 펴냄 | 2003년 5월 19일 초판 2쇄 펴냄 | 엮은이 노평구 | 펴낸곳 도서출판 부키 | 펴낸이 박종옥 | 등록일 1992년 10월 2일 | 등록번호 제2-1736호 | 주소 120-836 서울 서대문구 창천동 506-10 산성빌딩 601호 | 전화 02 325 0846, 0842 | 팩스 02 3141 4066 | Homepage www.bookie.co.kr | E-mail webmaster@bookie.co.kr | PC통신 ID bookie(천리안·하이텔) | 표지 디자인 아르떼 | 값 14,000원 | ISBN CODE 89-85989-38-3 04080

김교신을 말한다

노평구 엮음

부·키

김교신을 말한다 별권 차례

머리말 6
일러두기 8

I 신우(信友) 9

신앙과 인생에 붙임 | 함석헌 09
김교신과 한국의 무교회(無敎會) | 송두용 14
선생을 추억함 | 박석현 23
선생의 사랑을 느낌 | 박윤동 38
선생의 주변담 | 김석목 42
존경하는 김교신 선생 | 장기려 47
동향 후배가 본 선생 | 장원준 49
내가 생각하는 김선생 | 노평구 51
내가 아는 김교신 선생 | 박사명 65
선생님 | 정태시 67
오산에서 뵈온 스승 | 박승협 77
구원의 추모 | 이규동 79
병상기 초(抄) | 박춘서 83

II 외국의 신우(信友) 93

김교신 씨를 추억함 | 야나이하라 다다오 93
김군의 추억 | 이사하라 호헤이 97
김교신 군의 추억 | 마사이케 진 100
비통한 회상 | 사토 도쿠지 104
김형을 그리워함 | 스즈키 시케요시 105
김군을 생각함 | 마키노 세이로 107
김교신 형 | 무라오 리키지로 108
한일 우정 | 유자와 겡 109
평화를 만드는 사람 | 마쓰오 하루오 110
김교신 선생을 생각하며 | 후지사와 다케요시 113
경모 김교신 선생 | 사토 시로우 118
김교신 선생의 편지 | 가다오카 나오유키 122

III 문하(門下) 125

김교신과 조선 | 류달영 125
잊을 수 없는 스승 | 윤석중 146
선생을 추모하며 | 윤성용 148
아, 김교신 선생님 | 이중일 150
비범하셨던 스승님 | 손기정 153
선생님과 나 | 손정균 157
내 생애의 결정 | 최남식 163
내가 본 김교신 선생 | 이창호 166
회고 한 토막 | 이경종 169
나의 스승 | 이호국 174
스승님의 면모 | 구건 176
나의 은사 | 심창유 192
위대한 모습 | 박동호 194
북한산상에서의 교훈 | 유승환 197
생생한 추억 | 이관빈 200
참 스승 | 구본술 202
고향의 재발견 | 최치환 206
몇 가지 생각나는 일들 | 박을룡 207
잊혀지지 않는 한 말씀 | 김성태 209

Ⅳ 독자(讀者) ……………………… 215

생의 반려자 | 이지성　215
선생의 신앙 | 유희세　217
퓨어 스타일 | 이현원　232
병고와 신앙 | 박이철　233
환희에 찬 비통의 전승가 | 임옥인　238
저작집을 읽고 | 김종길　244
참 한국인 | 주옥로　245
그 신앙과 정신을 | 최익상　256
『성서조선』의 얼 | 박노훈　258
저작을 통해 본 선생님 | 석진영　267
'그렇지 않다고' | 노성호　272
미완성의 생애 | 김해암　273
참 교사 | 김정환　278
신앙, 애국, 교육 | 김기현　288
어릴 때에 뵌 선생님 | 조광제　294
신앙과 인생을 읽고 | 홍순명　295
느낌 | 김은희　303
나와 신앙과 인생 | 최병인　304
글을 통한 배움 | 김성진　309
신앙의 성찰 | 전준덕　313
예레미야 같은 스승 | 김욱환　316
진리의 보고인 저작집 | 이천우　318

Ⅴ 추억문(追憶文) ……………………… 321

세간·천국 | 류영모　321
나와 김교신 | 김주항　322
선생의 이모저모 | 김연창　323
김교신 형의 인간상 | 이덕봉　327
참 삶을 사신 분을 존경하는 마음으로
　　　　　　　　　| 서장석　330

331　소년의 눈에 비친 김교신 선생 | 홍승면
339　김교신 선생 | 김팔봉
340　식민지 한국의 목자 김교신 | 김종해
344　김교신 선생 추억 | 노재성
350　김교신과 민족기독교 | 민경배
367　내가 기억하는 김교신 선생 | 김용준
372　나의 눈을 열어 주신 은사 김교신 선생
　　　　　| 김헌직
390　김 선생 일기 교정 소감 | 최선근
393　나의 세례 요한 김 선생 | 박정수
395　선생님과 나의 믿음 | 최옥순
396　집안에서 들은 이야기 | 김이희

400 ……………………… 김교신 선생 연보

머리말

하늘도 바다도 산도 강도 사람에게는 사람이 있음으로 해서 비로소 그 존재의 가치가 있는 것이다. 이 세상에서 가장 저주스러운 것도 사람의 문제이며, 가장 자랑스러운 것도 사람의 문제이다. 모든 것은 결국은 사람의 문제로 귀착하지 않을 수 없는 것이다. 오늘 이 현실에서 우리에게 가장 아쉽고 그리운 것이 무엇이겠는가? 사막에서 목타는 나그네가 물을 찾듯이 찾는 그것이 무엇이겠는가? 그것도 결국은 사람이라고 할 수밖에 없지 않은가?

역사의 길이 험하면 험할수록 더욱 그러하다.

1945년 8·15 날에, 미칠 듯이 기뻤던 그 날에 누구보다도 우리들은 선생님을 생각하고 울었다. 선생님을 존경하는 모든 분들은 다 그러했을 것이다. 세상을 떠나시기 한 달 전까지 나는 함흥에서 선생님을 한방에 모시고 지냈었다. 그 무렵에 나는 잠시 개성에 갔다가 거기서 갑자기 병이 나서 복부의 수술을 받고 병원에 입원 중이었는데 선생님 별세의 전보를 받게 되었다. 참으로 세상이 깜깜하였었다. 말씀이 적으신 선생님께서도 가끔 '일본이 패망할 날도 며칠 안 남았으니 정신을 똑똑히 차려야지' 혼자 말씀처럼 뇌었다. 이른 새벽에도 잠자리에 앉으신 채 오랫동안 묵상과 기도의 시간을 가지셨다. 짓밟혀 기진맥진한 이 민족과 여러 곳의 친지들을 생각하고 있는 것이 틀림없었다.

김교신 선생, 그분은 무엇보다도 먼저 뜨거운 애국자이다. 그의 놀라운 정력적인 생활도, 개혁적인 신앙도 모두 다 이 민족을 위해서 있는 것이었다. 그런데 바라고 바라던 이 민족의 해방을 눈앞에 보면서 일순에 쓰러졌다. 모세가 가나안을 눈앞에 바라보면서 쓰러지듯이 쓰러졌다.

　세월이 흘러 선생님이 세상을 떠나신 지 벌써 사반세기가 지났고, 선생님의 생생한 모습을 더듬고자 하니 인생무상이라고 할까, 선생님을 가까이 모시고 지내던 많은 분들이 이미 세상을 떠난 것에 놀랐다. 선생님의 편지조차 수집할 길이 없게 되었다. 노평구 형을 비롯하여 추억문집의 편집을 생각하던 몇 사람들은 참으로 당황하였다. 그러나 늦기는 하였지마는 다행히 많은 분들이 국내, 해외에서 원고를 보내와 오히려 편집자들의 즐거운 비명을 올리게 하였다.

　아무리 친숙한 분이라도 혼자서 선생님의 전모를 알 길은 없다. 결국은 소경 코끼리 만지듯 그 면모의 일부씩을 더듬어 보는 것이라고 하겠다. 여러 사람의 기록을 통하여 우리는 선생의 면모를 더욱 널리 알 수가 있을 것이며 또 더욱 친근함을 느끼게 될 것이다. 생명은 영원한 것, 우리들이 더듬은 바 이 기록들은 우리들의 가슴속에 조국애와 신앙의 불길을 되살릴 뿐만 아니라 먼 훗날까지 우리 후손들을 위하여 더욱 귀중한 기록이 될 것을 확신한다. 끝으로 이 추억문은 대체로 신우(信友), 외국의 신우, 문하(門下), 문집 독자, 선생님의 서간의 순으로 편집 정리된 것을 밝혀 둔다.

1972년 2월

(금년 선생 30주년을 기념하는 본판에서는 초판의 선생 서간을 전집으로 보내고 추억문을 추가했음)

1975년 4월 류달영

■ 일러두기 ■

1. 『김교신 전집』은 일제하 1927년 7월부터 1942년 3월까지 158호에 걸쳐 『성서조선』에 발표된 저자의 모든 글을 「인생론」「신앙론」「성서개요」「성서연구」「일기 1」「일기 2」「일기 3」등 7권으로 구성·게재했다. 또한 제자들과 지인들이 쓴 글은 별권 『김교신을 말한다』에 수록했다. 그 밖에 미발표된 일기 및 서간들은 추후 발간될 예정이다.
2. 본권은 저자의 신우(信友), 외국의 신우, 선배, 벗, 제자, 문집 독자들이 느낀 바를 기록한 것으로 순서는 몇몇 경우를 제외하고는 1975년 판 『김교신과 한국』에 있는 것을 그대로 따랐다.
3. 본권에 실린 글 안에서 『김교신 저작집』『김교신 신앙저작집』『저작집』『신앙저작집』은 모두 본 전집을 뜻한다.
4. 본권에 실린 글은 1947년부터 1975년 사이에 쓰여진 것으로, 그 시간적 격차가 적지 않아 자칫 혼란스럽게 여겨질 수도 있으나, 원문에 손을 댈 경우 필자의 본의가 왜곡되거나 오해의 우려가 있어 명백한 오자(誤字)나 탈자(脫字) 및 현행 맞춤법이나 외래어표기법과 다른 경우를 제외하고는 원문(原文) 그대로 수록했다.
5. 본권의 필자들 중 작고한 분의 경우 이름 옆에 '작고' 사실을 병기했다. 다만 오랜 세월 속에 연락이 끊긴 분들의 경우 생사를 정확히 확인할 수 없어 '생몰 미상(生沒未詳)'으로 처리했다.
6. 본권은 다른 권들과 달리 '용어풀이'를 넣지 않았다. 대신 김교신 선생 관련 사진 및 연보를 책의 처음과 끝에 실어 자료적으로 독자들에게 도움이 되도록 했다.

Ⅰ 신우(信友)

신앙과 인생에 붙임

함석헌(咸錫憲) | 김교신 선생의 동경사범 동창이자 『성서조선』 동인. 전 『씨올의 소리』 발행인. 작고

1945년 8월 15일 해방의 소식이 들려 왔을 때, 나 자신 먼저 염두에 떠오른 것이 '김이 있었으면' 하는 생각이었고 주위 사람들의 첫인사도 "김선생 생각나지요" 하는 말이었다. 자타가 다 그렇게 생각하는 것은 교분도 교분이지만 그보다도 기다리면서도 그렇게 뜻밖에 올 줄을 몰랐던 그날이 왔기 때문이었다. 김교신이라면 『성서조선』을 생각하고 『성서조선』이라면 문자 그대로 성서와 조선이다. 그는 일생을 이 말 못된 나라의 생명을 참으로 살려 보자 힘쓰고 애쓴 사람의 하나다. 얽매인 겨레가 풀려 놓이는 날이 오기를 얼마나 기다리고 또 그것을 위해 힘썼던고. 그러니 그 마음 내가 알고 내 마음 그가 안다고 생각하는 처지에 기쁨, 슬픔을 같이 나누는 것이 자연의 정이라면 그날에 그의 생각이 나는 것은 당연한 일이었다. 참 간절한 생

각이었다. 있어서 오늘을 좀 봤더라면 하는 마음에서다.

　오늘에 와서 그를 생각함이 더 간절하다. 그날에는 단순히 기쁜 생각에 그랬지만 오늘에 그를 그리는 생각은 그 의미가 다르다. 오늘에는 사람이 그리워서다. 이 나라를 위해 산 사람이 그리워서다. 기쁨의 날이 지난 이후 2년에 이 소위 해방이 됐다는 나라의 미치는 꼴을 보고, 썩는 꼴을 보고, 생명의 말씀을 가진 참 산 인물이 그리워서다. 그로 하여금 오늘날 이 나라에 있게 하라. 있어서 말씀하게 하라.

　글은 왜 쓰는 거며, 말은 왜 하는 거며, 생각은 왜 하는 거며, 제가 쓰지도 않고 말하지도 못하고 생각도 못한 남의 글, 남의 말을 떠 옮기고 출판은 왜 하는 건가? 생명 죽은 걸 생각이라 하고, 생각 죽은 걸 말이라 하고, 말 죽은 걸 글이라 해서 그 죽은 생명의 시체가 신문에 실리고 잡지에 실리어 거리에 난무를 하고 골목에 들쌓여 썩어서 발을 옮겨 놓을 수 없고, 코를 들 수 없는데, 그리하여 미치는 놈 미치고, 마르는 놈 마르고, 썩는 놈 썩어, 말 때문에, 글 때문에 가뜩이나 몇천 년을 두고 발산(發散)만 되어 말라 버린 빈약한 생명의 저수지에 제방의 대궤결(大潰缺)이 일어나서 아주 고갈이 되어 버리고 말려는데 또 출판을 한다고. 그러나 그렇기 때문에 글 아닌 참 말, 말이 아닌 참 말씀이 있기를 바란다. 더러운 영을 쫓아내는 성령을 기다린다.

　류달영 형은 참을 사랑하는 사람이다. 나라를 걱정하는 뜻이 깊어 성의로써 이것을 편찬하고 나더러 서문을 쓰라 함에 처음에 많이 주저하였으나, 이 시대를 위하여 말씀을 기다리는 생각은 날로 더함에 다행히 이 말씀이 말 아닌 말과 글 아닌 글에 질식되고 마비되는 이 나라에서 그 모든 불순, 불결한 것을 몰아내고 청신하고 약동하는 생명을 살리기를 바라는 마음으로 감히 느끼는 바 몇 마디를 써 책머리에 붙이게 하는 바다.

　지금은 인생이 버림을 당한 때다. 정치가는 방에 들어앉고, 애국자는 당에 올라서고, 과학자, 지도자는 뜰에 가득하여도 인생은 가두(街頭)에 방황을 하고 쓰레기통에 들어 있다. 사람들이 활동은 다 하려 하고 명리에는 미치려 하되 인생을 깊이 살아 보려는 노력을 도무지 하지 않는다. 그러나 과연 인생을 몰아내고 건국은 할 수 있으며, 인생을 잊어버리고 문화는 건설할 수 있으며, 인생을 없이 본 민중이 생존, 번영할 수 있는가? 생명의 법칙이 이를 허(許)치 않는다. 역사는 무엇이라 말하나? 아테네 반세기에 쌓은 문화는 그대로 남아 있어도 스파르타의 군국주의는 간 곳이 없으며, 춘추전국시대 시류의 물결에 쫓겨 다니며 인심의 방촌지(方寸地)를 개척하기에 힘쓴 소수인이 밝혀 놓은 사상 철리(哲理)는 오늘날까지 동양문화의 근간이 되었어도 진시황의 대제국, 구아(歐亞) 양주에 걸쳤던 칭기즈 칸의 대제국은 밀물과 같이 흘러가고 말았다. 나라는 망해도 인생은 살고, 제도는 없어져도 생활은 남는다. 정치가 인생을 낳는 것이 아니라 인생이 정치를 하는 것이요, 제도가 생활을 세우는 것이 아니라 생활이 제도를 짜는 것이다. 진실한 인생 없이 문화고 국가고 있을 리가 없다.

  물론 시무(時務)의 급한 것이 있는 것을 모르는 바 아니다. 그러나 급한고로 어서어서 인생의 근본에 철(徹)함이 필요하다. 할 일은 태산 같은데 그 일은 누가 할 것인가? 날마다 이 구석, 저 구석에서 오는 보도는 인물의 결핍 외에 다른 것이 없는 것 아닌가. 이것도 인물 없어 실패, 저것도 사람 잘못 만나 실패. 인생의 원리를 모르는, 원리 같은 것은 생각도 않는 동물에게 정치 기관을 맡겨서는 어떻게 하는 거며 교육 기관을 맡겨선 어떻게 하는 건가. 우리가 이 나라를 미쳤다 하고 이 시대를 썩었다 하는 것은 이 때문이다. 이제라도 진실한 인물이 역사 행진의 선두에 서지 않는 한 전복과 파멸이 있을 것은 분명한 일이다.

  정치의 도와 문화의 도가 딴 길이 아니요, 교육의 도와 종교의 도가 딴 길이 아니며, 산업의 도와 도덕의 도가 서로 딴 것이 아니다. 그것이 서로 딴 것인 줄 알고 서로 분리하는 것이 발달인 줄 알았던 것이 현대 문명의 침체의 원인이다. 그 문명이 막다른 골목에 든 외표(外表) 증상이 저 세계 대전이며, 이 미소 대립인데 이제 새로 건국을 한다 하고 신시대의 주인으로 탄생하겠다는 우리가 남들이 벗어버리는 구각(舊殼)을 쓰자는 것이 무엇이며, 남들이 쫓겨나는 화택(火宅) 속으로 기어들겠다는 것은 무엇인가? 참신한 인생 철학이 서 있지 않으면 안 되며, 투철한 역사관을 붙잡지 않으면 안 되고, 고원한 인생종교의 신앙을 가지지 않으면 안 된다. 돈이면 그만이라는, 선전이면 그만이라는, 무력이면 그만이라는 이런 정치 이념을 가지고는 이 새 시대의 역사적 임무는 다하지 못한다.

김교신에게서 조선을 빼고는 의미가 없다. 조선을 생각함이 간절할새 갖은 고생을 하며 『성서조선』을 간행하였다. 그러나 그것이 신음하는 조선에 있어서도 반드시 사회에 널리 알려지지 못했다. 또 자신 그러려도 않았다. 그것이 무엇 때문인가? 다른 것 아니요, 그 생각이 보통 속류(俗流) 일반과 같지 않았기 때문이다. 그는 나라를 사랑하였다. 그러나 사랑이란 보통 세상에 유행하는 소위 애국이 아니었다. 그는 산 조선은 산 인생에만 가능한 줄 알았다. 그러므로 성서와 조선을 따로 떼지 못해 성서적 신앙 안에 새 조선을 살려 보려 애썼던 것이다. 그러나 그 신앙이란 것도 또 소위 세상에서 기독교라는 것과 반드시 같지 않았다. 진실을 사랑하는 그가 형식일편(形式一片)으로 화한 교회 신앙에 그대로 있을 수 없었다.

본래 그는 그 글을 보면 아는 대로 유년시부터 도덕적으로 대단히 민감하였다. 공맹의 교훈을 일언반구 남기지 말고 실행해 보고자 했던 그다. 그러다가 그 고민에서 전기(轉機)가 되어 일본의 우치무라 간조(內村鑑三) 선생에 접하여 성서적인 순(純)신앙에 일단 눈이 뜸에 그리로 매진하게 되었으니 폐연(弊然)한 세태를 보고 그냥 있을 수가 없었고, 비열비냉(非熱非冷)한 세속화한 사이비 신앙을 그대로 용인할 수 없었다. 그리하여 그 필봉이

매양 날카로왔다. 양정에 교편을 잡고 있던 때에 학생 간에서 별호를 '양(洋)칼'이라 했다는 것은 저간(這間)의 면목을 잘 전하는 것이라 할 수 있다. 그리하여 고립을 원하는 건 아니건만 유(類)가 적었고 애국의 정이 누구보다 못한 것 아니건만 세간 일반과 손을 잡으려 하지 않았다. 그 뜻이 높고 그 생각이 참된 것 때문이요, 그 믿는 바가 분명했기 때문이다. 물론 거기 부족이 없는 것이 아니요, 지나침이 없는 것이 아니다. 자신으로도 말년에는 그 너무 날카로운 점을 완화할 필요를 느낀다고 하는 말도 하였다. 그러나 김교신의 김교신 된 소이는 허위, 불의라고 생각하는 데 대하여는 용서를 않는 데 있다. 그는 인생을 참 살자 했고 나라를 참 사랑하자 했으며, 인생을 참으로 사는 것이 가장 참으로 나라를 사랑하는 것이요, 신앙에 사는 인생이 참 인생이라고 생각했다. 그것이 그의 말이요, 글이요 그렇게 살자 노력한 것이 그의 생애다. 우리가 오늘날에 그 같은 인물을 그리워함은 이 때문이다. 오늘날에 그가 있다면 말하는 바가 있을 것이다.

그렇다, 그로 하여금 말하게 하라. 그렇다, 그는 말한다. 인생이 무엇이냐? 말씀 한 마디 하고 가자는 것이다. 몇 년을 살았든지, 무슨 사업을 했든지, 얼마나 많은 저작을 했든지 요컨대 말씀 한 마디를 남기고 가자는 것이다. 일생을 통해 말씀 한 마디를 남기는 것이 없었다면 그 개인은 공허한 인생이요, 말씀 한 마디 모르는 인간들이 날뛰는 사회라면 그것은 백귀가 야행을 하다가 아침 햇빛과 함께 운무소산하는 것 같은 공허한 세상이다. 우리 형제 김교신은 말씀을 가진 사람이다. 옳은 말씀, 참 말씀을 언제나 살아서 말씀하는 것이다. 한 때에만 소용되고 그 때가 지나간 후에는 쓸데가 없는 말은 말씀이 아니다. 이 『신앙과 인생』(본 전집 1, 2권)은 그런 종류의 글이 아니다. 이는 보는 자가 보는 눈을 가지기만 하면 언제나 가르치는 바가 있을 말씀을 가진 글이다. 그가 혹은 자기 속으로 깨닫는 바에 따라, 혹은 밖으로서 오는 사물에 접하여, 또 혹은 시세의 돌아가는데 응하여 발한 이 말들은 그 입힌 옷은 비록 시공의 제약을 받음이 없지 않다 하더라도, 그 내포하는 뜻은 인생의 깊은 근저와 신앙의 변함 없는 진리에서 나온 것이니, 읽는 자가 마땅히 자세히 씹고 깊이 맛볼 만한 것이요, 도도한 탁류에 흘러드는 사회를 건지기에 쓸 만한 말이다. 무엇이 근저라 하며 무엇이 변함이 없단 말인가? 말은 많아도 말씀은 한 마디뿐이다. 그 하는 말씀은 결국 한 마디니 왈, 믿음이다. 영원의 하나님을 믿음으로야만 이 인생은 살 것이요, 이 나라는 설 것이다. 바라건대 천하의 인생을 아까와하고 나라를 사랑하는 모든 동지는 글 속에 가리어 있고 말 밑에 숨어 있는 말씀을 더듬어 얻기를 바란다.

삼팔선을 넘어 숨도 아직 내쉬지 못한 때에 류형(柳兄)이 찾아와서 이 책 발행의 뜻을 말하고 약전과 서문을 쓰라 명하므로 가벼이 승낙하였다가 그 후 정작 생각해 보니 맘만 급하고 붓은 들리지 않아 사절했더니 기어이 굳이 청하므로 부득이 약전은 중지하고 고인의 서재를 찾아 그가 앉았던 그 자리에 앉아 『성서조선』을 창간호부터 다시 들추어 보니 실로 감구(感舊)의 회(懷)가 깊다. 창전에는 청초한 코스모스가 맑은 가을 볕에 향기가 높고, 집 뒤에는 단풍이 차차 물드는 북한산 검푸른 봉이 백운을 등 뒤에 띠고 섰으니 성인의 면목을 접하는 듯하다. 이로써 되지 못한 말을 써서 권수(卷首)에 붙이니 아아! (을유문화사 발행 『신앙과 인생』 서문을 재수록. 1947년 10월 4일)

김교신과 한국의 무교회

송두용(宋斗用) | 『성서조선』 동인, 전 『성서신애』 주필. 작고

나는 지금 김교신을 말하려고 하지만, 그것은 김교신을 본위(本位)로 하

기보다는 내가 접하여 알게 된 범위 안에서 말하려는 것이다. 나는 1925년 이른봄에 병석에서 갑자기 믿고 싶은 즉 믿어야 하겠다는 생각이 나서 일본의 우치무라 간조의 성서연구회를 찾아 불시에 동경에 건너간 것이다. 그 당시에도 한국에는(그 때는 조선이라고 불렀다) 기독교가 있었을 뿐더러 서울에는 교회가 여러 곳에 있었다. 그런데도 그 때의 나는 그런 것은 아예 생각이 나지 않고 몇 해 전에 내가 처음으로 동경에 유학 갔을 때 중학교(지금의 고등학교) 선배인 R의 인도로 몇 번인가 참석한 일이 있던 우치무라의 집회를 기억하고 있은 탓인지 그것이 회상되었기 때문인가 싶다.

나는 3월 초에 동경에 가서 4월부터는 동경농업대학에 입학하여 공부하였으나 우치무라 간조 성서연구회에는 5월에야 겨우 다니게 되었다. 그 때의 우치무라는 시외인(지금은 물론 시내지만) 가시와키(柏木)에 살고 있었다. 그리고 주택 안에 있는 이마이관(今井館) 강당에서 집회를 하고 있었다. 이 강당은 이마이(今井)라는 사람의 별세 후 그의 유족들이 그를 기념하기 위해 선생이 쓰시도록 지어 드린 것이었다.

그런데 그 집회는 일반 교회와는 달라 언제 누구든지 가고 싶으면 갈 수 있는 것이 아니고, 반드시 선생의 허락을 받아야 하며, 그것도 이미 다니는 회원의 소개가 있어야 했다. 또 회원은 응분의 회비를 내게 했다. 아마 이런 일들을 교회 사람들이 안다면 놀라기보다는 도리어 흉보거나 욕할지도 모른다. 그러나 그렇게 하기 때문에 그 집회는 항상 질서를 유지하고 분위기는 긴장되고 회원은 자주성과 독립정신과 책임감이 강한 것이 사실이었으며, 이는 또한 당연한 결과였던 것이다.

그러므로 그 집회에 다니면서 그러한 교육을 받은 사람들은 누가 강요하거나 시비해서가 아니고 부지불식간에 조심성이 생기고 매사에 진실하여 일동일정(一動一靜)이 심각하지 않을 수 없는 것이다. 집회의 또 한 가지 특성은 먼저 간 사람은 앞줄에서부터 차례로 의자에 앉았다. 따라서 늦게

간 사람은 뒤에 앉거나 자리가 없으면 서게 마련이었다. 그리고 정각이 되면 더구나 개회기도를 할 때에는 반드시 출입문을 닫아 버렸다. 기도가 끝난 뒤에 들어오는 사람이 간혹 있지만 어떤 사람은 되돌아가기도 했다. 그것은 남에게 방해하지 않으려는 것도 사실이지만, 그 이상으로 지각한 것을 부끄럽게 생각하여 얼굴을 들 수 없다는 책임감에서인 것이 더 큰 이유인 것은 물론이다.

다음에 집회가 끝나면 역시 앞줄에서부터 퇴장하는 것이었다. 그러니 늦게 온 사람은 나중에 나가는 것이 상례가 되고 있었다. 그러니 교제 잡담은 할 기회도 없거니와 그런 것은 아예 원하거나 생각하는 사람조차 있는 것 같지 않았다. 왜냐하면 거기 모인 것은 하나님의 말씀 즉 성서 진리를 배우고 하나님의 지극하고 간절한 사랑과 은혜에 대해 감사하고 찬송하려는 것이 그들의 목적이기 때문에 당연한 일이지 조금도 이상하거나 신기할 것은 없는 것으로 생각되었다. 나는 이런 분위기 속에서 거의 맹목적인 양 아무 생각도 없이 같은 집에 하숙하는 R과 함께 꾸준히 다니는 동안에 일년이 지나갔다. 그것은 마치 꿈 같기도 하였지만 실은 나에게는 지금까지 맛보지 못한, 물론 상상도 못한 천국 생활을 한 것으로 지금도 이를 잊을 수 없는 것이다.

무교회주의 신앙의 창시자인 우치무라 간조의 성서연구회는 그렇게 엄숙하고 진실하며 또 항상 정리되고 정돈되어 있어 일사불란한 상태였던 것이다. 그러므로 나 같은 초년병이요 외국인일 뿐더러 또한 연소자로서는 다만 따라가는 수밖에 다른 도리는 없었던 것이다. 그런데 어느 날 R의 제의로 우리 두 사람은 다음 일요일에 일부러 일찍 집회에 출석하여 앞자리에 앉았다가 빨리 문간에 나와 나오는 사람들의 얼굴을 살펴서 조선 사람(한국인)을 찾아냈다. 그것은 우리도 앞으로 조국에 전도하기 위하여 우리말 성서를 같이 배우며 연구하자는 뜻에서 한 일이었다.

집회장소인 이마이관은 300명 정도(무리하면 입석까지 50-60명 더 들어갈 수 있지만) 이상은 수용하기 곤란하기 때문에 주일 예배를 오전, 오후로 나누어서 보았다. 대체로 노장(老壯)들은 오전에, 학생(남·여 대학생)과 청년들은 오후가 되었다. 집회에는 약간의 중국인과 소수의 조선인도 있었으나, 서로 모르고 지냈기 때문에 R과 나는 처음으로 우리나라 사람이 몇인가를 알게 된 셈이다. 그 때에 비로소 김교신과 H, Y, C 등 4인을 찾아내게 되었다. 그런데 우리 6인은 전부가 학생들이었다. K, H는 동경고사(高師)에 적을 두었고, C는 신학생이며 R은 와세다(早稲田)대학에 다녔고 겨우 농대의 예과생인 나는 신앙은 물론 노력도, 나이도 심지어 체구까지 가장 뒤지고 작은 편이었다. 심히 부끄러운 일이지만 그것이 사실이었다.

그러나 김교신은 모든 면에 있어서 가장 앞서고 큰 편이었다. 다만 그의 나이가 H와 동갑이면서 생일이 한두 달 먼저일 뿐이었다. 따라서 누구보다도 그가 먼저 학업을 마치고 귀국하여 자기의 고향인 함흥에서 교편을 잡은 것이다. 그 후에 H, Y, C, R 등이 모두 학교를 졸업하고 조국에 돌아왔으나, 오직 나만은 가정 사정으로 중퇴하고 김교신이 귀국한 그 가을에 동경을 떠나 서울에 돌아온 것이다. 약간 탈선되었으나 우리 6인은 주일마다 가시와키 집회에 나가기 전에 대체로 C가 다니는 신학교의 교실이나 기숙사에 모여서 우리말 성서를 공부하였다. 일어, 영어, 독일어, 희랍말, 히브리말 등 여러 가지의 성서를 참고하면서 서로 힘을 모아 얼마 동안 연구를 계속하였다. 잘 기억되지는 않으나 아마 일년 남짓했던 것으로 생각된다. 그리고 우리는 김교신이 귀국했던 1927년에 서울에서 7월 1일자로 전도지를 발간했다. 그것이 바로 『성서조선』인 것이다. 그 때에 나는 입신(入信)한 지 만 2년쯤 되었었고 나이는 24세였다. 그러나 다른 다섯 사람은 신앙생활도 5, 6년 내지 7, 8년 정도였으며 나이는 R이 25세, 나머지 네 사람은 모두 27세였다. 결국 나는 이미 말한 대로 맨 뒤를 따라갔다.

우리는 6인이 모두 귀국한 후는 H는 그의 모교인 평북 오산중학교에서 교편을 잡았고, Y는 선천(宣川)의 모 여학교의 교사가 되었으므로 멀리 있었으나, 김교신은 서울로 이사하여 양정중학교에 근무하였고, R도 같은 학교의 교사였으며 C는 서울에서 주로 『성서조선』의 편집과 이의 발행을 맡아보았고, 나는 서울 근교 오류동에서 농사를 하고 있었기 때문에 K, C, R, S 등 4인은 주일마다 모여서 시내에서 공개집회를 얼마 동안 계속하였다. 말씀은 윤번제로 하였다. 아마 이것이 서울에서는 물론 한국에서도 무교회 전도 집회의 효시일 것이라고 믿는다. 그 때에 교회 목사로서 우리 모임에 깊은 관심을 갖고 자주 참석하거나 동조하면서 크게 협조하고 격려하신 분은 성결교회의 배선표 선생과 장로교회의 김우현 선생이었다. 그 밖에도 평신도는 물론이고 목사, 장로, 집사 같은 이들 중에도 주목하여 알아보려고 힘쓰는 사람이 적지 않았다. 그러나 공개집회는 오래 계속되지는 못했다. 그것은 동인들의 생활 및 심경의 변화와 장소의 확보가 곤란하였고 또 모이는 사람도 별로 없게 되니 우리의 힘과 신앙으로서는 감당하기 어려웠던 때문이다. 김교신은 어떻게 해서라도 계속하려고 마지막까지 노력하기에 나도 끝까지 힘써 보았으나 우리는 물심 양면으로 기진맥진하여 그만두었다.

그 후로 김교신과 나는 당시의 경성제국대학(현재의 서울대학) 법학부 학생 K군(현재 변호사이며 국회의원도 한 일이 있다)과 같이 혹은 산에서 또는 들에서 때로는 하숙방에서 3인이 성서를 읽고 기도하며 주일을 지킨 일도 있었다. 그러나 그것도 길지는 못했다. 이것도 저것도 여의치 못하게 되니 부득이 내가 살고 있는 오류동 농가 안방에서, 그 후 내가 서울 명륜동에 살 때에는 그 이층에서 김교신이 예배를 인도하며 농민과 학생과 지식인들을 지도하였다. 그것은 모두 김교신의 성의와 열심의 결정이며 나는 겨우 방을 제공하고 사회를 본 정도로 공동책임을 완수하고자 한 것뿐이다.

한국의 무교회 신앙은 이렇게 도입되었고 전파되기 시작하였다. 물론 『성

『서조선』지가 발행되기 전에도 즉 우리 6인보다 먼저 우치무라의 『성서지연구(聖書之硏究)』지의 독자가 되어 오랫동안 우치무라 간조를 사사(師事)하며 따라서 그의 무교회 신앙을 배운 사람이 결코 없지는 않았다. 그 중에는 김정식 선생 같은 구한국 말엽에 고관대작을 지낸 분도 있고 특히 해방 후에 나와 노평구 형 등 무교회 신자들과 매우 친밀한 영교(靈交)를 할 수 있었던 안학수 선생은 우치무라의 큰 사진을 방에 걸고 그 밑에 나의 선생이라고 써 붙였을 뿐더러 항상 틈만 있으면 의사였던 선생은 언제나 그의 진찰실에서 우치무라의 저서를 애독, 열독, 심독하였으며 따라서 그분이 철저한 무교회 신앙으로 생애를 사셨던 것은 두말할 것도 없다. 그 밖에도 『성서지연구』의 독자가 소수이기는 하지만 각지에 있었던 것을 나는 알고 있다. 그러나 그들 중의 어느 누구도 위에 말한 두 분 외에는 별로 한국 무교회에 아무런 영향도 끼친 바가 없기에, 그들에 대한 자세한 것은 여기서 말하기를 피한다.

『성서조선』을 발간한 초기에는 6인의 동인이 다 같이 집필하였으며, 신학을 공부한 C가 주로 글도 쓰고 편집도 하면서 수년간 수고한 것은 사실이다. 그러나 그가 몇 해 후에 그의 고향인 부산으로 떠난 후부터는 김교신이 그 책임을 맡아 일제 말기의 기독교 탄압으로 소위 세칭 '성서조선사건'이 일어 조선총독부의 정간명령을 받고, 하는 수 없이 눈물을 머금고 종지부를 찍은 때까지 모든 성의와 정력을 기울여 천신만고하여 계속한 것이다. 그의 주님에 대한 일편단심은 오로지 『성서조선』에 기울여졌고 『성서조선』을 통해 발휘된 것이었다. 김교신이 『성서조선』에 대해 얼마나 열심이었고 또 어떻게 수고한 것은 『성서조선』지 자체는 물론 그의 자당(慈堂)님이 "우리 교신이는 『성서조선』밖에 몰라"라고 늘 하신 말씀으로도 충분히 짐작할 수 있다. 그럼 이하에서 좀더 그의 발자취를 살피기로 한다.

김교신은 낮에는 학교에서 교편을 잡고 그것도 담임까지 맡아보면서 지친 몸으로 밤이면 열심으로 성서를 연구하여 매월 빠짐없이 『성서조선』을 계속 발간한 것이다. 그러기에 그는 가끔 철야한 것으로 안다. 그는 고양군 숭인면 정릉리(지금은 성북구지만)에 살면서 근 십 킬로나 떨어져 있는 양정중학교(지금은 중·고교)까지 자전거로 근무하였다. 그는 박물(博物) 교사인지라 그 관계로 박물 실험실을 자기만이 사용할 수 있는 특권을 이용하여 교수시간 외에는 언제든지 그 방에 혼자 있으면서 『성서조선』의 원고를 쓰거나 아니면 교정하는 일에 여념이 없었다. 그럼 어찌 그 일뿐이랴?

김교신은 인쇄소와 총독부에 드나드는 일과 잡지가 나오면 몇 군데 서점에 배달하는 일에도 분주하였다. 그는 걷지 않으면 언제 어느 곳에 가든지 자전거를 사용했다. 그것이 얼마나 고된 일인지는 뻔하다. 독자에게 보내는 잡지의 피봉(皮封)을 써야 하였고, 봉투에 넣고 난 뒤에 하나하나에 우표를 붙여서 발송 준비를 마치면 자전거에 싣고 우편국에 가서 발송한 것이다. 이렇게 사환에서부터 사장에 이르기까지 모든 일을 한 몸에 지고 묵묵히 주님의 뒤를 따라가면서 부하 된 사명을 완수한 것이다. 나는 뒤늦게나마 이제 겨우 그의 속사람을 본 것 같다.

주위의 사람들은 김교신을 정력가라고 말하였다. 그것이 사실일지도 모른다. 왜냐하면 그는 우선 체구가 컸다. 항상 혈색이 좋았다. 물론 힘도 세었다. 그래서인지 무슨 운동이고 닥치는 대로 한 모양이다. 특히 정구선수였고 마라톤은 그의 특기였던 것이다. 김교신은 식사를 잘한 것은 물론이고 동료 사이에는 대식가로 알려진 정도이다. 그가 나보다 배(倍) 이상의 식사를 한 것은 사실이다(단 나는 젊었을 때에 위장이 약하여 식사를 아주 적게 한 탓도 있지만). 그러니만치 그의 건강이 얼마나 좋았을 것은 불문가지한 일이다. 누가 감히 그가 요절할 것을 꿈엔들 생각했을 것이냐? 아아!

김교신은 중학교 교사요, 『성서조선』의 주필이었을 뿐더러 일요일이면 성서 집회를 오랫동안 꾸준히 계속한 것이다. 그런가 하면 여가 여가에 주택

주변에 있는 수천 평의 밭에 갖가지의 채소농사를 하였으며 많지는 않았으나 과목(果木)도 재배하였다. 도대체 그는 무슨 힘으로 아니 그보다도 무슨 시간에 그 모든 일들을 하였는지 나는 이해조차 어려웠다.

『성서조선』을 시작한 초기에는 동인(同人) 6인이 모두 집필한 것은 이미 말한 바와 같거니와, 세월이 흐르는 동안에 한 사람, 한 사람 떨어져 버리고 단 H만은 거의 끝까지 가끔 글을 썼지만 어쨌든 점차로 K의 개인지처럼 되어 단독의 힘으로 특히 경제에 있어서는 완전히 개인의 부담으로 이를 유지한 것이다. 오늘날에도 한국에 있어서는 무교회 잡지가 적자를 면치 못하는 것은 도리어 당연한 것처럼 되어 있거늘 하물며 30여 년 전에 있어서야 더 말할 나위가 없을 것 아닌가? 이제 생각하면 봉급 생활하는 그가 자녀교육을 하면서 매월 잡지를 발간한 것은 놀라운 일이며 거의 기적에 가까운 일이라 하겠다.

김교신은 위에서 말한 것같이 초비상적인 생활을 했다. 아니 그야말로 그가 그렇게 눈부실 정도의 비약적인 활동을 할 수 있었던 것은 무언가 그에게 비결이라도 있지 않았는가 하는 생각까지 든다. 그렇다, 김교신은 남이 모르는 또 소위 동인이라는 다른 5인이 가지지 못한 지혜와 비상한 용기와 우수한 능력을 갖고 생활한 데는 분명히 어떤 놀라운 힘이 그에게 작용한 것을 아무도 부정할 수 없다. 그것을 누가 감히 그의 정력이나 노력에만 있었다고 할 수 있을 것이냐? 물론 매사에 그는 정력을 기울이고 노력을 아끼지 않은 것이 사실이니만치 그를 정력가나 노력가라 하여도 잘못은 없을 것이다. 그러나 나는 그를 다만 정력가나 노력가로만은 생각할 수 없다. 그러면 대체 김교신이 김교신 되는 그 특징은 무엇이며 특기는 무엇이냐 말이다. 어떤 이들은 김교신을 애국자라고 말한다. 물론 그는 누구보다도 애국자요, 또 무엇보다도 애국 애족한 사람인 것도 사실이다. 그는 창씨개명을 끝내 하지 않았다. 이것은 결코 쉬운 일은 아니었다. 일제 말기에 일인들의 단말마적인 최후 발악으로 잔인, 무도한 악정을 자행한 총독부의 탄압 밑에서 창씨개명을 거부하고 신사참배를 반대한다는 것은 거의 죽음과 파멸을 자초하는 일이었던 것이다. 그것을 김교신은 용감하게도 물리쳐 이겨 나간 것이다. 아, 그것은 용감하다기보다 차라리 얼마나 비장한 일이었던가. 따라서 나는 더 할 말이 없다.

그러면 이제 나는 김교신의 정체를 밝혀야 할 단계인가 싶다. 그렇다, 김교신의 애국 애족도, 정력과 노력도 모두 김교신 자신의 것은 아니었다고 말하고 싶다. 왜냐? 그는 생래의 자기를 산 자가 아니었기 때문이다. 김교신은 야곱과 요한의 형제와 다름없는 야심가였는지도 모른다. 사울과 같이 하나님을 모독하고 예수를 짓밟은 반역자인지도 모른다. 분명히 나는 그가 야곱이나 요한처럼 야망가이며, 예수보다는 이스라엘을 더 깊이 더 많이 사랑한 사울과 같이 예수보다도 그의 조국인 조선을 더 사랑한 것을 잘 알고 있다. 그가 학생 시대에 어느 날 현해탄을 건너 귀국 도중 연락선 갑판을 구르면서 '죠센징(조선인)은 불쌍하다'고 외친 것은 유명한 에피소드이다.

그는 교육자가 되어서 후생을 기른 것도 정치적 의미는 없을지 몰라도 이 민족의 정신적 내지는 영혼의 독립을 목표하거나 지향한 것은 누구도 부인할 수 없는 사실일 것이다.

그런데 그러한 김교신은 끝내 세속적인 야욕을 품었거나 또 생래의 인간적인 애국자는 결코 아니었다. 그는 요한과 같이 복음의 사도도 되었고 야곱처럼 한국 무교회 신자로서의 최초의 순교자가 아니냐? 그리고 그는 한국에 무교회적인 복음의 종자를 뿌리고 가꾸는 일에 개척자와 선구자로서 활동한 것은 물론, 규모는 적을지 모르나 아마도 그 정신에 있어서 또는 그 태도에 있어서 원시 기독교에 있어서 초대교회를 각처에 건설한 대사도(大使徒) 그리스도의 종 바울 선생에 비긴다면 지나친 과장이라고 비난할 사람이 있겠지만, 좌우간 김교신은 한국 무교회에 있어서만이 아니고 우리 기독교계에 있어서도 귀한 특유한 존재인 것은 부인 못할 사실이다.

나는 끝으로 단도직입적으로 김교신을 한마디로 표현한다면 '김교신은 신앙의 사람이다' 또는 '김교신은 믿음만으로 산 사람이다' 혹은 '김교신은 하나님 외에 아무도 또 아무것도 무서워하지 않았다'고 말하고 싶다. 그의 짧은 생애이지만 그의 일생은 특히 그의 후반생은 분명히 하나님만을 믿고 의지하였으며 예수님만을 위해 생활하였다고 해도 과언이 아니며 틀림도 없을 것이라고 나는 믿는다.

김교신! 그는 철두철미 육(肉)의 인간이었다. 그러나 그는 그리스도의 속죄로 말미암아 구원에 참여한 무교회적인 순수한 신앙만의 신앙을 산 자였다. 그것도 어느 때 무슨 사건을 통해(물론 입신 후 실은 그것도『성서조선』발간 초기에) 그에게는 일생에 처음이며, 또 다시 있을 수 없는 무섭고 슬픈 체험이 있고 나서의 일인 것이다.

김교신과 나와의 사이는 가장 많이 접촉하였고 가장 친밀한 관계였건만 나도 그를 너무도 몰이해하였고 따라서 경제면은 물론이요, 집필로조차 돕지 못한 것을 이제 후회나 자책한들 도리어 거짓일까 두려운 심정을 불금(不禁)하면서 이 글을 감히 먼저 가신 그에게 바치는 바이다. (외솔회 발간 『나라사랑』17호(1974년)에서 재수록)

(편자주) 글 중 K, H, C, Y, R, S는 김교신, 함석헌, 정상훈, 양인성, 류석동, 송두용을 말함

선생을 추억함

박석현(朴碩鉉) | 집필 당시 호남산소 사원. 작고

대범(大凡) 인생 행복의 제1은 입체적으로는 영원 절대의 의(義)이시고 사랑이신 유일의 하나님을 아버지로 경배함과 동시에 그 독생자 예수 그리

스도를 나의 유일의 구주로 믿는 믿음으로 사는 일과 제2는 평면적으로 이 동일(同一)한 예수 그리스도를 믿고 용감하게 사는 자를 선한 선배로 받들어 그 지도하에서 올바르게 십자가의 도를 믿고 사는 일에만 있다고 믿는 바이다. 즉 종적인 대신(對神)관계와 횡적인 대인(對人)관계가 완전히 수립되어 종횡무진의 인생을 보내는 자가 진정 행복한 자인 것이다.

이 점에서 볼 때 극히 우둔하고 부족한 나 같은 것도 김교신 선생을 주 안에서 선한 선생으로 모시고 그의 참된 십자가의 복음적인 신앙에 대한 올바른 지도를 받아 가장 행복된 인생을 사는 자의 한 사람이라고 감히 스스로 자부하는 바이다. 그러므로 추억할수록 감사한 것은 김교신 선생을 그 생전에 알게 하신 예수 그리스도의 무한한 은혜이다. 그렇다, 주 안에서만 그 선한 지도를 받고 참된 사귐을 갖게 한 은혜이다. 다음에는 조용기 목사와 안학수 선생의 은덕이다. 조목사와는 상금 일면식도 없고 그 뒤의 생사조차도 알 길이 없으나 1937년 당시 장로교에서 발간한 기독신보 지상에 「복음적 신앙」이라는 글을 연재하는 중에 있었는데, 갈급히 구하려던 우리말로 발간되는 순복음적 신앙의 월간지 구독에 대한 나의 서면 조회에 대하여 "참으로 좋다고 추천할 만한 것이 없어서 무엇보다도 유감입니다. 그러나 신앙내용으로 보아서 제일 낫기는 김교신 주필의 『성서조선』지일 것이오. 물론 그이는 조선 교회에서 이단이니 무어니 하는 욕설을 듣는 사람이나 그 산 신앙, 그 은총에 대하여는 누구보다도 나은 분이며 또 우치무라 씨의 제자라고 할 수 있는 분입니다"라고 회답이 있었다.

그러나 김교신 선생의 주소의 명기(明記)가 없어 또 다시 이에 대한 조회를 하였으나 전연 회시(回示)가 없어서 강독(講讀) 불능이던 중 1938년 4월에 전남 화순읍 공의(公醫)로 계신 안학수 선생을 처음으로 방문하였던 바 안선생께서 『성서조선』 제111호(양정 졸업생의 사은 기념품증정문이 실린 호)를 내보이면서 "우리나라에도 이런 선생이 계신다"고 하시며 소개하여 주셨으므로 나는 사막에서 오아시스를 만난 것처럼 기쁨을 금치 못하고 곧 선금 주문으로 『성서조선』지의 독자가 되었었다. 참으로 행복이요 영광이었다. 그것은 더욱 잡지대만 지불하면 아무라도 독자가 되는 것이 아니기 때문이다. 주필 선생에게 독자로서의 태도가 예의에서 벗어나면 잡지 구독을 거부 당했던 것이다. 나의 첫 주문에 대해 김선생께서는 성조(聖朝)통신란의 일기(日記) 일절에 "전에는 무례한 서장(書狀)을 보낸 독자에게 구독거부를 통고했더니, 이번에는 아래와 같은 진체(振替)통신을 보고 놀라다. '귀사에서 허락하실 수 있사오면 저도 『성서조선』의 독자가 되고 싶사오니 다음에 쓴 것에 의하와 송본(送本)하여 주시기 바라나이다'라고 있어 기뻤다"고 하셨다. 또 다른 일기 일절에는 나의 독자 되기까지의 사유를 올린 데 대해 "이 필자와 같은 직업(경찰)의 사람이 본지 같은 성질의 잡지를 갈급히 찾아 읽는다는 것도 의외이요, 대구 계신 C목사와 전남 모 의원 A의사 두 분이 모두 대면한 일도 없는 터인데 이처럼 호의로 소개해 주셨다니 역시 의외요, 세상에 특히 기독교계에 악의의 사람만이 아닌 것을 알고 주께 감사하는 동시에 공자님의 '불환인지부지기 환부지인야(不患人之不知己 患不知人也)'라는 교훈이 연상되어 나의 불민함을 깊이 회한하다"라고 쓰셨다.

김교신 선생이야말로 참 한국의 나다나엘이었다고 나는 믿는다. 인품이 엄격 강직하시면서도 인자 온유하시고, 솔직하시고 또 다정 다감하신 분이었다. 인간의 진실과 의로움에 대해서는 감격의 뜨거운 눈물을 한없이 쏟으셨다. 불의에 대해서는 결사 항거하셨다. 또 극히 침착하셔서 뒤에서 천병만마(千兵萬馬)가 몰려오고, 앞에서 태산이 무너져도 요지부동의 자세로 일관하셨다. 선생의 문장을 통해서도 이는 알 수 있고 또 직접 대면해 봐도 사실 그랬다.

1940년 3월 13일 일본의 『영원의 생명』지 주필 구로사키 고키치(黑崎幸吉) 선생께서 서울에 오셔서 우치무라 간조 제10주년 기념강연회를 당시 일본인 기독교청년회관에서 가졌었다. 이 절호의 기회에 구로사키, 김 양(兩) 선생을 처음 뵙기 위해 나는 만사를 제쳐놓고 참석했다. 그 자리에서 처음으로 김선생을 대한 순간 그 외모에 대해 좀 실망하였다. 잡지를 통해 내가 상상한 김선생은 사발눈에 주먹코에 카이저 수염에 일견 위압감을 주는 우락부락한 인품일 줄로 알았는데 실지로 대면해 본즉 여인의 얼굴처럼 순양 온화한 모습으로 어린아이들도 버릇없이 따르기 쉬운 인품이었기 때문이다. 내심에 저러한 분이 어떻게 그렇게 쓰고, 맵고, 날카로운 글을 쓰셨을까 하는 생각이 났으나 이는 나의 그릇된 생각이었다.

이 때에 김선생께서 강연회 사회를 하시는데 성서 낭독은 이사야서 1장 2절 이하 9절까지였다. 다음 우치무라 간조와 조선과에 대한 소개의 말씀 중 105인 사건에 언급하자 임석(臨席) 경관으로부터 '주의!'란 소리가 있었으나, 선생은 초연한 태도로 시종일관 말씀을 끝내신 데에는 경복하지 않을 수 없었다. 그리고 감리교 계통의 협성신학교에서 구로사키 선생의 말씀이 있을 때에는 김선생의 개회 기도가 있었는데 이 역시 힘 있고 중언부언이 없는 유창한 기도로 다시 한 번 경의를 표하였다. 파하고 서울 시내의 일류 조선요리의 식도원(食道園)에서 희망자에 한해 구로사키 선생 중심으로 오찬회가 있었는데, 이에 참석한 무교회 신앙의 변절자인 최태용 씨가 일석(一席)의 교회 변호론을 털어놓았다. 청중 일동이 침묵을 지키고 있었을 때 김선생께서는 미소를 지으면서 '그것은 최선생 자신의 입장을 변호한 것이다'라고 격언에서까지 '금(金)'이라고 한 침묵을 깨뜨리고 말았다. 그 뒤엔 피차가 다시 논란은 없이 산회하였었다. 이 때에 나는 내심에 '침묵은 금이요, 웅변은 은이라'고 하나 이 자리에서 지키는 침묵은 금이 아니고 노변에 구르는 일개의 잡석으로 무가치한 것이라는 것을 깨달았었다. 동시에 김선생의 진리에 충실하신 태도에 또한 경탄하였었다. 이것이 나의 김선생에 접한 첫인상이었다. 이 깊은 첫인상이 그 뒤로의 나의 신앙과 인생 태도에 대해 큰 영향을 끼친 것은 말할 것도 없다.

두 번째는 동년 9월 9일부터 13일까지 5일간에 걸쳐 서울의 위와 같은 장소에서 야나이하라 다다오(矢內原忠雄) 선생의 로마서 강의가 있었을 때 참석키 위해 북한산록 정릉리에 자리잡은 김선생 댁에 5일간 숙식의 신세를 끼치게 된 때였다. 김선생 댁의 주위는 인가 드물고 공기 맑은 한적한 곳이었다. 문 앞에는 맑은 시내가 흐르고 집 뒤에는 송림이 울창한 작은 동산이 둘러 있고, 건너편 산 중턱에는 약사사 절이 있어 새벽에는 인경 소리와 목탁 소리가 고요한 첫 새벽 공기를 뚫고 들려오는 곳이었다.

    문 앞에 흐르는 물 의구히 흘러 있고
    울 뒤에 맑은 송풍 제대로 맑았고나
    봄볕은 서창을 비춰 님의 얼굴 보는 듯

    이 시내 마시면서 이 바람 쏘이면서
    흐리운 이 세상 맑히자 애쓰던 마음
    그 마음 어디 찾을꼬 북한산만 높았네

    시냇물 흘러가고 솔바람 불어가고
    산사(山寺)의 저녁종이 울리어 가는 저녁
    다녀간 님을 그리며 나는 어딜 가려노

함석헌 선생의 이 시로 자연 연상하게 되는 곳이 김선생 댁 주위 환경이다. 일생을 바쳐 진리를 위한 싸움의 요새로 가장 알맞은 곳이었다. '성서를 조선에, 조선을 성서 위에'라는 기치를 높이 들고 십자가에 의한 구속(救贖)의 도를 힘차게 널리 전파하며 이를 증거할 좋은 근거지였다. 이 곳에서

5일간 식구의 한 사람으로서 침식을 함께 하며 김선생의 가정에 있어서의 신앙생활의 견학을 하였었다. 매일 아침이면 새벽에 제일 먼저 일어나셔서 한적한 곳에 이르러 기도하시고 냉수 목욕 후 펌프물 긷으며, 부엌의 불때기 등으로 식모를 도우시는 일을 쉬지 않으셨다. 식사는 완전히 씹어 자시는데 시간이 급하면 한두 숟갈이라도 완전 저작(咀嚼)을 하시고 일어서신다. 결코 바빠 서둘러서 한 그릇의 밥을 다 잡수시는 일은 없으셨다. 식사도 대사(大事)이니 정중히 하신다는 것이었다. 식사를 함부로 한 자는 위장이 상하고 건강을 해치기 마련이라고 하셨다. 완전 저작은 위의 부담을 덜어줄 뿐 아니라 영양분을 100퍼센트 흡수케 한다는 것이다. 후일 만주 도문(圖們)에서 목장생활을 하실 때에도 바쁘다는 이유로 피차가 속식(速食)주의를 취하여 김선생의 식사시간이 긴 것을 몹시 성가시게 여긴 이가 있었으나 이에 대해서는 전연 무관심하게 소신대로 여일(如一)한 식사를 하셨다. 따라서 일상생활 매사에 대해서도 식사를 하시듯이 진실되고 소중하게 당(當)하시므로 실패가 없으셨다고 믿는다.

하루는 김선생의 자당님을 모시고 여러 가지 말씀을 들었는데 "교신이는 빈말을 하지 않는다"고 하셨다. 5일간 그 곁에서 지내 봤지만 사실에 말이 없으셨다. 야나이하라 선생의 로마서 강의가 밤에 있으므로 파하면 혜화동까지 전차로 와서는 도보로 정릉리에 돌아오는데 한번은 걸으시면서 하시는 말씀이 "사람은 어쩔 수 없이 자기 본위로 생각하고 사는 자다. 자전거를 타면 보행하는 자가 귀찮게 생각이 되고 보행을 하면 자전거나 자동차가 방해물로 생각이 된다"고 하셨다. 사람 치고 이것이 사실이 아니라고 말할 자는 한 사람도 없을 것이다. 국가도 민족도 다 그렇다. 인류사회의 모든 비극과 불행은 이 자기 본위의 생각과 생활에서 일어나고 있는 것이다. 그러므로 인간은 죄인이요, 세상은 악하다는 것이다. 이것은 하나님 본위의 인간이 인간 본위의 인간으로 타락한 데 기인한 것이라고 생각되었었다. 이 타락된 인간과 세상을 구원하는 원리를 바울의 로마서가 명시하기 때문에 금번의 로마서 강의의 깊은 의의가 있다고도 생각되었던 것이다.

　1943년 7, 8월의 한여름을 만주 도문 시외의 가는골에 있는 목장에서 김선생과 함께 숙식을 같이 하는 공동생활을 할 때에 인상 깊었던 것은 대인관계에 있어서 진실한 태도를 취하신 점이었다. 어떠한 술책도 쓰시지 않으셨다. 이것은 사람을 인격적으로 대하셨기 때문이다. 가령 동로자(同勞者) 중에서 이유 없는 불평불만을 품고 자기가 맡은 바를 성실히 이행하지 않는 자를 대하실 때 시간을 요하고 설득의 노고를 거듭하시더라도 어디까지나 일의 시비를 분명히 가려서 본인 스스로가 잘못을 깨닫고 납득이 가도록 애(愛)와 진실로써 설득을 하셨다. 어느 때 말씀하시기를 "사람을 쓰는 데 있어서 적당한 술책과 농간을 쓰면 피차가 유리할 줄을 알지만 이는 하나님 앞에서 사람을, 더욱이 함께 노고하는 형제를 대하는 길이 아니기 때문에 그럴 수는 없다"고 하셨다. 이 말씀은 나와 둘이만 있을 때 어느 실례를 들어서 말씀하신 것이다. 지금 생각하면 참으로 이것이 민주주의적인 정신이요, 태도라고 믿으며 또한 깊은 신앙적인 태도라고 새삼 놀라는 바이다. 개인 대 개인, 국가 대 국가, 민족 대 민족 모두가 이러한 정신과 태도로써 대하고 매사를 처리한다면 얼마나 자유스럽고 행복하고 평화스러운 살기 좋은 사회가 될지 모르겠다. 오늘의 인류사회가 모든 면에서 피상적으로 관찰할 때 장족의 진보 발달을 하고 있지만 갈수록 혼란과 암흑을 더해 가는 것은 이 대신(對神)관계가 바로 서 있지 않는 데 기인한다고 믿는다. 진실과 사랑! 이가 있으므로 우주와 자연의 일사불란한 운행이 있는 것 아닐까? 그런데 진실과 애가 본래의 인간에게는 없고 오직 하나님에게만 있으므로 인간이 겸손하게 믿음으로 하나님에게 나아가서 그 진실과 애를 풍성히 받아야만 비로소 횡적인 대인관계가 진실과 사랑으로 성립되는 것이다. 아무리 흉악하고 횡포한 자라도 자기를 진실과 사랑으로 대하는 자를 증오심을 품고 원수로 대할 수는 없을 것이다. 또 하나는 선생의 자기 희생의 태도였다. 야심(夜深)하면 늑대가 돼지를 약탈하려고 목장 근처에 있는 우리로 침범한다. 이를 지키는 개가 늑대를 발견하고는 짖으며 대항한다. 이 때에 다들 죽은 나무토막처럼 깊이 잠들고 있을 때 홀로 김선생이 일어나셔서 몽둥이를 들고 개를 응원하면서 늑대를 멀리 쫓으신다. 이럴 때마다 다른 사람을 깨우는 일이 없이 혼자 하시고 이튿날 아침이면 이야기를 하신 것이다. 단잠을 자고 있는 다른 사람들을 차마 깨울 수는 없다고 하셨다.

하루는 근 300두락 되는 밭을 함께 답사하시면서 지질학적으로 지구가 원만 승강운동을 한다는 실례와 산악의 양상에 의한 연대의 측정과 기후 풍토 등에 대한 자연 과학적인 많은 말씀을 하셔서 나 같은 것으로 하여금 이에 대한 새로운 많은 지식을 얻게 하신 데에는 내심으로 깊이 감탄하였었다. 과학적 지식이 없으면 신앙이 미신화할 우려가 있으므로 천문, 지리학, 기타에 관한 많은 과학적 지식의 필요성도 깊이 느꼈었다. 지식에서 신앙이 나오는 일은 없지만 건전한 신앙은 지식을 배척하지 않는다는 것도 알게 되었다. 많은 지식을 얻음으로 인해 신앙을 버린다는 것은 지식을 잘못 소화한 것이라고 느꼈었다.

목장생활 1개월여를 마치고 나는 김선생과 작별하게 되어 다시 짐을 싸가지고 떠나 오는데, 도문역까지 친히 나오셔서 짐을 차내에까지 들어다 주시는 수고를 하셨다. 이 때에 세관원들의 조사가 심하여 정각 출발하는 기차를 못 탈까봐 조급한 태도로 나는 세관원에게 불평 항의하여 옥신각신 할 때에도 김선생께서는 묵묵히 곁에서 나와 짐에 대한 검사와 분실이 없도록 혼잡한 내객 틈에서 보살펴 주셨다. 이 때에 김선생의 그 침착하셨던 태도와 나의 초조한 태도와는 아주 좋은 대조였던 것을 생각하면 지금도 나는 부끄러움을 금할 수 없다. 저는 믿는 자의 태도요, 이는 불신자의 태도가 분명하였다. 이 때 도문 역두에서 분수(分手) 작별 후 김선생께서도 얼마 동안 더 계시다가 그 곳을 떠나 오셔서 댁에 계실 때 1944년 5월 29일 다시 만나 뵈었었다. 이 때가 피차간 최후일 줄은 몰랐었다. 7월 중순경 선생 댁을 심방하였으나 출타중에 계셔서 다시는 배면(拜面)의 기회를 얻지 못하였었다.

김선생께서 도문을 떠나와 댁에 계시면서 주신 서신에 "주 예수께서 허락하시면 정월 중순경에 나는 함흥, 원산 지방 형제들을 심방하여 주 안에 굳게 서도록 격려하고자 하며, 그 후에 또 주 예수께서 허락하시면 경의선으로 향하고자 하나이다. 평탄한 길이 열리도록 가도(加禱)하여 주시오. 정초까지는 집에서 찬송 기도하려 하나이다"(1943. 12. 27)라고 하셨다.

> 내가 전에 성일(聖日)을 지키는 무리와 동행하여
> 기쁨과 찬송의 소리를 발하며
> 저희를 하나님의 집으로 인도하였더니
> 이제 이 일을 기억하고 내 마음이 상하는도다

다음 서신에는 "…전번 여행은 예정대로 기쁨에 넘쳐 돌아왔나이다. 학생 시대의 하계 휴가 일주간을 이용하며 전도한 지방을 만 20년만에 심방한 때의 놀라운 환영들은 장차 우리가 모두 한 정원에서 만나볼 천국 재회의 기쁨을 증명하여 마지않았나이다. 넘어진 자도 없지 않았으나 선 자가 더 많았고, 20년간을 변함없이 선 자의 그 귀함과 그 사랑스러움! 중면 군은 모진 폐환의 병석에서 소리 놓아 울더이다. 작년 7월부터 귀댁(歸宅) 와상(臥床)한 것인데 오실 듯해서 알려 드리지도 못했는데… 라고. 다녀온 후에 동군(同君)이 보내온 편지 동봉하오니 후일 회송하시오. 후지이 다케시(藤井武) 전집 제4권과 『가신(嘉信)』 결호(缺號) 두 책 보내 달라 해서 보내 주었고, 약 30-40리 부근에 20년 전에 전도한 교우들이 있어서 소개해 두었더니 좋은 사과도 병석으로 보냈고 종종 방문도 한다는 소식이 오늘 왔습니다. 도문 소식 나는 듣지 못하나이다. 성씨가 작년 말에 귀가하여 선전(宣傳) 전사로서의 사명을 다하고 있는 모양이나 나는 대항할 아무 흥미도 느끼지 못하나이다. 부디 영적으로 비약 또 정진하사이다. 그것만이 우리들의 소임이외다."(1944. 2. 24)

그 뒤 선생께서 함남 흥남 일질공업주식회사(日窒工業株式會社) 용흥공장 근로과(課) 근무시의 서신에, "전일 신학 출신의 일은 유감천만이었나이다. 내가 만일 그 자리에 당했다면 투옥되었던 사도 바울을 모방하여 '현 시국 하에 목사 노릇으로 국민 된 의무감을 만족시킬 수 없다. 군수공장에 가서 생산전사로 징용되겠다' 하고 떨치고 나섰을 것이오… 유감천만. 각설, 군(君)은 군을 대신할 사람을 보낸다 하고서 허언이 되었으니 귀군 자신이 출마하여야 될 이론이 아닌가. 귀(貴) 공장 주인의 동생으로써 충당하려던 자리를 이제는 귀군 자신이라도 충당해야 하지 않겠는가. 변명할 여지유호(餘地有乎). 하여간 차처(此處) 사업이 점차로 궤도에 오르니 군을 요하는 사정이 일익연연불식(日益燃燃不息). 오라, 덮어놓고 오라. 군이 와야 되겠나이다. 연말까지에 주인의 일을 결산하여 주고 신년 초 부임하라. 도문 갔을 때 군이 놀랐거니와 차처에 와 보면 다른 의미에서 또 한번 놀랄 것이다. 부디 속히 오라."(1944. 12. 14)

김선생께서는 어느 때 어디서 무슨 일을 하시든지 신앙 중심에서 천국에 소망을 갖고 전심 전력으로 최선을 다하시는 열의에 넘친 용왕매진(勇往邁進)의 기세로 당하셨다. 이는 원대한 포부와 숭고한 이상을 견지함으로써 현실에 충실하셨던 때문으로 믿는다. 결코 보는 자로 하여금 토할 정도로 뜨뜻미지근한 태도를 취하시지 않으셨다. 맡은 그 자리에서 물러나는 순간까지는 전적으로 책임감을 갖고 당하셨다. 학교의 교사로서 그랬고, 잡지의 주필로서 그랬고, 목장생활에서 그랬고, 최후는 근로의 전사로서 순직을 하신 것이다. 그는 정말 산 사람이요, 믿고 산 분이요, 아니, 믿는 데가 있어서 힘차게 사신 분이었다. 흥남 일질회사에 계실 때 나에게 오라는 편지가 수차 왔으나 나도 당시 취직처가 군수공장이었고 입장과 형편이 도저히 떠날 수가 없어서 그 간곡한 부름에도 불구하고 끝내 순응하지 못하였으나 마음으로는 황송함을 금치 못하였었다. 내심에 내가 차라리 취직을 하지 않고 있었더라면 갈 것인데 하고 여러 번 생각을 했었다. 더욱이 선생 자신을 위해서가 아니고 나를 위해서 오라고 하신 것인데, 못 갔으니 마음은 더 괴로웠었다.

1942년 3월 30일 선생의 피검(被檢) 이후 1943년 3월 29일 야반(夜半) 출옥까지의 경과를 동년(同年) 4월 17일 정릉리 자택 선생 옥실(屋室)에서 말씀하실 때에 나 자신 이에 참석할 수 있어 감격은 자못 컸었다.

일. 작년 3월 30일(1942년) 아침 개성서 등교 도중 한 순사가 다가와서 아는 체하더니 서울로 동행하자고 하면서 수갑을 채울까 말까 하고 망설이기에 법이거든 법대로 채우라고 하니까 그 때에야 순사가 미안하다고 하면서 수갑을 채우므로 수갑을 찬 채 순사 앞에 서서 개성역까지의 도중에서 여러 생도들과 지인들을 만났고, 서울까지 오는 차중과 서울역에서 경기도 경찰부까지 가는 도중에서 또한 많은 지인들을 만났으나 예수님을 위하여 쇠고랑을 찼다는 생각을 하니 조금도 부끄러운 생각이 없었다.

일. 형사가 취조하는데 제일 첫마디가 '민족 의사(意思)가 있느냐'고 묻기에 그 민족 의사라는 말이 정치적인 의미의 민족 의사라면 그것은 없으나, 조선 사람임을 의식하느냐는 뜻이라면 그것은 물론 있다고 답하니까, 그 형사가 자기의 취조 방법이 좀 서툴렀다는 것을 깨달은 듯 매우 어색한 안색을 하더군요.

일. 간단한 취조가 끝나서 유치장에 들어선즉 어느 청년 하나가 한쪽 구석으로 가서 얼굴을 가리고는 한참 동안 울다가 일어나서 내 앞으로 오더니 절을 한 다음 "대단히 죄송합니다. 저 때문에 선생님까지 이렇게 고생을 하시게 되었으니 뵈올 면목이 없습니다" 하기에 자네는 누구냐고 물은즉 전년에 양정중학 4년에 중도 퇴학한 자라고 해서 비로소 누구인가를 알았는데 이 청년과 나의 사건과는 관련은 없었고, 그 청년이 순사가 취조할 때에 네가 재학 중 담임 선생이 누구였느냐고 물어 김교신 선생이라고 대답했는데 이로 인해 내가 붙들려 온 줄로 잘못 알고 나에게 사과를 한 것이었다.

일. 유치장에서 처음에는 사식 허가가 안 되어 관식을 먹다가 다음 사식을 먹게 되었는데, 그것이 잘못 허가된 것이라고 취소되어 다시 관식을 먹었으나 중간에 와서 점차 나의 유일(唯一)한 태도에 감격했던지 호의로 허가해 주어 사식을 나올 때까지 먹었다.

일. 취조 담당 형사가 취조 등 나를 위협했다가 또는 달래 봤다가 하며 별별스럽게 취조를 했지만 나는 자초지종 한 것은 했다, 않은 것은 안 했다고 잘라 답하니까, 그 형사가 자기의 내역을 말하면서 조선에 유명한 모모도 다 자기가 전향케 하였으니까 너도 전향문을 써 내고 관대한 처분을 받으라고 다짐하였으나, 나도 유명한 조선의 모모들과 같이 과연 무슨 뚜렷한 운동이라도 해보았다면 차제(此際)에 보란 듯이 전향문이라도 써 내겠지만 그런 일이 없는데 어떻게 전향문을 써 낼 수 있느냐고 끝까지 불응했었다.

일. 생후 처음 유치장 생활을 했으나 집에 있을 때와 다름없이 밥도 맛있었고 잠도 잘 자고 얼굴 하나 야위지 않으니까 관원들이 김모는 참으로 하나님이 도우신게로군 하면서 늘 비웃는 말을 하였으며, 나는 주기도를 하루에 300번은 했으며 적게 한 날도 100번은 했으니까 일년 동안 재감중 주기도를 3만 6,500번은 한 계산이며 유치장에서도 어떻게든지 냉수마찰은 꼭 했다.

일. 유치장에 있을 때 하루는 검사국에서 검사가 나와 찾는다고 하기에 내심 오늘은 좀 말을 해볼 만하겠지 하고 퍽 기대를 갖고 나가 검사를 대했더니, 그의 묻는 첫말이 대갈일성(大喝一聲) 잘못된 줄을 아느냐고 하기에 너무나도 어처구니가 없어서 묵묵부답한 채 정면정색으로 검사를 주목하고만 있으니까 기분이 나빴던지 두세 차례 같은 말을 연발하기에 검사를 주목한 채 이것은 이러니까 나쁘고, 저것은 저러니까 악하지 않느냐고 묻는다면 나의 생각대로 악한 것은 악하다, 선한 것은 선하다고 대답하겠지만 덮어놓고 잘못된 것을 아느냐고 호통만 치니 나로서는 어떻게 답을 해야 좋을지 모르겠소. 나는 잘못한 일이 없소 하고 잘라 말했더니 검사가 도리어 창피스러웠던지 다시 묻지 않고 유치장으로 들어가라고 해서 내심 참 싱거운 검사도 있다고 생각하면서 물러나왔는데 곁에서 이 광경을 본 형사가 유치장에 나와서 나를 대해 검사 앞에서 그런 불손한 태도를 취하는 법이 어디 있느냐고 노발대발하기에 나의 태도에 잘못된 것은 없다고 끝까지 사과하지 않았다.

일. 형사가 취조 중 군은 하나님을 믿느냐고 묻기에 믿는다고 하니까 전지전능한 하나님으로 믿느냐고 하기에 그렇다고 한즉 다시 하나님은 우주만물을 창조하신 하나님으로 믿느냐고 하므로 역시 그렇다고 하니까 그러면 일본 천황도 하나님이 창조하였다고 믿느냐 하기에 그렇다고 한즉 형사는 아주 큰 증거나 잡은 듯이 자기 입으로 이렇게 말했으니 더 이상 물을 필요가 없다고 하더군요.

일. 나는 경찰측의 취조에 대해서 신앙 이외의 문제에 대해서는 과거 연소(年少)시 혈기로 감정적으로 나가기 쉬운 때의 일이니까 잘못된 것은 잘못되었다고 분명히 말할 생각이었지만, 일단 문제가 신앙에 관한 한 일보도 양보할 생각은 없었으므로 만사를 당하기로 결심하니까 마음은 평안하더군요.

일. 그런데 검사국에 넘어가서는 담당 검사를 잘 만나서 의외로 모든 것이 잘 진행되었다. 일례를 들면 검사가 취조 서류 작성시 나의 의사 표시가 불완전한 때는 검사 자신이 그 진의는 여차여차한 것이겠지 하면서 유리하게 조서를 작성할 뿐 아니라, '이번 당신들 때문에 공부를 많이 했소' 하면서 도리어 극구 치하를 하고 곧 석방되거든 다시 국가 사회를 위해 여전히 활동하고 그런 신앙을 한 사람이라도 더 많이 갖도록 권면 지도하라고 부탁하므로 놀랐다.

일. 의외에 경찰부 형사들도 최후에는 기독교에 대해서는 김모와 함모에게 물어 보면 제일 잘 알 수 있다 하면서 기독교가 그런 좋은 종교인 줄은 처음 알았다고도 말했으며 그런 후로는 아주 후대하더군요.

그 다음 날인 4월 18일은 선생의 생일이어서 선생과 내가 교대로 사회하면서 찬송, 기도, 성서 낭독, 소감 발표 등 감사 예배를 가졌었다. 이 때에 선생이 하신, 유치장에서 시편 암송의 덕을 크게 보셨다는 감사의 말씀은 선생의 지시에 따라 후일 내가 일본 야나이하라 다다오 선생의 『가신(嘉信)』에 투고하여 게재되었다. 선생은 그 일년간의 감방 생활 중 여러 가지로 유쾌한 일과 유익한 일이 많았다고 하시면서 진실로 기뻐하시는 모습을 본 나 역시 용기 백배 큰 힘을 얻었었다. 단, 이 뜻 있고 기쁜 자리에 참석한 자로서는 그 사위 되는 조성진 씨와 본인뿐이었다. 참 애석하였었다. 나는 그 때에 생각하기를 선생이 감옥에서 나오셔서 생일을 맞이하게 되셨으니 그 제자들과 신앙의 동지들이 한자리에 모여 감사의 예배를 드릴 것으로 믿고 가서 본즉 의외에도 참석자가 없어서 실망했었다. 1943년이니까 물론 세상은 몹시 험악한 때라 모든 사람이 일언일동을 조심해야 할 처지에 있었던 것은 사실이다.

1945년 5월 28일 '김교신 씨 이숙환(以宿患) 4월 25일 오전 4시 40분 어함흥(於咸興) 안상철 의원 별세 자이부고(玆以訃告)'라는 부고지를 받고 너무나도 의외지사(意外之事)이므로 믿어지지를 않아 몇 번이나 보고 또 보고 해도 김선생의 별세가 분명함을 알고 순간 두 눈이 캄캄하며 한참동안 넋을 잃은 사람처럼 멍하니 섰다가 북받쳐 올라오는 슬픔을 참지 못하여 밖의 방공호로 들어가 울면서 하나님에게 항의의 기도를 드렸었다. '아니, 하나님께서 김선생을 통해 당신이 우리 조선에 대해 하시고자 하신 일을 다 하셨습니까? 김선생의 맡은 바 사명을 다하시고 더 할 일이 없어서 부르셨습니까? 원 세상에 그럴 수가 있단 말입니까?'라고. 백주에 별안간 태양이 없어진 듯 밤중에 등화가 갑자기 꺼진 듯, 온 천지가 깜깜함을 느꼈었다. 김선생 있어서의 우리 조선이지, 김선생 없으신데 무슨 우리 조선이냐 하는 생각을 금할 수가 없었다. 그러나 한 가지 분명한 것은 하나님께서는 범사를 선(善)에서 선에로 인도하실 뿐 외라 그리스도께서 하나님의 오른편에 앉아 계시니 실망할 것 없다는 생각이 또한 압도적으로 이 때에 나를 사로잡은 것이다. 나는 한 알의 밀알이 땅에 떨어져 썩지 않으면 그대로 있고 썩으면 100배, 60배, 30배의 결실을 한다는 말씀을 다시 상기하고 감사하였다. 주님의 선하신 뜻대로 이뤄지시고 그 뜻을 무조건 순종할 수 있도록 성령으로 감화하십소서 하고 빌었었다. 그러나 우리 사회의 한 중심에 큰 구멍이 뚫어진 것 같아 뭔지 모르게 심한 공허감을 금할 수가 없었다. 그러면서도 또한 감사한 것은 믿음에 의해 후일 주님 앞에서의 재회의 희망을 갖게 된 것이다. 천국이 한층 더 가까워진 것이었다.

김선생은 무엇보다도 신앙의 사람이었다. 그러므로 애(愛)와 소망에 넘쳐 일상생활에 최선을 다하셔서 세상의 빛과 소금의 역할을 하신 것이다. 오직 하나님만을 두려워하고 타인의 비평에 귀를 기울이지 않고 범사에 인간적인 성불성(成不成)을 염두에 두지 않고 오직 매사를 하나님 하고만 의논하고 또 하나님의 인도만을 받아 홀로 직선으로 무인의 지경을 달리는 자같이 소신대로 행하고 명령대로 좇아 오직 하나님과 그리스도에 대한 순수한 믿음으로만 생애를 사신 분이었다. 그리고 우리가 특별히 알아둘 것은 김선생은 무교회 신앙에 철두철미한 인물이었다는 점이다. 그에게서 무교회 신앙을 빼면 아무것도 남는 것이 없다. 그의 교회는 가정이요, 서재요, 사무소요, 도처가 실로 감옥까지도 다 교회요 또 생활 전체 일거일동이 다 예배였다. 그에게는 특별히 신성한 곳이 따로 없었다. 그가 앉는 자리, 섰는 자리가 모두 그에게는 신성한 자리였다. 어디서고 하나님을 섬기고 그를 찬미하고 그의 영광을 드러내는 데에만 전심전력을 쏟으셨다. 그가 말한 대로 '우리가 예수를 구주로 받았으니 무엇이 부족하리요' 하고 어디서나 어느 때나 결핍을 느끼지 않는 부(富)한 자로서 살았다.

그는 또 죄의식에 철(撤)했었다. 그는 자신의 부진실, 불완전, 불안전한 존재임을 알기 때문에 전능하시고, 지성하시고, 완전하신 하나님에게만 의지하고 순종하였다. 그러므로 전혀 하나님의 은혜로 인해 비로소 진실하고 덕 있고 완전하고 불안 없고 부족 없는 인생을 보냈다고 나는 믿는다. 그는 인생 사상에 큰 족적을 남기고 갔다. 그는 하늘에 계시어 우리의 겨레와 나라의 구원을 위해서는 물론 또 대혼란과 암흑에 쌓인 이 인류 사회의 구원을 위하여 주님께 간구할 줄로 믿는다. 그는 더욱이 이 사회에 남아 있는 우리 무교회 신도들의 작은 무리를 위해 끊임없이 간구할 줄로 믿는다. 그는 믿음으로써 세상에 계실 때보다 더 우리를 위해 최선을 다하실 줄로 믿고 이와 같은 신앙의 인물을 우리 겨레에게 보내 주신 하나님의 무한하신 은혜를 감사하면서 이 부족한 추억의 글을 끝낸다.

선생의 사랑을 느낌

박윤동(朴允東) | 개인 전도인. 작고

고(故) 김교신 선생 추억문을 쓰려고 하니 자연 나의 입신(入信)에 대한 말이 나오게 되고, 입신동기를 말하게 되니 나의 초기 생애에 대한 일단이

나오게 된다. 나는 경상도 농촌 구습이 농후했던 가정에서 자랐으며 당시 한문 공부라고 해도 이름자나 적을 수 있는 정도였다.

나의 소년 시절 지금부터 50년 전 일로 때마침 집에서 돼지를 길렀는데 이를 엄친께서 일꾼 한 사람과 함께 대구 시장에 나가 팔아 살림도구를 사오라는 분부여서 나는 시장에 가서 그 도구만 사서 일꾼 편에 보내고 남은 돈 5원 15전을 갖고 대구역에 나가 저녁 차로 서울로 갔다. 차값은 5원 5전으로 서울 남대문역에 내리니 수중에 무일푼이었다. 그 길로 서울 고학생회로 가서 어느 학생의 담보로 약을 외상으로 얻어 이를 팔아 입학금을 마련하여 한성강습원 중학과에 입학 약 3개월 정도 공부하다가 부득이한 가정형편상 할 수 없이 대구로 돌아오게 되었다.

그런데 때마침 대구에도 교남, 대성 양(兩) 학관이 있어 나는 대성학관 고등부에서 다행히 계속 공부하게 되었으나 역시 가정형편으로 이를 계속은 못했는데, 다만 이 때에 나는 대구시내 서성정(西城町) 노상에서 어느 미국인의 예수 믿으라는 기독교 전도에 처음 접했지만 불쾌하게 생각하고 이에 응하지 않았다. 그 후 나는 만주로 건너가 2년간 농사에 종사했는데 역시 여의치 못하여 귀국하였다가 다시 일본으로 건너가 오가키(大垣) 모 회사에 취직, 식구까지 부르게 되었다.

오가키에서는 재(在) 오가키 동족 총회를 열어 격론 끝에 그 중 동지 13인이 합심, 집 한 채를 얻어 야학을 열기로 했으나 일본 경관하고 문제가 되어 망국 민족의 비애를 만끽하고 있을 때, 당시 오가키에서 전도하고 계셨던 김교신 선생과 같은 함남(咸南)이고 신앙 친지였던 장도원 목사께서 그런 껍데기 세상일로 상심하지 말고 생명 있는 일을 해야 된다고 기독교의 진리를 말씀해 주셨다. 그런데 이즈음 어느 석양에 나는 서쪽 하늘에 찬란하게 긴 노을을 바라보게 되었는데 이상하게도 이 때에 심한 고독감에 사로잡히게 되었다. 그런데 더욱 이상한 것은 문득 전에 대구 거리에서 전도하던 미국 사람의 하나님이 살아 계시다고 하던 말씀이 생각나며 또 이어서 그 하나님께 의지하고 싶은 생각이 불현듯 일어나서 그 길로 교회로 달려가 장도원 선생을 만나니 선생은 내게 곧 신약성서를 준비해 주셨다.

나는 열심히 성서를 읽었다. 뜻이 통하지 않았으나 자꾸 탐독하고만 싶었다. 그런데 로마서 1장 28절 이하에 기록된 죄목이 마음에 부딪치며 나는 정말 죄인이구나 하는 충격을 받게 되었다. 정말 공포중(恐怖中)에 떨렸다. 나는 곧 장도원 선생을 찾으니 선생님은 나에게 우리의 죄를 구하는 예수의 십자가를 제시해 주시며 죄값이니 믿으라고 했다. 이 때에 내 가슴 속에서는 불덩이가 부딪치는 느낌이었다. 그 순간 내 가슴에는 희열이 넘치며 믿음에 들어가는 위대한 경험을 했다. 이가 나의 기독교 신앙에의 입신 경험이다. 그 후 곧 장선생을 통해서 『성서조선』지와 김교신 선생을 알게 되어 『성조』지 정식독자가 되니 이 때가 바로 1930년이었다. 나는 『성조』지를 창간호부터 구입, 현재까지 보관 중이다. 그 후 선생께서 동경 갔던 길에 나에게 다녀가신 일도 있어 이 때 선생을 초(初)대면했던 것이다.

1940년 2월 7일에 상용차(商用次) 봉천(奉天) 가는 길에 나는 서울서 김선생 댁을 방문했다. 그날은 바로 음력 섣달 그믐날이어서 마침 송두용 선생과 김종흡 선생도 거기서 뵈었다. 그리고 함께 선생 댁 제야 가정예배에 참가했다. 예배 다음 간단한 다과회 후 나는 선생 댁에서 취침하게 되었는데 나는 먼 데서 왔다 하여 기어코 아랫목 자리에 누우라고 하여 사양하다 못해 그대로 응했는데, 밤중 무렵 잠결에 나의 요 밑에 손이 들어오는 것 같아 잠이 깨어 보니 주인 선생이 문소리도 없이 밖에 나가 부엌에서 불을 때시는 모양이었다. 나는 이불 속에서 그리스도의 사랑을 실천하시는 선생의 사랑에 크게 감격했다. 아침 식탁에서도 선생은 완전 저작을 하시는 데 저작 소리도 수저 소리도 들리지 않았다. 나는 곧 봉천을 향했는데 선생은 아침 등교 길에 또 역에까지 나를 보내 주었다. 그 후 귀로에 다시 선생 댁에 들렀는데 밭에서 일하시던 선생은 조용히 방에 들어가셔서 새로 의관을 정숙히 하시고 나오셔서 비로소 나를 맞아 주셨다. 선생님은 이렇게 신앙뿐이 아니고 매사에 우리들의 생각에서 벗어나 계셨던 것을 보면 생각할수록 놀랍다. 이와 더불어 선생의 요절을 생각하면 나는 우리 민족의 비운에 가슴이 터지는 느낌이다.

  그 후 나는 일본을 돌아 다시 봉천에 갔다가 근 일년을 체재 후 다시 귀로에 김선생 댁을 방문, 선생의 승천을 알게 되었던 것이다. 선생 자당께서 눈물로 나를 선생이 공부하시던 서재에 안내하시고 이 방은 교신이 손 흔적 그대로니 흔적이나 보라고 하셨다. 책상 위에는 잉크병과 펜대도 선생이 글 쓰시던 그대로였고 방 둘레에는 전체 책꽂이에 책이 꽉 차 있었다. 잠시 방에서 나는 왜 하나님이 선생을 그렇게 이르게 부르셨는가 민족의 해방도 못 보시게 하며 비통에 잠겼다. 자당께서는 흐느껴 울고 계셨다. 나는 선생 없는 민족의 독립을 생각할 때 주인 잃은 집안 생각이 나며 국가 민족의 앞날이 몹시 걱정되었다. 후에 들으니 선생의 깊은 병인(病因)이 루즈벨트 대통령의 죽음과 관계된 것이 아닌가 하는 추측도 떠도는 모양이었다. 사실 당시 세계의 대세와 더불어 선생은 민족의 독립을 고대하고 계셨을 것인데, 하나님은 선생을 우리에게 두시지 않고 자기 품으로 데려 가셨으니 이에 무슨 큰 뜻이 있는 것으로만 생각되며, 더욱 선생 서거 후 해방과 더불어 우리 민족의 걸어온 자취를 생각할 때 선생은 정말 우리 민족의 예레미야가 아니었던가 하고 깊이 생각지 않을 수 없다. 그렇다면 우리 민족이 살 길이란 오직 선생이 손수 인격으로써 우리에게 보여 주셨던 믿음에만 있는 것을 깊이 느끼는 바이다. 이 부족한 말로써 하늘에서 우리를 위해 생시와 같이 간구하시고 계신 선생에 대한 추모의 말씀으로 한다.

선생의 주변담

김석목(金錫穆) | 전 서울대 교수(윤리학). 작고

『성서조선』을 처음으로 받은 것은 필자가 영변 숭덕학교에 재직하던 때였다. 1935년경부터 한 3년여 간 거기에서 교편을 잡은 경험이 있다. 1939년경 어느 날 『성서조선』이 우연히 내 이름으로 날아들었다. 표지는 쑥색으로 된 책자였다. 한 2년 반 동안 매달 어김없이 왔다. 미안한 말이지만 나는 누가 보내 주는 것인지도 몰랐다. 아무튼 받아 읽기를 시작하였다.

필진으로는 주필 김교신과 기타 함석헌 등 제씨(諸氏)의 글이 제일 많이 실렸던 것으로 기억된다. 김교신의 골로새서 강해가 연재되고 있었다. 일본의 우치무라 간조의 사상적인 색깔이 짙고 무교회적인 정신을 표방한 잡지인 것이 분명했다. 그들의 필치가 독립 신앙의 정신을 강하게 드러낸 명문이요 주옥 같은 생각들을 표현한 진골이었다. 추후로 알고 보니 김교신 선생은 양정중학교에, 함석헌 선생은 오산중학교에 계신 분들이었다. 두 분과의 면식이 미처 없었던 때이다.

그렇게 좋은 글들을 학생들에게 알려 주고 싶은 생각이 났다. 그들의 사상은 물론이요, 문장도(文章道)까지 본받아야 할 교본으로도 훌륭한 글이라고 생각되었기 때문이다. 때때로 학생들 앞에서 강독을 해준 기억도 있다. 좀더 많은 학생들에게 읽히고 싶어서 학생회 도서부에 기증하기로 하였다. 그 후부터는 『성서조선』이 영변 숭덕학교 학생회 도서부의 장서(藏書)로 간직되었다. 뜻 있는 학생들에게 즐겨 읽혀지는 좋은 벗으로 되었다.

1941년경 여름부터 필자는 평양 광성중학교로 전임하였다. 그 해를 지나고 그 다음 해 여름에는 방학기간을 이용하여 고향으로 가 있었다. 일제가 태평양전쟁을 일으킨 이래 그 발악상이 점점 절정에 이르기 시작한 때였다. 하루는 아침 일찍 수상한 사람이 개를 끌고 가택으로 침방(侵訪)한다. 명함을 내어 보인다. 진남포 경찰서 고등계 조선인 형사이다. 평양 경찰서 고등계의 지시를 받고 나를 데리러 왔다는 것이다. 이유가 무엇이냐고 물어도 자기는 모른다고 하였다. 다만 무슨 종교적인 사건에 가담한 일이 없느냐고 물을 뿐이다. 너무 갑작스러운 일이 되어 어리둥절하지 않을 수 없었다. 하여튼 먼길을 일찍이 찾아왔으니 함께 조반 식사라도 하는 것이 어떠냐고 물었다. 처음에는 완강히 거부하였다. 이윽고 식상(食床)이 나왔다. 따끈한 흰밥과 국이 있고 계란 찌개가 놓여 있었다. 구미가 동했던지 식사를 같이 했다. 우리 고장은 진남포 경찰서 관내로서 약 30리 가량 동으로 떨어져 있는 동리였다. 동구 밖으로 따라나가니 거기에 형사가 또 한 사람 대기하고 있었다.

자동차를 탔다. 단박에 형사의 말씨가 변해 버린다. '너에게 수갑을 채울 것이로되 너를 대접해서 태워 가지고 간다. 무슨 이유 같은 것을 물을 필요가 없다'라고 하면서 막말을 내뱉는다. 그야말로 대접 아닌 대접을 퍼부어 준다. 이제부터는 속절없이 끌려가는 죄수와 같은 꼴로 되었다. 진남포 경찰서 고등계로 들어갔다. 나를 평양 경찰서 고등계 형사에게 넘겨 주려는 참이다. 한참 내버려두더니 평양 경찰서 고등계 형사가 나타난다. 똑같은 어조로 무슨 종교 단체에 가담한 일이 없느냐고 묻는다. 그런 일이 없으니까 없다고 대답할 수밖에 없었다. 짐작이 가기를 필시 『성서조선』을 받은 사실이 문제로 된 것이 아닌가 싶었다. 대동아 전쟁 말기에 왜제(倭帝)의 마수가 조선 민족의 대소의 모든 단체를 닥치는 대로 후려 갈기고 조선어학회 사건을 비롯하여 일체의 회(會)와 아울러 『성서조선』에까지 손을 뻗친 것이었다.

평양 경찰서 유치장으로 나를 압송했다. 그날 오후 늦게부터 나는 유치장 신세를 지기 시작했다. 하룻밤을 자고 이틀 밤을 지나고 한 주간이 넘도록 아무 소식도 없이 그냥 내버려둔다. 한 방에 무려 수십 명이 넘는 인원을 처박아 넣었다. 알고 보니 소도둑놈, 사기한 놈, 간음한 놈 등등 천하에 몹쓸 도둑놈들과 함께 가두어 놓았다. 무더운 여름날 밤, 땀에 미끄러지는 마루바닥 위, 희미한 등불 아래 한 옆에 똥통을 놓고 10여 일을 지냈다. 점점 소식이 밝아지기를 시작한다. 구류당한 사람들이 소식을 빨리 아는 데는 귀신 같은 명수다. 거기에만 신경을 곤두세우고 관심을 모으고 있기 때문일 것이다.

그 때 잡범들도 대체로 사상범에 대하여는 무슨 경의(敬意) 의식 같은 것을 가지고 대해 주는 것을 볼 수 있었다. 며칠 지나는 동안에 스스로 구별이 분명해졌다. 어느 방에는 무슨 건으로 누구누구가 구속되어 있다는 소식이 죽 퍼진다. 이리하여 마침내 『성서조선』 건으로 수삼(數三) 인이 함께 갇혀 있다는 사실을 알게 되었다. 그 때에 장기려 박사도 같이 구속되어 있다가 10여 일 만에 심문을 받고 모두 풀려 나왔다.

그 덕으로 나는 평양 광성중학교에서 권고 사직을 강요당했다. 마침 광성중학교에서는 조선인 교장이 불행히 작고하고 왜인 교장으로 대체되었던 때이다. 필자는 학교 방면으로는 다시 전임할 수 없게 된 사정이므로 부득이 서울로 올라와 피신 겸 화신상사(和信商社) 인사과에서 잠깐 상사의 세계를 구경해 본 적이 있었다. 그것이 1944, 1945년경이었다. 왜제의 단말마적인 흉악한 세력 밑에서 모두가 여지없이 넘어지고 쓰러지던 때였다. 나 하나를 지켜 가기가 심히 어려워졌던 때이다. 종교인의 신앙도 말이 아니고 민족혼도 백산(百散)되고 이른바 조선 사람으로서의 생활이 전면적으로 파괴되어 꺼질락말락하던 때였다. 식량난까지 겹쳐서 가족과 민중에게 생존의 위협마저 닥쳐오던 종말적인 위기였다.

하루는 종로 네거리에서 우연히 A씨를 만났다. 그는 모 중학교 재직 중에 정릉에서 살아본 경험이 있는 친구였었다. 피차에 식량 사정을 이야기하다가 정릉으로 가면 지면(知面)인 독농가(篤農家) 모씨가 살고 있으니 그에게로 가면 감자를 좀 구할 수 있으리라는 것이다. 왕모 씨를 찾아가 보라는 것이다. 만주산 썩은 콩도래와 옥수수를 식량이라고 배급해 주던 때였다. 하루는 류색을 메고 식량을 구하러 나섰다. 왕씨를 찾아갔다. 어떤 가을날이었는데 송림이 우거진 사이로는 사양(斜陽)이 흐르고 인가가 드문 동내(洞內) 어구로는 맑은 시냇물이 흘러가는 산촌이었다.

　왕씨를 만났다. 그는 비록 농사지기를 하고 있는 사람이지만 시국담도 할 줄 알고, 제 나름의 소견을 가지고 인생을 논할 줄도 알았다. 또한 인물을 평가하는 견식에도 그럴듯한 점이 있었다. 나는 식량을 구할 생각을 잊어버리고 생면부지의 초면인 사람을 만나서 이야기하는 재미가 더 좋았다. 그가 생존해 있다면 아마 70을 전후했을 노인일 것이다. 그는 이야기를 엮어 나가는 도중에 자기가 가장 숭배하고 존경하는 선생이 한 분 계시다고 한다. 그가 곧 김교신 선생이라는 것이다. 여기서 멀지 않은 곳에 살고 계신다고 하였다.

　자기는 무식한 측이어서 학문도 모르고 신앙이 무엇인지도 모르지만 신앙을 살아가는 사람을 볼 줄은 아노라고 하였다. "사람이 거의 다 하루같이 세력을 따라 바쁘고 남을 헐뜯고 속이기에 재빠르고 먹을 것을 찾아 분주하고, 영달을 노리어 혈안으로 되는 것이 아닙니까? 학식과 명망이 높아지면 사람과 멀어지고, 부자가 되면 사람을 몰라보게 되고 보암직해지면 사람을 얕잡아 보려는 것이 일쑤가 아닙니까? 그러나 내가 아는 양반 가운데는 분명히 그렇지 아니한 분이 한 분 계십니다. 그이가 곧 김교신 선생이십니다. 그는 언제 보나 한결같이 평범하십니다. 모든 사람들과 느닷없이 가까우십니다. 어른이나 아이나 할 것 없이 누구에게나 그렇게 하십니다. 그의 얼굴에는 근심과 걱정이 없습니다. 그에게서는 설레임과 흥분을 찾아볼 수가 없습니다. 항상 조용하나 낙심하는 빛이 없고 무엇에나 큰 소망을 걸고 대쪽같은 마음으로 살아가고 계십니다. 사람들이 어디 다 그렇습디까? 종교인들이 어디 그렇습디까? 기독교인들이 어디 그렇습디까? 교회인들이 어디 그렇습디까? 그들이 교를 믿지 않는 사람들보다 더 나을 것이 별로 없어 보입디다. 그래서인지 김선생은 교회에 나가지 않으시면서도 자택에 모여서 성경을 공부하고 예배를 드립니다. 무엇에나 깨끗하게 하시고 집도 정결하게 거두시고 동네 일도 다 잘 되게 하십니다. 그는 정말로 모범이 될 만한 인물이시지요. 그런 분이 하나님의 아들이라면 나도 정말로 신앙인이 어떤 사람인 줄을 알았다고 할 수 있습니다."

왕씨는 김선생에 대하여 그렇게 극구 찬양하였다. 나도 생면부지의 그의 말을 들으면서 시간 가는 줄을 몰랐다. 정말로 참다운 신앙인들은 일상 평이한 생활 가운데서 하늘의 모습을 드러내 보여 준다. 그들이 마음먹는 것이나, 생각하는 것이나, 말하는 것이나, 행하는 것이나 무엇이나 다 신앙으로 철해 있고, 소망으로 가득 차 있고, 성실한 친절과 사랑으로 아주 젖어 있기 때문에 생에 억지스러운 조작이나 꾸밈이 없다. 신앙으로 철저해지면 인격이 환하게 열리어 사랑으로 순화되고 만다. 신앙인이 세상에서 살아가는 생활이 다른 사람들의 생활과 외형으로는 다를 바가 별로 없지만, 그래도 그들의 심사 언행으로 드러나는 그 혼은 사람들과 가장 가까운 하나님을 향해 달려가고 있을 뿐이다. 필자는 일찍이 고 김교신 선생과의 우의를 맺을 만한 기회를 가진 적은 없었다. 그러나 그의 글과 그를 아는 친구들과 유지들의 증언을 통해 그는 과연 사람 가운데 드문 사람이요, 신앙인 가운데 드문 신앙가요, 애국자 가운데 드문 애국자요, 가족 가운데 드문 가장인 줄을 짐작할 수 있었다.

30여 년 전에 『성서조선』을 누가 나의 이름으로 보내 주었던 것인지는 알 길이 없었거니와 그로 인하여 필자는 『성서조선』이 겪은 고난과 치욕을 함께 슬퍼하면서 참다운 신앙인들에 대한 경의를 품고 정신적인 동로자들을 바라보는 기쁨으로써 힘과 격려를 받으면서 그 때의 어지럽고 어둡던 시대를 살아 넘길 수가 있었다.

고 김교신 선생의 주변담을 쓰노라고 하던 것이 쓰다 보니 스스로 사담에 가까워진 것같이 되어서 오히려 황송한 느낌도 없지 않다.

존경하는 김교신 선생

장기려(張起呂) | 전 부산복음병원장. 막사이사이상 수상. 작고

내가 김교신 선생을 처음 뵈옵게 된 것은 1939년 12월 31일 서울 정릉 선생님 댁에서 겨울 모임이 열렸을 때 손정균 님의 소개로 나도 참가하였을 때였다. 그 모임에는 함석헌 선생, 송두용 선생 외 약 20여 명이 모이었는데, 모임을 이끌어 나가시던 선생님의 진지하고도 엄격하던 모습과 성격이 지금도 인상 깊게 기억되고 있다. 그 때 함석헌 선생은 계시록을 강해하였는데 함선생을 소개하던 김선생님 말씀이 지금도 기억이 난다. "함선생의 성경 해석은 깊은 샘에서 물을 자유롭게 퍼내는 것같이 진리를 나타내는 것이 무궁무진하다"고 하였다. 두 분의 사이가 서로 존경하는 친구라고 듣고 있었지마는, 그와 같이 깊은 이해를 가지고 친하게 지내는 것을 알고 친구란 그와 같이 믿어지는 데 있음을 새삼스럽게 느끼었다. 또 그 때 송두용 선생은 뜨거운 열정적인 기도를 드렸는데, 김선생은 그 뜨거운 열정적인 태도를 냉정하게 하도록 권면하는 것이었다. 무교회 신앙은 어디까지나 냉정한 데 있는 것인가 하여 지금도 그 때의 장면이 잊혀지지 않는다.

그 다음부터 『성서조선』지의 독자가 되어 선생님의 신앙과 간결한 성경 해석 그리고 굽히지 않는 의지에 대해 배우면서 존경하게 되었다. 1940년 3월에 나는 평양 연합기독병원 외과 의사로 취직해 갔었고 계속 『성서조선』지의 독자로서 있었다. 그리고 1942년 봄이라고 기억되는데 야나이하라 선

생께서 평양에 오셔서 무교회 신자들에게 강연을 한 일이 있다. 그 때 나는 그 모임을 가질 수 있도록 하라는 명을 받고 신양리 예배당의 작은 강당을 빌려서 모였던 것이다. 그 때는 우리들이 잘 기억하고 있는 대로 야나이하라 선생님은 물론 기독신도의 모임을 당국에서 일체 위험시하고 있었던 때라 모임 뒤에 소위 고등계에서 예배당을 빌려 준 교회의 책임자들에게 조사가 왔더라는 말이 들렸다. 나는 속으로 불쾌하였으나 직접 나에게는 괴롭게 한 일은 없었다. 그래도 선생님은 책임감에서 나를 아끼시는 모습을 엿볼 수가 있었다. 그 다음 평양에 오실 때에는 반드시 저의 집에 들리셨으며, 그 때 선생님의 경제 상태는 지금 생각해도 몹시 어려웠겠다고 추측되는데 과자를 사 가지고 오신 것을 생각하니 의리와 자비의 사람이었다는 것을 잊을 수 없다.

엄격하신 성격이라 만나도 말씀은 적었다. 다만 어떻게 하면 내 동족을 구원할 수 있을까 하는 일념에 충만하였었다. 평양에는 그 때 은행의 높은 지위에 있으면서 생활이 풍부하였던 선생님의 동생이 살고 있었으나, 그 동생 댁보다도 저의 집에 들러 주신 것으로 보아 독자를 그와 같이 아끼고 위하여 기도하여 주시는 사랑을 느끼게 하셨다. 이와 같은 믿음의 교제는 영원히 변치 않는 하나님의 사랑이어서 그대로 영원한 생명으로 지금도 선생님은 영(靈)으로 우리와 교제하고 계심을 느낄 수 있다. 이 영적 교제가 하늘의 교제이며 영속하며 또한 편만(遍滿)하게 되는 것이라고 나는 믿는다.

일제 탄압 밑에서 『성서조선』지가 수난을 받을 때 경찰서에서 한 10일 동안 지나게 되었는데 그 때부터 영적 교제를 더 느끼게 되었다. 또 거기서 15년 나뉘었던 친구 김석목 형을 만나 믿음의 교제를 다시 할 수 있게 되어 기뻤었다. 모두가 선생님을 통해 이루어진 복음의 은혜였다. 선생님으로부터 받은 교훈은 전집에 나와 있으므로 약(略)한다.

동향 후배가 본 선생

장원준(張元俊) | 전 언론인. 생몰 여부 미상

김교신 선생은 나의 중학 선배요, 가정적으로도 친한 사이였습니다. 내가 선생을 알게 된 것은 지금으로부터 43년 전 첫여름 선생은 동경고등사범에 재학중이고 나는 중학 4년 때였는데, 여름방학에 중학보다 전문대학의 휴가가 좀 이른 관계로 선생이 2주일 가량 빠르게 고향인 함흥에 귀향했을 때였습니다.

이보다 그 자친님을 반년 전부터 알게 되어 선생에 대해 여러 가지 이야기를 듣기도 하였습니다. 그 자친님은 독실한 크리스천으로서 인자하시고 우아하신 현모양처형이었습니다. 그분은 30 전에 2남을 거느리시고 과부가 되셨다시면서 때로는 곧잘 유머를 터뜨리기도 하셨지만, 언행이 엄격하시고 가도(家道)에 정연하시어서 남의 모범이 되셨습니다.

그 자친님이 예수를 믿게 되신 사유를 아래와 같이 말씀하셨습니다. 교신이가 처음 동경에 건너 갈 때만 해도 소화불량으로 몸이 약하기가 짝이 없었는데 하루는 동경 시가에 나갔다가 우연히 기독교 전도사를 만나 그 설교에 감동되어 예수를 믿게 되었는데, 그로부터 심신의 안정을 얻게 되고 점차 건강이 회복되어 나아가서는 운동에까지 발을 뻗치게 되어 육상에서 단거리 선수권을 획득하는 등 완전히 건강한 신체로 되기에 이르렀다고 하시면서 나는 교신이의 전도에 의하여 예수를 믿게 되고 그로부터 나의 불운했던 청춘 시절 이래의 서글픈 심회와 번뇌는 점차로 순화되었고 심령적으로 안도의 터전이 저절로 마련되곤 하시더라고 하셨고, 내가 청춘 홀과수로 지내면서 오매불망하는 적에 돌아가신 양반 제삿날을 맞이하면 꿈에라도 한 번 만나 뵈려고 제사상을 차려 놓고 우정 잠길에 들어가도 어쩐지 꿈에조차 보이지 않아 이루 말할 수 없었던 심회 따위가 저절로 달관이 되더라는 것이었습니다.

  그런데 이렇게 좋은 종교를 우리 둘째 교량(教良)이가 늘 권유해도 믿지를 않으니 답답한 일이야. 학생도 예수를 믿소 하시면서 나에게 대하여 극진히 예수 전도를 하시는 것이었습니다. 나는 그분의 권고로 함흥 전서리 예배당에 수차 따라가서 예배에 참례한 일이 있었지만, 예수교와 인연이 없었던지 그 후 나는 불교에 귀의하였지만, 그 해 여름방학에 선생이 귀향하여 며칠 뒤 모교인 함흥농업학교 강당에서 강연회를 가진 일이 있었습니다. 그 강연의 요지에 대해 일단이나마 더듬어 보기로 하겠습니다.

  고래로 우리 풍습의 풍수학에 의하면 산천에는 정기가 있어 인간이 죽어서 그 유해가 좋은 산소에 묻히면 자손이 창성(昌盛)하고 복을 많이 받는다고 하며 또 이와 반대의 경우에는 화를 면치 못한다고 하는 전설이 있을 뿐 아니라 아직까지 많은 사람들이 이를 숭상하고 있는데, 이는 단연코 신빙할 수 없는 전설이며, 지질학상에서 산악의 형성 과정을 살펴보면 그것은 첫째 지구의 내부에서 작용하는 화산의 힘과 또 다른 하나는 물의 작용에 의한 것으로서, 다시 말해서 물의 침강작용과 하구와 바다의 새로운 침전층이 생기기도 하여 이와 아울러 화산의 폭발에 의한 융기와 함몰이 생기는 등으로 인해 금일의 여러 가지 형상의 산악이 생긴 것이 틀림없는 일인즉 어찌 무정(無情)의 산악에 정기가 있으며 하물며 인간에게 길흉화복의 영향을 끼칠 수 있겠는가 하는 것이었습니다.

  선생은 다시 말을 계속하기를 나는 일찍이 큰 번민이 하나 있었는데 그것은 다름이 아닌 산천이라는 것이었습니다. 유시(幼詩)에 부친을 여의고 선대(先代)에도 그러한 사례가 있었던 것이 모두 산천 탓이라는 것으로 고민이 아닐 수 없었다는 것이었습니다. 그리고 동경고사(東京高師)에 입학할 때만 해도 이러한 수수께끼의 베일을 벗겨 보려는 의욕에서 자연계 전공 ─ 특히 지질학에 흥미가 있었음 ─ 을 택하게 되었고 전술한 바에 의하여 산천의 수수께끼는 이미 풀이가 된 것으로 안다고 말씀하셨습니다.

선생이 동경고사를 졸업하시고 처음 부임한 곳이 바로 영생여고인데 인격과 전공면에서 인기가 높았음은 더 말할 나위도 없었습니다. 그러나 이윽고 동료 일인(日人) 여교사의 하루아침 한복차림 등교가 그 무엇을 뜻함이었던지 얼마 후 선생은 서울 양정고보로 전임하게 되어 오랜 교직생활이 계속되고 교육계에 공헌한 바 자못 컸습니다. 그 사이 나는 동경에서 대학을 마치고 바로 서울에 와서 지냈던 관계로 서로 길은 다르지만 만날 기회가 있었고, 정회를 나눌 수도 있었습니다.

선생은 진실한 기독교인으로서 교화(敎化)에 뜻한 바 있어 『성서조선』이라는 월간지를 간행하고 있었는데 당시 왜정 총독부는 가혹한 검열과 발행인에 대한 부단(不斷)의 사찰, 박해가 이루 말할 수 없었던 시절이었음에도 불구하고, 선생은 불요불굴의 투지로써 간행에 여념이 없었던 것입니다. 선생은 사상가요, 철학자요, 교육가요, 종교가요 또 애국자로서 그 생애와 업적이 자못 숭고찬연한 것이었습니다.

내가 생각하는 김선생

노평구(盧平久) | 전 『성서연구』 주간

이번 4월 25일은 김교신 선생의 20주기에 해당한다. 선생은 우리에게 있어서 역사적인 인물임에도 불구하고 국민이 너무도 모르므로 '김교신론(金敎信論)'이나 '내가 본 김교신'을 쓰라는 편집자의 부탁이다. 나 자신 선생에게서 기독교 신앙을 배운 것도 사실이고 또 부족한 나의 생애지만 이가 선생을 통해 결정된 것도 사실이매 이를 거절할 수는 없다. 그러나 내가 선생에게서 직접 성서를 배운 것은 선생의 19년 공생애(公生涯)(27-45세) 중 2-

3년 정도밖에 못 되었으며, 그 후는 나 자신 일본에 있은 관계로 1년에 1-2회 대했을 뿐 또 선생의 월간 신앙잡지 『성서조선』지 독자 된 것도 지령(紙齡) 158호 중 후반부에 속한다. 따라서 모든 면에 비범, 고결하셨던 선생을 감히 안다고 할 수 없으므로 '김교신론'은 물론 쓸 수 없고 '내가 본 김교신'보다도 '내가 생각하는 김선생' 정도로 나의 생각을 대충 적어 보기로 한다.

우선 결론적으로 내가 느낀 대로 선생의 인물을 한 마디로 말한다면 선생은 높은 천품을 타고나신 천성적인 인물이었다. 그리고 몇 가지 구체적으로 이를 보면, 첫째 무엇보다도 선생은 정의의 염(念)이 강하셨다. 바른 삶이야말로 선생의 생의 지표요 척골(脊骨)이었다. 실로 모자라도 바르게 쓰지 않으면 불안해 하시는 선생이었다. 양정 교편 생활 10년에 선생 별호가 '양(洋)칼'이었다고 들리지만 이 점 선생 앞에는 정부정(正不正)이 오직 정의일철(正義一徹) 사정없이 일도(一刀)로써 양단되었다. 이러므로 생애를 통해 선생 좌우에 청탁(淸濁)이 함께 모이지 못했다. 눈동자같이 아낀 믿음의 제자에게 저의 앞길을 위해 파문을 선고하고 이를 철회할 겨를도 없이 저의 죽음에 접해 방성통곡하신 선생이었다. 나 자신 선생이 사표장을 지니고 계신 것을 본 일이 있다. 더욱 신앙에 대하여 부당한 간섭을 한다면 언제나 그 자리에서 이를 내놓을 각오라고 하셨다. 선생은 이렇게 엄격하였으나, 그러나 선생은 또한 결코 세상 소위 엄격 일방(一方)만의 인물은 아니었다.

선생은 이스라엘의 예언자 예레미야같이 또한 눈물의 사람이었다. 라디오에서 무심코 흘러나오는 심청전에도 눈물을 쏟으시는 선생이었다. 선생은 모든 의로운 이야기, 착한 이야기를 눈물 없이는 듣지 못하시는 분이었다. 선생 말씀에 "물말이는 소화 안 되어도 눈물말이는 소화가 더 잘 되는 것 같더라"는 말씀이 있다. 나 자신 몇 번 선생 가정 식탁에 앉은 일이 있지만, 간단한 선생의 식사 기도도 대개 울음 섞인 기도였다. 어느 해 겨울 성서집회에서 이사야 53장을 눈물로써 낭독하시던 것도 지금 기억에 새롭다. 이는 선생의 천품적인 인자와 그리고 맑은 심혼을 보여 주는 것이라고 하겠다.

다음은 선생의 그 실천력의 위대이다. 그런데 이는 선생에 있어서 그 절륜(絶倫)의 체력과 철석 같은 의지력과 함께 선생의 거짓을 모르시는 도덕적인 진실과 깊이 관계되고 있었다. 선생은 마라톤에도 일가를 이루어 양정에서 손기정 씨의 코치였다고 들린다. 가정에서는 구습타파를 위해 구정에는 짐짓 자녀들에게 헌옷을 입히신 선생이다. 북한산 밑 정릉에서 사신 선생은 춘하추동 새벽 4시에 약사사의 목탁 소리와 함께 깨시는 대로 선생 자신이 단테(Dante)의 신곡 레테의 강으로 명명하신 앞 시내 '여퇴천(慮退川)'에서 목욕, 기도와 집필 그리고 자전거로 양정에 출근, 수업, 잡지 검열 등을 위한 빈번한 총독부 출입 그리고 이의 편집, 교정, 배달, 발송 등에 이르기까지 매월 홀로 꼬박 수지 안 맞는 일을 근 15년 돌아가시는 날까지 계속하셨다.

또 생애 철칙으로 주일 가정 성서집회와 일주간의 겨울 특별 성서집회를 가지셨다. 선생은 늘 입이 트고 눈이 충혈된 때가 많으셨다. 선생이 어느 때 학교 박물실에서 잡지 편집을 하시다가 친구의 권에 못 이겨 숙직실에 끌려나와 바둑 몇 판을 두고 돌아가 시간을 허비한 자책에 방성통곡하였다는 이야기도 있다. 사실상 후일 선생의 요절은 선생의 이 지나친 실천생활의 무리에서 온 것이 아닌가 생각되는 점도 있다.

그리고 끝으로 선생의 이 고결하신 천성이 하나의 인격적인 통합체로서 흘러든 곳이야말로 선생의 그 무비(無比)한 애국의 지성이었다. 내가 선생을 처음 대한 것은 1934년 선생 34세 때 선생의 주일 집회에서였는데, 그날 대문을 열고 맞아 주신 모시 두루마기에 짚신을 신으셨던 선생의 모습이 지금도 잊혀지지 않는다. 나는 그날 실로 생애 처음 참 조선 사람 아니 조선 자체에 접한 느낌이었다. 일제 말기에 세칭 '성서조선사건'이라고 하여 선생 잡지 독자들의 전국적인 검속과 함께 특히 선생과 함석헌, 송두용, 류달영 씨 등 열세 분이 일년간 서대문 형무소에 투옥되었는데 이는 일인들이 '성서조선의 일당이야말로 팔딱팔딱하며 결사나 꾸미는 민족주의자나 공산주의자 이상 더욱 조선 민족의 100년 아니 500년 후를 계획하는 최악질들이라'는 판단에서 일어난 사건이었다. 선생은 후일 이에 대해 그들이 보기는 바로 봤다고 회술하셨다고 들린다. 선생이 동경 시대 일본의 유명한 종교가 우치무라 간조에게 사사하게 된 처음 동기도 신앙보다는 국적(國賊)으로 전 국민의 오해와 박해 가운데서도 끝끝내 정의와 진리의 높은 이상으로 나라와 민족을 사랑한 저의 위대한 애국심에 경모의 염을 불금한 때문이었다고 한다. 선생은 우치무라를 가리켜 발톱 끝에서 머리털 끝까지 애국의 화신이었다고 했다. 생각건대 이는 또한 선생이 의식 무의식 자신의 심중을 우치무라에게서 읽은 때문인가 한다. 불연(不然)이면 이런 절대적인 경모의 염이 일어날 수 없었을 것이다.

  1938년 7월 27일 선생 일기 일절에 "아침에 신열이 내리지 않다. 오전 7시 반 진포(鎭浦) 시내 일본 광업주식회사 견학. 갱내의 막다른 골목에 이르렀을 때 캄캄한 가운데 압암기(壓岩機)를 잡고 섰는 15-16세의 소년 하나가 나의 가슴을 덜컥 내려앉게 하다. 광맥보다도 이 소년이 내 온 주의를 끌어 버렸다. 저가 꼭 내 동생, 내 아들만 같아서 견딜 수가 없다. 갱내가 어둑한 것을 기화로 광벽을 향해 무량의 눈물을 뿌리지 아니치 못하였으니, 이것이 박물 교사의 총수확이었다. 저들도 보통교육을 받고 바울을 읽으며 예수의 복음을 듣는 날까지 우리가 어찌 안연히 명목해 내랴"고 있다. 이는 결코 선생의 기독교 전도열이 아니다. 나는 여기서 선생의 뜨거운 민족애의 고동을 듣는다. 생애 지리, 박물 교사였던 선생 서재에는 언제나 대형 한국 지도와 정포은(鄭圃隱)의 초상이 걸려 있었다. 선생은 주야로 이를 바라보며 심중 삼천리 방방곡곡에 앞날의 설계를 쉬지 않고 계셨다고 들린다. 선생이 그 웅지를 펴지 못하고 가신 것이 한스럽기만 하다.

그러면 여기서 우리는 선생 애국의 구체적인 내용과 방향을 보아야 하겠다. 사무엘 존슨(Samuel Johnson)의 말대로 우리에게 있어서 오늘날 애국이야말로 더욱 강도들의 최후의 은신처이기 때문이다. 선생이 일본 가서 유학하던 1920년대 유학생들의 대체의 동향은 크게는 일본의 총독정치가 존속하는 한 공부도 필요 없다는 식의 정치적인 민족주의와 공산 사상의 파지(把持)로서 외적으로는 모국을 향해 문화 각 방면의 활발한 계몽운동와 함께 개인적으로는 유물 자유사상에 의한 소위 구관념, 구도덕의 타파로써 특히 이혼의 풍조 등이 극성하던 때이며, 기독교 역시 국민의 영혼 문제, 도덕 문제 이상으로 소위 덴마크 농촌 운동 등에 기울어지던 때이다.

이러한 분위기 가운데서 선생은 가정적으로 받아온 유교의 근엄을 홀로 고수, 공부자보다 십년을 단축하여 육십이종심소욕불유구(六十而從心所慾不踰矩)를 불러 보리라고 내심에 굳게 기약, 일야초심하다가 다시 예수의 산상수훈이야말로 유교 이상의 절대적인 도덕임을 발견하고 마치 지남철이 자석에 끌리듯 기독교에 끌리게 되었다고 한다. 그러나 그의 거짓 없는 이 진실 일로(一路)의 도덕 실천이 급기야는 자체 내심의 죄악으로 인한 이율배반적인 심각한 자기 파탄(破綻)과 고민, 절망에 빠짐으로써 결국 기독교 신앙에 의한 영적 해결 즉 회심(回心)을 거쳐 진정한 신앙에 입신케 되었다. 나는 여기서 에르푸르트 수도원의 청년 루터를 상기한다.

따라서 이후 선생의 애국은 역시 그의 내적인 도덕문제의 해결과 함께 철저히 정치적인 천박을 벗어나 민족의 깊은 영적, 도덕적인 구원을 기구하게 되었다. 그리고 선생의 믿음이 이렇게 다시 세속 기독교의 그 교회적인 형식적인 혹은 사업적인 면을 지양하고 순 영적인 민족 구원의 확신에까지 나아가게 된 데는 그가 처음 동경에서 입교했던 소위 교회 내부의 심한 부패, 타락과 추잡스러운 인간적인 내분을 통해 1년만에 이를 이탈하고 그 후 7년 동안 정열을 다해 사사, 성서를 배운 상기 세칭 무교회주의의 창시자인 우치무라 간조의 영향이 컸다고 하겠다. 이리하여 선생의 애국은 소위 세상에서 말하는 이승만의 외교 정치입국(政治立國)이나 김구 씨의 살인입국(殺人立國)이 아님은 물론 김성수의 경제입국이나 안도산의 교육입국과도 완전히 딴 길로서 기독교 신앙에 의한 민족의 영적 도덕적인 개조를 목표한 말하자면 종교입국, 도덕입국이었다.

이 점 나는 선생이야말로 우리 근대사의 인물 중 유니크한 존재라고 보는 바이다. 편집자가 선생을 국민이 너무도 모른다고 했지만 그러나 사실 선생은 오늘날 우리의 이 비자각, 비도덕적인 사태(事態)와는 도시 연결이 될 수 없는 인물인 것이다. 선생이 그렇게도 기다린 민족의 해방을 몇 달 앞에 놓고 심산의 거목같이 일조에 쓰러진 데는 실은 이 점에서 깊은 섭리가 있은 것으로 생각된다. 나는 사실 선생이 그 눈으로 그렇게 사랑하고 그렇게 아꼈던 민족의 이 현실을 보지 않고 가신 것을 신께 깊이 감사하는 바이다. 그러나 사람인 이상 앞으로 우리의 역사에도 기필 선생이 바라신 종교적인 인격적 자각 위에서 진정한 민족 부흥이 움트는 때가 올 것으로, 오직 민족의 500년 후를 위해 사신 선생은 이 때에 비로소 우리와 깊이 영적으로 관계될 것이다. 사실, 우리 역사에는 우리가 서구사에서 보는 소위 종교에 의한 진정한 깊은 인격적인 도덕적인 자각은 없는 것이다. 그리고 이는 또한 동양 전체의 통폐(通弊)인 것이다.

일찍이 동양의 선각자 우치무라 간조는 동양에는 사고(thinking)는 있어도 사상(thought)이 없다고 했다. 사실 오늘날 우리에게 인피(人皮)를 쓴 사람은 있어도 인도(humanity)가 없는 것이다. 기독교도 합쳐서 여기 미신적인 종교는 있어도 산 도덕(moral)은 없다. 모방적인 정치 제도는 있어도 책임 있는 인격(personality) 있는 정치가는 도시 없다. 유럽 역사에서 이 개인의 자각과 인격은 르네상스 이상 루터의 종교 개혁으로 이루어졌으며 여기서 또한 그들의 그 근세사의 모든 제도, 문명 문물이 배출되었으며 그리고 오늘날 이 서양문명의 한갓 모방적인 제도, 문물뿐 개인 인격의 자각과 형성이 없는 데 우리의 심각한 실로 사활적인 문제가 있는 것이다. 이러한 우리의 현실에서 선생은 20년의 전생애를 그 지성적인 애국의 정열을 기울인 청년 교육과 민족의 종교 확립을 위한 『성서조선』지 간행에 바쳤던 것이다.

다시 여기서 선생의 경력을 간단히 일별하면 선생은 1901년 함남 함흥에서 출생, 가정적으로 유교적인 기풍(氣風) 가운데서 자랐으며, 18세에 함흥 농업학교를 마치고 19세에 도일 동경 세이소쿠(正則)영어학교에서 당시 일본의 저명한 영학자 사이토 히사부로(齊藤秀三郎) 밑에서 영어 수학, 22세에 동경고사(東京高師) 영어과 입학 다시 중도에서 박물 지리과로 전과하여 27세에 이를 졸업 곧 귀국 후 함흥 영생여고와 서울 양정, 경기, 개성, 송도 등에서 1942년(42세) '성서조선사건' 발단까지 15여년을 청년 교육에 종사 그 중 양정 10년이 제일 길었고 경기에서는 대동아전쟁 중 불온 인물이란 낙인으로 6개월 만에 추방되셨다.

기독교 관계는 동경서 1920년(20세) 4월에 노방(路傍) 설교로 홀리니스(Holiness) 교회에 입교, 동 6월 수세(受洗). 그러나 교회 내의 심한 부패와 알력에 번민한 나머지 동 11월에 우치무라 문하에 들어가 은사 필생의 사업인 유명한 로마서 강의를 필두로 7년간 성서 강연에 참석, 1927년 봄 함석헌, 송두용 등 우치무라 문하의 신앙 동지 수인(數人)으로 더불어 『성서조선』지를 창간, 1942년 투옥에 이르기까지 15년간 대체로 선생 개인 책임으로 이를 계속하셨다. 그리고 이와 함께 주일 성서집회와 동기(冬期) 성서집회가 계속되었다. 청강도 3년 출석을 다지시고 비로소 허락하셨다. 그러나 생애 잡지 독자라고는 300을 못 넘었으며, 준회원 역시 10-20명을 넘지 못했다. 어느 때는 선생 거실에서 한 사람 상대의 성서 강의가 상당 기간 계속된 때도 있었다. 선생은 진정한 기독교의 회심(回心)이란 3년 이상에 한 번, 5년에 한두 사람 혹은 10년에 세 사람 있거나 말거나 한 일이라고 하시며 이를 하셨다. 이렇게 선생의 안중에는 오직 진리밖에 없었다. 1942년(42세) '성서조선사건'으로 입옥 1년 후 다음 해 불기소로 출옥 후는 고향인 함흥 흥남 일본질소비료주식회사에 들어가 3,000 징용 동포 노동자들의 복리를 위해 일하시며 해방을 고대하던 중 1945년 4월 25일 45세를 일기로 발진티푸스로 별세하시니 선생의 생애는 결국 청년 교육과 『성서조선』지 간행과 투옥 죽음으로 삼분된다.

이제 우리는 선생 생애의 이 3부면(三部面)을 구체적으로 보아야 하겠다. 그런데 첫째 선생의 교육이야말로 실로 유니크한 것이었다. 그것은 결코 도산, 남강, 인촌 등의 소위 교육 입국식의 교육은 절대 아니었다. 나는 안창호, 이승훈 선생 등의 교육 역시 교육을 정치와 민족 운동의 하나의 방편으로 삼은 것으로 여기 결정적으로 해방 후 민족의 현실을 먹자판으로 만든 깊은 원인이 있는 것으로 실패했다고 보는 바이다. 이 점 김선생의 교육은 일본 관헌들이 민족의 500년 후를 준비한다고 했지만, 진정한 의미의 자각적인 인간 형성, 도덕적인 민족의 혼을 위한 교육이었다. 제한된 지수(紙數)에서 선생의 깊은 교육 내용을 구체적으로 볼 겨를이 없지만, 양정 선생 5년간의 담임반 졸업생들의 사은 기념품증정감사문으로 이를 약간이나마 엿볼 수 있는 듯하여 여기 전문을 소개하기로 한다. 일제 동화(同化)정책 시대의 것으로 원문은 일본문으로 되어 있다.

…콧물을 흘리며 이 마당에서 양정에의 입학을 기뻐한 것도 어언간 5년의 그 옛날. 이제 졸업식으로 이 마당에 임했도다. 전날은 입학을 기뻐했지만 이제는 졸업의 기쁨을 안고 서로의 작별을 아끼게 되었도다. 그러나 회자정리. 가는 자로 하여금 멈추게 말라. 우리들은 기쁨으로써 슬픔의 정을 소멸할진저. 그러면 무엇을 얻은 기쁨인가? 또한 졸업에 임해 은사에게 무슨 감사의 말씀을 드리려는가? 이하 수언으로써 과거 5년간이 우리에게 있어 의미 깊었음을 증명함과 함께 우리 은사

에 대한 감사의 말씀이 되게 하라.

신의(信義)! 타(他)로부터 신임을 받는 사람이 되라고 우리 선생이 외치신 것은 실로 우리들이 제1학년 여름방학을 맞는 날이었다. 선생은 소시(少時)에 자기 모군(母君)에 대해 신의를 지키지 못한 일이 있었음을 후회하시며 교장(敎場)에서 손수건을 적시심을 우리는 목도하였도다! 아, 그날 이래 우리가 심중 깊이 놓치지 않는 노력이란 신의 있는 사람됨이로다. 이 있어 세상은 왜 천국이 아니겠는가! 평화향(平和鄕)이 못 될 것인가! 선생이여, 우리들은 다 신의를 위해 목숨을 버릴 것임이니이다. 원컨대 마음을 놓으시기를!

Boys be ambitious라고. 일상 가르치신 교훈. 원대한 야망 없는 곳에 멸망이 있을 뿐, 필히 대국(大局)에 눈을 뜨라고! 아 청년이여, 그대의 야망을 원대하게 하라고 우리들은 심중에 부르짖으며 세파를 건널 뿐.

우애는 영원한 것이라고. 입학날부터 바로 수일 전까지 선생은 외치지 않으셨는가? 벗은 제2의 나다. 좋은 벗을 발견하라! 지기를 찾아내라. 이를 위해서는 우선 너 자신이 상대의 충실한 벗이 되라! 이야말로 좋은 벗을 얻는 유일의 방도라고. 우리들은 영구히 이 교훈을 지키며 좋은 벗을 얻기에 노력할 것이며, 또한 과거 5년간의 우리의 우애를 증진하기에 힘쓸지라. 원컨대 선생이여, 우리들의 우애의 영속(永續)을 빌어 주시기를.

의! 이 한 글자 어찌 그리 우리들의 폐부를 찌름이 강한고. 선생은 지난날 정몽주의 초상 앞에서 울었다고 말씀하시지 않았는가. 왜, 선생은 우셨는가? 그렇다, 정선생이 선죽교에서 흘린 혈흔은 의(義)의 권화(權化)였기 때문이었으리라. 아, 우리 스승의 의를 사랑하였음이여! 선생은 또 말씀하셨다. '우리들은 불의로써 의를 이기려는 자를 abhor해야 할 것이라'고. 아, 이 말씀이야말로 성서에 근원함이여, 우리들의 처세의 지침이 될 것이로다. 스승이여, 모름지기 안심하시라. 우리들은 이 교훈을 지킬 것임이니이다.

우주의 광대무변함을 가르치시고 그 위에 인간계의 제(諸)현상을 비교하여 쓴웃음을 보이신 스승이여! 스승의 가르침으로 우리들은 동포는 물론 원수도 사랑해야 할 것을 깨달았도다. 이로써 우리들의 인생관은 180도의 전환을 보았도다. 우러러 천공을 바라보면 일월(日月)이 걸리고 성신(星辰)이 반열했다고.

말하고 또 말해도 한이 있을소냐! 이 정도로 멈추는 것이야말로 도리어 선생의 존엄을 높이는 까닭일 뿐, 우리는 지금 여기 사은의 미성(微誠)을 표하여 조품(粗品)을 증정하려고 하나 사은에 대한 감사의 행위 어찌 이로써 다할소냐! 아니 사은에 대한 감사의 길은 달리 오직 하나 있을 뿐. 무어냐? '과거 5년간의 교훈을 실행하는 일' 이것이다…' (1938년 4월 『성서조선』 제111호)

나는 이를 당시 일본 동경에서 읽었다. 일본 모 대학 교수는 이를 읽고 실로 위대한 교육이라고 찬탄하던 것을 지금도 잊을 수 없다. 경기에서도 선생이 중국 지리 시간에 눈물로 제갈량의 출사표를 외우시고 이를 학생들에게 암송시켰다고 들은 일이 있다. 또 선생은 당시 그 극심했던 총독부의 조선어 말살정책 밑에서 끝내 우리말로 강의하셨다고 들린다. 그런데 우리에게 있어서 선생은 오늘날까지 여전히 묵살되고 있는 것이다. 그러나 선생의 이 지성(至誠)의 교육도 우리에게 아무런 힘이 될 수 없었다면, 이는 선생의 불행 이상 우리 민족의 깊은 무지와 부도덕, 죄악의 표시일 뿐으로 민족의 앞날을 위해 실로 중대한 일이 아닐 수 없다. 이 점 실로 선생 자신 양정 10년에 다시 민족의 종교와 신앙을 위해 이 교육의 길을 아주 포기했던 것이다.

이는 사람의 양심 문제, 죄악의 문제, 구원의 문제란 교육이나 단순한 도덕적인 노력만으로써는 도저히 근본적인 해결을 볼 수 없기 때문이었다. 그리고 선생에게 있어서 이미 자신의 내적 과정이 이를 증명한 것이었다. 따라서 민족의 신앙을 위한 선생의 『성서조선』지 간행이야말로 교육 이상(以上) 한국의 신앙사, 기독교사에 있어서 선생의 존재를 더욱 특이하게 하는 것이다. 그리고 선생 신앙의 특이성은 신앙을 기성 교회와 같이 제도나 교회 조직, 전통, 의식, 교리, 신학, 기독교 사상, 사업 등으로 그것도 더욱 경제적인 원조와 함께 외국 전래의 것 그대로를 받으려 하지 않고 오직 진실한 조선 사람의 혼에 의한 기독교의 경전 성서 자체의 연구로써 이의 민족적인 소화를 꾀한 것이다. 선생은 당시 벌써 우리에게 있어서 길선주, 김익두 목사 유(流)의 감정적인 신앙 태도는 성서의 건실한 학구적인 탐구로 방향을 돌려야 한다고 강하게 주장하셨다. 따라서 선생은 늘 우리 민족의 감정적인 열(熱)하는 머리에 냉수를 쳐 가며 믿어야 되겠다고 하셨다. 그리고 선생의 성서 강의야말로 고래의 영독(英獨) 모든 주석서와 희백(希伯) 원전 및 사전류까지 제반 문헌을 총동원하여 선생의 그 과학적인 치밀과 넓은 학문과 깊은 신앙과 진지한 생활 체험으로 이의 본질을 구명하는 실로 광부가 깊은 지심(地心)에서 광맥을 캐는 듯한 놀라운 것이었다.

나는 선생이 돌아가신 후 선생 서재를 정리하며 바우어의 희어(希語)대사전, 홀렌베르크의 히브리어 문전(文典), 슈트라크 빌렐베크의 주해 그리고 칼뱅, 마이어 주석, ICC 등 전질을 발견하고 놀랐던 것이다. 이 점 우리는 『성서조선』지 제75호 권두문 '성서조선의 해(解)' 중 옆에 간단한 표어로써 이의 간행 목표와 민족 신앙에 대한 선생의 위대한 포부에 접하는 것이다. 선생은 이에 '성서와 조선', '성서를 조선에', '조선을 성서 위에'라고 하셨다. 그 일절에 "과학 지식의 토대 위에 새 조선을 건설하려는 과학 조선의 운동이 시대에 적절하지 않음이 아니요, 인구의 8할 이상을 점한 농민으로 하여금 덴마크식 농업조선을 중흥하려는 기도가 시의(時宜)에 부합함이 아니며, 기타 신흥 도시를 위주한 상공(商工) 조선이나 사조(思潮)에 파도치는 공산 조선 등등이 다 그 진심 성의에만 나온 것일진대 해로울 것도 없겠지만, 이를테면 이런 것들은 모두 풀의 꽃과 같고 아침 이슬과 같아 오늘 있으나 내일은 그 자취도 찾아볼 수 없을 것이며, 사상(沙上)의 건축이라 풍우를 당하여 파괴됨이 심하지 아니치 못할 것이다. 그러므로 이러한 구형적(具形的) 조선 밑에 영구한 기반을 넣어야 할 것이니 그 지하의 기초 공사가 곧 성서적 진리를 이 백성에게 소유시키는 일이다. 널리 깊이 조선을 연구하여 새로운 조선을 성서 위에 세우라. 그러므로 '조선을 성서 위에'"라고 하셨다.

그리고 민족의 신앙 소화를 위한 선생의 이 진지한 노력은 자연 또한 우리의 형식적인 교회주의에 대한 심한 공격과 싸움으로 나타난 것은 물론, 나아가서는 모든 사이비한 신앙과 비본질적인 믿음에 대한 거부와 비판으로 나타났다. 한국 복음교회의 감독이었던 최태용 씨의 한국적 신학의 수립 및 독립 교회 건설 등의 주장에 대해서도 선생의 무교회적인 입장에서 격심한 논쟁이 있었다. 또 동양학의 권위이신 유영모 씨의 기독교에 대한 동양적인 해석 내지는 범신주의, 금욕주의 등에 대해서도 심한 경계를 표시했다. 그리고 이광수 씨의 기독교 도덕 특히 산상수훈에 대한 톨스토이적인 이해와 예찬에 대해서도 이는 기독교 신앙의 본말을 전도시키는 것이라고 태도를 분명히 하셨다. 선생이 오늘 계신다면 필시 함석헌 씨의 예수의 속죄, 부활 없는 천박한 소위 진보 신앙에 대해서도 노(No)를 외쳤을 것으로 생각된다.

여기서 우리는 선생의 무교회주의가 민족의 종교 확립을 위한 이렇듯 진지 철저한 성서 즉 경전 중심의 본질적인 탐구였을진대 한국 교회가 선생을 무교회자 운운하여 언제까지 묵살하는 일이 없기를 바라는 바이다. 선생은 결코 교회주의적인 의미의 소위 무교회주의자는 아니었다. 전기(前記) 최태용 씨가 언제 선생을 우치무라에게서 무교회주의를 배웠다고 하여 크게 논전이 벌어진 일이 있었지만, 이 때에 선생은 자신이 우치무라에게서 배운 것은 소위 무교회주의가 아니고 성서의 진리였으며 진정한 복음이었다고 했다. 따라서 선생에게 있어서 무교회주의란 성서의 진리, 신앙만의 신앙,

진정한 복음과 그대로 이퀄 관계였던 것이다. 이 점 민족의 종교 신앙과 진리에 의한 도덕적인 회개를 위해 바쳐진 선생의 생애가 일관 멸시와 수난 속에서 끝난 것은 우연이라고 할 수 없으며, 이는 분명히 선생을 통한 우리 민족에 대한 종교 개혁적인 하나님의 깊은 섭리였던 것이다.

우리는 근세 기독교사의 사실로 보아도 영국의 위클리프(Wycliffe), 보헤미아의 후스(Hus), 이태리의 사보나롤라(Savonarola) 등으로부터 루터(Luther), 칼뱅(Calvin), 츠빙글리(Zwingli) 등 직접 개혁자들을 거쳐 다시 프랑스의 장세니스트(Jeansénist), 화란의 아르미니우스(Arminius)파, 영국의 웨슬리(Wesley) 운동 등 모두 진지 방대한 성서 연구에 의한 진리 탐구와 신앙 싸움으로 민족적인 종교 개혁과 신앙 확립 그리고 나아가서 각기 민족의 도덕적인 자각을 가져왔던 것이다. 이 점 한국 교회가 기독교 전수 일세기에 아직도 이야기체의 성경 교재나 수양담(修養談) 조의 설교를 지양 못하는 한 앞으로 또다시 백년이 지나도 기독교 신앙을 진정 소화할 수 없을 것이며, 이 민족의 도덕적인 척골을 넣을 수 없을 것은 물론, 도리어 이런 사이비 신앙은 앞으로 국가와 민족에 크게 화가 될 것이다.

그리고 오늘날 우리 교계에서 성히 유행되고 있는 소위 신학이나 기독교 사상이란 역시 극언하여 신앙의 찌꺼나 화석으로 신앙 자체는 아닌 것이다. 근대 위기신학(危機神學) 운동 역시 단적으로 말하여 종교 개혁 시대의 산 깊은 성서 신앙의 조직화, 상품화에 불과한 것이다. 도대체 신앙이란 머리로써 이해, 설명, 납득될 수 있는 것이 절대 아니다. 이는 성서 진리에 대한 신앙적인, 도덕적인, 전인적인 노력으로써만 가능한 것이다. 이가 현대의 이 인류적인 무신 문명의 과학 만능, 물질주의, 성적 타락 등에 대해 바르트(Barth), 브루너(Brunner) 등의 신학 운동이 현대인의 도덕과 사회 만반 현상에 대한 일대 혁신으로서의 종교 개혁에까지 이르지 못하는 이유이다. 아니, 도리어 그것은 우리가 불트만(Bultmann) 등의 경향에서 보는 대로 더욱 신앙을 하나의 철학으로 정신주의로 끌고 가고 있다. 이 점 나는 늦게나마 우리 교계에서 성히 신앙의 풍토화가 논의되는 작금 선생의 요절을 진정 슬프게 생각하는 바이다. 그러나 한 민족이 사람의 생명이고 본질이 되는 하나의 종교를 자기 것으로 만드는 일이란 아무리 저가 위대한 인물이라고 하더라도 이를 결코 한두 사람에게 기대할 수는 없는 일이며, 또 짧은 시간에 이가 이루어질 수 있는 성질의 것도 아닌 것이다. 더욱 과거 불교도 유교도 제대로 소화시키지 못한 따라서 민족의 높은 도덕 생활의 추진력으로서의 진정한 종교를 갖지 못한 우리에게 있어서 그렇다. 그러나 이 점 나는 김선생을 통해 우리에게도 민족의 이 본질적인 일이 분명한 방향으로써 제시되고 또 굳게 토대가 놓여진 것으로 믿는 바이며, 앞으로 이 방향에서 우리의 진지한 노력이 꾸준히 계속되어야 될 줄로 믿는다.

끝으로 간단히 '성서조선사건'으로 선생의 투옥을 보고 본고를 마치려고 한다. 그런데 이 사건의 직접적인 발단의 원인이 된 것은 이 사건으로 결국 158호로써 선생 잡지의 종간호가 되고 만 1942년 3월호 『성서조선』 지상에 게재되었던 선생의 「조와(弔蛙)」라는 제목의 단문이다. 그것은 선생이 말년 개성 송도고보에 잠시 계셨을 때의 일인데, 선생이 이 때 연중 새벽 기도터로 삼으신 송악산 기슭 조그만 못가에서 혹한이 걷히고 얼음이 풀린 어느 봄날, 얼어죽은 많은 개구리의 시체를 발견하고 이를 모아 매장하고 난 뒤 다시 못 속에서 아직도 두어 마리 살아 남아 기어다니는 것을 보고 '아, 전멸은 면했구나!' 하고 외치셨다는 단문인데, 이는 물론 소위 대동아전쟁 말기 일제하 민족의 무서운 시련을 그린 것이었다. 선생은 검사의 취조에서도 끝끝내 황국신민서사는 망국신민서사가 될 것이고, 일본이 일중(日中) 전쟁을 저지른 것은 어린애가 호랑이 탄 격으로 어차피 죽을 수밖에 없으며, 일본 천황도 하나의 신의 창조물에 불과하다고 분명히 대답하셨다고 들린다. 이는 선생에 있어서 신앙 고백이요, 또한 진리에 대한 충성과 함께 민족의 양심의 표명이었다고 생각된다. 그리고 선생에 있어서 기독교의 진리는 실로 이 민족의 참된 양심과 굳게 결부하여 비로소 민족의 산 신앙으로, 생명으로, 도덕으로 깊이 뿌리를 박게 되는 것이었다. 이 점에서 나는 선생을 진정 민족의 종교 개혁적인 인물로 추앙하는 바이다. (1965년 4월 『사상계』에서 재수록)

내가 아는 김교신 선생

박사명(朴使命) | 집필 당시 에덴 미술공업사 대표. 생몰 여부 미상

구건 선생과 함께 이사 나가신 김교신 선생을 심방한 댁(宅)은 바로 정릉 댁입니다. 그 때는 그분의 집 둘레가 배밭이요 깨끗한 정릉의 산골짜기 물이 흐르는 개울 옆에 있는 아담한 집이었는데, 그 시절 정릉의 그 울창한 노송은 지금은 흔적도 없습니다. 싱싱한 배를 대접받았던 기억이 나니 아마도 가을이었나 봅니다.

정릉으로 이사 가시기 전 공덕리 댁은 지금 공덕동 장로교회가 선 바로 북향 아래였습니다. 구건 선생이 염리동 소년선교회에 나갈 무렵이었는데 나는 그 댁의 우물을 파 드린 일이 있습니다. 그 때 그 댁은 수질이 나빠 식수로 곤란을 겪으셨습니다. 맏따님 진술 양 아래로 따님이 여럿이 있는데, 그들의 이름은 지금 다 기억나지 않는군요. 진명고녀(高女)를 졸업하고 이화여전을 다니었던 맏따님에 대한 이야기는 지금도 기억나는 게 있습니다만, 그 얘기를 지금 말해 무엇 하겠습니까.

김선생이 나에게 끼친 감화는 매우 컸습니다. 또 그분 주위에 있는 젊은 분들에게 끼친 영향도 컸습니다. 선생은 댁에서 개인 집회를 가졌었지요. 그 당시 김선생 집회에 모인 제자분들은 불과 10여 명밖에 안 되었지만, 모

두 진지했습니다. 때로는 한두 사람을 상대로 성서 강의를 하기도 했지요. 항상 경건한 선생은 『성서조선』의 원고쓰기와 편집할 때에는 늘 목욕재계하시고 독방에서 골몰하셨지요. 그런 때면 좀체로 사사로운 면회는 으레 거절하였습니다.

　선생과 가깝게 지낸 분 중 내가 아는 분으로는 함석헌 선생이 계십니다. 아마 신앙 동지인 것으로 압니다. 남이 보기에 외로와 보일만치 선생님은 친구분들이 별로 많은 것 같지 않았습니다. 빡빡 깎은 광채 나는 머리로 언제나 숭고한 고승 같아 보였습니다. 만일 그분이 눈을 감고 좌선자세를 취하고 있는 것을 보았다면 아무도 선생을 고승이라고 단정치 않을 사람은 없었을 겁니다. 그분은 항상 기도하는 생활을 하는 기독교인이었습니다. 청년들에게 알뜰히 복음을 전하려고 무진 애쓰시던 분이었지요. 그 때 그분은 기성 교회의 차가운 푸대접과 비판을 받았지만 그분은 조금도 그런 일에는 개의치 않고 오직 성경만으로 사시려고 힘쓴 것으로 알고 있습니다.

　내가 김교신 선생을 알게 된 동기라든지 받은 감화, 그리고 내가 본 그분의 사생활, 성서적인 착실한 사고와 그의 사상들에 대해서는 지금 나의 형편으로는 도저히 힘에 부쳐 이를 조리 있게 쓸 수가 없는 것입니다. 한마디로 말해서 그분같이 예레미야 선지(先知)의 책을 강의하시며 예레미야와도 같이 눈물을 흘린 분은 우리 민족 중에 아무도 없었다고 생각됩니다. 그분만큼 우리 망국민(亡國民)의 죄악을 하나님께 고백하고 그의 구원과 조국의 광복을 그처럼 강하게 믿고 바란 분도 안 계실 것입니다. 항상 눈물로 날을 보내셨지요. 그분이야말로 진정 애국자셨습니다. 성경에서 보면 예레미야 같은 타입이라고 생각되지만 우리 역사에서 본다면 외람됩니다만 충무공 같은 분과 통하는 타입이 아닐까요?

　끝으로 나는 그분이 흥남 질소비료공장에서 승천하게 된 것을 그저 발진 티푸스에 걸린 동포를 돌보다가 희생된 것으로 누구나 믿듯이 그런 구차스러운 억측을 하고 싶진 않습니다. 차라리 일본제국주의의 희생이 된 것이 아닌가 하고 생각합니다. 그러나 또한 신앙적으로 깊이 생각하면 해방을 앞에 놓고 우리 민족의 죄를 지고 희생되신 것이 아닌가 하고 생각하고도 싶습니다. 실례입니다만 선생이야말로 어느 편으로나 희생물이 될 수 있는 거룩한 존재였다고 생각합니다. 뜻밖에 선생님에 대해 쓰라 하니 붓이 무디어 쓸 말을 다 못 쓰겠습니다. 용서를 빕니다.

선생님

정태시(鄭泰時) | 전 공주교대 학장, 풀무농업기술고 이사장. 작고

　11월 3일, 밖에는 눈이 펄펄 날리고 있었다. 메이지 천왕 생일을 축하한다는 식을 마치고 나서 나는 울적한 생각에 멍하니 잿빛 하늘을 쳐다보고 섰었다. 아버지를 여의고 열에 하나 꼴의 일본인 위주로 경영하는 기숙사 생활에 들어간 지 일년도 못 되는 열두 살 소년의 가슴에는 여러 가지 환상이 떠오르고 지나갔다. 아버지 초상 치르던 일, 그것도 맏아들이라고 하여서 7살 위인 누님과 7살 아래인 남자 동생을 안방에 두고 혼자서 밖에 나가 조객을 맞이하던 일, 300리 길을 이틀 걸려서 초상을 지낸 지 두 달도 안 된 몸으로 혼자서 시험을 치르러 왔던 일, 지금 그 시간에도 눈물로 중년 과부의 슬픔을 견디고 계실 어머님의 야윈 모습, 이러한 모든 것이 다 아버지가 한창 나이에 별안간 세상을 떠나심으로 말미암아 닥쳐온 비극이라고 생각이 미치자 어쩌면 또 그렇게 나라마저 없어서 침략자의 임금을 찬양하는 자리에 서 있어야 하는가 하는 생각이 머리를 스쳤다. 아버지가 아니 계신 것과 나라가 망한 것이 같은 일로 여겨졌다.
　관립 경성사범학교는 지금에 와서 생각하여 볼 때 대단히 자유주의적인

분위기를 가지고 있었다. 한국인 학생을 위하여 조선어과 강의가 따로 있었고, 이희승, 조윤제 같은 분이 한국인 학생을 따로 모아 놓고 우리말 교육을 시켜 주셨다. 방과 후에는 과외 활동이 장려되어서 모든 학생은 반드시 한 개의 운동부와 한 개의 과목별 연구부에 가입하는 것이 불문율로 되어 있었다. 나는 운동으로는 배구부에 들었고 학술면에서는 조선어 연구부에 가입하였다. 운동은 4학년 때 가서 중단을 하고 말았지마는 조선어 연구부는 졸업 때까지 계속해서 임원으로 활동을 하였다. 계별로 『청계』라고 하는 잡지를 유인물로 내었으며 『조선방언집』과 『민요집』을 출판했다. 이것도 비록 유인물이기는 하였으나 분량도 300여 면에 달하는 큰 것이었고 이 분야에서 단행본으로 출판되기는 이것이 우리나라에서 처음의 것이었다. 나에게는 주말이 되면 한성도서주식회사와 이문당을 중심으로 해서 안국동 서점가를 구경하러 다니는 것이 즐거움이었다. 아버지 덕분으로 두 달만큼 연금이 나올 때면 우리나라 말과 역사 또는 문학 서적을 한 아름씩 사오는 것이 큰 기쁨이었다. 『흙』, 『이순신』, 『단종애사』, 『상록수』 같은 소설이나 박용철을 비롯해서 웬만한 시인의 시집은 다 사 모았다. 나도 신문과 잡지에 어설픈 시와 수필을 기고하기도 하였다. 그러는 한편 『한글』 잡지는 『흙』이나 『상록수』와 함께 그 당시의 모든 한국 청소년이 그러했듯이 강렬한 민족의식을 불어넣었다. 나의 졸업 논문이 「조선 시가 연구」라는 제목으로 조윤제 선생에게 제출된 것은 당연한 귀결이었다.

　졸업 시기가 임박해지자 근무지에 대한 희망을 학교 당국에서 조사하였다. 교생 실습 성적이 과히 나쁘지 아니하였으므로 서울을 지망할 수도 있었겠는데 무슨 심산이었던지 동생이 중학교에 갈 나이가 되었으니 그 편리만 고려해 준다면 강원도로 가겠다고 적어 내었다. 그 결과로 첫 부임지가 춘천보통학교로 낙착이 되었다. 춘천에 가서 처음 생각이 난 것이 『한글』 잡지에 때때로 기고를 하던 신모(申某)였다. 그를 찾아가서 이야기를 하는 동안에 그 바로 위의 형 신근철 씨가 『성서조선』의 애독자이고 그렇게 되기까지에는 수원농고 기숙사에서 생활을 같이 하던 류달영 씨의 우정과 신앙이 영향을 준 것을 알았다. 『성서조선』이 부피가 적고 별로 읽을 거리가 없는 것 같았으나 워낙 한국에 관한 서적이나 잡지에 대해서 관심이 있었으므로 이것을 구독하기 시작하였다.

우리 어머니는 여러 남매를 낳아서 애써 키우셨지마는 장성한 자녀는 넷밖에 되지 않았다. 위로 둘이 여자였는데 맏누님은 출가했다가 해방 전에 세상을 떠나고 그 다음 누님은 출가한 지 얼마 안 되어서 과부가 되었는데 소생도 없고 시댁의 형편도 어려워서 독립생활을 하면서 어머니를 자주 찾아 뵈러 왔었다. 그런데 그 누님이 가톨릭에 입교하면서 어머니도 뒤따라 가톨릭 신자가 되었다. 내가 대여섯 살 되었을 때 어머니를 따라 예배당에 간 일이 있었다. 아버지가 처자의 행방을 찾다가 예배당까지 오시고 예배 도중에 불러내시더니 어머니를 몹시 나무라시던 것을 지금도 기억한다. 우리 집안은 이조와 함께 몰락을 하였을망정 판서댁으로 불리우는 양반이었다. 철저한 유교 신앙을 가진 아버지에게는 남유달리 사랑하는 아내와 아들이 정체가 불명한 사람의 명령대로 마루 바닥에 꿇어 엎드려 있는 것에 대해서 격분을 금할 수 없는 일이었던 것이다. 그러나 오랜 세월이 흘러가고 큰아들 하나만이라도 결혼을 시켜 놓고 난 마당에 가톨릭에 입신하게 된 것은 딸의 권고가 아니라도 큰 심적 저항을 받지 않으셨으리라 쉽게 짐작이 간다. 어머니가 입신한 뒤에는 사랑하는 아들에게는 신자가 될 것을 간곡히 권유하였다. 어머니를 모시고 성당에 몇 차례 가 보긴 하였으나 섣부른 과학지식을 가진 사람으로서는 처녀 잉태니, 수없는 기적의 연속이니, 부활과 영생이니 하는 교리가 우습게만 들렸다. 더욱이 민족주의자를 자처하는 나에게 크게 걸림돌이 된 것은 신부님의 설교 중에 관헌의 말을 순종해야 한다는 대목이 있었던 것이다. 계속해서 성당에 같이 나가자고 하는 어머니에게 나는 나대로의 불복종의 항변을 전개하였다. 어머니는 소설을 좋아하셔서 신구 소설을 거의 안 읽은 것이 없었다. 나는 신문의 연재 소설도 매일같이 읽어 드리고 때로는 단행본 소설도 읽어 드리기도 하였다. 그분은 정규의 학교를 다닐 수 있는 시대적 혜택은 못 받았지만 교양이 있는 여성임에는 틀림이 없었다. 그러나 신학문을 배웠다는 아들의 과학적 논리 전개를 설득시키지 못한 어머니는 마지막 수단으로 나에게 신부님을 찾아가 감화 받기를 권고하였다. 나는 어머니의 권고에 순종하였으나 결과는 어머니를 실망시키는 것밖에는 되지 않았다. 특히 "일본 경찰의 식민지적 정책 강행에 대해서도 순종하여야 되겠느냐"는 나의 질문에 대해서 그 신부님은 성경의 말씀이 그러니 도리가 없다는 데 대해서는 다시 더 이야기를 나누고 싶지 않았다. 그분은 물론 가톨릭의 사회 참여가 그 때 그분의 말처럼 미흡하지 않다는 것은 그 후에 알게 되었지만 그 당시의 정황은 그런 인상을 받았다.

처음 『성서조선』을 대해서도 성경 연구는 별로 읽을 흥미를 느끼지 못했다. 거기에도 기적이니 부활이니 하는 단어가 자주 보이기 때문이었다. 단 권두에 실리는 '신앙과 인생' 식의 글은 상당히 공감을 느끼게 하였는데 가장 탐독을 하게 한 것은 권말에 나오는 일기형의 「성조통신」이었다. 거기에는 연회에 참석하라는 것을 다 거절하고 정릉 산골짜기에 자전거를 타고 가서 채소밭을 가꾸고 거기서 수확한 상추쌈과 토마토를 먹으니 이것이 장부의 즐거움이라느니, 따님이 해산기가 있어서 택시를 세웠는데 운전수가 태워 주지 아니해서 택시를 뒤집어엎었느니 하는 식의 신변잡기에다가 때로는 – 이것은 권두의 글이지만 – 모세가 이상의 인물이라는 것은 그가 '그 형제 이스라엘 자손을 가 볼새 한 사람의 원통한 일 당함을 보고 보호하여 눌린 사람을 위해 원수를 갚아 애급 사람을 쳐 죽였으니'라는 것을 강조하는 것이 기독교를 믿는 사람도 애국자이다 하는 것을 느끼게 하여 『성서조선』 주필을 존경하는 마음이 생겼다.

그러던 중 그분이 신근철 씨를 만나러 내가 살고 있던 춘천엘 온다는 소식을 들었다. 그날 밤 어느 여관방에서 그분을 만나 나의 인생 번뇌 이야기를 하였다. 그분은 역시 나의 문제에 대해서 명쾌한 답변을 하여 주지 않고 다만 성경을 읽고 기도하는 생활을 할 것과 서울과 춘천 사이의 풍경이 아름답다는 이야기를 하시던 것이 인상에 남는다. 그 후 나는 두 해에 걸쳐 그분 댁에서 열린 동기 성서강습회에 참석하였다. 그 때 그분은 어머니가 믿으시는 가톨릭 신앙과 내 새 믿음의 싹 사이에서 괴로워하는 것에 깊은 동정을 기도로 표시하시던 것을 기억한다. 따라서 그분의 가족과도 친면이 생겼고 혹시 상경할 기회가 있어서 그분 댁을 찾았을 때 그분이 안 계시더라도 춘천에서 온 아무개가 아니냐고 반가워해 주시곤 했다.

나는 결혼한 후에 춘천 시내에서 시오리 가량 떨어진 샘밭에 집을 짓고 이사를 가서 그 근처 이웃에 있는 학교에 부부 교사 생활을 하였다. 그분이 우리 집을 찾아오셔서 하룻밤을 지내고 가면서 '도시에서 시골로 온 것이 잘 됐다' '밤에 강 여울 물소리가 듣기 좋았다', '더덕 맛이 좋다'고 하던 말씀이 기억된다. 두 번째는 어머니가 세상을 떠나셨다는 기별을 듣고 조상을 하러 왔는데 그 때는 집도 좁고 해서 몇 시간 머무르다가 떠나갔으며, 세 번째는 '성서조선사건'으로 만 1년 고생을 하고 나서 얼마 안 된 샘밭 걸음이었다.

그 사건이 났을 때에 나도 유치장에 가서 일주일 동안을 지냈었는데 행인지 불행인지 나와 함께 구류생활을 했던 신근철 씨의 맏형 신옥철 씨(제2대 공화당 국회의원)가 그 당시 조선총독부 기관지인 매일신보사의 보안과 출입기자로 있어서 보안 과장이 특별히 보아 주었기 때문에 감일등이 되어서 그 정도로 고생은 면하였으나, 그 통에 내가 가지고 있던 무교회 관계 또는 민족주의에 관련된 서적을 다 압수당하고 계속해서 감시를 받았었기 때문에 그분 댁에 위문도 별로 가지 못하였다. 거기에다 소학교 교원으로서는 도저히 공부할 틈을 낼 길이 없어서 중등학교 교원 자격시험을 볼 계획을 세웠는데, 가장 쉬운 길이 한글과 다소 관련이 있는 한문과 일본어여서 그 방면의 책을 사 모으고 있는 중이었다. 그분이 그 때 하룻밤을 지내면서 일년 동안 편지도 뜸하고 일본어 관계 책이 서가에 있는 것을 보고 가면서 섭섭한 느낌을 말씀하시던 것을 기억하고 있다.

그에 앞서 내가 그분에게 보낸 편지는 번번이 「성조통신」에 실어서 기록에 남겨 놓고 하셨다. 야나이하라 선생이 반국가적 교수라 하여 동경대학을 쫓겨 나온 뒤에 한국에 와서 로마서 강의를 한 일이 있었다. 강의가 일본 기독교 청년회에서 시작되기 전에 그분 댁에서 모임이 있었는데 모여 온 사람들이 제각기 자기 소개를 하는 순서가 있었다. 내 차례가 되자 그분은 야나이하라 선생에게 사직을 각오하고 이 모임에 온 형제라고 주석을 달아주던 것이 기억에 남아 있다. 그 해 1940년 『성서조선』 11월호 「성조통신」에는 다음과 같은 기사가 실려져 있다. 불안이 극도에 달한 관계로 지명도 ×표로 덮어 놓았다.

9월 25일(수) 청(晴). 여행의 피로가 용이히 낫지 안 한다. ○래신(來信) 일매 여하(如下).

"근계 배퇴(拜退)하온 지가 어제 같사온데 어언 일주일이 되었습니다. 그 후 뫼시옵고 주 안에 평강하시온지 삼가 문안드리옵나이다.

문하생은 그 익일 오전 11시게 귀× 등교하였습니다. 너무 심취는 하지 마라는 교장 선생 말씀에 타협하여 사흘만 듣고 가겠노라 한 일, 운동회의 일 등 불안과 초조가 없지 않았으나 제5일날 폐회기도에 머리를 수그리오니 분명히 내 잔이 넘쳐 흐르고 흐름을 깨달아 깊은 행복감 속에 잠기지 않을 수 없었습니다.

낮에는 선생님을 뵈일 수 없는 듯하와 주로 종일 도서관에서 우치무라 선생 전집과 후지이 선생 전집을 숙독하였습니다. 후지이 선생의 순결 진실한 생애는 비상히 고귀한 흥분을 자아내지 않고는 마지않았습니다. 전도의 고단함을 읽고 여러 번 눈물이 돎을 느끼었삽고 거기보다 더 황량한 땅에서 일하시는 선생님을 생각하오니 가엾으시다는 생각이 솟아올랐습니다. 만나는 몇 사람에게 자기의 내심을 토로하여 기독을 선전하다가 대개가 허공을 치는 감이 많을제 나 역시 얼마 전에는 그랬더니 하는 생각도 회억(回憶)하게 되는 동시에 선생님이 쓰신 글도 더 깊은 감격을 가지고 읽게 됩니다.

다소의 불쾌는 감수하리라는 각오를 하고 등교하였더니 의외로 교장 선생은 매우 반겨하시며 노독이나 없었더냐 위로하여 주셨고 운동회도 무사히 오늘 거행하게 되었습니다. 어제 ×××이를 만났더니(××의 제[弟]) 야나이하라 선생 강습에 가려다가 못 갔다고 몹시 애석해 하고 있었습니다. 특별한 은총을 생각하오니 감사하옵기 그지없사옵니다. 총총히 대강 사뢰오며 선생님의 안녕하심을 기구하옵나이다. 9월 20일 문하생 ○○○ 배상"

공립소학교 교장 선생으로서는 쉽지 못한 어른인 듯하다. 저와 같은 교육가에게 또 그 자자손손에게까지 큰 복 됨이 있을진저.

그 후 한 달이 채 못 된 10월 12일자 「성조통신」에는 다음과 같은 내 편지가 실려 있다.

새로운 기도(企圖) 하나 여하 "근계(謹啓) 은혜 중에 선생님 기체 강녕하옵신 줄로 문안 아뢰옵나이다. 문하생은 거월(去月) 20일에 운동회를 무사히 마치고 27일 아동을 인솔하고 경성 수학여행을 갔었습니다. 순 시골 아이들이라 낙오자 찾으러 다니느라고 몹시 피곤하고 선생님도 가 뵈옵지 못했습니다. 단 아이들을 데리고 종로 야시와 본정(本町) 서점에서 선생님을 따르고 있는 두 동지를 만나 선생님을 뵈인 거나 다름없이 반가왔습니다. 여정을 마치고 29일 종(終)열차로 ××역에 귀착하니 어머님 병환이 위급하니 자동차로 귀가하라는 기별이 기다리고 있어 놀람과 슬픔으로 어찌할 바를 몰랐습니다. 그 후 일주일은 학교는 사뭇 결근, 조퇴, 지각을 하고 이번 주일부터는 어머니께서 차차 회복하시는 듯해서 수미(愁眉)를 열고 천부 (天父) 홍은(鴻恩)에 감읍하고 있습니다.

『성서조선』이 올 때가 되어 몹시 고난이나 받으시지 않나 하고 민망하옵니다. 민군이 경사(京師) 재학시부터 문하에 수교(受敎)하였다는 말을 듣고 "나도 좀 권고해 줬더면!" 하는 회한이 깊어 이번엔 문하생이 그런 칭원(稱寃)을(?) 듣지 않도록 적극적으로 권고하기로 결심하고 몇몇 친지의 양해를 구해 놓았습니다. 이번 호부터 5부씩 더(생[生]의 것까지 합 6책) 보내 주시면 대금을 수집하여 월말 안으로 송금하 겠습니다. 이번에는 『최용신 소전』 3책, 『무교회』, 『프로테스탄트의 정신』 각 2책도 동송하여 주시옵소서.

모든 사람의 눈과 귀가 바로 보고 들을 수 있도록 열리어지기를 기원하고 곡식이 누렇게 물든 전원을 바라보며 너 자신 먼저 더 진실하라고 자신에 타이르고 있습니다.

『성서조선』과 성역을 지고 애쓰시는 선생님 위에 주 은혜 더욱 풍요하게 내리시옵기 기구하옵니다. 10월 8일 문하생 ××× 배상"

누구나 입신 후에는 이 필자와 꼭 같은 만시(晩時)의 탄이 없지 않는 법이다. 친구들을 위하여 각기 그 칭원 듣지 않도록 도모할진저.

『성서조선』을 읽게 되고 그분을 만나게 되어 교원으로서 크게 출세도 못하고 한글 공부에도 깊이 들어가지 못했으며 거기에다 어머니가 오래 우환 중에 있다가 세상을 떠나시는 바람에 눈물로 밥을 말아 먹는 생활이었으나 또 그 반면에 덕을 본 일도 한두 가지가 아니다. 지금은 뜨뜻미지근하지만 그 때는 괴로움 속에서도 맑은 샘물을 마시고 사는 듯한 느낌이었고 해방 때나 4·19 때나 크게 욕되지 않는 세월을 보낸 것도 그분의 덕이며 영어 공부를 해서 외국 여행을 많이 한다는 소리를 듣는 것도 그분 덕이다. 여기엔 해설이 필요하지만 해방 후에 고향인 원주에서 고등학교 교감으로 있으면서 우리말을 가르치던 때가 있었는데 국정 교과서가 없는 때이라 내 멋대로 『성서조선』 권두언 – 가령 「무한의 흥미」, 「전공과 기호」, 「졸업생에게」 같은 글을 교재로 썼으며 과외로 희망자에게 『성서연구』에 다시 연재되던 「성서적 입장에서 본 조선 역사」를 학생들과 같이 읽었다. 한번은 문교부와 강원도의 고위층이 와서 연구 수업을 본다고 하여 함선생의 '돌아간 김교신 형 집을 찾고'라는 시를 교재로 하여 내가 직접 수업을 담당한 일이 있었다. 그것이 평이 좋다고 하여 장학관으로 오라는 교섭을 받았는데 이것을 사양하게 된 것은 김교신 선생 영향도 있었고 또 그 당시 미국 여 선교사 에스터 레아드 양에게서 영어를 배우기 시작하였는데 영어 실력은 없으면서 성경 실력이 있다고 하여 반장 노릇을 하였고, 레아드 선생이 서울로 가느니보다 미국으로 가는 것이 좋겠다고 하는 권고가 있었으나 안 가고 말았으니 이 점도 간접적으로 그분의 덕택이다. 6·25 이후 가끔 잡지나 방송에서 인생 문제에 대한 이야기를 하게 되는데 따지고 보면 다 그분의 말씀이나 글월을 재탕해 면책을 하고 있는 셈이니 그것도 여간만한 혜택이 아니잖은가?

누구나 사람은 많은 선생에게서 영향을 받지만 참 선생님이라고 부를 만한 선생님은 그렇게 많지 않다. 나는 아버지를 일찍 여의었을 뿐 아니라 아버지가 생존하였을 동안에 몇 해를 떨어져 살았기 때문에 그 어른과 인생 문제를 이야기할 짬이 없었다. 물론 그 어른의 남성적 성격 또는 어른이 일찍 세상을 뜨시려고 그러셨던지는 몰라도 남유달리 우리들에게 대해서 인자하시던 일 – 그분은 억척스럽고, 오래 가지는 않아도 화를 내면 아무리 세상없는 장사라도 벌벌 떨 정도이었다 – 우리 남매에게 대해서는 성내거나 더구나 궁둥이라도 때리거나 한 일이 없었던 일이 잊혀질 리 없다. 어머니도 환갑을 못 지내시고 세상을 떠나셨지마는 그래도 아버지보다는 상당히 오랜 세월을 모시고 지냈다. 그래서 내 일생에 있어서 단 두 분만 '선생님'을 고르라면 아무래도 어머니와 김교신 선생을 들지 않을 수 없다.

김교신 선생을 첫번 겨울 성서강습회에서 만나 뵈었을 때에 감탄한 것은 그분의 말씀이 그대로 인쇄를 해 놓아도 한 글자도 더하고 덜할 수 없게 조리 있고 감동적이라는 점이었다. 지금도 『김교신 신앙저작집』(본 전집)을 읽어 보면 어떻게 그다지도 문장이 꼭 짜여져서 믿음의 감동을 느끼곤 한다.

'그 선생님이 살아 계셨으면' 하는 생각을 해방된 뒤에 나도 여러 번 하였지만 수많은 사람이 똑같은 소리를 하는 것을 들었다. 그분은 물론 철저한 믿음의 사람이었지마는 또한 행동의 사람이었다. 「성조통신」에 보면 그분이 젊은 학생과 마라톤을 하거나 씨름을 해서 지는 일이 없는 분인데도 가끔 감기, 몸살로 약을 드셨다고 하는 것이 적혀 있다. 그것은 그 선생님이 학교 교원, 『성서조선』 간행, 가정 관리와 그 밖에도 가령 나 같은 사람까지도 몇 백 리 길을 멀다 않고 찾아오시듯이 일이 믿음에 관계된 것이라 하면 한 사람을 붙잡고 밤을 새우시는 등 초인간적 살림을 하셨던 것으로 생각이 된다.

그분이 '양칼'이라는 별명을 들으셨다고 하는데 그만큼 그분이 옳은 일을 위해서는 양보함이 없었고 당신에게 엄한 것처럼 사랑을 쏟은 모든 사람에게 채찍을 멈추지 않았지마는 내가 그분을 만나 뵈이기 시작한 때에는 유난히 넓은 이마가 광채를 발하고 있었고, 인간 이상의 사랑이 넘치고 있었다. 가짜라고 하는 말이 우리 사회를 대표하는 말처럼 된 지금 백퍼센트 진짜의 생활을 하고 가신 그분은 분명히 우리 민족이 오랜 역사를 두고 참 선생님으로 모셔야 할 분이라고 생각된다.

글도 안 되는 글을 지금까지 꽤 많이 활자화해 온 나이다. 그러나 이 글처럼 난산한 것은 없었다. 선생님에 대해서 제대로 쓸 수 있는 사람이 어디 있겠는가. 안연(顔淵) 같은 분도 그러지 않았는가. 그러면서도 이 글처럼 꼭 써야 한다는 생각에 정신적 중압감에 고통을 겪은 글도 없다. 그것은 아마도 '선생님'의 사랑을 받았으면서 이 나이가 되도록 이 모양, 이 꼴로 사는 것이 두려워서이기 때문일 것이다.

오산에서 뵈온 스승

박승협(朴勝莢) | 집필 당시 투자개발공사 이사. 생몰 여부 미상

1929년은 내가 평북 정주군 갈산면 시골에 있었던 오산고등보통학교 재학 시절이었다. 내가 김교신 선생을 처음 뵙게 된 것은 바로 이 해였다. 그 당시 나의 생각에는 세상에 오산학교처럼 훌륭한 학교가 다시없는 것으로 느껴졌고 따라서 자부심에 벅차 있었다. 후일 이것이 내가 우물 안 개구리였던 까닭임을 자인하지만 그래도 그럴만한 자기 나름의 이유는 있었던 것이라고 생각된다.

이것을 설명하자면 나의 어린 시절에 대해 다소 언급할 필요가 있게 된다. 나의 어린 시절에는 구학문 즉 한문을 숭상하는 풍조가 아직도 컸었는데, 나의 선친께서는 신문물에 선각한 바 있어 스스로 신학문을 위한 교육에 뜻을 두고 고향 박천군 덕안면에 사립 덕명학교를 창립하셨고, 나의 셋째, 넷째 형들이 모두 이 학교를 거쳤고 나도 이 학교를 통해 오산고보에 입학한 것이었다.

내가 소학교에 들어가기 바로 전해가 기미년이었고 그 때 서울 전수학교(경성법학전문학교의 전신)에 재학 중이던 셋째형이 3·1 운동에 가담하여 운동 중 체포되어 3년의 징역형을 언도받고 복역 중에 나는 소학교에 등교하게 되었다. 이 때 형의 옥중생활로 인해 단장(斷腸)의 비애 속에 눈물

로 세월을 보내시던 어머님의 모습을 나는 평생 잊을 수 없게 되었다. 북풍에 한설이 휘날리던 겨울 옥중에 있는 형이 손발이 온통 얼었다는 소식을 듣고 밤을 지새워 상경하시던 어머님의 모습이 어린 내 가슴에 그 무엇을 다짐하게 했던 것이다.

이러한 환경 속에서 자라난 어린 나에게는 민족 정신이 한없이 숭고한 것으로 느껴졌고, 민족을 위해 일하는 분들이라면 이 또한 한없이 높이 우러러보였던 것이다. 이상재 선생이 그랬고, 안창호 선생이 그랬고, 이승훈 선생, 조만식 선생도 더 말할 것이 없었다. 이러한 환경과 이러한 사건들과 이러한 선생님들이 나의 유년 시절의 인격을 형성했고 더욱 오산고보 시절에는 이승훈 선생과 조만식 선생을 직접 모시고 문하에서 배움을 갖게 되었던 벅찬 감격이 나로 하여금 위 자부심을 갖게 한 것도 있을 법한 일이었던 것이다.

나의 오산학교 시절에 또 하나의 전기가 된 사건은 노령의 지도자들 속에 의기발랄한 청년 선생이 우리 교단에 서게 된 일이었다. 동경에서 고등사범을 졸업한, 팽팽한 의욕에 넘친 젊은 선생으로 이가 바로 함석헌 선생이었다. 이승훈 선생님이 기독교를 신봉했던 탓도 있었지만, 특히 당시 기독교 신자는 민족주의자와 이퀄 관계로 느껴져 우리들은 이 때문에 또 기독교를 흠모해 오던 터이지만 함선생께서 오산에 오시자 기독 학생들의 모임이 활발해지기 시작했던 것이다. 이래서 오산 기독학생회가 조직되고 서울 등지에서 명사들을 초빙하여 신앙에 관한 강화(講話)를 듣는 일이 종종 있었던 것이다.

그 때 함선생과 동지 되는 다섯 분이 서울에서 『성서조선』지를 간행하기 시작했고, 김교신 선생이 또한 직접 오산에 오셔서 강화를 하신 것도 이 때의 일이었다. 당시 나 자신은 16-17세였는데, 김선생과 같이 그 때 오산에 오셨던 분들은 양인성 선생과 류석동 선생 두 분이었던 것으로 기억된다. 김교신 선생의 첫인상으로 깊이 남은 것은 세 분 중에 가장 안광과 이마의 광채가 빛난 것이었다. 음성은 가라앉은 저력 있는 목소리였다. 부끄러운 일이나 그 때 주신 말씀은 지금 잘 기억되지 않는다. 다만 그 때 받은 말씀의 감명만은 지금도 새롭다. 그 때 나에게는 말씀도 말씀이었지만 어쩐지 선생의 존재 자체가 우리 민족의 장래를 희망에 차게 해주었던 것이다. 김교신 선생과 나의 인연을 한 가지만 더 아래 기록하기로 한다.

1942년으로 생각되는데 김교신 선생을 비롯해서 함석헌 선생 등 동지 여러분과 『성서조선』지 전국 독자에 이르기까지 일경에 의해 투옥되었던 소위 『성서조선』지의 필화(筆禍)사건 때 일이다. 당시 나는 동경에 유학 중이었는데 독자의 한 사람으로 동경에서 평생 처음 영어(囹圄)의 값진 경험을 하게 되었던 것이다. 그 후 선생께서는 평생을 두고 그렇게도 염원하였던 조국 광복을 보시지 못하고 하나님의 뜻에 의해 천국으로 불리었으나, 선생님의 영은 지금도 믿음 안에서 우리와 함께 계심을 믿는 바이다. 조잡한 기억을 더듬어서나마 거룩한 영으로 계시는 선생님을 생각할 기회를 얻은 것을 한없이 감사하게 생각한다.

구원의 추모

이규동(李揆東) | 전 경북대 교수(영어학), 작고

내가 무교회주의 신앙에 대해 알게 된 것은 고향 영동서 같이 자라난 죽마지우 송두용 형을 통해서였다. 송형은 동경 농업대학 재학 시절부터 수명의 동지들과 함께 우치무라 간조 선생의 성서 집회에 참석하였고, 여름방학 귀국시에는 성서를 읽는 외에 희랍어 공부를 꾸준히 하였었는데 정작 희랍어가 학문의 기초로서 필요한 영어학도인 나로서는 아직 입문서조차 엿보지 못했던 터인지라, 그가 자기 전공학과와는 거리가 멀고 고전어 중에서도 가장 어렵다는 희랍어를 오직 신약성서를 원어로 읽기 위해 그처럼 열심히 공부한다는 데 대해서는 감탄하지 않을 수 없었다.

1930년 내가 일본 히로시마고사(廣島高師)를 졸업하고 대구고보에 봉직케 된 후 김교신, 함석헌, 류석동, 양인성 씨 등의 친구들이 뜻을 모아 『성서조선』을 발간하게 되었다면서 잡지가 발송되어 왔다. 이 잡지의 동인 중 2-3인은 송형의 학생 시대에 영동으로 그를 찾았을 때 만날 수가 있었으나, 김교신 선생과는 대면할 기회가 없었다. 그런데 김선생이 재직 중이던 양정고보는 1920년대 종형들이 그 학교에 재학 당시 나는 제2고보에 다녔는데 가끔 가 본 적이 있어 향수를 느꼈고, 또 『성서조선』의 주필을 만나볼 작정으로 어느 해 봄에 볼일이 있어 서울 갔던 길에 봉래동 양정고보로 선생을 방문케 되었다. 마침 수업 중이었으므로 박물실에서 잠시 기다렸더니 선생은 뒤를 따라온 몇 명의 학생들과 같이 자기 방으로 들어오는 것이었다. 벌써 30여 년 전 일인지라 의복 차림은 기억이 모호하나, 막 깎은 머리에 단정하고 야무진 용모는 매우 인상적이었던 것으로 기억된다.

1937년 졸업반 학생들과 일본에 수학여행 다녀온 후 나는 병석에 눕게 되었다. 내가 오랫동안 병상에서 신음하게 되자 선생은 이미 고인이 된 지우(誌友) 권기형 씨로 하여금 일부러 나를 찾아 위문케 하였으며 이것을 계기로 초면의 권씨와도 그 후 오랫동안 같이 이웃하여 살게 되는 등 매우 가까이 지냈었다. 그런데 평소에 자주 내왕하던 사람들의 발길조차 뜨게 된 여러 해 동안의 고독하고 쓸쓸한 투병 생활 중 정기적으로 어김없이 찾아주는 것은 월간 『성서조선』과 일본의 종교가 가가와 도요히코(賀川豊彦) 씨의 주간지 『복음의 사자』뿐이었다. 내가 병마를 극복하고 다시 교단생활로 복귀하여 근래 정년퇴직을 하기까지 생명을 유지케 된 것은 이 두 신앙지를 통해 받은 위안과 격려에 힘입은 바 컸다고 믿고 있다.

병세가 호전되어 회복기에 들게 되자 출강을 요청하는 학교가 있었다. 장기간에 걸친 외아들의 병고 때문에 지치게 되신 선친의 걱정을 하루속히 덜어 드리기 위하여 아직 아주 깨끗치는 못한 채로 시간 강사로 나가기로 작정하였다. 때는 바야흐로 태평양전쟁의 한 고비로서 일본의 군벌 도조(東條) 내각이 발악 중이었고, 조선총독부는 국내의 많은 지사들과 민족 사상 가진 이들을 모조리 투옥하는 까닭에 식자층에서는 불안과 공포의 분위기가 팽배하였던 때라 사뭇 불길한 예감이 들어 일기책과 『성서조선』지를 깊이 간직해 놓고 운명을 하늘에 맡기는 수밖에는 도리가 없었다.

1942년 대륜학교 강사로 출강한 지 불과 한 달도 못 된 2월 초순의 어느 날 새벽 2시 번쩍거리는 새 자전거들을 탄 형사대 6명이 대문을 박차고 들이닥쳐 가족들을 혼비백산하게 하였다. 그 중 3명은 이웃의 권기형 씨 집으로 가고 일인 2명, 한인 1명의 사복들이 책장이고 살림이고 할것없이 마구 뒤지기 시작했다. 책은 모조리 끌어내어 심지어 책갈피까지 일일이 헤쳐 보고 상자에 든 옷가지를 전부 들추어내어 허름한 옷 속까지 모두 털어 혹시나 그 속에서 나타날지도 모른다고 생각한 증거물의 검색에 혈안이 되었다. 내자의 술회에 의하면 그 때 조사 나온 일인 형사들은 자기네끼리 서로 공립중학교에서 10년이나 있었다는 중견 교사의 살림이 이처럼 보잘것없는 줄은 몰랐다면서 동정의 빛을 표시한 반면에, 우리 동포 형사의 너무나 매정한 태도에는 섭섭함을 금치 못했다는 것이었다.

그날 9시가 지나서야 아침도 못 먹은 채 형사대에 연행되어 도(道)경찰부 2층에 자리잡은 고등계 특별 조사 반장에게 인계되었다. 심문을 당한 내용은 주로 『성서조선』과의 관계였으며 민족 사상을 가진 것이 죄목으로 잡힌 것이었다. 그런데 요행으로 취조 담당의 특고계 일본 형사가 영어에 대한 취미가 있어 그 때로서는 귀한 영어 신문까지 구독한다고 자랑을 하고 제법 코스모폴리탄으로 자처하던 자로서 서구 문화의 장단점에 대한 그 나름대로의 비판을 하기도 했으며, 능글능글하면서도 몰지각한 편은 아니어서 시국 이야기도 섞어 가면서 고차적으로 심문을 전개하는 것이었다. 일주일 동안 정신적으로는 여지없이 괴로웠지만 육체적인 고통을 가하는 일은 없었으며 내 건강 상태가 매우 저조인 점을 감안한 조치였던 것으로 짐작되었다. 당시 상업에 종사하던 권기형 씨는 딴 형사에게 취조를 받게 되어 일주일 동안 구금을 당하였었지만, 나는 첫날만 밤까지 취조를 받았고, 그 후는 매일 아침 9시에 출두하여 심문을 받고는 저녁이면 돌아올 수 있도록 허락하여 주었는데, 담당 형사가 첫날 상사에게 내가 병객이란 점을 강조하여 불구속 취조의 특별 허가를 얻게 되었다고 알려 주었었다.

첫날 밤 늦게 풀려 나와서 허둥지둥 집에 돌아와 보니 고희가 넘은 선친은 아예 체념을 하셨고, 어린 자녀 4남매를 거느린 아내는 어리둥절하고 있었으며 아침에 형사대가 철수한 후 겁에 질려 갖고 후환이 두려워 딴 사람이 세든 아래채로 옮겨 놓았던 일기책과 원고뭉치를 불태워 버린 것을 후회하고 용서를 빌기도 했고 또 그 후로 여러 해 동안은 새 자전거만 보면 소름이 끼친다는 것이었다. 그리고 그날 형사대의 한 패는 학교로 가서 내가 이런 일이 있을 것을 염려하여 분산 소개시켜 두었던 많은 수량의 『성서조선』과 일기책을 색출해 갔기 때문에 영문을 모르는 학교에서는 내 집 못지 않게 요란스러웠다고 했다. 그들이 설마 학교에까지 덮칠 줄은 전연 생각지 못하고 소중하게 여기던 것들을 골라서 그리로 옮겨다 놓았던 것이 잘못이었으며, 천려(千慮)의 일실(一失)이 되어 버리고 말았다.

조국 해방을 목전에 두고 김선생을 불러 가신 것은 하나님의 뜻이련만, 세상의 혼탁이 날로 더하고 젊은 세대가 방향 의식의 갈피를 잡지 못하고 있는 이 때 의인과 영도자의 건재가 더욱 갈망되느니만치 선생과 유명을 달리하는 불행을 뼈저리게 느끼게 되며 상아탑 강단에서 선생의 교육자로서의 이념과 학생에 대한 교육애를 고취함으로써 내 마음을 달래곤 하였다.

선생이 학생들의 졸업식 날 새벽기도 때면 자기반 졸업생들의 이름을 하나하나 큰 소리로 불러서 그들의 앞날을 축복해 주었던 이야기를 사대(師大) 학생들에게 되풀이해 준 것이 몇 번이던가. 선생의 고귀한 정신이 이 나라의 뜻 있는 젊은이들에게 연면히 계승되기를 염원하는 마음 간절하다.

병상기 초(抄)

박춘서(朴春緖) | 의사. 생몰 여부 미상

1945년 3월 30일

"이쪽 양반들 사택에는 조선 사람이라고는 한씨와 나와 두 사람뿐인데, 그의 부인도 공부를 한 분이어서 일본말을 잘하니까 일본 부인들 축에 잘 들지마는 우리 정손 어머니야 말을 알아야지. 그래서 배급도 아이들이 가서 타오지. 그리고 우리 집은 여기서도 온통 조선풍이지. 모두 조선옷 입구. 나도 이렇게 집에만 돌아오면 눌러 한복을 입으니까. 그래서 우리 집은 일본인 축에 못 들어. 한씨는 일본 유학도 했지마는 원래 인상이 일본인과 똑같아서 그놈들도 조선 사람인지 잘 모른대. 껄껄껄껄. 이 회사가 해군 군수공장이기 때문에 한씨는 가끔 경성이나 여수항 해군부에 출장 가는 일이 있어. 볼일 보고 나서 차 마시는 사석에서 이야기가 시작되면 엉뚱한 비밀 이야기도 한대. 조선 사람들의 혼을 몽땅 먹어야 한다구 그런대. 그가 출장 갔다 오면 우리 집에 찾아와서 이야기를 하고 웃지. 허허."

오늘도 선생은 이런 말씀을 하셨다.

또 아침 정각 조회시간에는 김선생께서 우리말로 훈화를 하셔서 일어(日語) 상용인 이즈음에 다른 별천지를 느끼게 하였다. 침착하시고 별로 말씀이 없으신 선생님의 반들반들 윤이 나는 이마를 바라보면 나도 모르게 흘러

오는 큰 힘을 느낀다.

나는 규정대로 4일간 도로 수리, 청소 등의 작업을 마쳐야 한다. 서본궁(西本宮) 관리계는 3개소의 합숙과 800여 동의 주택을 관리하는데, 일반 생활필수품 배급과 위생 관리, 주택 수리, 4천여 주민들의 생활 지도 등의 일을 한다. 관리계 직원은 50여 명이 된다.

매월 8일과 18일에는 사택촌의 온 부녀자들을 광장에 모아놓고 집단생활에 대한 상식과 일반 위생과 가정생활에 대해 선생이 친히 강연한다.

그리고 매일 관리계의 생활부와 교육부의 50여 명 직원에게 조회, 석회에 두 차례의 훈화를 한다. 조선인들은 김계장을 호주로 가장으로 믿고 살아간다.

일본 간부가 말하기를 서본궁 관리계는 간판으로는 보잘것없지마는 인격적으로는 상당한 자격자들만이 모여 있다고 한 것으로 소문이 났다.

서본궁 관리계 아래서 일하는 모든 사람들은 조석은 집에서 식사하고 점심은 매일 20분쯤 함흥 쪽으로 떨어진 곳에서 날라다 먹는다. 그런데 점심 담아오는 밥그릇이 오늘 아침에는 다섯 개나 없어진 것이다.

"오늘부터 서본궁은 점심을 굶기로 한다. 점심 먹을 자격이 없어. 다른 공장에서 이런 일이 있다면 몰라도 조선 사람만이 모여 지내는 서본궁에서 이런 일이 있다는 것은 우리 조선 민족 전체의 수치를 가져 오는 일이다. 물론 한두 사람의 짓이기는 하나 이 버릇을 오늘부터 철저히 고쳐야 하겠다"는 것이 선생의 말씀.

계장인 선생은 노동자들과 같이 손수 삽을 들고 아이들이 눈 똥을 치우고 운반의 힘이 모자라서 서본궁 노동자 주택에 넉넉히 못 가져 오는 석탄을 손수 차를 끌고 날랐다. 부녀자들과 문맹자들을 위해 야학이 며칠 전에 시작되었다.

4월 18일

이창호 목사가 "김선생께서 배가 몹시 아프시다고 하면서 오전 중에 나가셨는데 혹 맹장염이 아닌지 몰라요" 했다. 나는 "급성 맹장염이면 급한 병인데요" 하면서 응급 수단에 필요한 몇 가지 약을 가지고 저녁에 선생 댁에서 만나기로 약속했다. 저녁에 우리 두 사람은 김선생 댁으로 갔다. 체온은 38도 3부, 맥박은 90이었다. 나는 유행 감기 아닌가 생각했다.

주사를 놓아 드리려고 물으니 선생께서는 별로 찬성하지 않으신다. "미국의 루즈벨트의 죽음이 하나님의 섭리라면 내가 병석에 눕게 된 것도 무슨 뜻이 있을 거야." 이렇게 말씀하시는 선생 얼굴은 퍽 쓸쓸해 보였다. "묘향산 깊은 골짜기의 바위에 걸터앉아 낚시질이나 한번 해보았으면 좋을 것 같아." 선생님의 이런 말씀들은 어딘가 염세적으로 현실에 애착이 없는 것 같아 나에게는 이상하게 느껴졌다.

사모님이 들어오셔서 "오늘 선생님의 생일이어서 별식이라고 무엇을 좀 만들었어두 하나도 못 들어 보셨으니 어쩌겠소" 하시면서 우리에게 음식을 권하셨다.

4월 20일

댁에서 사람이 와서 사택으로 갔다. 열이 몹시 높아 한잠도 못 주무셨다는 선생님은 퍽 적막해 보였다. 선생은 단식하시면서 병과 싸우겠다고 하신다. "그제 박군이 다녀간 후에 열을 내리기 위해서 하열제를 먹고 땀을 많이 흘렸어. 열도 내리고 해서 오늘은 출근을 하려고 냉수마찰을 하고 나니 오한이 아주 심해. 두통도 나고."

나는 선생님의 치료 방법의 부주의와 지나친 무리를 후회하였다. 체온 39.3도, 맥박 98회다.

4월 21일

　나는 선생님을 간호하는 첫날부터 안마를 해 드리는 것이 습관처럼 되었다. 오늘도 선생님이 청해서 안마를 하는데 성경을 읽어 달라고 하신다. 어느 것을 읽을까를 여쭈었더니 아무데라도 좋다고 하셨다. 구약의 펼쳐지는 대로 시편 1편, 3편, 13편, 다음에 요한복음 14장, 17장을 읽었다.

　의사가 왕진을 왔다. 선생과 우의가 깊으신 안상철 의사가 함흥서 여기까지 오신 것이다. 열성(熱性)병으로 진단된 것이다. 그러므로 회사 병원에서는 일선(日鮮)인의 차별 대우도 있겠거니와 좋은 치료도 어렵겠고 또 사택에서 치료할 수도 없다는 결론이 내려 안의사는 폐일언하고 자기 병원으로 가자고 강권했다. 김선생님을 몹시 아끼며 자주 만나지 않고서는 견디지 못하는 고다마(兒玉) 과장이 사환에게서 소문을 듣고 곧 일인 의사를 보낸다는 것이다.

　이렇게 하여 함흥의 안의사 병원에 입원하기로 결정했다. 고다마 과장은 하루도 김계장을 못 만나면 못 견디도록 보고 싶어하고 아낀다. 두 분은 민족이 다르고 신앙이 다르고 학교가 다르다. 반드시 회사의 사업 관계로만 그렇게 아끼는 것 같지 않은 모양이다. 김선생이 서본궁의 5,000명 노동자를 위해서 하는 일이라면 무조건 적극적으로 원조를 한다니 놀라운 일이다.

　환자는 한방 치료로만 해보려다가 이제는 의사에게 일임하였다. 고대하던 자동차가 와서 사모님과 이창호 씨와 안의사의 자제와 내가 환자를 모시고 탔다. 벌써 환자는 심장이 몹시 약해졌다. 비장함을 느꼈다. 병원의 한 방에 입원했다. 선생은 모두 곧 돌아가라고 하셨다. 머뭇거리다가 저녁이라도 준비하면 어떻게 하느냐고 걱정하셨다. 요새 한 끼 밥은 피가 나는 밥이라고 하셨다. 안의사가 들어와 강심제, 보혈제 등의 주사를 놓았다.

4월 24일

　병실 문 앞에는 면회 사절이라고 써 붙여 있었다. 그러나 나는 서슴지 않고 들어갔다. 환자의 얼굴은 며칠 전과도 몹시 달랐다. 얼굴빛이 창백하고 여위어 있었다. 어떠시냐고 물으니 조금도 나은 줄 모르겠다고 하신다. 일전보다 맥이 아주 가냘프고 맥박도 빨랐다. 120회나 된다. 숨도 가빠한다. 열은 40도가 넘었다. 성경을 읽으라고 하여 시편 24편을 읽었다. 이불 바로 덮는 것, 안마, 냉찜질, 성경 읽기, 그리고 기도, 미음 떠 넣는 것, 나는 곁에 모시고 간호를 했다.

　안의사도 몹시 걱정스러워한다. 다른 의사를 청해서 진찰해 보기로 하였다. 오후 1시쯤에 낯모르는 의사가 와서 진찰을 했다. 경과를 안의사에게서 자세히 들었음인지 아무것도 안 물어 보고 진찰만 하였다. 저고리를 벗기고 보니 발긋발긋한 발진이 전신에 돋았다. 무서운 발진티푸스인 것이다. 더욱 마음이 초조하였다. 사모님은 선생님이 이렇게 중병이신 줄은 모르시는 모양이다. 평소와 같이 이야기하신다. 그 의사는 사모님이 어릴 적부터 함흥서 의사였던 사람인 모 의사라고 한다. 시간이 지날수록 환자의 용태는 악화되어 갔다.

　2층이 춥다고 아래층 온돌 병실로 옮겨 모셨다. 혼자 걸어 내려오시겠다는 것을 우리가 말려 들것으로 내려 모셨다. 환자의 열은 몹시 높아 콧속과 입속이 모두 타고 숨소리가 대단했다. 안의사는 링겔 주사약을 구하려고 함흥을 두루 찾았으나 얻지 못하고 손수 만들어 쓰기로 했다. 링겔을 놓고 또 강심제도 놓았다. 눈동자가 훨씬 또렷해졌다. 안의사가 찬송을 불러 드리려고 하니 고개를 끄덕하였다. 사모님이 선생님이 가장 좋아하시는 찬송이 322장이라고 해서 그것을 모두 합창했다. 회생의 가망이 없다고 느낀 것이다.

　함흥에 선생님의 칠촌숙 되는 의사가 있다고 하여 안의사가 데려다 보이

자고 하였다. 그 집과는 평소에 기독교 신앙 관계로 서로 멀어졌다는 것이다. 사모님과 함께 병원을 애써 찾아갔다. 그리하여 선생님이 위독 상태에 있는 것과 병의 진상을 이야기하고 도와달라고 간청했다. 의사는 입원한 병원을 말하자마자 곧 달려가 전화로 안의사를 불러 욕설을 하였다. 어찌해서 경찰에 전염병을 보고도 않고 나가지 경찰에 끌려 다니게 하려고 하느냐고 소리를 질렀다.

그러고 보니 지금까지 안의사가 해 온 정성과 진실에 존경하는 생각이 우러나왔다. 회사 병원에도 못 가게 하고 자기 집으로 모시고 순수 제약을 해 가면서 치료하고 모 의사 그리고 이분까지 모든 의술을 다해 보자고 애쓴 것이다. 친척도 이렇게 냉정한데 참으로 고마웠다.

나는 처음부터 열성 전염병인 것을 알았고 생명은 오직 하나님께 맡기기로 각오하였었다. 나는 사모님을 모시고 그대로 돌아왔다. 모든 것이 수포로 돌아가고 암흑이 앞을 가리는 것 같았다. 우리가 병실에 들어서니 환자는 벌써 의식을 잃고 있었고 담이 끓는 소리가 컸다. 우리는 기도를 소리내서 했다. 어제까지도 기도 끝에 '아멘' 하셨는데, 지금은 아무 소리도 없다. 어제 저녁에도 의사 표시를 못해서 안타까워하신 것이 생각난다. 한 마디 유언도 없다.

4월 25일

새벽 4시 40분에 조선의 크나큰 교육자이며, 애국자이며, 전도자인 김교신 선생이 45세를 일기로 세상을 떠났다. 회사에서 고다마 과장이 달려 왔다. 친척, 친지 몇 사람이 모였다. 최후까지 법정 전염병이 아니고 폐렴으로 뒷일을 처리하기로 했으나, 고다마 과장의 강경한 주장으로 유족을 도와야 한다고 해서 모든 것은 사실대로 하였다. 회사에서 순직으로 처리하도록 고다마 과장이 끝까지 애썼다.

4월 26일

법정 전염병으로 돌아가신 까닭에 곧 화장하게 되었다. 너무 급작히 되는 일이라 널리 알릴 사이도 없이 서본궁 관리계 직원, 친지 몇 사람 하여 50여 명이 함흥 중앙교회 목사의 주재로 간략히 영결식을 하였다. 기독교 신자는 조객의 3분의 1도 되지 않는 것 같았다. 근로 과장인 고다마 씨가 이런 조사를 했다.

"나는 평소에 김계장을 회사에서 직장의 계급으로 보면 차급(次級)이었지만 나의 유일한 선생님으로 대해 왔었다. 나는 김선생을 만나면 만날수록 그 인격에서 배우는 바가 많았다. 그러므로 나는 그를 단 하루도 만나지 못하면 그리워졌었다. 그래서 매일 선생이 나를 찾아오거나 안 오면 내가 찾아가곤 했다. 우리의 우의는 이러했다. 선생이 하루는 나를 찾아와서 자기를 악평하는 사람들이 많아서 그만두겠다고 사표를 내는 것을 나는 강경히 말린 일이 있었다. 옳은 일을 하는 데 장애 되는 일이 많기는 하나 끝까지 해 나가면 반드시 목적이 달성될 것이라고 하면서 서로 더욱 협력해 가자고 하였다. 선생은 참으로 책임감이 강하였다. 유행 감기와 같은 것은 개의치 않고 출근했다. 나는 이런 때에 무리하지 말고 정양하라고 충고도 여러 번 했었으나, 듣지 않고 일에만 전력하여 이런 일을 당하게 된 것이다. 내가 이렇게 존경하는 선생을 잃게 되어 슬픔은 한이 없다."

조객으로 아니 우는 사람이 없었다. 장남 정손이 두 손으로 대패밥에 불을 달아 점화하였다. 지금까지 별로 울지 않던 정손이도 막 흐느껴 울었다. 화장이 끝난 다음에 일행은 안상철 의원으로 돌아왔다.

4월 28일

송두용 선생, 개성의 안상영 씨 등 몇몇 분이 오셨다. 함석헌 선생께는 화장이 되고 했으니 돌아가셨다는 편지나 내자는 의견으로 아직도 연락을 못했다. 공장에서는 친지들이 모이면 5월 1일에 유해를 모시고 공장장(葬)의 의식을 거행하기로 작정되었다. 함석헌 선생께 오늘에서야 전보를 쳤다. 김선생님 자당께서 오셨다. 눈물과 울음으로 하루를 보내셨다. "내가 하나님을 믿기보다 아들을 더 믿고 의지했다"고 하시면서 울으셨다.

4월 30일

키가 크고 안경을 쓰고 오늘의 전시(戰時)하에는 보기 드문 머리를 길러 가른 신사 한 분이 오셨다. 노평구 씨였다. 선생이 생전에 노평구 씨를 서본궁 교육 책임자로 또 그의 부인은 산파니까 이 방면의 일을 맡겨야 하겠다고 말씀하시던 일이 생각났다. 너무 손님이 많아 나는 그분에게 통사정할 시간도 없었다. 부엌에서는 노평구 씨 부인이 음식을 맡아 만들고 있고 방에서 말씀의 주인공은 노평구 씨가 되었다. 동경 폭격의 진상을 일동은 처음으로 자세히 들었다.

5월 1일

송선생 인도로 오전 중에 사택에서 기도회가 있었다. 오후 2시 회사 버스로 유골을 모시고 서본궁으로 갔다. 유해를 맏사위인 조형이, 초상을 정손이가 모시고 갔다. 공장장은 공장 유사 이래로 처음이라고 했다. 엄숙한 분위기로 공장장이 끝났다. 그런데 고다마 과장의 조사(弔辭)가 놀라왔다. 20분 정도 쓴 것도 없이 선생 유해 앞에서 즉흥적으로 말씀했다. 씨(氏)는 나이는 얼마 안 되나 자기는 오늘까지 선생 같은 위대한 인물에 접한 일이 없다고 했다. 인격과 모든 지식에 뛰어난 선생에 대해 말씀했다. 자기는 최대의 존경을 선생께 바쳤다고 했다. 또 특히 선생이 요시찰 인물이었던 관계로 그 자리에는 정사복 여러 경찰관이 나와 삼엄한 분위기였는데 씨는 경찰이 그 동안 여러 가지로 선생을 괴롭힌 데 대해 통박하는 말을 했다. 우리는 참 놀랐다.

식순에 따라 분향이 있었는데 우인(友人) 대표로는 함흥의 한림 씨가 분향했다. 한림 씨는 선생과는 정반대로 유물 사상, 사회주의 사상을 가진 분이었으나 동경 유학 시대부터 선생과 변함없는 막역한 친우였다고 한다. 식후 우리 일행은 선생 유해를 모시고 사택에 돌아왔다. 한림 씨가 선생에 대한 여러 가지 말씀을 하셨다. 그 중 이런 말씀도 있었다. 내가 언제 찾아와도 김선생은 늘 벽에 걸린 저 우리 지도를 바라보며 무슨 계획을 삼천리 방방곡곡에 하고 계신 듯했는데 그 웅지를 못 펴고 갔으니 한없이 안타깝다고. 사실 선생 방에는 서울 정릉 서재처럼 대형 우리 지도가 걸려 있었다.

5월 2일

오늘은 종일 걸려 선생님 유골을 함흥서 50여 리 되는 함주군 가평면 다래봉 선산 가족묘지 선친묘 옆에 모셨다. 사모님과 자당님 외 가족, 친척들과 송두용 선생, 노평구 씨 등 열분이 참가, 버스로 왕래했다.

(편자주) 이 글은 류달영 박사가 김교신 선생 임종 전후를 자세히 기록한 필자의 일기를 부분적으로 초(抄)한 것임

II 외국의 신우(信友)

김교신 씨를 추억함

야나이하라 다다오(矢內原忠雄) | 전 『가신(嘉信)』지 주필. 동경대 총장. 작고

김교신 씨는 금년 4월 25일 조선 흥남에서 천부(天父) 앞에 돌아갔다. 발진티푸스로 와병 일주간이었다고 한다. 씨는 동경고등사범학교를 졸업하고 귀국하여 경성 양정중학에서 오래 교편을 잡았으며, 생도들에게 깊은 정신적인 감화를 남긴 듯하다. 이보다도 중요한 것은 씨가 동경 유학 중 우치무라 간조 문하에서 성서를 배우고 『성서조선』이란 조선말 잡지를 발행하여 무교회 복음을 전조선은 물론 만주까지도 널리 전한 것으로 씨는 사실 조선에 있어서의 무교회 전도의 창시자, 지도자이고 제1인자로서 주석(柱石)이었다. 내가 1940년 여름 조선에 전도 여행 간 때에도 사실상의 주최자와 협력자는 씨였던 것이다. 그 때 나는 여러 차례 씨와 만나고 씨의 가정에도 영접을 받아 씨와 주 안에서 교제를 가졌다. 돈후(敦厚)하여 사랑이 깊고

혜민하여 신앙이 발랐고 온용방불(溫容彷彿)하게 지금도 내 눈앞에 있다. 나이는 나보다 수년 젊었다고 기억한다.

1942년 3월 30일 씨는 돌연 당국에 검거되어 경기도 경찰부에 유치되었다. 씨의 동지인 전조선의 무교회 신자들도 속속 검거되고 결국은 『성서조선』의 독자 거의 전부가 혹은 검거 혹은 소환되어 혹자는 즉일(卽日) 귀댁하고 혹자는 수일, 혹자는 수십 일 유치되었다. 씨 외 12명 주 되는 형제들은 최후까지 남았으나, 만 1년 후 다음 해 1943년 3월 29일 야반(夜半) 일동 무사히 석방되었던 것이다. 『가신』 제6권 제7호 소재 '감화'는 씨가 귀댁 후 4월 18일 가정 예배에서 말씀한 옥중 소감을 박석현 씨가 필기해서 보내 준 것으로 당시 일본 본토 및 조선에 있어서의 무교회 신자에 대한 검찰 당국의 공기(空氣), 더욱 『가신』의 검열 정세에서 이 정도의 것을 설명 없이 게재하는 것만도 신앙에 의한 용기와 결심을 나에게 필요로 한 것이다. 지금 생각하면 격세의 감이지만 하나님 앞에서는 이 때에 이미 일본은 조선을 잃었던 것으로 생각된다.

나다나엘이 '참 이스라엘 사람'으로 불리운 것처럼 김교신 씨는 참 조선인이었다. 씨는 조선을 사랑하고 조선 민족을 사랑하고 조선말을 사랑했다. 그러나 씨의 민족애는 고루한 배타적인 민족주의와는 달랐다. 씨는 그리스도의 복음에 의해 신생(新生)한 조선인이었다. 온유, 근면 등 조선인으로서의 생래의 도덕이 씨에게는 믿음에 의해 한층 순화되어 있었다. 씨는 그리스도에 있어서 자기 백성을 사랑하고 그리스도를 전하는 것으로 자신의 애국을 삼았다. 미국식의 천박한 기독교가 아니고, 불신앙의 소련 공산주의도 아니고, 더욱 세속적인 민족 운동도 아니고, 권력자에 대한 영합, 협조도 아니고 순수한 무교회의 복음 신앙에 의해 조선인의 영혼을 신생시키고 이를 자유와 평화와 정의의 백성 되게 하기 위해 씨는 그 귀한 일생을 바친 것이었다.

만 1개년의 유치 생활 중 씨의 태도의 공명, 진실은 취조에 당(當)한 검사가 경복한 바였다고 한다. 씨는 석방 후 『성서조선』의 속간은 허락되지 않았으나 전도에는 자유로 종사할 수 있게 되어 선만(鮮滿) 각지를 여행하여 형제들의 신앙을 굳게 하고 있었다. 그런데 작년 흥남 일본질소회사 공장에 입사, 징용으로 각지에 흩어지는 동지들을 규합하여 수천 동포 노동자들을 위해 격무 중 이병(罹病) 승천했다. 조선의 동지들은 사부를 잃은 마음으로 깊은 애도에 잠겼다. 나에게 보내 온 그 중 한 사람의 글에 "조선의 천지는 김교신 선생을 잃고 별안간 암흑천지가 되었습니다… 소생은 하나님께 항의하고 싶은 마음으로 차 있습니다만 그러나 하나님은 자신의 영광을 위해 최선을 행하시는 분이므로 순순히 복종할 뿐입니다. 정말 생각하면 생각할수록 조선 최대의 보물을 잃은 듯해서 어떻게 진정할 수가 없습니다"라고 했다. 다른 한 사람은 "김교신 선생의 죽음은 정말 비스가 산상(山上) 모세의 죽음입니다. 여호수아 없는 우리는 어떻게 할까요… 우리는 이제 각기 작은 여호수아가 되어 요단을 건너지 않으면 안 됩니다. 선생님, 기도해 주십시오"라고.

조선 무교회 진영의 모세는 별안간 승천하여 이제 지상에서 그 온안(溫顔)을 접할 수 없다. 그러나 지난날 우치무라 간조 선생 고별식에서 고 후지이 다케시가 "이는 신일본의 정초식(定礎式)이라"고 갈파한 대로 김교신 씨의 승천은 바로 신조선의 정초식이었다. 씨의 급서 후 4개월에 시국은 급전하여 조선은 자유의 독립국으로 갱생하는 호운(好運)을 맞았다. 그러나 진정 나라를 세우는 것은 제3국의 힘에 의한 군사적, 정치적 해방은 아니다. 국민 자신의 믿음에 의하지 않으면 안 된다. 신앙에 의하지 않으면 악귀 하나를 쫓아내고 일곱을 받아들이는 집 주인의 비유대로 나라의 독립이 바로 축복이 되는 것은 아닌 것이다. 의(義)의 나라로 조선을 일으키는 힘은 씨가 전한 예수 그리스도의 복음 이외에는 없는 것이다. 나는 조선의 형제 제씨(諸氏)가 씨의 유지를 계승하여 믿음에 의해 세상의 악과 용감히 싸워 조선에 참 구원을 이루기를 바란다. 이렇게 해서만 씨의 승천은 그 의의를 다한다고 믿는다.

주 안에서 경애하는 형제 김교신 군의 영이여, 군은 나에게 대해 진실했었다. 군은 많은 동지들에게 『가신』을 소개하고 추천해 주었다. 군의 소개로 주어진 조선인의 지우들은 『가신』 독자 중 가장 진실하고 가장 선량한 분자이다. 『가신』은 그 최선의 독자를 일본인 중에서보다도 도리어 조선인 중에 갖는다. 나는 이로써 조선인 형제 자매들의 믿음을 알고 사랑을 알고 진실한 성격을 알고 조선인에 대해 진정한 희망을 가졌다. 나는 '이스라엘 가운데서도 볼 수 없었던' 믿음을 우리들의 '희랍인' 사이에서 찾은 것이다. 그리고 이는 다 씨가 전한 복음의 과실로서 씨의 신앙과 인격의 반영인 것이다.

수년 전 조선 전도 여행 때 8월 28일 평양 감리교회당에서 나는 씨의 사회하에 에베소서 제2장 11-22절로써 말씀했다. 당시 평양은 당국에 의한 기독교 탄압의 중심지였고 이 집회도 비밀이었다. 집회 후 책임자는 경찰에 소환되고, 나도 또한 여관에서 형사의 방문을 받았다. 그 때 집회에서 말씀한 성서의 1절을 나는 여기 또다시 인용한다. "그것은 그리스도에 의해 우리들 둘이 하나의 성령에서 아버지께 가까워질 수 있게 되었기 때문이다." 이것이 군과 나의 우의의 근본이고 그리고 민족 융화, 세계 평화의 근저 또한 이 이외에 없다고 하는 것이 군과 나의 공통의 신념이었다. 이제 하늘에 있는 군의 영과 땅에 남은 우리들과 함께 '원한의 중간 담을 무너뜨리고 둘을 자기로써 하나의 새 사람으로 만들어 평화를 이루게' 하는 예수 그리스도의 십자가를 일본과 조선 사이에, 동양과 세계 사이에 굳게 세워 그리스도의 피에 의해 영원한 평화의 터를 쌓기를 빈다. (『가신(嘉信)』 제8권 제9호 [1945년 9월호]에서 재수록)

김군의 추억

이시하라 효헤이(石原兵永) | 전 『성서의 말씀』 주필. 작고

김교신 군이 45세의 인생의 최성기에 돌연 병으로 승천한 것은 1945년 4월 25일이었다. 그것은 바로 조선의 독립을 빼앗은 일본 자신이 하나님의 심판으로 부서져 독립을 잃기 직전의 일이었다. 과연 김군의 죽음은 불의를 행한 일본에 대해서는 하나님의 심판을, 그리고 부당한 괴로움을 받은 조선에 대해서는 진정한 독립과 구원을 상징하는 때의 징조가 된 것이었다.

내가 김교신 군을 알게 된 것은 씨가 동경고등사범학교 재학 중 우치무라 간조 선생의 성서 집회에 출석하여 믿음을 배우고 있던 시대였다. 그 당시 오테정(大手町) 집회에서는 우치무라 선생의 로마서 강연이 행해지고 얼마 안 되어 관동대진재가 되고 그 후 집회는 가시와키로 옮겨졌다. 그 집회에는 김군, 송두용, 함석헌 기타의 제군도 출석하고 있어 마사이케(正池) 군이며 우리들 청년들과도 친하게 되어 믿음의 교제 가운데 있었다. 그렇게 빈번하지는 않았지만 청년회를 열어서 서로의 믿음을 이야기하는 때도 있었다. 40년을 지난 오늘도 내 마음에 선명하게 남은 김군의 인상은 조용하고 기품이 있었으며 더욱 속에 숨은 정열을 말하는 눈의 광채이다.

더욱 인상적이었던 것은 씨의 화법이었다. 말은 많지 않았지만 착상이 참신했으며 그것도 신변 가까운 구체적인 것이어서 진리를 단숨에 표현하는 것이었다. 어디까지 진실로써 적당히 마음에도 없이 얼버무리는 말을 배격하는 씨의 결벽의 표현이었을 것이다. "신앙생활이라고 하며 한편에서는 신앙, 한편에서는 세속정신 하여 두 가지 끈으로 한 줄의 새끼를 꼬는 것 같은 생활도 있다"고 말한 것이 지금도 내 귀에 남아 있다.

이런 심정을 가진 김 청년 위에 열성 불을 토하는 우치무라 간조의 성서 강연이 심대한 감화를 주었을 것은 당연사로 생각할 수 있다. 사실 우치무

라 간조의 감화로 생애의 진로를 일변하게 된 청년들이 얼마나 많았던가! 이는 상상에 남는 바가 있다. 그리고 김교신 군이 그 중 한 사람이었던 것은 씨의 그 후의 생애가 이를 증명하고 있다. 예수와 일본이라는 두 J에 생애를 바친 것이 우치무라 선생의 생이었던 것처럼 김군도 또한 성서를 조선인의 것으로 하기 위해 일생을 바친 것이었다.

민족적인 고뇌를 전신으로 받아 고난 속의 동포를 끝까지 사랑하여 이에 진정한 독립과 구원을 주기 위해 우선 내 몸을 하나님의 제단에 바쳐 하나님의 성서를 동포에게 줄 결심을 했던 것이다. 그것이 『성서조선』으로 탄생되었던 것이다. 씨는 이 잡지의 창간사에서 말하고 있다. "다만 우리 염두의 전폭을 차지하는 것은 '조선' 두 자(字)이고 애인에게 보낼 최진(最珍)의 선물은 성서 한 권뿐이니 양자의 하나를 버리지 못하여 된 것이 그 이름이다. 기원은 이를 통하여 열애의 순정을 전하려 하고 지성의 선물을 그녀에게 드리려 함이로다"라고.

그러나 이 열애의 순정에서 나온 지성의 선물인 『성서조선』을 마음으로 기뻐 받은 사람들은 그렇게 많지 않았다. 아니 그 열성을 전연 이해하지 못한 일본의 관헌은 씨의 말씀을 곡해하여 아무 이유 없이 부당한 탄압을 가하여 그를 투옥했던 것이다. 이렇게 하여 김군도 또한 씨가 믿음을 바친 주 예수 그리스도의 뒤를 따라 십자가의 길을 걷지 않으면 안 됐던 것이다. 그러나 이 십자가의 길을 통해서 조선에 있어서의 무교회적 신앙은 뿌리를 내려 진정한 독립과 구원의 토대가 된 것이었다.

씨가 우치무라 선생의 강연을 가장 감명 깊게 들은 것은 로마서 강연이었다고 한다. 그것은 1921-1922년으로 씨의 나이로는 21-22세 때로 생각된다. 나는 수년의 연장이었지만 씨와 같이 나도 또한 깊은 감명을 받은 사람의 하나였다. 그 감화로 소위 회심의 경험을 하게 된 것이 1921년 12월이었다. 이것이 또한 나의 생애의 일을 결정한 것을 생각하면 나도 또한 김군과 함께 같은 신앙의 고향을 갖고, 같은 곳으로부터 그리스도의 복음에로 보냄을 받은 것을 알게 된다. 나는 이를 그저 우연한 일로만 생각할 수 없다.

그러나 주 안에서 사랑하는 형제 김군은 이미 신앙을 훌륭히 지키고 달려야 할 코스를 끝내고 한 발 앞서 천국에 개선했다. 오늘은 4월 25일 바로 24년 전 그날에 해당한다. 과연 감개무량한 것이 있다. 나도 또한 느린 걸음이지만 군의 뒤를 따라 나에게 맡긴 코스를 끝까지 달리기를 원할 뿐이다.

끝으로 당시 함께 우치무라 선생의 강연을 들은 어느 조선 형제의 감상을 인용하려고 한다(1922년 10월 24일 선생 일기에서). "오테정에서 로마서 강연을 끝내고 감사를 보내온 자가 오늘까지 넷이 있었다(700 중의 넷이다). 그 중 조선인 모군의 그것이 제일 강하게 나의 마음을 울렸다. 왈, '우치무라 선생님, 60여 회에 긍한 로마서 강의를 아무 권태 없이 기쁨에서 기쁨 중에 배울 수 있었던 것을 기뻐합니다. 소생은 작년 1월을 기해서 그 후 한 번도 쉬지 않고 참석을 허락받았습니다만, 이제 오늘 '대관(大觀)'으로 천하의 대서(大書)를 강료(講了)하심에 그 헤아릴 수 없는 행운의 기쁨에 자기도 모르게 감루가 안저를 씻음을 깨닫고 홀로 부끄러워했습니다. 자녀들이라면 혹은 그 양친으로부터 넘치게 받는 노고에 대해 감사의 염이 안 일 수도 있겠지요. 그러나 상 밑에서 자녀가 떨어뜨리는 찌꺼기를 바랐는데, 아니 자녀들과 같은 빵을 받았을 때의 개로서야 어떻게 그것을 금할 수가 있겠습니까(마태 15.26 이하). 선생님, 전국인(全國人)의 박해와 참기 어려운 국적(國賊) 운운의 비방 가운데서도 극동의 일각에 버티고 서시어 잘도 십자가의 성기(聖旗)를 하늘 높이 지켜 주신 것을 감사합니다 운운'이라고. 이를 조선인으로부터 받고 나도 저절로 감루가 안저를 씻음을 깨닫는다. 앞날에 나를 가장 잘 이해해 주는 자는 혹은 조선인 속에서 나올지도 모를 일이다(우치무라 전집 17권 일기 상 (649쪽).”

　이 형제의 이름을 알 수 없으나 그러나 김교신 선생은 분명히 우치무라 간조와 그의 복음을 가장 잘 이해한 사람이었다고 믿는다. 조선에 대한 씨의 기도가 하나님 앞에 청허(聽許)되기를 간절히 빌며 이로써 씨를 기념하는 바이다.

김교신 군의 추억

마사이케 진(政池仁) | 전 『성서(聖書)의 일본』 주필. 작고

　내가 처음 김군을 대한 것은 1925년이었다. 김군은 이미 1921년부터 우치무라 간조 선생 문하에 있었으므로 이 점에서는 1923년에 우치무라 문하에 들어간 나보다는 2년 선배였다. 그러나 우치무라 성서연구회는 인원이 많은 관계로 우리들 두 사람은 서로 이름도 얼굴도 모르고 지났다. 1925년에 야마모토 군 기타 우리들이 말씀해서 우치무라 문하의 선배인 쓰카모토 도라지(塚本虎二) 선생에게서 희랍어를 배우게 되었다. 후에 하급반도 생겼기 때문에 우리 반은 1년 후부터는 A반으로 불리었다. A반은 18명이었다. 나는 언제나 제일 앞자리에 앉아 있었는데 제1회 때였는지 2회 강의 때였는지 뒷자리의 누군가가 "영어라면 피이라고 읽는 글자는 어떻게 발음합니까?" 하고 질문했다. 쓰카모토 선생은 "응, 그것은 로오라고 읽는데 영어의 아르에 해당합니다. 그리고 일본의 수학자들이 파이라고 발음하는 그것이 이 피이에 해당합니다"라고 자세하게 알기 쉽게 설명하셨다. 후에 그 질문의 주인공이 김이라는 사람이라는 것을 알았다. 나는 그날 밤을 김군과 이야기는 안 했지만 일주일이 지난 다음 수업 후 내 편에서 말을 던졌던 것으로 기억된다.

쓰카모토 선생은 김군을 특히 사랑하는 것같이 보였다. "김군 해 봐" 하고 자주 성구의 희랍어 암송을 명했다. 이렇게 되어 김군과는 매주 만나고 또 친해졌다. 공부가 끝나 다같이 걸어서 역까지 가는 도중에서는 여러 가지 잡담이며 진지한 이야기들이 나왔는데 특히 김군하고만 친한 것은 아니었다. 부끄러운 일이지만 당시 나는 아직 나라를 빼앗긴 민족의 마음이 얼마나 괴로운 것인가를 깊이 생각 못했던 것이다. 그래도 나의 소학교 시대에 일어났던 한일합방에 대해서는 동심에도 도덕적으로 의문을 갖게 되고, 그 후 중학 1학년 때에 지리 선생에게 "일본이 한국을 멸망시키고 자기 나라의 일부로 만든 것은 도덕적으로 나쁜 일이 아닙니까?" 하고 교실에서 질문한 일이 있다. 선생은 잠시 말이 없다가 "개인 도덕을 국가 도덕에까지 적용할 것은 없어. 군은 지금은 그런 문제를 생각 않는 것이 좋다"고 했다. 나는 이를 듣고 '그렇다면 역시 도덕적으로는 나쁜 일이구나!' 하고 생각했으며 그 후 개인 도덕과 국가 도덕은 별개의 것인가 하는 것을 늘 생각하게 되었다. 그러나 김군과는 그런 문제에 대해서는 한 번도 이야기한 일이 없었다. 다만 마음에서는 언제나 동정을 갖고 있었지만 밖에는 나타내지 않았다.

쓰카모토 선생은 언젠가 일동을 앞에 놓고 "조선 사람들은 독립운동 같은 데 마음을 빼앗기지 말고 복음을 꽉 파악하여 조선인의 심중에 순수한 복음의 씨를 뿌려야 한다"고 말씀하신 일이 있었다. 김군도 이를 들었던 것이다. 이것은 분명히 좋은 가르침이었다고 나는 지금도 생각한다. 독립은 물론 중요하지만 독립해서 독립을 지켜 나가는 데는 순수한 믿음이 중요하고 또 조선 사람들에게 참 믿음의 불이 붙어 하나님이 기뻐하시는 바른 행위를 하게 되면 하나님이 독립시켜 주시는 것이기 때문이다. 1945년에 조선이 독립한 것은 하나님의 눈으로 볼 때 국민들이 전체는 아니라도 믿음을 갖고 독립할 수 있게 된 때문이고 또 한편 일본인의 조선에서의 죄악이 정점에

달했기 때문이었을 것이다. 하여간 독립 문제는 차치하고 신앙 문제를 이야기하기 위해 내가 김군의 숙소를 찾은 일 같은 것이 없었던 것은 지금 생각하면 사랑이 부족했던 것이다.

 1927년 어느 날 쓰카모토 선생이 "김군은 고등사범을 졸업하고 조선에 돌아가니까 오늘로 김군의 출석은 마감입니다"고 말씀하시고 김군을 불렀다. 김군은 앞에 나와 작별인사를 했다. 레슨이 끝나고 김군은 우리 한 사람, 한 사람과 인사했다. 나하고도 굳게 악수를 나눴다. 나는 그 때 "조선의 독립을 빕니다"고 말했다. 이런 말을 김군에게 한 것은 거기서는 나 하나뿐이었다. 아마 김군과 만난 다른 일본인 가운데도 없지 않았을까? 있었다고 해도 극히 소수였을 것이다. 김군은 말없이 나의 얼굴을 쳐다보고 있었다. 김군은 언제나 얼굴이 붉은 편이었으므로 그 때도 붉었으나 별로 감동한 것은 아니었는지도 모르겠다. 그러나 노했던 것은 아닐까? '무어야, 사람의 심중의 고통도 모르고 그런 소리를 함부로' 하고 생각했을지도 모르겠다. 혹은 '여러 사람 앞에서 이런 말은 경찰의 의심을 산다'고 귀찮게 여겼을지도 모르겠다. 우리들은 일본 경찰이 조선인에 대해 언제나 눈을 부릅뜨고 있다는 것을 그 때는 전혀 모르고 있었다(노평구 군이 후에 동경 와서 처음 알았다). 그러나 또 '고맙다 마사이케 군, 군만이 이를 걱정해 주어서. 그러나 나에게는 나의 천직이 있다. 나는 조선인의 영혼을 새롭게 해서 새 조선을 일으킬 것이야. 군의 그 말은 나의 천직감(感)을 둔하게 할는지도 모르겠다. 나는 이제는 소위 독립운동을 그만두었다. 전에는 그 일만 생각했지만 지금은 조선인을 정말 구하기 위해서는 참 복음을 전하지 않으면 안 된다고 생각하고 있다. 군의 말은 나의 마음을 천상에서 지상으로 끌어내린 것만 같다. 그래서 군의 말은 필요 없어' 하고 생각했을지도 모르겠다. 아마 이 모든 것을 생각한 것이 아닐까? 그러나 이 최후의 생각이 가장 강했던 것이 아닐까? 하여간 그는 귀국해서 얼마 안 되어 『성서조선』이라는 잡지가 되어 나에게도 보내 왔다. '아, 이것이 군의 대답이구나!' 하고 나는 생각했다.

그러는 중에 만주사변, 중일사변이 일고 이는 또 태평양전쟁으로 에스컬레트해 갔다. 전쟁 중에 적어도 한 번은 김군이 동경에 온 일이 있었다. 그것은 한 가지 의논 때문이었다. 그는 친구들 집을 한집 한집 찾아 그가 갖고 온 문제에 대해 의견을 물었다. 그것은 『성서조선』지 제1페이지에 일본 천황의 궁성 사진을 실을 것을 당국이 명하고 있는데 어떻게 할까? 만일 이를 싣지 않으면 폐간될 것이라는 것이었다. 나는 잠시 생각하고 "그것을 안 싣는 것이 좋겠어. 만일 그것으로 잡지가 망해도 기독교는 결코 망하지 않아"라고 했다. 그러나 다른 제군의 의견은 어땠는지 모르겠다. 하여간 김군이 돌아가 보내온 『성서조선』에는 궁성 사진이 실려 있었다. 그러나 전쟁에 찬성하는 것 같은 말은 내가 본 한에서는 한 마디도 없었다. 그 후 김군이 경찰에 잡혔다는 소문을 들었다. 그처럼 순하고 또 당국의 명령도 들었는데 또 체포까지 한다는 것은 정말 돼 먹지 않았다고 나는 분개했지만 어떻게 할 수는 없었다. 그 후 1, 2년 후인가 김군이 죽었다는 소문을 듣고 실로 슬펐었다.

나는 김군에게 심한 질책을 받은 일이 있다. 그것은 1936년에 내가 『기독교 평화론』이란 책을 낸 일이 있는데 구로사키 고키치(黑崎幸吉) 씨가 그 주지(主旨)에 반대하는 글을 『영원의 생명』지에 낸 것이 원인이었다. 나는 무교회의 여러 선배들은 다 내게 찬성할 줄로 알았을 뿐만 아니라, 내가 국가방침에 반대하고 받을 고난도 각오하고 이를 쓴 것을 칭찬해 줄 것이라고 생각했는데 구로사키 씨가 이런 비판을 했기 때문에 실로 놀라고 또 분개했다. 거기서 나는 우선 그전에 다른 여러분과 함께 집필을 약속하고 있었던 구로사키 씨 편 『구약성서 약주』 중 아모스서의 약주를 이미 탈고하고 있었으나 이의 제출을 거절했다. 더욱 나는 곧 이를 썼으나 여러분은 아직 손도 안 대고 있었기 때문에 곧 다른 이가 이를 인계했다. 나는 그 원고를 『아모스서 강의』의 제(題)로 단독 출판했다. 그리고 다음에 나는 내 잡지에다가 구로사키 씨를 입에 담을 수 없는 말로 심하게 욕했던 것이다. 이를 김군이 보고 "절대 평화의 취지에는 찬성이나 마사이케의 구로사키 씨 공격은 너무 심하다. 적어도 선배에 대한 말로서는 이런 것은 쓸 것이 아니었다"고 야마모토 타이지로(山本泰次郎) 군의 『성서강의』지에 투고했던 것이다. 나도 젊은 혈기로 정말 심한 것을 썼던 것이다. 그것을 지금은 부끄럽게 생각한다. 그리고 아무도 이를 지적해 주는 이가 없었을 때에 멀리 서울에 있는 김군만이 이를 해준 것을 감사하게 생각하고 있다. 정말 나를 사랑해 준 것이었다. 또 구로사키 씨는 전후 공중(公衆) 앞에서 "마사이케 군에게 사과한다"고 말씀해 주셔서 나도 그 자리에서 "정말 심한 말을 써서 죄송했습니다" 하고 사과했던 것이다.

김교신 군은 지금은 하늘에 있다. 그리고 그가 충심으로 바라는 것은 한국 국민이 진정한 의미로 복음을 파악하고 참 믿음에 불타는 것이라고 생각한다. 정치 문제도 중요하지만 영혼 문제는 더욱 중대하다. 정치 문제에 관여한다고 해도 참 복음을 영혼의 밑바닥에 심은 후가 아니고는 하나님이 원하시는 방향과는 아주 딴 방향으로 그릇 나가고 말 것이다.

비통한 회상

사토 도쿠지(佐藤得二) | 전 수원고농 및 일본 일고(一高) 교관. 작고

노생(老生)은 지난 달 23일 이래 입원하고 있습니다. 내 병명은 위암입니다. 2-3일 중으로 수술할 예정입니다.

입원 직후에 김교신 선생의 추억문과 서간집의 편집에 대한 편지를 받고

도 오늘까지 지체되었습니다.

　국가로서의 난문제가 산처럼 쌓인 한국에서 김교신 선생의 서적이 연속적으로 출판된다는 것은 경이이며 경복하는 바입니다. 이것이 씨가 되어 아시아 각지에 참 복음, 참 평화가 전파되기를 빌어 마지않습니다.

　김교신 선생은 우치무라 간조 선생에게서 그리스도의 복음을 전해 받은 것이었으나 그리스도를 가슴에 모신 김교신 선생을 박해로써 무참한 죽음에 이르게 한 것은 일본이었습니다. 바로 우리들입니다.

　일본인으로서 참 부끄러운 일입니다. 그러나 또 그것을 생각할 때에 김교신 선생의 모습에 후광이 빛나면서 그 너그러운 미소로 참 생명의 길을 우리들에게 보여 주는 선생의 거룩함이 눈에 떠오릅니다.

　선생의 편지는 분명히 몇 통 있었는데 여러 차례의 이사와 입원 등으로 벌써 오래 전에 행방을 모르게 되었습니다. 참으로 무엇이라고 미안한 말씀을 드려야 할지 모르겠습니다. (1969년 8월 19일)

김 형을 그리워함

스즈키 시케요시(鈴木弼微) | 야마가타(山形) 기독교독립학원 교장. 작고

　김교신 형과는 청년 시대에 우치무라 선생 밑에서 함께 성서를 배웠는데 한국 청년들이 5-6명 있었던 관계로 그 중에서 별로 두드러졌던 것도 아니어서 특히 인상에 남은 것이 없다. 다만 우치무라 선생이 "일본의 악한 통치 때문에 한국은 고난 중에 있지만 그 때문에 도리어 한국 청년들은 훌륭한 믿음을 갖게 되었다"고 말씀하시던 것을 기억한다.

　그 후 나는 야마가타현(山形縣) 산 속에서 전도하게 되어 친구들의 소식도 별로 못 받게 되었다. 그러나 김교신 형이 귀국 후 좋은 일을 하고 계신

줄은 듣고 있었다. 믿음을 갖고 교육하는 일은 위대한 일인 것이다. 성서의 진리를 동포에게 전하려고 하는 것은 최대의 애국심인 것이다.

김교신 형이 종전 조금 전에 돌아간 것과 성서조선사건은 종전 후에 알았다. 십자가의 복음이 개인에 대해서나 국가에 대해서나 어떻게 필요한 것인가를 생각할 때 비교적 젊어서 김형이 승천한 것은 애석하기 그지없는 일이 아닐 수 없다. 한국을 위해 가장 필요한 분을 하나님은 지상에서 불러 가셨다. 그러나 부른 이는 하나님이시매 그 때에 부름을 받은 것은 김형을 위해 또 한국을 위해 가장 좋은 일이었을 것이다. 김형은 그 생으로 한국을 위해, 복음을 위해 큰 일을 하셨는데, 그 죽음으로써도 복음을 위해, 한국을 위해 한층 더 큰 일을 하신 것으로, 또 이제부터도 계속 하실 것이다. 형의 죽음으로 더 한층 깊이 순복음적인 신앙이 한국에 뿌리를 내릴 것이다.

김교신 형은 그 심신을 사랑하는 조국을 위해 갈아 바친 것이다. '성서조선사건'에 의한 박해와 투옥의 고난이 형의 차세(此世)의 생을 축소시킨 것은 의심할 여지가 없을 것이나, 그리고 이를 위해 우리들 일본의 우인들은 죄송하게 생각하지만, 이보다도 더욱 형이 조국을 위해 반생을 자기를 잊어버리고 애쓰고 일한 것이 인생 여로 절반에 승천하게 된 무엇보다도 중요한 원인이라고 생각된다. 그리고 이 희생이야말로 앞으로도 한국의 구원에 가장 큰 힘이 될 것이다. 주님의 십자가도 그렇고 모든 좋은 일이란 어떤 모양으로든 희생에 의해서 이루어지기 때문이다. 누구의 이야기를 들어도 김형은 너무 과로하게 일했다고 했다. 여기 그의 조국에 대한 큰 사랑이 있다. 이 사랑은 앞으로도 큰 일을 할 것이다. 현재 한국에는 순복음이 성해 가고 있다. 김형의 신앙저작집(본 전집)도 간행 중에 있다. 김형이 남긴 신앙의 진리가 앞으로 한국을 구원할 것이다.

근래 생각되는 것은 인류는 정말 평등으로 백인도 흑인도 동양인도 서양인도 변함이 없다고 하는 것이다. 각기 개성은 있지만 근본적으로는 같은 결점도 갖고, 같은 장점도 갖고 있다. 그리고 각 민족의 위대성이란 그 갖고 있는 종교에 의한다고 하는 사실이다. 흑인 국가도 사죄의 십자가의 복음을 믿는다면 위대한 국가가 될 것이다. 한국도 이로써 위대한 국가가 될 것이다. 그리고 김교신 형의 생애야말로 이를 위해 큰 역사를 할 것이다.

김군을 생각함

마키노 세이로(牧野正路) | 의학박사. 소아과의. 생몰 여부 미상

지금부터 45년 전 동경 교외의 가시와키에 있는 성서 강당에서 매 일요일 오후 우치무라 선생의 성서 강연을 듣기 위해 나는 신주쿠(新宿)에서 가시와키를 왕복하는 도중, 자주 동경고사 제복 모습의 김군을 만났습니다. 김군은 그 당시 벌써 일본인 보통 학생들도 미칠 수 없을 정도로 일본말도 유창했으며 진실 그것인 말 뒤에는 여유도 작작, 유머도 넘쳐 있었습니다. 가시와키 집회에서의 크리스마스 감화회(感話會)에서의 김군의 감화는 언제나 일동이 기대하는 것이었으며, 우치무라 선생도 김군의 감화에는 언제나 그래, 그래 하고 깊은 동감을 표시하고 있었습니다.

가시와키 집회의 청년반 유지들이 쓰카모토 도라지 선생에게 청해서 희랍어 공부회가 1925년 가을부터 시작되었습니다. 김군과 나도 그 제1회 A반에 들어갈 수가 있었는데, 십수 명의 청년들은 열심히 공부하고 쓰카모토 선생도 심혈을 쏟아 우리들을 가르쳐 주셨습니다. 매회 전원 거의 무결석으로 분발했던 것입니다. 이 때 클래스에서의 김군의 정려(精勵)의 모습과 그 유능(有能)은 크게 알려지고 또 선생의 칭찬의 대상이었습니다.

김군은 학업을 마치고 조국에 돌아가 교육의 일과 함께 아니 그 이상으로 주님의 복음을 사랑하는 동포에게 전하는 일에 정려하여 모든 박해에도

그야말로 감투한 끝에 주님 앞으로 개선했던 것입니다. 김군이 복음신앙에 그 귀한 생애를 바쳤던 족적을 추억할 때 오직 감사로써 주님의 이름을 찬미할 뿐입니다. 천상의 김형 영 위에 축복과 감사를 바칩니다.

김교신 형

무라오 리키지로(村尾力太郎) | 와세다대 교수. 생몰 여부 미상

김교신 형, 형이 동경고등사범학교 학생 시대 나와 우치무라 간조 선생의 성서 강의를 함께 청강한 인연으로 서로 교제하게 되고 또 아사노 유사부로(淺野猶三郎) 선생에게서도 성서 강의를 받고 우리는 열심히 믿음을 구했습니다. 군은 함흥 출신으로 당시 동생을 데리고 이시가와(小石川)에서 자취생활을 하고 있어, 군 숙소에서 우리는 기도회도 가졌고 정말 친밀하게 신앙의 교제를 계속했던 것입니다.

군의 우수한 머리와 진지한 신앙 태도에 나는 늘 경복했던 것입니다. 쓰카모토 선생 희랍어 성서연구회에도 함께 다녔습니다. 전시 중 군은 한 번 나를 스가모 내 집에 찾아 주었으며 희랍어의 서적을 양도해 준다는 약속도 있었으나 끝내 군의 재방문이 없었고 그 후 어떻게 되었는지 군의 신상을 나는 몹시 걱정하고 있었습니다. 전후에도 서울의 지인을 통해 군 소식을 물었으나 알지 못하고 오늘에 이르렀습니다.

아, 젊은 날의 믿음의 친우여, 군은 이제는 부름을 받아 천국에, 이제 지상에서는 다시 대할 수 없음을 쓸쓸하게 생각합니다만, 군의 기도로써 다시 천국에서 우리의 젊은 날을 이야기할 수 있기를 빕니다. 학생 시절 방학 때면 아사노 선생을 모시고 귀국해서 전도했던 군은 서울에서 교단에 서는 한편 열심히 전도한 것을 상상합니다. 학교 졸업 후 전시 중에 한 번 만난

것이 우리들의 최후였습니다. 학생 시대 이미 군은 자녀분들도 있는 것으로 아는데, 유족들도 평안한지 오직 하나님의 은혜 풍성하기를 빌 뿐입니다.

한일 우정
유자와 겡(湯澤健) | 의학박사(결핵학). 생몰 여부 미상

고 김교신 형 추억문집 원고를 쓰라는 부탁을 받고 '한일 우정'이란 제목으로 써 보려고 했습니다. 그런데 마침 김형이 고 가타야마 데츠(片山徹) 형에게 보낸 편지를 가타야마 형 영식(令息) 나오유키(直行) 군이 가져 왔습니다. 이를 동봉하여 보냅니다. 추억문집의 자료로서 대단히 귀중한 것이 발견되었다고 생각됩니다. 나는 이로써 김선생과 가타야마 형 두 분 즉 한일 양인의 깊은 우정에 접해 내가 생각했던 제목으로 더 이상 글 쓸 필요가 없다고 생각되었습니다. 다만 나에게 아직도 허락되는 지면이 있다면 다음 글을 가첨해 주기를 빕니다. 이것은 김형과 우리의 공통의 은사 우치무라 간조 선생 일기 중에 있는 글입니다.

1. 오래간만에 조선 김정식 군의 방문을 받았다. 전과 변함없는 믿음의 광채에 빛나는 군의 용모에 접해 기뻤다. 군을 만날 때마다 생각나는 것은 그리스도 안에서 이루어진 일한(日韓) 합동의 확실한 것이다… 나는 일본인이고 군은 조선인이다. 우리는 그리스도 안에서 참 형제이다(1927년 11월 7일자).

2. 아침 믿음의 우인인 조선 경성 김정식 씨의 방문이 있었다. 3년 만에 그를 만나 참 기뻤다… 그가 고국의 일을 눈물로써 이야기하는 것을 보고 나도 또한 울지 않고 배길 수가 없었다. 함께 기도하고 다시 만나기를 약속하고 헤어졌다(1919년 5월 29일자).

이렇게 우리들의 선배들은 믿음으로 지금도 히브리서 12장 1-3절을 말씀해 주고 계십니다. 지금 세계를, 아시아를, 그리고 우리들 자신의 나라 모습을 생각할 때 얼마나 실망할 일이 많습니까? 그러나 우리들의 주님은 요한복음의 진리를 통해서 격려해 주시는 것으로 생각합니다(요한복음서 16장 33절). 다만 주를 믿고 하늘 나라의 일원으로 전진 또 전진할 수 있기를 빕니다. 그리고 우리의 싸울 싸움을 다 싸우고 하늘 나라에서 김형과 다시 만났을 때 우리의 지상에서의 신앙생활을 누가복음 24장 28-32절로써 이야기할 수 있기를 빕니다.

평화를 만드는 사람

마쓰오 하루오(松尾春雄) | 전 규슈(九州)대학 토목과장 공학 박사, 오이타(大分)공전 교장. 작고

김교신 형을 내가 만난 것은 한 번밖에 없는데, 그 때 우연히 내가 찍은 형의 초상과 주택의 사진이 각각 『김교신 신앙저작집』(본 전집) 제1권과 제3권 권두(본권 앞에 수록)에 실리게 된 것을 보고 나도 형과는 적지 않은 인연이 있는 것을 느낍니다. 형을 제게 소개한 것은 노평구 군이었습니다만, 노군의 소개로 계속 몇 분의 좋은 한국의 우인을 알게 되었습니다.

1935년경 나는 동경 마루노우치(丸之內)에서 있는 쓰카모토 도라지 선생의 성서연구회에 열심히 나가고 있었습니다. 어느 날 그 회의 장로격이었던 야마다(山田鐵道) 씨가 내가 근무하고 있는 내무성 토목시험소에 찾아왔습니다. 그리고 "한국의 청년이 동경에서 일하면서 성서를 공부하겠다고 하는데 군 시험소에는 일자리가 없겠느냐?"고 의논이 있었습니다. 이 때 나는 동경 북부 교외의 내무성 토목시험소 아카바네(赤羽) 분소에서 토목공사의 모형실험 등을 담당하고 있은 관계로 거기서 잡일 같은 정도도 좋다면 생각

해 보자고 대답했는데, 그 후 노군이 거기서 일하게 되고 그것이 여러 해 계속됐습니다. 그리고 열심히 진실하게 일하여 여러 사람들에게 깊은 신임을 받고 있었습니다. 점심시간에는 언제나 『우치무라 간조 전집』을 열심히 읽고 있는 것을 보고 이편의 게으름을 반성하기도 했습니다.

　매주일 밤에는 언제나 나의 가정에서 둘이 구약성서를 창세기 1장부터 시작해서 통독하는 공부회를 가졌습니다. 하루 저녁에 20장 정도 읽었으니까 상당히 늦게까지 걸렸습니다. 구약이 끝나고는 단테의 신곡을 읽었습니다. 그 때 책에 기입한 것을 보니 지옥편을 읽는 데 반년이 걸린 것 같습니다. 정죄(淨罪) 편을 읽기 시작한 것은 1941년 1월 12일로 기입되어 있습니다만, 이는 다 읽기 전에 노군이 전거(轉居)한 관계로 중도에서 중단되었습니다. 그래도 5년간 계속되었습니다.

　나의 모친은 불교에 열심이어서 기독교 신앙에 대한 이해가 없어 곤란했습니다만, 노군이 우리 가정에 출입하면서부터 차츰 이해를 갖게 되고 또 처와 아이들도 노군에 의해 무교회 기독교에 대해 눈이 열리게 되었던 것입니다. 또 노군의 소개로 최익선 군 형제분도 시험소에서 일하게 되고 또 그 당시 와세다(早稻田)대학 영문과에서 공부 중이었던 고병려 형도 우리 가정에 출입해서 집 아이들이 사랑을 받았습니다. 다 훌륭한 분들이어서 한국에 대한 이해가 시험소에서도, 나의 가정에서도 깊어졌습니다.

　1938년 5월에 나는 압록강 하구의 안동항 모형실험과 만주 요하 하구에 있는 영구항의 도류제(導流堤)에 관한 시험을 동경 나의 시험소에서 하게 되어 이의 실험자료를 얻기 위해 현지에 나갔습니다. 한국을 통해 기차로 갔는데 도중 서울서 일박했습니다. 그 때 김교신 형을 처음 대했습니다. 서울역에 도착, 얼마 후 저녁 7시경에 북한산을 바로 눈앞에 바라보는 곳에 있는 김형 댁을 방문했습니다. 송림의 구릉을 끼고 작은 시내 가까이 정말 조용한 곳이었습니다. 김형의 처음 인상은 극히 단정한 분이었으며 자제분들의 교육도 엄하게 훌륭히 하고 있어 탄복했던 것입니다.

　목조의 본댁에 접해서 훌륭한 석조의 서재가 있었습니다. 이야기로 이 서재는 앞 시내에서 돌을 주워다가 자작(自作) 세운 것을 알고 이 방면에도 훌륭한 재능을 가진 분인 것을 알았습니다. 문틀이며 지붕도 잘 되어 있었습니다. 그날 밤은 우치무라 선생의 이야기, 노군의 이야기, 일본 무교회의 여러 선생들의 이야기가 났던 것 같습니다. 밤 10시경 일어나 돌아오려고 중도까지 전송을 받았습니다만, 전화로 부른 택시가 오지 않아 둘이서 아름다운 월하 밤길을 이야기하면서 다시 형 댁에 돌아왔습니다. 결국 자게 되었는데 서재 마루 위에 돗자리를 깔고 그 위에 이불을 펴 주고 또 밤의 용변용으로 금속제의 훌륭한 요강을 놓아 주었던 것이 분명히 인상에 남아 있습니다. 아침 식탁에는 나로서는 처음 한국 식사였지만, 훌륭한 식상에 상아의 젓가락도 진기하게 김치며 기타 굴비 등의 설명을 들으며, 나라를 따라 기호가 다르다는 것을 특히 김치로써 느꼈던 것입니다. 이 밖에는 나는 한국을 그저 통과하고 만 관계로 당시 일본 관헌들이 한국에서 어떤 일을 하고 있었는지 이를 통찰할 수 없었으며 그저 차창으로 풍경을 즐기며 바라본 것뿐입니다. 신의주에서는 고병려 씨의 형님으로부터 마음 흐뭇한 환대를 받고 한국을 몸으로 느꼈던 것입니다.

　그러나 그 후 만주국에 가 보고 일본인과 만주인들의 사이가 몹시 냉랭한 것을 친히 보고 이래서는 안 되겠다고 통감했습니다. 언제 불만이 폭발할지 모를 일이라고 생각했습니다. 그 당시 신경(新京)이라고 했던 만주국 수도에서 선배, 우인들이 환영회를 열어 주었습니다. 그 자리에서 나는 일본인은 앞으로는 더욱 현지인들과 친밀하게 하지 않으면 안 된다고 역설했던 것입니다. 그리고 "나 자신은 여기까지 오는 도중 한국에서 처음 만난 분과 흉금을 열고 이야기할 수 있었으며, 그 집에서 자기까지 해서 다소는 그 나라 풍습 같은 것도 알게 되었다. 만주에서도 한가지로 이 곳 사람들과 친해 주기를 바란다"고 김형을 찾았던 일들을 예를 들어 이야기했습니다. 그랬더니 친구들이 걱정하며 마쓰오(松尾)는 저런 이야기를 하고 한국인의 집에 머물기까지 했다고 하니 군부에 체포가 안 되면 좋겠다고 정말 걱정했다는 것을 후에 알았습니다. 야나이하라 다다오 선생이 만주국을 시찰하고 일본인의 하는 짓을 보고 걱정한 심사를 잘 알 수 있었습니다.

한국에 관한 한 적어도 김형에 관련된 분들과 일본 사람 사이에는 전중, 전후 변치 않는 우정이 그대로 있는 것으로 압니다만, 이것은 양국의 평화를 위해 하나의 희망이라고 생각합니다. 수에 있어서는 미칠 바가 못 됩니다만, 앞으로 큰 열매를 맺을 누룩이라고 생각합니다. 예수는 "평화를 만드는 자는 행복하다"고 말씀했습니다만, 김교신 형은 바로 이에 해당하는 분이라고 생각합니다.

김교신 선생을 생각하며

후지사와 다케요시(藤澤武義) | 『구도(求道)』지 주필. 작고

1923년경 이래 우치무라 선생의 『성서지연구』지와 그리고 그 후 또 『성서지식』 등에 때때로 씨의 이름과 소식 등 기사가 게재되어 그 비범한 인물과 철저한 신앙을 알고 점차 감명과 함께 존경하게 되었습니다. 씨의 재일(在日) 중 저는 세 번 동경에 간 일은 있으나 면담의 기회를 못 얻고, 귀국 후에는 더욱 그럴 기회가 없었고 또 편지 거래나 직접 교제가 없었습니다. 그래서 추억집에는 투고의 자격이 없을 것으로 알았는데 주 안에 외우 노형의 희망으로 졸문을 초(草)한 바입니다. 김선생을 특히 존경하는 많은 일본인 중의 한 사람으로 깊이 감사하는 바입니다.

김선생의 경력이며 그 훌륭한 인격과 사상, 신앙 등에 대해서는 수삼년래

(來) 자주 일본인들에게 이야기한 바이고 또 제 졸지 『구도』 지상에 썼습니다만, 본고에서는 이 필요는 없으며 더욱 적임이 아님을 알아 졸감(拙感) 기타를 써 보려고 합니다. 해방 전 50여 년 전 일본의 정치가와 군경 그리고 불소(不少)한 일반 일본인들이 한국과 한국민에 대해 음모와 압박과 살해 등 대죄를 범한 것은 언어에 절(絶)하는 죄송한 일로, 일본인의 한 사람으로 연대 책임상 주 예수 그리스도 안에서 마음으로 사죄하는 바입니다. 그리고 김선생은 그간 『성서조선』지 발간과 기타 전도, 교육상에서 많은 고통을 겪고 더욱 일년간 투옥되시고 출옥 후도 계속 박해하에서 돌아가시게 되신 것 참으로 재천(在天)의 선생과 또 유족 일동에 대해 깊이 사죄를 드리는 바입니다.

김선생의 이 입옥 수난의 모든 사정에 대해서는 선생과 여러 동지들에 의해 증언되었을 것으로 본서 중에 상기된 줄로 압니다만, 금년 4월 저의 사죄 친선 재방한 중 17일 밤부터 19일 아침까지 재(在) 광주 김선생의 제4녀의 서랑(壻郞) 되는 김학준 형 댁에서 이틀 밤 숙식의 편의를 받으면서 특히 형 댁에서 18일 아침 학준 씨와 그 부인 되는 정옥 씨를 중심으로 김선생 탄생 68회 기념 추억예배가 개최되어 동(同)지방 무교회 중진 박석현 형의 사회와 추억담으로 감명과 감동이 컸었습니다. 출석자는 주옥로 풀무학원장 등 소수로 저는 일본서도 많은 분들이 읽어 주기를 바라서 박형께 이를 원고로 부탁해서 6월호 졸지에 게재한 바 있습니다.

여러분이 다 아시는 바와 같이 김선생은 전기(前記) 1923년경 일본에 와서 구(舊) 동경고사에서 공부하며 우치무라 선생께 사사, 성서, 기독교 신앙, 무교회주의, 독립심, 애국의 길 등을 배우고 귀국하여 동지들과 『성서조선』 발간, 전도집회 등을 통해 전도에 힘쓰는 한편, 중학교 교육 등을 통해 당시 일제 통치하 압박에 시달린 조국에 대해 진정한 기독교 신앙에 의한 원대한 이상적인 부흥을 목표로 이를 위한 인재 양성을 위해 20년 가까이 선각자의 노고의 길을 걸으셨습니다. 선생의 성서 강의와 제(諸)논설 그리고 그 교육은 사실상 드물게 보는 비범, 독창적인 놀라운 것이었습니다. 그래서 선생 문하에서 훌륭한 제자들과 인재가 배출했습니다. 이 점에서 선생은 과연 한국 유일의 위대한 전도자, 교육가, 예언자, 애국자였다고 생각합니다. 박석현 형도 저에게 김선생은 한국에서 바로 일본에서의 우치무라 선생에 해당한다고 했습니다.

사사(私事)로 죄송합니다만 저의 제1회 사죄 방한은 1966년 봄에 여권 교섭을 시작했으나 12월에 겨우 사증을 입수, 겨울의 혹한시(時)로 다음 봄으로 방한을 연기하라는 양국 교우들의 권유도 있었으나, 그 때 바로 12월 17일 밤 서울서 있은 유희세, 노평구, 류달영, 송두용 씨 등에 의한 김교신 선생 기념 강연회가 있어, 기어이 참석하여 선생의 그 믿음과 기백과 영기 그리고 선생을 은혜로써 힘있게 쓰신 하나님의 성령과 또 주님의 생명에 직접 접하고 싶은 간절한 마음으로 감히 16일 출발, 당일 서울에 도착 곧 강연회에 출석, 크나큰 감명과 감동과 그리고 주님의 영적인 은혜와 힘을 받고 주께 감사했던 것입니다. 저는 더욱 이를 일본의 많은 사람들에게도 알리기 위해 네 강사들께 강연을 원고로 받고 또 노평구의 타고(他稿)도 입수, 전기 졸지의 이름으로 이를 발행하여 양국 여러분의 환영을 받았습니다.

금춘 저는 재방한에서 우연히 전기 김선생 68회 탄생기념회에 접해 다시금 김선생의 영향의 위대함을 실증하는 새 사실들을 알게 되어 크게 놀랐습니다. 그 하나는 광주의 천혜경로원 창립자인 강순명 씨의 전(前)부인의 부군 되는 최흥종 목사는 독립운동자로 늘 일경의 미행을 받고 있었는데, 광주에서 전도, 김선생님과 친교를 맺게 되어 『성서조선』지에 투고도 하게 되고 우치무라 선생께도 공명, 초교파를 창도했으며, 철저한 믿음으로 나병환자에 대해 사랑을 실천, 구나(求癩) 운동도 했으며, 자녀들에 대해서도 감화 심대하여 부인께서도 강씨에 대해서는 모든 어려움을 무릅쓰고 존경과 내조를 바쳤다고 했습니다.

다음 유명한 손양원 목사도 3·1 운동 또는 신사참배 반대로 투옥된 것은 물론 장로파 목사로 부산 형무소에서 수인(囚人) 상대의 전도도 했으나 역시 『성서조선』 애독자로 김선생과 교제가 있은 관계로 동파로부터 제명되어 위 형무소 전도도 중지하게 되었는데, 김선생은 이를 알고 동정 불금(不禁) 일기에서도 이에 언급한 모양입니다. 손목사는 그 후 주로 남쪽에서 전도, 특히 전남 여수군에 애랑원 나환자 수용소를 창립, 사랑의 실천으로 설비도 훌륭하여 일시는 환자 4천을 수용했으며, 명(名)설교로 그들에게 전도, 특히 산상(山上) 암상에서 늘 기도한 관계로 '산석(山石)'의 별호까지 있었으며, 후일 산석 설교집까지 출판되었답니다. 특히 손목사의 유명한 사랑의 실천은 여수 순천 사건 당시 두 아들들이 사범학교 급우인 공산당원에 살해되었는데 범인이 사형선고를 받자 손목사는 구명을 특청하여 이를 양자로 삼은 일입니다. 이야말로 실로 놀라운 주 안에서의 철저한 애적(愛敵)의 사랑이 아닐 수 없습니다. 그런데 씨는 후일 6·25 동란 때 순교하였다고 들었습니다.

위 두 사실만 해도 김선생의 영향이 과거 한국 교회에 컸던 것을 입증하는 것이라고 생각됩니다. 대체로 인물의 진가란 사후에 드러나는 법입니다. 오늘날 그 이름이 빈번히 신문지상 등 기타에 오르내리는 소위 정치가, 작가, 예능인 등이란 사후는 대체로 그 이름이 망각되는 것입니다. 정말 존경받는 인물이란 저들에게는 없습니다. 도리어 생전에 별로 알려지지 않은 특히 국적, 이단자 등으로 누명을 쓰고 박해받은 인물 가운데 시간을 초월해서 더욱 진가가 드러나고 존경을 받게 되는 참 인물이 있는 법입니다. 나아가 정말 인물의 진가란 천국 하나님 앞에 가서 비로소 드러나는 것입니다. 예수 그리스도를 위시하여 중세 일생을 망명 가운데 지낸 단테, 신앙과 정의를 위해 피살된 사보나롤라 기타 영국의 크롬웰 등 다 같습니다. 한일 양국에는 이런 숨은 인물이 많이 있는 줄로 압니다. 일본의 우치무라 간조도 이런 인물이었습니다. 우치무라의 최초, 최대의 제자라고 할 수 있는 김선생도 같습니다.

크롬웰은 죽은 후도 국적(國賊)으로 평가되었습니다만, 50년 후 유명한 칼라일(Carlyle)의 저서 『크롬웰 전(傳)』에 의해 평가가 역전하여 영국 최대의 애국자요, 국부가 된 것입니다. 그리고 이런 예는 역사상 파다한 것입니다. 일본의 우치무라 간조도 불경사건 혹은 무교회주의 창도 등에 의해 죽은 후로 15년 이상 국적, 이단으로 박해 중에 있었습니다만, 패전 후 점차 제자 문하로부터 우수한 전도자, 학자, 교육가, 실업가, 정치가 등이 배출되고(문상[文相]만도 6-7명), 또 대전 중 일반 교회에서는 가가와(賀川豊彦) 등 기타 간부들까지 전쟁에 협력했으나, 우치무라 문하의 전도자 등 십수 인은 (그 중 5-6인은 입옥) 일본의 주전주의(主戰主義)에 대해 반대, 박해당한 사실 등이 국민에게 알려져 우치무라관이 변모되어 이제는 국내는 물론 세계적으로 유명하게 되어 심대한 존경의 대상이 되었습니다. 생전에 선생을 그렇게 미워한 교회측으로부터도 존경을 받게 되었습니다.

김교신 선생은 한국에서 아직 일반적인 존경의 대상은 아닌지는 몰라도 금후 10년, 30년, 50년 후에 그 진가가 드러날 인물이라고 저는 감히 생각하는 바입니다. 또 제2, 제3의 김교신이 분기, 배출되도록 『김교신 저작집』(본 전집)과 본 추억집(본권)이 한국은 물론 일본과 세계에 널리 읽혀지기를 빕니다. 지금 바야흐로 전세계의 모든 교회가 타락 일로로써 약화를 보이고 있는 이 때 진정 인류와 국가, 사회를 구할 수 있는 것은 무교회류의 순복음이라고 생각하는 바이며, 이 점 한국에 있어서 김교신 선생이 뿌린 이 무교회 신앙의 진전을 절도(切禱)해 마지않는 바입니다.

경모 김교신 선생

사토 시로우(佐藤司郎) | 야마가타(山形) 기독교독립학원 한국어 강사

1935년 경성사범 재학중에 나는 동급 민형래 군을 통해 김교신 선생을 알게 되었다. 1930년대의 10년은 질풍노도의 시대였다. 만주사변, 중일사변 등의 확대로 제국주의 일본은 일로 파멸의 길을 달리고 있었다. 조선 민족은 일본의 압정 밑에 숨막히는 나날을 보낸 시대였다. 특히 기독자들은 총독정치하 백안시는 물론 박해하에 있은 시대였다. 일본인인 나로서는 마음의 아픔 없이 이를 회상할 수 없다. 시대의 흐름을 타고 나 자신도 기독교 비판을 했던 것을 상기한다. 지금 생각하면 실로 무지의 표백일 뿐이었다.

학교에서 박물 동호회원이었던 민형래 군과 나는 함께 곧잘 식물채집에 나갔다. 민군에게서 처음 나는 우치무라 선생, 야나이하라 선생, 김교신 선생 이야기를 들은 것이다. 민군이 김교신 선생 일요 성서강의에 주일마다 출석하고 있는 것도 알게 되었다. 일요 예배를 위해 기독교인들이 교회에 나간다는 것은 들었지만 성서강의란 말은 처음 들은 이야기고 더욱 무교회주의 기독교를 처음 알게 되었다.

김교신 선생을 말씀하던 때의 민형의 그 외경의 염에 넘친 진지했던 모습과 태도는 삼십수 년이 지난 오늘도 선명하게 내 눈앞에 나타난다. 충북 옥천군 청양보통학교를 졸업했던 나에게는 친구들도 한국인이 많았다. 생활과 교우를 통해 일본 통치하 고난 가운데 있던 당시 조선 민족의 깊은 비애의 일면에 부딪치고 있었던 것이다.

민군을 통해서 김교신 선생을 알고, 야나이하라 선생을 알고, 무교회 기독교를 알게 된 것은 그 후의 나의 신앙 생애를 결정한 중대사이다. 진심으로 감사를 느끼는 바이다. 동기생 이종근 형도 민형의 권유로 성서 집회에 출석하게 되었다. 그 후 승천까지의 이형의 순진, 진실했던 생애와 신앙과

그리고 이형을 잃은 김선생의 슬픔도 선생 신앙저작집(본 전집)을 통해 알게 되었다.

"우리의 희망은 거대한 사업의 성취나 또는 사업을 위한 헌신에 있는 것이 아니고 진실한 인물의 출현에 있다. 저가 아무런 사업도 성취한 것 없이 그리스도와 같은 참패로써 세상을 마친다할지라도 참 의미에서 하나님을 믿고 그와 함께 걷고 함께 생각하며 함께 노역하는 자라면 우리의 희망은 전혀 그에게 달렸다"(1937년 『성서조선』 98호)고 하신 대로 선생은 중등학교 교사로서 성서 진리와 신앙의 전도자로 진리와 믿음을 청년들 마음속 깊이 봉(封)하는 일에 전력하셨던 것이다.

집회 장소는 종로 5가 부활사서점 2층이었다. 나는 마음은 끌리면서도 끝내 출석은 못했다. 민군도 권하지 않고 나도 이를 감히 원하지 못했던 것이다. 조선의 진실한 혼이 진실한 혼을 향해 진리의 말씀을 쏟는 자리였기 때문에. 그러나 지금 생각하면 이는 나에게 있어서 천재(千載)의 한사(恨事)였다. 경성사범 학생으로 선생에게 성서를 배운 것은 한 학급 위의 정태시 형, 동기의 민형, 이종근 형 세 분으로 기억된다. 그 중 민형과 이형은 이미 승천했다. 그러나 경성사범에 김선생에게서 믿음을 배운 이들이 생기게 된 관계로 일본인인 나에게까지 구원의 은혜가 미치게 된 것이었다.

1935년 전라남도 광양 서소(西小)학교에 근무중인 나에게 민군이 『성서조선』을 보내 주었다. 미신(未信)의 나였으나 김선생의 문장에 강하게 끌려 들었다. 그 후 우치무라 선생의 『구안록』, 『후세에의 최대 유물』 등을 읽은 것도 『성서조선』의 영향이었다. 연초록 빛깔의 표지였던 『성서조선』의 인상을 지금도 잊을 수 없다. 거기 실로 고귀한 향기가 있었다. 1940년 이종근 형 승천, 1942년 성서조선사건, 1945년 한국해방 – 역사는 급격하게 움직였다. 군대에 소집되었던 나는 8월 15일 천래(天來)의 소리에 접했다. 그래서 '만일 일본에 귀국하게 된다면 우치무라 간조 선생, 야나이하라 다다오 선생의 저서에 의해 성서를 배우자'고 결심했다. 귀국 후는 『가신』에 의해 성서 진리를 배우기로 목표를 세웠다.

일본 패전 직후 『가신』 9월호에서 「김교신 씨를 추억함」이라는 일문을 읽고 선생을 경모하는 마음이 일단 비약했다. 김교신 선생이라는 인물이 진정 민족과 국적을 초월해서 나의 사모의 대상이 되었다. 마치 예레미야를 사모하고 바울을 사모하듯이. 그 후 『구약성서 개론』 『신앙저작집』 등에 접해 직접 하나님께 연결하여 하나님으로부터 배운 선생, 무교회주의보다도 진리를 존중한 선생에게 나 자신 접할 수 있었다. 선생의 이 정신이 『성서조선』 지면에 넘쳐 독자들의 심금을 울렸던 것으로 안다. 선생은 말년 '성서조선 사건'의 발단이 된 단문 「조와」에서 '아, 전멸은 면했구나' 하고 외치셨다 (1942년). 또 '신앙생활은 대부분은 인종이라'고도 쓰셨다(1939년). 또 '신앙생애란 암흑한 시대에 고난을 당하더라도 인간의 적은 정의감으로 영육(靈肉)을 불태우는 일 없이 공의(公義)의 근원이고 권능의 주재자인 하나님을 믿고 다시 동치 않는 생애'라고. 이 한마디, 한마디의 선생의 진실 그 얼마나 독자의 가슴을 찔렀던 것인가.

선생은 서재에 예레미야의 초상을 걸고 이를 쳐다보며 '연약, 고독한 인간 예레미야'를 쓰셨다. 예레미야의 고독은 하나님과 함께 독립 부동하는 입장에 선 고독이었다. 김선생도 고독했지만 고독하지 않은 바울과 같은 독립, 부동의 사람이었다. 선생은 진리의 토대 위에서 역사 추진의 대도(大道)를 발견하고 이에 대한 자기의 사명을 다했던 것이다. 선생은 승천한 이종근 형의 장례에 참여하지 못한 것을 뉘우쳐 "변하는 것은 청년의 마음, 변치 않는 우의와 신뢰를 이종근에게서 발견했다.

그런데 발의 종기 때문에 그의 장례에 참석하지 못했는데 그 발을 잘라버리고라도 가서 그의 고별을 성대히 못한 것을 깊이 뉘우쳤다"고 이형의 추억 「시대의 희생」에서 회술하셨다(1941년). 이가 변치 않는 진실한 영혼에 대한 또한 선생의 진실한 사랑이었다.

필자는 1968년 8월, 23년 만에 한국을 방문할 기회를 가졌다. 송선생의 오류동 집회, 노선생의 YMCA 집회, 속리산 집회 등 각 집회에 출석하여 한국의 형제 자매들의 순수한 믿음과 싸움에 접해 눈이 번쩍 띄었던 것이다. 전국 각지에서 뛰어온 형제 자매들과 그리고 일본에서 참가한 나 모두가 김교신 선생의 전우이고 선생을 경모하는 분들이었다. 선생은 하나님과 함께 있어 고독하지 않았다. 하나님과 함께 홀로 서서 사탄과의 전장에 임했던 선생의 정신은 우리들 각자의 마음을 사로잡는 것이었다. 몇 해 전 유희세형에 의해 김선생의 문장 일부가 일본말로 번역되어 소개되었다. 문장에 접한 일본 독자들의 깊은 감격과 함께 큰 반향이 있었던 것이다. 오로지 정의와 진리를 위했던 싸움과 고투, 비애의 선생의 생애와 그 정신은 승천 후 많은 진지한 영혼 속에 깊이 새겨진 것으로 믿는다.

나는 서울 남산 정상에서 북한산을 바라봤을 때 그 산기슭에 있는 선생의 주택을 생각했다. 서재의 벽상(壁上)에 한국 대형 지도를 걸고 '성서와 조선'의 찬란한 환상에 사로잡혔던 선생의 모습에 상도(想到)했다. 눈물로 복음의 씨를 심은 선생의 생애에 대해 경모의 염을 금할 수 없었던 것이다. 선생의 안중에는 바빌론 포로에서 해방된 신생 한국의 모습이 비쳐 있었다.

충남 홍성 소재 풀무학원을 방문 도중 남쪽 하늘의 태양빛을 받고 하늘을 찌르고 서 있는 수백 주(株)의 포플러를 보고 나는 김선생의 문장「포플러 예찬」의 일절을 회상했다. "포플러는 하늘을 향해 선다. 포플러만은 옆으로 세력을 뻗지 않고 세로 하늘을 향해 오르고 또 오른다. 그 일직선의 구간과 수직으로 하늘을 향하는 큰 가지, 작은 가지. 유한한 횡에 살려 않고 세로 하늘에 사는 포플러는 고귀하다…." 선생의 이 문장을 읽고 포플러는 한층 나에게 친밀한 나무가 된 것이다. 김선생의 이 글이 실린 부독본(副讀本)을 교재로 진리를 배우는 풀무학원 학생들의 행복을 다시금 다시금 생각했다.

　김선생은 극히 한정된 소수 청년학도들의 영혼에 피눈물을 쏟아 교육하시고, 생애 변함없이 복음을 믿고 또 이를 위해 사랑하고 애쓰고 돌아가셨다. 하나를 지켜 변치 않았던 복음의 전사 아 사모하는 김교신 선생! 선생과 나는 극히 작은 관계를 가질 뿐이지만 선생 저작집은 나에게 있어서 가장 깊은 내면적인 관계를 갖는 것이라고 믿고 있다. 한국에서 나서 한국을 고향으로 하고 보통학교에서 배운 관계로 김선생 저작집을 읽을 수 있는 행복을 나는 아무것과도 바꿀 수 없다. 하루빨리 이것이 일본어로 번역되어 일본 사람들이 김교신 선생의 믿음과 사상과 인물에 접할 수 있는 날이 오기를 비는 바이다.

김교신 선생의 편지

가타야마 나오유키(片山直行) | 김교신 선생의 친구되는 전 동경대 물리학과 가타야마 데츠(片山徹) 교수의 장남. 교사

　저는 김교신 선생에 대해 아무것도 모릅니다. 선생을 직접 대한 일도, 말씀에 접한 일도 없습니다. 더욱 선생의 저서를 읽은 일도 없습니다. 그러나 아버님을 통해 이름만은 늘 듣고 있었습니다. 그런데 그때그때 아버님이 선생에 대해 말씀해 주신 것도 실례이나 이제 와서는 별로 기억이 없습니다. 다만 우치무라 간조 선생 집회 또는 쓰카모토 도라지 선생의 희랍어반에서 아버님과 함께 공부하셨다는 것, 또 김선생께서 귀국하신 후로 기독교의 순복음을 전하기 위해 싸우신 것 등을 언제나 경의로써 말씀하신 것을 희미하게 기억하고 있을 뿐입니다.

　그런데 아버님 사후 김선생으로부터의 편지가 7통 가량 다른 한국의 우인들의 편지와 함께 조심스럽게 보관되고 있는 것을 발견했습니다. 수는 적

습니다만 어느 것이나 다 겸손한 진실이 넘치는 편지뿐입니다. 이들 편지를 특히 『성서조선』지 휴간 사정을 쓴 긴 편지를 읽으며 저는 일본 관헌의 권력을 빙자한 불손 부조리를 여실히 알고 또 이에 대해 김선생께서 양보할 수 있는 데까지 양보하고 꾹 참아가며 최후 도저히 양보할 수 없는 신앙에 관해서는 감연히 이를 물리친 그 그리스도 안에서의 깊은 인내와 관용과 용기에 접해 말로 할 수 없는 엄숙한 감명을 느꼈습니다. 그리고 김선생께서 일본인에게 그렇게 고초를 당하면서도 같은 일본인인 아버님에 대한 따뜻한 마음씨에 감사와 함께 현세의 국적(國籍) 아닌 그리스도 안에서 함께 하늘에 국적을 가진 동지로서의 모습을 눈앞에 그려 보았습니다.

저의 아버님은 작년(1968년) 8월 세상의 생을 마치고 하늘에 돌아갔습니다만, 최후 2개월 미만의 입원 생활 중에서 『조선어 입문』이라는 400자 원고지 110매 정도의 문법서를 남기고 가셨습니다. 이것은 우리에게도 이야기한 일이 있고 또 일기에도 써 있었습니다만, 노평구 선생의 『성서연구』지를 읽을 목적으로 이를 위한 자신의 한국어 공부를 위해 쓴 것이었습니다. 그런데 김교신 선생의 편지를 보니까 이보다 먼저 1930년경 이미 김선생을 중심한 『성서조선』지를 읽기 위해 역시 조선어 공부를 하고 있었던 모양입니다. 어머님에게 알아본즉 그것은 결혼 직후로서 당시 오기구보에 살고 있던 때인데 김선생으로부터 소개받은 『조선어의 선생』이란 입문서를 사다가 근처에서 신문 배달을 한 이씨라는 분에게 자기도 무엇인가 가르쳐 주는 대신 조선어를 배우고 있었다고 했습니다. 그로부터 37-38년 후 겨우 그 공부가 부족한 대로 열매를 맺게 된 것을 아버님 자신도 크게 기뻐했을 것이라고 생각합니다. 그러나 아버님께서는 『조선어 입문』의 원고를 만지면서 우리에게 말씀했습니다. "이것만으로는 아직도 노군의 문장은 읽을 수 없다"고. 그리고 다음 단계의 공부를 시작하고 또 이를 문법서에 보충할 것을 생각하고 계신 것인데 승천하시고 말았습니다.

하여간 저의 아버님은 한국에 많은 훌륭한 교우를 갖고 있었으며, 그 쓴 글들을 읽고 싶어했습니다. 그러나 이에 대한 언어의 장애를 어떻게 극복해 보려고 약 40년간 재삼(再三) 조선어 공부에 손을 대어 이번 겨우 마스터에 접근하자 역시 미완중에 귀천하셨습니다. 그러나 저는 생각합니다. 아버님은 이제는 하늘에서 김교신 선생과도 만나 현세의 국적이나 말을 초월한 천국의 언어로써 자유자재로 기쁨 가운데 말씀을 나누고 계실 것이 아닐까 하고. 김교신 선생 편지를 함께 동봉합니다. 필요 없는 말이 너무 길어졌습니다. 관서를 빕니다. (1969년 9월)

III 문하(門下)

김교신과 조선

류달영(柳達永) | 서울대 명예교수, 한국유기농업협회장, 전국농업기술자협회 명예회장

이 글은 6·25 직전인 1950년 4월 1일에 서울 종로 YMCA 강당에서 열렸던 김교신 선생 승천 5주년 기념강연회에서 필자가 강연한 원고로 노평구 씨 주간 『성서연구』 22-23호에 연재되었던 것이다.

여기 모이신 여러분의 대부분이 아시는 바와 같이 올해는 『성서조선』의 주필이었던 김교신 선생이 세상을 떠난 지 만 5년이 되는 해입니다. 이제 새삼스러이 말할 것도 없습니다마는 김교신 선생은 우리나라 복음사에 있어서 한 새로운 선을 긋고 가신 분입니다. 『성서조선』의 역사적 성격은 함석헌 선생님께서 말씀하실 '제2의 종교 개혁'에서 자연히 그 핵심에 부딪치게 될 것으로 믿고, 나는 그 말씀의 소재적인 구실이 될 김교신 선생의 생

애의 몇 면(面)을 내가 본 그대로 평이하게 말씀드려 그를 추모함과 함께 이 새로운 전선을 달리는 기독도(基督徒)의 노정에 용기를 북돋고자 하는 바입니다.

지금으로부터 5년 전인 1945년 4월에 해방을 백일 남짓하게 남겨 놓고 누구보다도 해방의 날을 몹시 기다리시던 선생이 하루아침에 큰 나무가 넘어지듯 45세를 한 생으로 함흥에서 세상을 떠났습니다. 원체 체력이 건강한 위에 남달리 건강에 주의하시는 분이며 또 여러 사람들이 그의 장수를 바라고 있었기 때문에 선생의 별세는 주위의 사람들에게나 선생 자신에게도 참으로 뜻밖의 일로 여겨졌을 것입니다. 마치 40년 광야의 여행을 끝마친 모세가 꿈에도 그리워하던 가나안을 바라만 보면서 세상을 떠난 것과 흡사한 느낌이 드는 것입니다. 참으로 하나님만을 섬겨 영육 아울러 복음을 전한 선생을 또 누구보다도 조선을 사랑하던 선생을 인생의 무성한 한낮에 해방의 한 발자국 앞에서 홀연히 꺾어 버리는 하나님의 심사야말로 참으로 잔인 가혹한 듯이 느껴집니다.

해방이 되어 우리를 가장 놀라게 한 것은 무엇이었습니까? 그것은 애국자의 홍수입니다. 3천만이 다 뼈다귀까지 일본 황국의 신민이 된 줄로 알았더니, 그 많던 황국 신민들은 하나도 보이지 않고 모두가 탈을 쓴 애국운동, 독립운동한 사람들뿐인 데 놀란 것입니다. 온통 명예와 지위와 돈을 위하여 눈에 핏줄이 서서 미친개들처럼 돌아다니는 애국자의 무리들뿐입니다. 우리는 마음속으로 김교신 선생이 살아 계셨다면 하고 어린아이 같은 생각을 해 보았습니다. 그 까닭은 김교신 선생이야말로 참으로 나라를 사랑한 분이었기 때문입니다.

해방이 되면 그날로 대통령이 서고 국민들은 사리(私利)를 떠나서 반세기 뒤떨어진 역사를 회복하기에 온 힘을 다해서 하루아침에 낙천지(樂天地)가

될 것으로 누구나 생각하고 있었던 것입니다. 그러나 청천벽력이라고 할까 국토는 남북으로 끊어져 신음하고 미소(美蘇)의 두 나라 군대가 들어와 군정을 편다는 것입니다. 참으로 해방의 감격도 순간에 사라지고 모두 제 욕심을 채우기에 바쁘게 되었습니다. 이북은 무지와 폭력이 지배하는 세계요, 이남은 간교가 판을 치는 세상이 되었습니다.

이른바 통역정치로 혀 꼬부라진 사람들의 천하가 됐습니다. 미국을 갔다 온 것만으로, 영어를 다소 안다는 것만으로 곧 지사(知事)요, 시장이요, 장관이 되는 세상인 것입니다. 그런데 그 대부분이 기독교인이었다는 것도 모든 사람들의 특별한 주목거리였습니다. 이런 때에 우리는 은근히 돌아간 선생을 그리워하면서 '선생이 살아 계셨더라면' 하고 쓸데없는 공상을 해보곤 했습니다. 그리스도의 이름을 팔아서 자기의 영광을 살 줄 모르는 선생인 것을 잘 알기 때문입니다.

해방 후에 교육계는 어떻습니까? 이것이야말로 일대 장관이라 하겠습니다. 대학의 사태입니다. 하루아침에 우리의 문화 수준은 세계 최고 수준으로 뛰어 올라간 것 같습니다. 군청 고원도 단번에 교장이요, 회사원도 단번에 교수요, 학장입니다. 소학교도 못 마친 청년들도 당당한 대학생으로 거리를 활보합니다. 인문계통대학에 가 보면 변변한 책 한 권이 없고 실업계통의 대학에 가 보면 실험대 하나, 시험관 한 개가 없는 형편이라, 초창기니까 그렇지 않으냐고 양해를 시키고자 합니다마는 학교를 터무니없이 세우는 동기를 분석해 보면 모두 다 자기의 지위와 명예를 확보하자는 심보가 너무도 분명하게 보입니다. 그 학생들은 대학을 세운 정치 브로커들의 인형이 되어 아침저녁으로 시위 행렬이요, 동맹휴학입니다. 학생들은 선생을 때려 죽이고 선생들은 월급봉투의 무게를 따라 한 주일에도 몇 번씩 근무하는 학교를 바꾸는 형편이 아닙니까? 이렇게 해서 취임도 없고 사직도 없고 부둣가의 날품팔이처럼 뛰어다니는 형편입니다. 이러므로 여자대학교의 교수가 여학생을 능욕하고 낙태시키러 다니기에 분망하다는 신문기사를 읽고도 놀랍지도 않을 정도입니다.

  자유라는 이름 아래, 혁명이라는 이름 아래 윤리나 도덕은 전부가 봉건적이라 하여 썩은 짚신처럼 내던져지고, 어떠한 야만적인 행위도 진보적이라는 형용사 아래 자랑이 되고 있는 현상입니다. 이 때에 우리는 선생을 그리워합니다. 거의 평생을 학교의 교사 노릇 한 분으로 보수의 다소를 염두에 두지 않고 사람들을 두려워 않고 스스로 믿는 바를 가르친 인생의 교사이었던 선생을 그리워해 보았습니다.

  선생이 전쟁 전부터 머리를 짧게 빡빡 깎고 활동하기에 편리한 골프 바지에 잠바를 입고 스스로를 가리켜 유행의 첨단을 걷는다고 전쟁 중에 시행하는 정책을 비꼬아서 말씀한 일이 있었습니다. 그러나 오늘에 있어서는 아무리 선생이 살아 계시더라도 시대의 첨단으로 걸을 재주는 없을 듯합니다. 우리가 일제 아래서 진심으로 걱정했던 것이 무엇이었습니까? 천대와 가난과 압박이 모두 우리들의 참을 수 없는 한스러운 일이었습니다. 그러나 참으로 우리들이 아파하고 걱정한 것은 민족정신의 말살과 우리들의 도덕적인 타락이 아니었습니까? 도덕적인 퇴폐로 이 민족의 인격의 파산이 오는 날에는 우리가 앞으로 바라는 모든 희망이 완전히 사라지게 되기 때문입니다. 빈곤에서 민족을 구원하는 길이 있어도 도덕적으로 허물어진 민족은 다시 살아날 길이 없기 때문입니다.

  진정으로 민족과 나라를 근심하는 양심이 있는 사람들이라면 과연 이대로 우리가 신의 긍휼과 축복을 받아 살 길을 얻게 될 것으로 믿게 되겠습니까? 생명이 썩으면 모든 것이 다 썩어 버리는 것입니다. 종교와 교육은 인류의 생명을 다루는 분야입니다. 종교와 교육이 썩으면 어느 민족이고 어느 국가이고 예외 없이 썩어 없어질 수밖에 없는 것입니다.

'김교신', 그는 무엇이었나? 그는 뜨겁게 민족을 사랑한 사람이었고 충실하게 하나님을 믿고 섬긴 사람이었습니다. 그의 평생의 염원은 스스로 참되게 살아 보자는 것, 이 민족의 살 길을 열어 보자는 것이었습니다. 이번 강연회의 저의 연제(演題)는 '김교신과 조선'입니다. 이 연제는 실상인즉 노평구 형이 나와 연락할 시간이 없어 그의 단독으로 발표한 것입니다. 내가 서울에 올라와서 제출한 연제도 글자 한 자 틀림이 없는 '김교신과 조선'이었습니다. 이것은 우연이라면 우연일지 모르나 선생의 인물을 아는 이로서는 누구를 물론하고 '김교신'이란 이름과 가장 가깝게 연상할 수 있는 것은 곧 '조선'이기 때문입니다. 그러므로 김교신에게서 조선을 마이너스한다면 아마 남는 것이 별로 없게 될 것입니다. 그는 그렇게 뜨겁게 조선을 사랑하다가 간 분입니다.

우치무라 간조의 묘비명입니다.

> I for Japan;
> Japan for the world;
> The world for the Christ;
> And all for God.

김교신 선생에게 이에 해당하는 말이 있다면

> 성서와 조선 Bible and Korea;
> 성서를 조선에 Bible to Korea;
> 조선을 성서 위에 Korea on the Bible.

『성서조선』 75호 권두문에 선생이 스스로 쓴 말씀일 것입니다.

'성서와 조선' 그가 이 세상에서 가장 좋아한 것은 곧 진리인 성서와 조국인 조선이었던 것입니다. 이 둘은 그의 가슴을 점령한 전부였던 것입니다. '성서를 조선에', 사랑하는 조선에 그가 주고 싶은 것이 어찌 한두 가지였으리요마는 성서를 바로 배워 가엾은 어머니의 나라 조선에 이를 주어 그를 살아나게 하고자 한 것입니다. '조선을 성서 위에', 조국을 위한 모든 건설 운동이 아침 이슬 같고 시드는 풀꽃 같고 모래 위에 누각을 세우는 것같이 그에게 생각되었으므로 이 나라의 영구의 기반공사를 성서의 진리로 하고 이 민족을 만세(萬世)의 반석 위에 세워 누구도 넘어뜨리지 못하도록 하자는 것입니다. 이것이 곧 김교신의 신념이요, 인생관이요, 또 포부의 전부였던 것입니다.

지금부터 24년 전인 1927년 내가 양정고등보통학교에 입학했을 때에 선생은 28세의 청년 교사로 부임했고 나는 그의 담임반의 학생으로 5년 동안을 그의 밑에서 배웠습니다.

여러분은 이 나라의 희망입니다. 참되이 배워 갑시다. 그리하여 이 나라의 앞날을 위해 꾸준히 준비합시다. 나도 여러분들과 똑같이 한 학도로서 함께 배우며 걸어가고자 합니다.

이것은 그의 부임 인사로 평범하고도 소박한 인사였으나 진실의 호소였던 것입니다. 그 당시에 유물론이 전국의 지식층을 휩쓸고 학생들은 반항의식이 강하고 자유분방하던 영웅주의 시대였으므로 이 융통성이 적고 딱딱한 교사의 진정이 큰 인기를 얻지는 못했습니다. 우리들 대부분의 학생들이 선생을 진정으로 존경하고 사모하게 된 것은 우리들이 교문을 나와서 세상 풍파에 부딪쳐 본 뒤였습니다. 날이 갈수록 많은 청년들의 가슴속에 선생의 모습은 점점 클로즈업되어 갔었습니다.

당시 우리가 배우는 지리 과목의 대부분은 일본 지리였고 우리나라 지리는 겨우 두서너 시간뿐으로 마치도록 교과서가 쓰여져 있었습니다. 그러나 우리는 거의 일년을 통해서 우리나라 지리만을 배웠습니다. 자기를 분명히 알아 가는 것이 인생의 근본이라고 주장하셨습니다. 대고구려를, 세종대왕을, 이순신을 배웠습니다. 식민지 교육 밑에서 자신에 대해 소경들이었던 우리 소년들은 비로소 자신에 대해서 눈을 뜨기 시작했습니다. 우리 국토가 넓지 못한 것을, 우리 인구가 많지 않은 것을, 백두산이 높지 못하고 한강이 길지 못한 것을 한탄하지 않게 되었습니다. 스스로를 멸시하기 쉬웠던 우리들은 조국에 대한 재인식을 근본적으로 하게 되었습니다. 산천 조화의 아름다움은 세계에 따를 곳이 없는 극치인 것, 좋은 기후, 특유한 해안선의 발달, 차고 더운 두 해류의 교차, 바다와 물의 풍부한 자원, 동양의 심장 같은 반도로 대양과 대륙으로 거칠 것 없는 발전성의 내재 등등, 어린 우리들은 조선의 젊은 아들로서 뛰는 가슴을 누르기 어려웠습니다.

하루는 내가 박물실에 들어가 표본들을 정리하면서 선생을 도와 드리고 있노라니 일인 병정들의 대연습으로 대포 소리가 끊임없이 진동하였습니다. "류군, 저 총소리는 무엇을 말하는 것인지 아나?" 하고 별안간 물으셨습니다. "저것은 우리들더러 꼼짝 말라는 시위입니다" 하고 대답했더니, 빙그레 웃으시면서 "결코 눌려서는 안 되지" 하셨습니다. 그 시절에는 이충무공의 산소를 수리하고 초상을 그려 모시고 춘원의 『이순신』이라는 소설이 동아일보에 연재되어 전민족의 가슴을 감격으로 휩쓸고 할 때였습니다. 춘원의 그 소설을 읽는 선생의 두 볼에 뜨거운 눈물이 흘러내리는 것을 보고 나도 가슴이 벅참을 느끼곤 했습니다. 역사는 직선으로 흐르는 것이 아니라 간헐천처럼 팽창하면 멎게 되고, 멎은 것은 다시 터지게 된다는 것을 열심으로 설명해 주던 기억도 새롭습니다. 이것은 우리들이 시야를 널리 가지고 질식할 것 같은 현실에 실망하지 않도록 하는 격려였습니다.

내가 아는 한 선생처럼 자기의 생명을 아껴 쓰면서 부지런히 사신 분은 아직 못 보았습니다. 끊임없는 실천의 생활이었습니다. 이에 대해 한 가지 재미있는 일화가 기억됩니다. 선생께서 양정학교에서 숙직을 하던 어느 날 밤 마실 온 친구 한 분에게 붙들려서 바둑을 둔 일이 있었습니다. 첫판에 선생이 이기자 상대방은 이기고 그대로 물러나는 것은 비겁한 짓이니 한 번 더 두자고 졸라서 할 수 없이 또 두었는데, 마음은 간행 시간이 촉박한『성서조선』교정에 잡혀 있으므로 그만 지고 말았습니다. 어디서나 있듯이 이긴 편은 기운을 얻어서 "자아, 승부를 냅시다. 비기고 그만 두는 것은 싱겁소" 하고 싸움을 걸므로 승벽이 강한 선생은 세 번째 두었는데 그만 참패를 하고 만 것입니다. 서재 겸해 쓰는 박물실에 돌아와서 선생은 그만 통곡을 했다고 합니다.『성서조선』편집 시간은 없어져 버렸고 바둑은 지고 말았으니 이 무슨 추태인고 하고 울었답니다. 이렇게 시간을 아껴 쓰는 선생이 청년들과 함께 산으로 물로 여행할 때의 그 유연함은 오로지 이 나라와 젊은 이들을 사랑하시는 일념이라 할 것입니다.

 어려서부터 종교에 심한 증오감을 가지고 있던 내가 예수교인인 선생을 진심으로 존경하였음은 그의 종교나 지식 때문이 아니요, 오직 그 뜨거운 민족애와 정의를 위해서는 두려움을 모르는 의기 때문이었습니다. 1942년 선생과 그 동지들이 일본 경찰에 검속되었을 때에 선생을 취조하던 형사 한 사람이 "김교신이란 사나이는 참 담대하기 짝이 없거든. 취조 경관인 내가 다 아찔아찔한 때가 있단 말야" 하면서 취조받는 나에게 이야기를 해주었습니다. 그 시절에 일본은 중국대륙과 동남아의 광대한 지역을 휩쓸고 동양 천지가 일본 국기 아래 굴복할 것 같던 때가 아니었습니까? 우리나라의 많은 사람들이 그들의 꼭두각시 노름을 하고 있었고 조선 사람다운 일언반구도 모두 비국민이요, 국적으로 몰려서 핍박을 받게 되던 시절이었던 것입니다. 물론 그는 일본식으로 창씨도 아니했었습니다. 형사의 물음에 "나는 그리스도와 끊어지는 한이 있더라도 이 조선을 사랑하지 않을 수는 없다. 황국신민서사는 후일에 망국신민서사가 될 날이 있을 것이다"라고 대답하였다는 것입니다. 만주사변에 대해 의견을 물으니 "만주사변은 마치 일본이 호랑이를 올라탄 것과 같은 것으로 섣부른 짓을 저지른 것이다. 이제는 타고 가도 결국 물려 죽을 것이요, 또 도중에서 뛰어내리지도 못할 딱한 사정에 있는 것이다"라고 서슴지 않고 소신을 명백히 말했다는 것입니다.

선생은 스스로가 자기를 히니쿠(皮肉)의 대가(사물을 비꼬아서 말하기를 잘하는 사람)라고 했지마는, 사자 같은 동물도 똥을 싸게 하는 일본 경찰 앞에서 이렇게 담대한 히니쿠를 하는 사람을 처음 보고서 그들은 어안이 벙벙했다는 것입니다. 이런 것들은 선생을 위해서는 모두 극도로 불리한 진술들이었습니다마는, 선생의 연막을 칠 줄 모르는 성격이 이렇게 그들의 심문에 솔직한 소신을 말하게 한 것입니다. 달이 차지 못한 것 같은 나까지도 사부의 이 쾌(快)한 태도의 토막토막을 이편저편으로 전해 듣고 큰 용기를 얻었습니다. 사실 변변치 못한 나 같은 사람으로도 그리스도의 이름 때문에, 조국 조선의 이름 때문에 당하는 고통이라고 생각하니 일종의 향기로운 쾌감을 느끼게 되었습니다. 나도 일본 천황도 신이 아니고 역시 아담의 자손이라는 것, 우리는 일시적인 일본 헌법보다 영원한 율법에 복종하겠다는 것, 조선 민족도 독립할 날이 올 것이라는 것을 마음먹은 대로 술회하고 감방으로 돌아와서 누웠을 때에 내 마음은 참으로 안정되고 편했습니다. 그 때 우리나라의 기독교는 둘로 갈라져 대립되고 있었는데 내가 취조를 받고 있는 옆방에서 나도 안면이 있는 거물 목사들이 경찰부 일인 간부들을 서대문서까지 따라다니면서 상대방을 모해하는 광경은 가롯 유다도 저만은 못하였을 것이라는 생각이 들었습니다. 나는 예수도 하나님도 교살하는 무서운 종교의 권리 다툼의 막(幕) 뒤를 목도하고 모골이 송연했습니다. 나는 여기서 선생이 어느 교파에도 속하지 않고 청신한 신앙으로 고난을 달게 받고 달리면서 원수인 일인(日人) 경찰들에게까지 내심의 존경을 받고 있는 것을 생각하고 참 좋은 대조라고 느꼈었습니다.

선생이 우치무라 간조를 일생의 사표(師表)로 한 것은 우치무라의 신앙의 순수성에 있는 것을 부인할 수가 없겠으나 그 주원인은 우치무라의 애국 정신이었던 것으로 나는 생각합니다. 선생은 전쟁 중에 민중들의 무자각과 민족 지도자들의 속출하는 전향을 참으로 마음 아파했습니다. 내가 송도에서 선생을 이웃에 모시고 살 때에 겨울에도 선생은 날마다 어둔 새벽에 송악산 깊은 골짜기로 들어가 기도를 했습니다. 그 골짜기에 작은 폭포가 있고 그 폭포 밑에는 물이 고인 소(沼)가 있었습니다. 선생이 옷을 벗고 몸을 씻고 찬송을 부르면 개구리 떼들이 감응이나 하는 듯이 몰려들었습니다. 선생은 이 개구리들을 귀여워했었습니다. 추운 겨울이 되어 소가 얼어붙고 개구리들도 자취를 감추고 쓸쓸해졌었습니다. 봄이 다시 돌아와 얼음이 녹아 소가 풀렸는데 소에는 죽은 개구리들이 떠돌아 처연함을 금할 수가 없었습니다. 그런데 자세히 보니 소 밑에는 아직도 몇 마리의 개구리들이 살아 남아 움직이고 있어 매우 기뻤다는 것입니다. 이것을 조와(弔蛙) 곧 '개구리를 조상하노라'는 글로 써서 『성서조선』 158호의 권두문으로 했습니다. 이것은 물론 단순한 개구리의 이야기가 아니라 무서운 제2차대전 중의 수난의 우리 민족을 상징한 바 함축 있는 글인 것입니다. 옛 선지(先知)가 파단행 나뭇가지에서 앞으로의 이스라엘의 역사를 본 것같이 선생은 이 소에서 무서운 엄동에도 죽지 않고 남아 있어 다시 퍼져 나갈 이 민족의 앞날을 본 것입니다. 이 글은 소위 성서조선사(社) 사건의 발단이 되어 국내외로 수백의 검속자를 내었고 신앙과 민족 정신의 시련을 겪게 한 사건이 되었습니다. 경찰들은 증오에 가득 찬 눈으로 우리들을 바라보고 이렇게 말했습니다. "너희 놈들은 우리가 지금까지 잡은 조선 놈들 가운데 가장 악질의 부류들이다. 결사니 조국이니 해 가면서 파뜩파뜩 뛰어다니는 것들은 오히려 좋다. 그러나 너희들은 종교의 허울을 쓰고 조선 민족의 정신을 깊이 심어서 100년 후에라도 아니 500년 후에라도 독립이 될 수 있게 할 터전을 마련해 두려는 고약한 놈들이다." 우리는 듣고서 웃기만 했고 아무런 변명도 안 했었으나 후일에 선생은 나더러 "일본 경찰이 보기는 바로 보았거든" 하시면서 웃었습니다.

  선생은 불의를 심히 미워하고 의(義) 아닌 일을 하는 때에는 그것이 자기 자신이건, 가족이건, 평생의 동지들이건, 자기 민족이건 한결같이 냉혹하게 처단했었습니다. 우리가 재학 시대에 선생의 별명이 '양칼'이었습니다. 이것은 선생이 불의를 미워함에 사정이 없는 성격을 잘 표현한 별명인데 걸작이라고 믿습니다. 참 잘 들고 또 잘 잘라 버리는 비수였습니다. 선생의 맏따님이 출가할 때에 혼례식장에서 "네가 집을 떠날 때에는 칼을 품고서 가거라. 친정부모의 명예에 관계되는 일이 너로 해서 생기거든 죽고 돌아오지 말 것이다. 오늘부터는 친정과는 싹 끊어 버리는 것이니 길흉화복을 시댁과 같이 할 것이다"고 훈계하였습니다. 선생의 성격이 이러므로 청탁(淸濁)이 아울러 그 밑에 모이질 못했습니다. 선생의 이 강한 의지는 자기 신앙으로부터 온 것도 있겠지마는 다분히 그의 천성이라고 할 것이며, 그 건장한 체력에서도 온 것입니다. 선생은 보통 사람을 훨씬 능가하는 체력의 소유자입니다.

  선생은 어떤 인연으로 해방 전해인 1944년에 흥남 서본궁의 일본질소회사에서 5,000명의 조선인 노동자들이 사는 사택촌의 책임자로 일하게 되었습니다. 궤짝 같은 집들만이 줄을 지어 늘어서 있을 뿐으로 아무런 후생시설도 문화시설도 없는 이 곳에서 비참한 5,000명 노동자들의 참 친구가 되어 그들을 위해서 진력했었습니다. 일본과 그 밖의 위험 지대로 징용당해 가는 청년들을 사면(四面)에서 불러모아 유치원, 학교, 병원 등을 세우는 한편 난방, 사식 등에 이르기까지 급속도로 개선해 갔었습니다. 원체 큰 덩어리인 만큼 노동자들을 직접 간접으로 착취하는 경찰, 군부의 기생충들이 적지 않았으나 이것들을 단시일에 잘라 버렸습니다. 사방으로부터 받는 미움이 심했으나 군의 직할공장이라 손을 대지 못했었습니다. 선생은 일선에서 몸소 노동자들이 땔 석탄차를 밀고 했었습니다. 어느 날 점심시간에 계원들과 일꾼들을 불러모아 힘센 사람들을 뽑아서 팔씨름을 시켰습니다. 전승의 기록을 가진 사람은 6척 장신의 콧수염이 양쪽으로 길게 뻗친 서본궁 일판의 대표적 역사(力士)였습니다. 선생은 그 사람을 불러서 "자네가 나까지 이겨야 우승자가 된 것일세" 하니 그 수염 역사는 농담으로만 알고 "헤헤, 계장님이 팔씨름을 다 하시다니" 하고 웃기만 했습니다. 선생이 팔을 걷고 나서니 그제서야 수염역사도 덤벼들었습니다. 이것이야말로 흥미 있는 여흥이긴 하나 이 씨름의 승부는 누구나 이미 다 알고 있는 것이었습니다. 그러나 씨름의 승부는 완전히 관중의 예측을 뒤집었던 것입니다. 의외에 참패를 한 수염역사는 팔을 내둘러 힘을 올리고 웃통을 벗어제치고 단단히 덤볐습니다. 관중들은 긴장하고 두 선수는 상기하여 서로 단단히 손을 맞잡았습니다. 불패의 기록을 가진 수염역사의 표정은 보기에도 무서웠습니다. 관중도 이번에는 모두 긴장했습니다. 그러나 씨름의 승부는 너무도 쉽게 났고 수염역사는 두 팔을 짚고 선생 앞에 엎드려서 항복을 했습니다. 선생은 빙그레 웃으면서 수염역사의 엎드린 꼴을 내려다보셨습니다. "오늘은 전승자가 없어서 내가 줄 상품을 보류한다"고 선생이 선언했습니다. 이 무서운 기운을 보고 놀라지 않은 사람이 없었습니다. 안하무인이던 수염역사도 매우 행동을 조심하게 되었습니다.

이처럼 특출한 체력을 가진 선생이 늘 눈이 충혈되고 입술이 부풀고 하는 것을 보면 그 과로의 일상생활을 짐작할 수가 있습니다. 교사로서 한 사람의 직무를 충분히 하면서 성서 집회와 잡지 출판까지 하고 정릉리에서부터 양정학교까지 날마다 자전거로 통근을 한 것입니다. 이제 그 생활을 일기에서 일부분 더듬어 보기로 하겠습니다.

1939년 12월 15일, 오후 4시 책이 겨우 나와서 서울역에 출하하고 시내 배달하고 우편국에 발송하고 나니 날이 저물고 몸은 극도로 피로하다.

1939년 12월 22일, 미명(未明)에 산곡에 들어가 기도. 인쇄소에 들러서 등교 집무, 총독부, 도청, 인쇄소, 늦도록 교정, 어둔 후에 귀로.

이와 같이 바쁜 날의 계속이 선생의 평생의 생활이었습니다.

우리는 선생을 의(義)에만 치우친 심판관형의 냉혹한 인물로만 알기가 쉽고, 또 '히니꾸'를 잘하는 인물로만 알기 쉽습니다. 그러나 선생처럼 쉽게 감격하고 뜨거운 눈물을 잘 뿌리는 분도 드물 것입니다. 피상적으로 선생을 만지는 사람들은 그의 예레미야와 같은 눈물의 생활을 지나쳐 보기가 쉽습니다. 선생은 눈물을 마시고 살아간 분입니다. 그의 일기를 읽어 가노라면 그의 눈물의 내면적인 생활을 엿볼 수가 있습니다. 어느 해 겨울 새벽에 시편 42편을 읽던 선생이 눈물에 막혀 4-5차 읽기를 중단하면서 겨우 끝까지 읽는 것을 본 일이 있습니다. 착한 이야기, 의로운 이야기를 들으면 언제나 눈물을 머금고 했습니다. 이제 그의 일기를 몇 군데 들추어보겠습니다.

1938년 7월 12일, 점심시간에 『클라크 선생과 그 제자들』의 몇 군데를 들추어 읽다가 눈물로 밥을 삼켰다. 물말이는 소화 안 된다 하나 눈물말이는 더 잘 소화될 듯싶다.

라고 써 있습니다. 이 책은 일본 삿포로 농학교의 초창기의 우치무라, 니토베(新戶渡) 등이 공부하던 전후 시대의 상황을 재미있게 쓴 책입니다.

1938년 7월 27일, 아침에 신열이 내리지 않다. 오전 7시 반 옹진시의 일본광업주식회사 견학. 갱내의 막다른 골목에 이르렀을 때에 캄캄한 가운데 착암기를 잡고 섰는 15-16세의 소년 하나가 나의 가슴을 덜컥 내려앉게 하다. 광맥보다도 이 소년이 내 온 주의를 끌어 버렸다. 저가 꼭 내 동생, 내 아들만 같아서 견딜 수가 없다. 갱내가 어둑한 것을 기화로 광벽을 향해 무량의 눈물을 뿌리지 아니치 못하였으니 이것이 박물 교사의 총수확이었다. 저들도 보통교육을 받고 바울을 읽으며 예수의 복음을 듣는 날까지 우리가 어찌 안연히 명목해 내랴.

1939년 10월 3일, 새벽 잔월을 밟으며 산골짜기에 올라가 기도. 등교, 수업, 류군이 쓴 최용신 양의 전기의 일부분을 만져보다가 손수건 한 장이 다 젖도록 울다. 요셉이 동생들을 만났을 때처럼 울고 나서 세수하고 또 수업.

1939년 12월 6일, 저녁에 최용신 양의 최후 교정, 몇 번씩 읽었건만 눈물이 교정 능률을 방해함이 심하다. 내가 특히 눈물 헤픈 사람인가, 최양의 생애가 특히 눈물을 자아냄인가 분간할 수 없었다.

선생은 불의에 대한 신성한 분노를 참지 못하는 반면에 참된 것 앞에 예민하게 감격하고 많은 눈물을 흘리신 분입니다. 이 나라에서 눈물의 사람인 선생을 알아낸 사람은 적었고 또 그와 함께 눈물을 흘린 사람은 더욱 적었습니다.

선생의 생애에 있어서 가장 문젯거리가 되는 것은 그의 교회관입니다. 이 문제에 관해서는 선생을 가까이 모시고 있던 분들도 오해하고 있는 이들이 적지 않아서 여러 차례 석명(釋明)한 바가 있습니다. 김교신 선생에게서 조선을 떼놓고 그를 생각할 수가 없는 것처럼 무교회 신앙을 떼어 내고 그를 생각할 수가 없습니다. 『성서조선』지의 겉장만 보고도 폭탄처럼 두려워하는 교직자(教職者)들이 적지 않았으며, 심지어는 선생과 그 동지들을 강단에 세우지 않을 것을 결의한 교파도 있었다고 들었습니다. 이것은 극히 선생을 피상적으로 보았기 때문에 일어난 일들입니다. 무교회의 원리에 대해서는 자연히 함석헌 선생께서 자세히 말씀하시게 될 것이므로 나는 간단히 교회와 선생과의 관계와 또 교회에 대한 선생의 태도를 말해 보고자 합니다.

선생은 동경에 유학 중인 1920년 4월 16일 밤에 우시코메구 야라이정(牛込區矢來町)에서 마쓰다(松田)라는 학생의 노방 설교를 듣고 크게 감격하여 이틀 후인 18일에 야라이정에 있는 홀리니스(Holiness)교회를 찾아가서 입신을 결심하고 그 후부터 충실한 교회의 일원이 되어 얼마 후에는 세례까지 받은 것입니다. 옳은 것을 발견하면 그대로 주저하지 않고 달려가는 선생의 성격을 잘 나타낸 사실이라 하겠습니다. 나는 김교신 선생의 담임반 학생으로 5년 동안을 조석으로 가르침을 받았으면서도 일관해서 깊은 회의의 구름 속에 번민해 온 경험이 있는 까닭에 선생의 이 선명한 입신의 경로가 한층 깊게 느껴지는 것입니다. 대개 속히 달은 쇠는 속히 식는다는 격언이 있는데 선생의 신앙은 일생을 한결같이 확고하게 달린 것입니다. 마치 100미터 선수의 달음박질을 보는 듯한 느낌입니다.

입신 후에 선생은 진실한 교회원으로 열심히 교회의 모든 집회에 참석했으며 또 자신의 신앙이 약진해 감을 스스로 기뻐했었다고 합니다. 불의와 권모의 생활을 누구보다도 미워하는 선생은 교회의 생활을 이상의 사회로 여기고 만족했던 것입니다. 그러나 이 곳에서 역시 더 추악한 음모와 불의와 비열한 술책이 움직여 싸우고 있는 것을 목도하게 된 것입니다. 선생은 교회에 나가지 않고 하숙방에서 혼자 눈물로 예배를 드렸다고 합니다. 선생을 이렇게 실망하게 한 사건이라는 것은 극히 온공(溫恭)한 학자형인 야라이정 교회의 담임인 시미즈(淸水) 목사가 몇 사람의 음모와 술책으로 쫓겨나는 것을 목도하게 된 것입니다. 이것은 선생의 정신에 큰 타격을 준 불행한 사건이었으나 이로써 선생은 순수한 복음의 중심 문제에 파고드는 새로운 계기를 갖게 된 것으로 신의 섭리라 해도 좋을 것입니다.

이 때에 우연히 손에 잡혀서 탐독한 책이 바로 우치무라 간조가 지은 『구안록』, 『종교와 문학』, 『성서지연구』 등이었습니다. 신앙의 큰 위기에 서게 된 선생은 1921년 정월에 동경 오테정 위생회관에서 열리는 우치무라의 필생의 대사업인 로마서 강연에 제1회에서부터 비상한 열심으로 참석하게 된 것입니다. "내가 우치무라 선생에게서 신앙, 교리 또는 그의 사상의 깊은 곳을 얼마쯤이라도 깨닫게 된 것은 비교적 후일에 속하는 일이다. 우치무라가 아무것도 아니라 하더라도 그가 일본의 진정한 애국자였다는 것은 처음부터 알 수가 있었다. 자연과학적 정신에 입각한 성서연구와 온 국민에게 국적(國賊)이라는 비방과 매몰 속에서도 조국 일본을 꾸준히 버리지 않는 그 애국적 열혈이 나를 강하게 끌었던 것이다. 나는 강한 경모의 염을 그에게 바쳤다." 이렇게 선생은 그 당시의 심경을 피력하였습니다. 1927년까지 만 7년 동안 그는 우치무라의 가르침을 경도하여 받고 귀국했습니다.

조선으로 돌아온 후에 선생은 세상 사람들이 예기하기 쉬운 바와 같이 우치무라의 제자로서의 이력과 무교회의 간판을 높이 걸고 교회에 싸움을 돋은 것이었던가? 우리는 조선 사람으로서 우치무라의 문하로 무교회의 선봉으로 지적받게 된 김교신 선생이 주간하는 『성서조선』지 가운데서 우치무라의 이름을 발견하기가 쉽지 않고 또 함부로 교회를 비방하는 사람들을 책망하여 무교회주의의 탈선을 경고한 데가 적지 않음을 기이하게 생각할 정도입니다.

각 교파들이 자기 지반 확장과 세력 분식에 여념이 없을 때에 선생은 교파를 초월하여 진리의 샘물을 흐려지지 않은 첫턱에서 마시라고 외친 것입니다. 선생은 『성서조선』이 이 나라 안에서 또 하나의 껍질 굳은 교파를 구성하는 결과가 되지 않도록 애쓴 자취가 여러 곳에 보이는 것입니다. 선생은 자기가 사시던 이웃 장로교회에도 자주 출석하고 교회 건축비도 부담하고 설교와 사경회(査經會)도 인도해서 성심껏 교회를 도와주는 것을 보았습니다. 선생의 친지와 『성서조선』의 지우들 중에 교회 안에서 충실히 조력하고 있는 분도 적지 않았습니다.

성경과 찬송가까지 말살하려던 일정 압제 아래 "조선을 배우면 배울수록 또 조선기독교의 내정을 알면 알수록 차마 싸울 수가 없거니와 싸웠댔자 별 수가 없다. 정치적 권력도 없고 교권도 자립한 것이 없다. 비록 교권이 자립하고자 하나 로마의 교권이나 영국의 교권 같은 큰 세력이 아니다. 50만 기독교도를 무시해서가 아니라 오늘 장로교 총회와 감리교 연회에서 파문을 당하더라도 목숨에 아무런 이상이 없을 뿐더러 직업에도, 신사로서 처세함에도 털끝만한 영향이 없다. 이런 사리(事理)를 알면 기독교회에 싸움을 돋운댔자 소녀에게 결투를 거는 무사와 다름이 없다. 그러므로 교회를 통책하지 않을 수 없을지라도 교회를 상함으로써 일삼는 자는 아니다"라고 간곡히 교회에 대한 소견을 밝혔었습니다.

김교신 선생은 교회가 자기를 이용해 주기를 바랐었습니다. "우리를 이용해 보라. 우리는 자비로 전도에 협력하겠다. 기차 할인권이 있어 노비도 싸게 드니 더욱 편리하다"고 했습니다. 그 격렬한 중에서도 일주일씩 연속해서 교회의 사경회를 인도해 준 일도 내가 알고 있습니다. 그러나 『성서조선』을 소개한 목사가 이단으로 몰리고 독자들이 교회에서 쫓겨나고 심지어 요양원 병상에서까지 핍박을 받았습니다. 이 편협한 조치는 이조의 당쟁 근성을 보는 듯합니다. 그러나 아직까지 당당한 논전을 공공연하게 한 일도 별로 없습니다. 외국에서도 과연 이런 일이 있을 것인가 의심합니다.

선생은 무교회 쪽에 대해서도 경고를 한 일이 여러 차례였습니다. "진실한 용자는 겁이 많고 사상(史上)의 용장들은 모두 마지못해 싸웠다. 완력을 자랑하던 골리앗은 다윗의 일격에 거꾸러졌다. 무교회, 무교회를 연창함은 나무아미타불을 연창하는 속승(俗僧)과 같다. 무교회라는 범주 안에 우리를 구류하려는 모든 세력과 유혹에서 우리를 해방해야 할 것을 절감한다. 현재의 무교회 대가들과 보조가 일치되지 않는다고 우리를 시비하지 말라. 우치무라 선생과 싸움이 다르다고 우리를 책하지 말라. 루터와 바울의 항변도 우리는 계승할 의무가 없다. 이 시대와 이 무대를 향하여 그리스도가 싸울 것이다. 우리는 다만 이 싸움에 전력을 다하여 싸울 것이다. 이 싸움에 여호와를 경배하는 모든 무리가 합력해서 당할 것이다."

이것은 『성서조선』 97호에 실린 글입니다. 이것이 과연 진리를 차치하고 무교회주의만 내세우는 것이며 교회 파괴를 일삼는 이단의 외침인가? 교회이고 무교회이고 간에 김교신의 부르짖은 신앙의 핵심을 다시 바로 보아야 합니다. 우치무라 간조를 우상화하고 자칭 무교회주의자로서 스스로 단단한 껍질을 만들고 그 안에 들어앉아 있는 자는 무교회의 주장하는 복음의 순수화에 역행하는 것뿐입니다. 그리스도만이 영원히 무교회주의자입니다. 무교회주의라는 범주 안에 구류되지 말라는 선생의 외침에 나는 내 영혼이 공명하는 큰 진동을 느낍니다. 높은 생명은 아무것에도 고착하지 않으며 따라서 화석처럼 굳을 수는 없는 것입니다. 우주도 오히려 좁게 느끼는 신령한 생명이 어찌 한 예배당 안에 화석이 되라는 요구에서 견디어 낼 수가 있겠습니까? 복음서 안에서 직접 생동하는 예수의 모습을 찾아볼 것입니다. 자연에서, 역사에서, 이웃 사람들에게서 산 진리의 가르침을 찾아볼 것입니다. 함선생님의 말씀과 같이 예수의 십자가는 오직 인간의 죄를 구속하는 십자가일 뿐만이 아니라 인간이 만든 의식과 제도를 하나님의 아들인 예수가 육탄이 되어 폭파한 것이라는 것도 분명히 알아야 할 것입니다.

"나는 1937년 5월에 일본에 대해 무교회주의의 간판을 떼어 버리라고 제의했다. 교회 만능을 주장하는 자 곧 '교회 밖에 구원이 없다'고 단언하는 교회주의자에 대해 '교회 밖에도 구원이 있다'고 프로테스트한 것 즉 '구원은 교회의 소속 여부의 문제가 아니라 신앙의 문제'라고 정정한 것이 루터의 프로테스탄트주의요, 또 이것이 우치무라의 무교회주의이다. 그러므로 로마의 천주교가 타락하지 않았던들 루터의 프로테스트가 생길 리 없고 신교의 교회주의가 기형화하지 않았던들 무교회주의가 생길 필요가 없었다. 지금 무교회가 항쟁하는 대상이 하나 있다. 그것은 무릇 진리를 거스르는 자를 향해 선전포고하는 일이니 그 대상은 시대와 장소에 따라 변한다. 오늘 우리 기독교 앞에 심히 강대한 괴물이 있다. 여호와를 경외하는 자 교회 안팎을 물론하고 힘을 다하여 싸워야 할 시대를 당하였다. 순교의 피를 뿌려야만 진리의 종교를 판별할 세태이다. 이런 세대이므로 구원이 교회 안에 있다, 밖에 있다 하는 논쟁에는 우리는 흥미를 잃었다. 그리스도를 위해 박해를 감당하는 자 우리가 그대의 무덤을 예비하고자 하거니와 우리의 시체가 보이거든 그대들이 취심하라." 이것은 『성서조선』 100호에 실린 선생의 진정의 호소였습니다. 제2차 대전 중 진리를 말살하려 드는 괴물 일본제국주의에 대해 조선 기독교도들은 일치단결하여 함께 순교의 길을 걸어가자는 비장한 외침이요 부르짖음이었습니다. 참으로 교회의 안과 밖을 물론하고 이 선각의 호소에 대해 가슴에 뜨거운 감격이 없을 수 없을 것입니다.

그러면 선생은 무조건 자기 주장을 버리고 교회와 합세하자는 것이었던가? 결코 그런 것은 아닙니다. 『성서조선』 136호에 「우리를 건드리지 말라」는 권두문이 있습니다.

무교회주의자는 건드리지만 않으면 아주 무난한 자이다. 건드리지 않는 한 남의 교회를 방해하지 않을 뿐더러 기회가 있으면 교회를 도와주려고 하며 좌석을 빌려주면 남과 같이 참석하려고 한다. 그러나 저를 향하고 교회 안에만 하나님의 말씀이 있느니, 교회 밖에는 구원이 없느니, 일요일보다 토요일을 지켜야 하느니 운운하는 모든 거짓말과 허튼 수작으로 승인을 강요하는 때에는 무교회자는 온순한 대로 수수방관하지는 못한다. 저는 비상한 폭격력으로 주위를 진동시킬 것이다. 우리를 우치무라의 제자니 운운하는 반가지(半可知)한 주제넘은 비판이 없었을진댄 우리는 누구에게서 배웠노라고 공고할 필요 없이 오직 하나인 스승 예수만을 나타내고자 하였을 것이다. 교회 밖에 구원이 없다는 등 허무맹랑한 주관으로 우리에게 도전하지 않을진댄 우리는 무교회라는 용어까지 사용할 필요 없이 오직 유일한 복음을 믿었을 것이다. 누구보다도 우리는 무교회라는 문자를 즐겨하지 않는다.

이상에 인용한 몇 군데 글로써 누구든지 선생의 간명한 주장을 어렵지 않게 파악할 수가 있을 것입니다. 나는 어느 기회에 선생으로부터 "나는 우치무라 선생으로부터 성경을 배운 것이지 무교회만을 배운 것이 아니다"라고 하시는 말씀을 들은 일이 있습니다. 우리나라 기독교계에서 선생을 바로 이해한 분은 많지 못합니다. 여러 가지 원인이 있겠으나 내 생각으로는 기독교 문화의 수준이 얕은 것, 사대주의의 노예가 되어 있는 것 등이 큰 원인인가 합니다. 그 뜨거운 애국심과 순수한 신앙을 단지 위험한 것으로만 오해하게 된 것은 결국 이 나라에 정신적인 병의 근원이 얼마나 깊게 박혀 있다는 증거입니다. 선철(先哲)이 '위대함은 곧 오해받는 일이다(To be great is to be misunderstood)'라고 지적한 것은 현명한 말씀으로 생각합니다. 선생은 "무릇 깊은 심정의 사람은 오해를 받는 것이니 천협(淺狹)한 인생에게 일일이 이해될 만한 삶을 살진댄 차라리 살지 않는 것이 나을 것이다. 오해는 오해대로 버려 두라"고 했습니다. 이것은 오만해서가 아니라 오직 하나님을 상대로 하는 믿음 때문입니다.

선생은 학교 교사 노릇도 오랫동안 하셨고, 말년에는 뜻하지 않은 회사의 사원(社員) 노릇도 했으나 선생이 평생의 정성과 힘을 기울인 사업은 『성서조선』 간행이었습니다. 이제 돌이켜 인간적으로 생각하면 저만한 기개와 큰 바이틀(vital)로 필사의 노력을 기울여 독자 300 정도의 인기 적은 잡지를 평생토록 간행하고 최후엔 공장 안에서 노동자들의 뒷바라지를 하다가 세상을 떠났으니 안타깝다 않을 수 있겠습니까? 그러나 선생처럼 자기의 사명으로 믿는 바 일을 일찍이 찾아서 한결같이 쾌주(快走)한 분은 드물 것입니다. 매일 폐간의 태세로, 매일 임종의 결심으로 고난 많은 역사의 길을 달리고 갔으니 이것은 아무나 할 수 있는 쉬운 일이 아닙니다. 거듭 말할 것도 없지마는 『성서조선』이 던진 문제는 결코 몇 해 있다가 없어질 만만한 문제가 아닌 것입니다. 이것은 필연코 날이 갈수록 해가 지날수록 기독교사(史)에 미치는 영향이 선명해지고 커져 갈 것입니다.

선생은 해방 전년에 우연한 인연으로 함흥 서본궁에 있는 일본질소회사에서 우리 동포 5,000명의 복리를 위해 진심갈력(盡心竭力)하다가 다음 해 4월에 해방을 몇 달 앞두고 발진티푸스로 홀연히 세상을 떠났습니다. 안상철 의사, 박춘서 의사들이 자기 생명을 돌보지 않고 구호하기에 노력한 것은 우리를 감격하게 하는 미담으로 길이 남아 진리를 사랑하는 사람들의 옷깃을 바로잡게 할 것입니다. 이상 긴 시간에 질서 없는 말을 드렸습니다만 이것으로써 선생의 생애의 일면이라도 여러분이 아실 수가 있었다면 다행으로 생각합니다.

선생의 나라를 사랑하는 진정, 사람을 두려워 않는 용기, 하나님을 섬기는 지성, 친구 사이의 깊은 의리, 거짓 없는 인격으로 구름 같은 간증자들 앞을 달린 쾌주의 생애를 우리는 바라볼 수가 있었습니다. 온 세계가 지금 잘못된 유물 문명 앞에 떨고 있습니다.

한 사람의 참 기독인은 온 세계보다도 귀중하고 그의 하루는 그대로 영생입니다. 오늘의 위기에 있어서 이 참담한 조국을 파멸에서 구원하는 길은 오직 참된 기독의 정신뿐입니다. 김교신 선생은 45년의 짧은 생애로 요절한 것 같으나 그는 그의 할 일을 다하고 그가 던질 문제를 다 던지고 간 것입니다. '김교신은 김교신의 사명을 다했으므로 이 세상을 떠났다'라고 나는 믿는 것입니다. 그는 충실한 종교 개혁자로, 참된 애국자로 한 알의 밀이 되어 이 조국의 땅 속에, 우리들 가슴속에 묻힌 것입니다.

이제 선생이 떠난 지 만 5년, 인류는 더욱 큰 신(神)의 분노 속에 파도처럼 난무하고 남북으로 갈린 조국은 더욱 부패 일로를 걸어 소돔과 고모라로 접근하고 있습니다. 이 긴박한 날에 처하여 우리들의 할 일이 무엇이겠습니까? 교회도 무교회도 참으로 진실하게 진리 앞에 참회하여 삶의 길을 지향해야 할 것입니다. 삶의 길은 무엇이겠습니까? 우리 민족이 이 불행의 파도 속에서 헤어나는 길은 무엇이겠습니까? '성서를 바로 배워 조선에', '조선을 영원히 성서 위에'라는 신념을 전기독교도의 신념으로 하고 우리들의 생활에 실천해 가는 것뿐이라고 믿는 것입니다. 오랫동안 정청(靜聽)해 주셔서 감사합니다.

잊을 수 없는 스승

윤석중 | 동요 작가, 새싹회 회장

시험보는 시간에 컨닝하는 꼴을 물끄러미 바라보면서 눈물이 글썽해지는 선생이 계셨다. "아무개는 더럭더럭 내주는 졸업장도 받을 자격이 없다고 하면서 툇자를 놓고 나간 적이 있는데, 그대는 어쩌자고 그 짓을 하고 앉았는고… 남의 것을 보고 베껴 좋은 끝수를 땄다고 치자. 그런 식으로 학교를 나오고 그런 식으로 이 세상을 살아간다면 협잡꾼밖에 더 되겠는가… 한심한 노릇이로다." 그런 말씀을 하시면서 눈물을 주르르 흘리시는 것이었다.

그 선생은 그런 때만이 아니었다. 교실에서 툭탁거리고 다투거나 선생을 놀리는 낙서를 칠판에 써 놓았을 때도 야단을 치거나 얼굴을 붉히시는 일이 없이 물끄러미 바라보기만 하시다가 조용히 타이르시는 것이었다. "아무개는 학교 마지막 날 깊이 뉘우쳐 졸업장 받을 자격이 없음을 깨닫고 스스로 물러나기도 했는데 그대들은 그 꼴이 무엇인고. 선생 앞에서 주먹질이나 하고 선생을 놀림감으로 다루면서 이 학교 졸업생이라고 이담에 큰 소릴 칠 작정인가. 가련한 인생이로다…." 이런 말씀을 하시면서 또 눈물을 주르르 흘리시는 것이었다. 이처럼 그 선생은 눈물이 흔하셨다. 눈물이 흔하신 그 선생은 마음이 약하거나 생김새가 가냘픈 것이 아니었다.

그 선생은 학생 때 중거리 선수였고 팔씨름으로는 친구 사이에 당해 낼 사람이 없는 장사이셨다. 그러나 선생은 늘 말씀하시기를 "이 세상에서 몸이 튼튼하다고 자랑하는 사람처럼 어리석은 자는 없지. 무쇠 같은 내 팔뚝, 내 다리도 알고 보면 지푸라기에 지나지 않지. 영원불멸의 영혼이야말로 우리가 믿고 의지하고 받들어야 할 텐데 그러지들을 않는단 말야…." 그러시면서 한숨을 푹 쉬시는 것이었다.

그 선생은 누구냐 하면 일제 때 양정학교에서 지리를 맡아 가르치시던 김교신 선생이시다. 선생은 일본의 애국 종교가 우치무라 간조의 열렬한 제자로서 『성서조선』이라는 얄팍한 잡지를 손수 다 글을 쓰시다시피 해서 다달이 책으로 꾸며 손수 교정을 보시고 손수 종이를 사 나르시어 제본이 되어 나온 다음에는, 자전거에 싣고 손수 배달까지 하시는 것이었다. 낮에는 학교 선생, 저녁에는 전도 사업을 하신 숨은 애국 지사이셨다.

식민지 통치자의 눈밖에 나서 잡지는 삭제나 압수당하기를 죽 먹듯 하고 학교는 쫓겨나고 마셨다. 태평양전쟁이 막바지에 이르렀을 때엔 『성서조선』이 불온서적으로 몰려 창간호에서부터(『성서조선』은 1927년 7월에 창간되어 1942년 3월에 158호까지 나왔었다) 일본 경찰이 전국에서 모조리 거두어들이고 김교신 선생과 그 동지 함석헌, 송두용, 류달영 등 열두 분을 잡아다 가두기도 하였다.

선생은 그 뒤 흥남 질소공장에서 사감 노릇을 하셨는데 5,000 노동자를 모조리 물리친 팔씨름 챔피언이셨지마는 평소의 선생 말씀대로 믿을 것이 못 되는 육신은 8·15 해방을 겨우 넉달 앞둔 1945년 4월 그믐께 장질부사로 하루아침에 쓰러지시고 말았다. 그 때 연세 마흔 다섯.

잊을 수 없는 스승 김교신 선생은 나의 은사이셨고 이따금 자랑삼아 들추신 졸업장 퇴짜 놓은 학생은 바로 나였으며, 학생을 타이르실 때 나를 인용하신 사실은 해방 뒤에 류달영 동문을 비롯하여 여러 양정 후배들이 들려주어 안 사실이다. (외솔회 발간 『나라사랑』 17호(1974년) 게재분을 재수록)

선생을 추모하며

윤성용(尹聖容) | 전 청량중학교장. 생몰 여부 미상

은사 김교신 선생님은 내가 가장 존경하는 은사님의 한 분이시다. 불타오르는 선생님의 학구적인 태도에는 감탄하지 않는 사람이 없었고 학생 지도에는 빈틈없는 인격으로 대해 주셨기 때문에 제 아무리 왈패라는 사람도 순종치 않을 수 없었으며, 철두철미하셨던 선생의 애국 지성에는 나도 남몰래 옷깃을 여미기 한두 번이 아니었다. 그러면 이하 생각나는 대로 몇 가지 적으며 다시 한 번 선생님의 영전에 고개 숙이고자 한다.

첫째로 선생님은 애국 지사셨다. 선생님은 동경고사 출신이라고 듣고 있다. 그러나 선생님은 철두철미 애국의 일념으로 학생을 지도해 주셨다. 수업 용어는 꼭 우리 한어를 쓰셨으며 때로는 나라 잃은 민족의 슬픔을 말씀하사 광복을 하려면 학생들은 많이 배우고 문맹을 없애야 한다고 역설하셨다. 때로는 '간디'의 무저항주의도, 저 불사조의 이야기도 말씀하시며 대중의 지도자가 되라고 하시던 말씀이 아직도 귀에 쟁쟁하다.

또 선생님은 검소하셨으며 학생들에게 사치와 낭비는 민족을 좀먹는 것이라고 하셨다. 선생님은 공덕동에 계시다가 나중에는 정릉으로 이사하셨는데 꼭 자전거로 통근하셨다. 틈만 있으면 학생들과 대화하시는 것을 좋아하셨고 언제든지 서적과는 떠나지 않으셨다. 우리들은 그 때 선생님을 애국지사라고 불렀던 것이다.

둘째로 선생님은 착실한 기독교 신자였으며 정말 독서가이셨다. 많지 않은 봉급으로 단독으로 『성서조선』이란 월간 잡지를 발간하여 기독교의 교리를 대중에게 보급시키는 한편 교회에서만이 진리를 깨닫는 것이라는 그 시대의 관념에 일대 혁신을 야기한 것으로 안다. 내가 지금 생각하는 것은 잡지로서의 『성서조선』의 발간은 기독교의 진리 탐구와 더불어 한편 또 국민의 문맹 퇴치 내지는 사상 계발에 목표가 있었던 것이 아닌가 느껴진다. 점심시간에 선생님은 영어과의 류석동 선생님과 함께 서로 읽은 책을 소개하고 또 내용도 토론하시는 것을 몇 번이고 본 일이 있다. 사실인즉 두 분 선생님은 같은 뜻을 가지셨던 모양이다. 그러기에 두 분은 몇 번이고 서대문서에 호출을 당하셨으며 학생들에게 애국 정신을 고취한다고 의심을 받았으나 선생님의 철석 같은 마음은 변함이 없으셨다.

셋째로 선생님은 인격자이셨다. 선생님은 함부로 웃지 않으셨다. 일초의 시간도 허송하지 않으려고 노력하셨다. 접근하려 해도 선생님의 위치는 점점 높아만 갔다. 그러나 불우한 학생을 동정하시고 배우려는 학생에게는 한 자라도 더 가르쳐 주시기에 여념이 없으셨다. 어느 날 박물통론 시간에 세포를 현미경으로 관찰하는 시간이었다. 장난꾸러기 김모 군이 자기 ○○을 가지고 와서 선생님께 현미경으로 보여 달라고 내밀었다. 그러나 선생님께서는 조금도 꾸지람을 않으실 뿐 아니라 웃지도 않으시고 학구적인 입장에서 검사하여 주셨다. 모든 학생들은 숨을 죽이고 선생님의 관대하시고 학구적인 태도에 다시금 감탄했던 것이다.

아, 김교신 선생님

이중일 | 전 경북 안동 일직중학교장. 생몰 여부 미상

아침 안개같이 사라져 가는 인생길. 선생님은 짧으신 생애에 정말 빛을 남기시고 떠나셨다. 선생님을 말함은 마치 장님들이 코끼리를 만져 보는 것과 같다고나 할까. 그 위대하신 생애에 너무도 자취를 많이 남기셨으니까 말이다. 한번은 선생님 서재에서 "이 많은 책 중에서 성서 다음으로 무슨 책을 많이 읽으셨습니까?" 하고 물었더니 손때가 묻은 영문으로 된 리빙스턴전을 가리켜 주셨다. 과연 그 생애는 사랑의 리빙스턴(Livingstone) 같은 모험의 생애셨다. 더욱 그 당시에 모든 사람이 싫어하는 문둥이들에게까지도 한없는 사랑을 쏟아 부으셨다.

선생님 승천하신 지 어언 23년, 알 수 없는 것은 하나님의 섭리다. 왜 그리 일찍 선생님을 부르셨을까? 정신만 남겨 두시고 우리들에게 일하라고 가신 걸까? 옳다, 김선생님은 지금도 말씀하고 계신다. "갈릴리 사람들아, 어찌하여 서서 하늘만 쳐다보느냐"(사도행전 1.11). 우리도 전날의 선생님같이 이 생명 다하도록 오직 일할 뿐이다.

나에게 떠오르는 선생님의 그림자를 추억하려 한다. 양정 2학년인 1928년 신학기 초인가 싶다. 신임 세 분 선생님이 등단, 인사를 하실 때에 김선생님만이 아무 말씀도 하시지 않고 인사만 하시고 하단하셨다. 그러나 그 기상이 엄격하시고 생기가 충만하셨다. 첫번 박물 시간에 인류의 창조를 말씀하실 때에 몹시 조직적이어서 성경에 통달하신 분이라고 감탄하였다. 그때 나는 교회생활에 익숙하여 선생님이 기독교 신자라면 왜 저렇게 딱딱하시고 너무 엄격하실까? 기독교의 사랑은 유순하지 않을까 했다. 그 후 종로서점에서 『성서조선』을 처음 보고 선생님을 다시 알고 더욱 선생님을 존경하게 되었다. 선생님의 일거 일동이 나의 맘에 살아났다. 언제나 시간마

다 그 시간을 충실히 하기 위해 한 아름씩 많은 참고서를 안고 오시던 일, 지리 시간에는 지도를 펼쳐 놓으시고 한국의 얼을 심어 주시던 일, 학기 초마다 학과진도표를 말씀하시고 그대로 밀고 나가시던 일, 학생 중에 장래가 촉망되며 자기를 따르는 자가 있으면 천리를 불고하시고 찾아주시던 것, 방학 때는 외로운 지우들을 찾으시고 격려하시던 일 등. 류석동 선생님이 동경에서 졸업하고 모교 양정으로 부임할 무렵 몹시도 기다리시고 우리에게까지 몇 번이고 소개하셨다. 그러나 그 후 기대와는 달라 실망도 컸을 줄 짐작이 갔다.

　선생님은 활인동(지금은 공덕동)에서 학교로 오시고 나는 만리 고갯길에서 선생님을 만나면 묵묵히 뒤를 따랐다. 마스크를 하시고 위를 쳐다보시고 걸어가시는 선생님의 모습에 나도 묵묵히 희망을 안고 따랐다. 선생님은 훌륭하신 교사로서 『성서조선』을 일생 집필하셨지만 조금도 학교 수업에는 지장을 주시지 않으셨다. 졸업 후에 나는 교사로 있으면서 일본 무교회 잡지와 선생님이 매월 보내 주시는 『성서조선』지를 탐독하고 몹시 선생님을 존경하였다. 선생님은 농사에 흥미를 가지시고 양정 동창인 고 권오훈 군(전 국회의원)이 대구 달성에서 수만 평 되는 늪을 이용하여 토란을 심은 것을 아시고 기회 있을 때마다 권군의 농사를 물으셨다. 선생님도 농사에 관심이 크셨다. 내가 방학 때마다 일본에 농사 연구를 가게 된 것도 선생님의 영향인가 한다. 야나이하라 선생님이 일제 말엽 서울에 오셔서 강연회가 있었을 때 선생님은 얼마나 용의주도 하셨는지. 강연회에 앉는 자리까지 걱정하시고 우리들에게 앞자리를 점령하여 그분의 주의를 모으라고 하셨다.

　선생님은 자기 제자를 사랑하시되 끝까지 돌보아 주시고 위로해 주셨다. 선생님이 서대문형무소에 가시기 전에 지금 영남대학 장기동 교수가 사상 불온의 죄목으로 일본서 오던 도중 연락선 안에서 검거되어 부산에서 구금을 당한 일이 있었다. 이것을 탐지하시고 선생님은 곧 나에게 다음과 같은 암호 편지를 보내 주셨다. "…내가 알고 싶은 것은 이사한 후의 동군의 본댁 주소, 그 형의 이름, 직업, 부산에는 두 서(署)가 있는데 본서인지 북서인지 있는 서명, 그리고 혹 이미 넘어 갔으면 언제였는지 알기 원하나이다…"라고 있었다. 그 후에 일부러 대구에 오셔서 그 친가를 방문하시고 친히 부산으로 가서 그를 찾으셨다. 선생님은 가시는 곳마다 친지가 있으면 간단한 엽서 한 장이라도 던지셨고, 차 중에서나 역 대합실에서 서서 이를 쓰시는 것이 상례시였다.

『성서조선』 사건으로 선생님들이 구금되셨다는 소문을 듣고 있을 무렵 경기도 경찰부에서 일인과 한인 두 형사가 와서 나의 일기장과 『성서조선』 등을 압수하고 나는 그들에게 끌려가서 경기도 경찰부의 신세를 지게 되었다. 각 방에 있는 선생님들과 통하지는 못하였다. 한번은 서울에서 공부 중인 내 아우가 찾아와서 면회실로 나갔다가 마침 저편에서 취조를 받고 계신 김 선생님을 처음으로 대하게 되었다. 한복에 수염이 장장하신 모습이었다. 그때에 선생님의 얼굴은 성화 그것이었고 침착하셨고 기립하여 묵묵히 답례하셨다. 선생님은 바둑을 그렇게 좋아하시더니 유치장 간수가 오후 한가한 시간에 바둑을 두자고 수차 권하는 소리를 들었으나 선생님은 끝내 법을 따라 거절하셨다.

그 후 서대문에서 나오셔서 대구에서 뵈었을 때의 감격을 누가 헤아릴 수 있으랴! 대구에서 동창, 지우들을 모아 환영회를 의논하였으나 시국이 험하여 선생님 만나기를 두려워하는 자가 많았다. 선생님은 우리들을 달래시면서 중지하도록 명하셨다. 얼마나 심경이 쓸쓸하셨을까! 1944년 늦가을 대구에 오셔서 이규동 선생님과 함께 일본의 패망이 눈앞에 있는 것을 예언하시고 참고 기다리자고 하셨다. 1945년 4월 중순경 몹시 외로우신 선생님을 뵈오러 정릉을 찾았다. 그 옛날의 정릉의 물소리도 처량한 듯 그러나 진리의 선생님은 흥남에 가시고 집안은 쓸쓸하였다. 나는 앞 언덕에서 뵙지 못한 심경을 써서 선생님께 보냈다. 그러나 아 일주일 후에 선생님의 부고는 서울에서, 함흥에서 전해 왔다. 아 이게 정말일까? 하늘에 별처럼 빛나시던 선생님은 지상에서 사라지고 언제 다시 뵈올지 하나님을 원망하였다.

나는 자주 선생님을 생각해 본다. 만일 선생님이 생존하고 계신다면 지금쯤은 무엇을 하고 계실까? 학교를 설립하시고 후배들을 양성하실까? 혹은 정치에 참여하실까? 혹은 농사를 하실까? 아니다, 성서를 이 땅에 오직 일념으로 빛냈을 것이다. 나 자신 농촌에서 소위 교육이라고 일생 사업으로 한다지만 어둡고 답답할 때가 많다. 이럴 때마다 우리 선생님 생각이 간절해진다. 선생님, 세상은 변하고 동지들은 떠나가고 시간은 20여 년 흘렀습니다. 자당도 승천하시고 거주하시던 정릉 터도 변하였습니다. 그러나 북악은 여전히 솟아 있고, 선생님의 말씀은 세세에 전하여져 갑니다. 그러나 나같이 우둔하고 배은망덕한 것이 선생님의 빛을 가리우고 지냅니다. 선생님이 믿으시고 또 선생님 안에서 역사하시던 하나님은 지금도 계시고 또 역사하심을 믿고 부족한 남은 생을 바치렵니다. 용서하소서.

비범하셨던 스승님

손기정(孫基禎) | 베를린 올림픽 마라톤 금메달 리스트

첫눈에 환히 띄는 미인이 있고 볼수록 아름다운 미인이 있다. 전자의 경우는 곧 물러가 버리지만 후자의 경우는 일생을 함께 도모해도 그 아름다움이 더해 갈 뿐이다. 나는 선생님을 후자의 미인에 비교한다. 선생님은 중처럼 머리를 박박 깎고 언제나 흰 가운을 입으신 차림이었다. 그래서 얼핏보면 의사도 같고 이발사도 같고 하셨지만, 앞에서 말한 미인의 경우처럼 볼수록 의사도 아니고 이발사도 아니고 점점 더 높아 뵈는 그 어떤 분으로 변

해 가는 분이셨다.

교사에는 지식으로 사람을 가르치는 교사가 있고, 덕으로 가르치는 교사가 있다. 지식으로 가르치는 교사한테서는 기술자한테서 기술을 배우듯이 지식을 배울 뿐이지만, 덕으로 가르치는 교사한테서는 인생 그 자체를 배운다. 그러므로 후자의 경우는 뭘 배운다기보다 마치 어머니의 젖과도 같이 먹으면 곧 살이 되어 성장하게 된다. 이런 교사야말로 참 교사가 아니겠는가? 선생님은 바로 그런 분이시다. 어쩌면 선생님은 나면서부터 인생의 지도자가 될 사명을 띠셨는지도 모르겠다.

선생님의 교육이 오늘날 소위 대학교수의 지식을 전달하는 교육과 질이 다른 것은 단지 선생님의 학문관이 달라서가 아닌 것 같다. 오직 그 덕에서 오는 것으로 그 덕의 밀도가 오늘날의 30년 교육생활로 교육 공로상이나 받는 교육 전문가의 그것과 다르기 때문이 아닌가 싶다. 그냥 바라만 보고 있어도, 아니 선생님이 계시다는 생각만 하고 있어도 무엇이 저절로 배워지는 것 같은 분이 바로 선생님이셨다고 생각된다.

선생님의 그 높으신 덕망이 모두 거기에서 나오는 것이겠지만, 선생님처럼 옳은 일이라면 그것을 곧 직접 실천에 옮기는 분도 아마 그리 흔하지는 않을 것같이 생각된다.

내가 베를린 올림픽에 갔을 때의 일이었다. 그 때 대회가 끝난 후 덴마크 나라의 초대를 받아 가서 구경하게 되어 그 나라의 인상과 독일의 인상을 함께 적어서 선생님한테 편지를 했었다. 그 편지에 나는 독일 여자의 화장하지 않은 것이 하도 신기해서 그 얘기를 적었었고, 덴마크 국민들의 자전거를 많이 타는 것이 또 신기해서 그것도 적고 하였다. 아무튼 그러고 돌아와 보니 그 때 선생님은 정릉에서 사셨는데 어느 때인지도 모르게 자전거를 사서 그 먼 거리를 출퇴근하고 계셨다.

논어에 이런 말이 있다. '오유지호재아 무지야로라. 유비부문어아로대 공공여야라도 아고기양단이갈언하노라(吾有知乎哉 無知也. 有鄙夫問於我 空空如也 我叩其兩端而竭焉)'. 즉 내가 아는 것처럼 보이는 것은 무식한 촌부가 찾아와서 어리석은 질문을 하면 그가 하고 싶은 말을 잘 살펴서 이모저모 따지면서 친절하게 꼼꼼히 설명을 다해 주기 때문이라는 뜻이 되겠다. 구태여 공자의 말까지 끌어 댈 것도 없이, 손자한테서도 배우는 것이 있다는 말이 있다. 일개 어린 학생이 편지에 쓴 말을 그처럼 중히 여기시고 거기에서도 옳다고 생각되신 것을 찾아 스스로 실천에 옮기신 것이다. 나의 편지의 역할은 그것만으로 끝난 것도 아니다. 선생님 댁에 놀러 갔다가 목격한 일이 있는데 이런 일이 있었다.

그 때 이화여전엔가 재학 중인 선생님의 맏따님이 있었는데 아마 화장을 하다가 아버님한테 들킨 모양이었다. 선생님은 그 따님의 화장을 못하게 하는 방법으로 그 화장용 크림통을 집 뒤 바위에다 깨면서 따님에게 이렇게 말씀하셨다. "저거 봐라. 바위에다 크림을 발라 놓으니 어디 바위가 제 모습이 나느냐? 마찬가지야, 네 얼굴 그대로가 좋지. 왜 그걸 발라서 좋은 얼굴을 오히려 나쁘게 하느냐 말이다. 손선수의 편지에도 독일 여자들은 화장을 하지 않더란다. 독일 여자들이 우리나라 여자들보다 가난해서 화장품 살 돈이 없어 화장을 않겠어? 그런 부자 나라의 여자들도 화장을 않는데 우리 나라의 처지로 여자들이 화장을 하는 것이 그게 어디 합당한 일이냐?"

그 후 나는 괜히 선생님한테 그런 편지를 해서 따님을 꾸중 듣게 하였구나 하고 그것을 후회하고 그 따님을 볼 면목까지 없었지만, 지금 생각할 때 선생님의 그런 면모는 도처에서 볼 수 있는 것이었다. 선생님은 틈만 있으면 우리들에게 피히테(Fichte)의 『독일 국민에 고함』을 열독하라고 권장하셨다. 오늘날도 마찬가지이지만 그 당시도 서울 사는 사람이라면 행랑살이하는 사람도 밥은 으레 쌀밥이 원칙이었다. 그런데 선생님네는 언제나 잡곡밥이셨다. 그걸 어떻게 아느냐 하면 내가 선생님 댁에 갔을 때도 "애야, 오늘은 손님이 왔으니 잡곡 좀 덜 섞도록 해라" 하시는 말씀을 듣고 그 밥을 먹었으며, 다른 학생들이 갔을 때도 마찬가지였다는 것으로 알 수가 있었다.

선생님의 검소한 생활은 그 몸차림과도 같이 누구나 아는 일이고 그것이 스스로 애국을 실천하고 계신 것임은 선생님의 때때로 하시는 말씀으로 알 수가 있었다. "우리나라 처지로 어떻게 쌀밥만 먹을 수 있느냐? 뿐인가 끼니때마다 주부들이 버리는 그 밥 찌끼가 얼마나 많으냐? 우리나라 사람들은 통 절약은 모르니 탈이다. 우리나라의 국민이 3,000만이니 한 사람이 10전씩만 절약해도 300만 원이 된다. 그 돈이면 대학을 하나 세울 수가 있다." 앞에서도 말씀했듯이 선생님은 타고난 애국자요, 교육자로 항상 나라에 대학 하나 없는 것을 한처럼 말씀하셨으며, 또한 학생들에게 기울이는 정성이 이만저만한 것이 아니었다.

한번은 자전거를 타고 출근하시다가 남대문파출소 앞에서 교통 위반으로 걸려 못 가시게 하자 그 자전거를 그냥 거리에 버리시고는 학교에 출근하셨다. 오직 기다리고 있을 학생들을 위해 그러신 것이었으며, 그 자전거는 누구나 우리나라 사람이 탈 것이니 무방하다는 식으로 말씀하셨다. 그런데 선생님의 그 자전거에 얽힌 일화는 많아서, 그 후에 다시 산 자전거를 종로 대동인쇄소 앞에 잠깐 세워 놓았다가 도난당하셨던 그 때에도, 선생님은 그 도둑을 탓하시지는 않고 우리 국민 전체가 못살아서 그런 도둑도 생긴다고 그것만 한처럼 말씀하시고는 그 후에 물론 자전거를 또 사셨다.

그런 선생님이 조국의 해방도 채 보시기 전에 사십 몇 센가로 세상을 뜨신 것은 너무나 애석한 일이다. 그 후 그 자제들마저도 뵈올 기회가 없었으나, 1966년 세계일주 여행을 하다가 로스앤젤레스에서 우연히 둘째 따님을 만났을 때 나는 선생님을 직접 뵈온 것처럼 반가웠다. 한 한국 식당에 들렀더니 그 여자 주인이 바로 그 따님이었으며 나는 혹 전에 그 화장 사건에 관련된 분이 바로 그분이 아닌가 싶어 죄라도 지은 사람처럼 얼른 그분이 아니신가고 물었더니, 그 때의 분은 맏따님이고 이분은 둘째 따님이라 하여 더욱 다행했으며 그 얘기를 하면서 함께 웃었다.

나의 선생님에 대한 기억은 이런 정도이고, 이것은 나의 자랑 같은 얘기지만 "손선수는 운동만 잘하는 줄 알았더니 학교를 사랑하는 애교심과 친구간의 의리도 대단한 학생이다"고 조례 때 전교생 앞에서 칭찬 받은 일이 있었다. 그 전날 YMCA회관에서 협성실업학교와 우리 학교와의 농구 리그전이 있었는데, 그 때 귤 몇 개를 사다가 선수들에게 나누어주었더니 그걸로 그렇게 큰 칭찬을 하셨다.

내가 지금까지 알기로는 선생님만큼 크시고 참다우신 교육자, 애국자 그리고 그 애국을 여러 면으로 스스로 실천하는 분은 본 일이 없다. 참으로 선생님은 크신 분 같다. (외솔회 발간 『나라사랑』 17호(1974년) 게재분을 재수록)

선생님과 나

손정균(孫楨均) | 손정균안과병원장. 작고

내가 1929년 양정고보에 입학하여 1934년 졸업할 때까지 김교신 선생님은 우리에게 지리와 박물(광물, 식물 및 동물) 즉 자연과학을 가르치셨고 우리보다 한 반 위인 류달영 형의 반 담임이셨다.

김선생님의 가르침은 하나하나의 사물을 모두 무조건 암기시키는 주입식이 아니고, 체계를 세우고 원리원칙을 제시하여 학도들이 흥미를 갖고 스스로 탐구하고 정리하여 소화시켜 나가도록 하셨다. 선생님이 소개하여 주신 헉슬리의 명언 '자연은 곧 살아 있는 책이어서 누구나 자유로이 이를 읽을 수 있다'는 말은 40년이 지난 지금도 나의 기억에 생생하다. 그리고 선생님의 열렬한 애국심은 지리 시간을 통해 무언중에 우리에게 전달되었다. 선생님은 보통 직업적인 교사처럼 우리에게 학문적인 지식을 넣어 주는 데 그치지 않고, 자신의 진실된 인격을 통해 참되게 바르게 민족을 위해 살도록 우리에게 끼친 감화력은 한없이 컸다고 생각된다. 김선생님은 내가 양정에 재학 중 공덕동 자택에서 주일날 학생들 중심으로 성서 집회를 가지셨고 나 자신도 그 집회에 참석토록 간접적으로 권유를 받았었다. 그러나 나는 아버지가 장로이며 어릴 때부터 교회에 나가 기독교에 접했으나 고보에 들어와서 자연과학을 배우고 또 그 당시 널리 읽혀지던 사회주의 서적들(유물론, 변증법적 유물론, 사회과학서 등)을 보게 되면서, 성서에 대해 회의심을 갖게 되고 자연과학적인 지식과 이성으로 납득할 수 없는 기록들은 모두 미신적인 조작이라고 생각했다. 또한 종교(기독교)는 약자와 빈자를 언제까지나 그 지위에 두고 자기들만 점점 더 잘 살고 비대해지려는 권력층과 자본가들에게 이용되는 아편에 불과하다는 사회주의자들의 주장에는 일리가 있다고 여겨졌다. 그리하여 나는 선생의 성서 집회에 나가기를 거절했다.

그러나 나의 마음은 언제나 진리 탐구에의 열의와 빈부의 차와 계급이 없이 고루고루 잘 사는 복지사회의 실현에 대한 동경으로 차 있었다. 양정을 마치고 경성의학전문학교에 입학하여 해부, 조직학, 생물학 등의 기초의학을 배우게 되면서부터, 성서의 처녀 수태, 부활, 예수가 행한 기적 등등을 더욱 믿을 수 없게 되었다.

그러다가 2학년생이 된 뒤에 방황하던 나의 마음에 하나의 다른 의문이 생기게 되었다. 즉 자연과학을 전공하는 김교신 선생이 어떻게 미신적인 기독교를 저렇게 철저히 믿을 수 있을까 하는 것이었다. 그리하여 어느 날 정릉리의 김선생님 자택을 방문하여 나의 고민하는 심경을 토로하고 선생의 조언을 구하였다.

반가이 맞아 주신 선생님은 기독교의 진리에 관해 현재의 군의 마음에 납득이 가는 것은 시인하고, 그렇지 않은 것은 금방 다 알려고 서둘지 말고 모르는 대로 내버려두고 꾸준히 성서 공부를 하고 신앙생활을 계속하면 결국 다 알고 믿게 될 것이라고 격려하여 주셨다. 그 후로 나는 선생님의 주일 성서연구회에 참석하여 선생이 심혈을 기울인 성서 강의를 듣고 지정하여 주시는 성경 구절을 암송하였다. 그 당시 회에 참석한 사람은 다 모임에서 성구를 암송하도록 되어 있었다. 나는 루터가 번역한 독일어 성서를 구득하여 읽고 독일어로 암송하였다. 선생님은 성구나 좋은 시를 암송하면 그것이 곧 자신에게 큰 힘을 준다고 하시며 적극 이를 권장하셨다. 그 때 외우던 시편 23편이나 미국의 유명한 시인 롱펠로우의 시(인생의 노래)는 지금도 잊지 않고 암송하곤 한다.

언제나 활기에 찬 자신만만한, 진실 그것이었던 선생님, 끝까지 정의를 지키되 동시에 사랑에 충만하셨던 선생님의 모습을 대할 때마다 나 자신도 차츰 힘이 나고 자신이 생겨 가는 것 같았다. 때로는 내가 오전에 시간을 낼 수 없어 오후에 가게 되면 오전 집회를 마치고 피로함에도 불구하시고, 나와 마주 앉아 나 한 사람만을 위해 다시 성서 강의를 하여 주셨다. 너무 황송하고 감사했음은 무어라 표현할 수 없었다.

선생님은 또한 우리들에게 신앙의 위인들의 전기를 많이 읽으라고 권하셨다. 그리하여 나는 리빙스턴, 슈바이처 등등의 전기를 읽고 그들의 신앙으로 인한 초범한 실생활에 접하고 많은 격려와 고무를 받았다. 특히 리빙스턴이 남아프리카의 어두운 미개지에서 수없이 사경을 극복하고 자기의 사명을 완수한 뒤에 그의 체험에서 우러나온 명언 '우리는 우리들의 할 일을 다할 때까지는 죽지 않는 것 같다'는 말을 남겼는데, 이 말은 나에게 큰 힘을 주었고 지금도 나에게 용기를 북돋아주고 있다.

그 후에 이따금 종로 화신상회 뒤쪽 대동인쇄소에서 『성서조선』지의 교정을 도와드린 일이 기억난다. 그리고 내가 경성의전을 졸업하고 경성제대 병리학 교실에서 연구를 하면서 선친께서 혜화동 우리 집에 회춘의원을 자영

하시게 되어 도와드리고 있을 때, 김선생께서 몸이 불편하시면 내가 처방하여 약을 지어 드렸다. 정릉리에서 봉래동 양정학교까지 자전차로 통근하시던 선생님은 출퇴근길에 우리 집에 들르셔서 약을 받아가곤 하셨다. 언젠가 『성조』지의 선생님 일기에 나를 가리켜 '우리의 누가'라고 기록하셨음을 보고 얼마나 기쁘고 황송하였는지 모른다. 정말 의사요 사도인 누가의 구실을 할 수 있었으면 하는 마음 간절하였다.

불의와 타협하지 않고 시간을 엄수하며 한번 작정한 것은 그대로 실행하는 김선생님이었지만, 효성이 지극하신 선생님은 그의 인자하신 자당님의 권고를 물리치지 못하고 순종함으로써, 이러한 선생의 생활 규범에 예외를 만드는 일이 종종 있었다.

함석헌 선생님이 요한묵시록 강의를 맡으신 동기(冬期) 성서특별집회가 정릉리 김선생님 자택에서 열렸던 겨울의 일이었다. 매년 동기 방학을 이용하여 연말 내지 연초에 열리는 이 집회는 전국에서 좋은 강사와 주로 『성조』지 독자들이 모여 수일간 배우고 좌담하며, 그들의 신앙에 활력을 더하는 유익한 모임이었다. 나는 이 모임을 교회의 선배요 또한 의학교의 대선배이신 장기려 박사님께 소개하였더니 장박사께서 꼭 그 집회에 참가하시기를 원하셨다. 그러나 신청 마감이 이미 지난 뒤가 되어 김선생님의 성격을 아는 나는 도저히 선생님께 직접 말씀드릴 수는 없고 할머님께 사정을 호소하고 원조를 청하였더니, 인자하신 할머님께서는 김선생님께 간청하셔서 예외로 장박사님의 청강이 허락되었다. 이것이 장박사님께서 무교회 신도들과 접하는 처음 기회가 되었고 따라서 그 후 평양 기독병원에 전근하셔서 함석헌 선생님과 같이 순복음 전파에 많은 수고를 하시게 된 계기가 된 것이다.

1942년 늦은 여름 전국의 『성조』지 독자가 모두 경찰에 연행되었다. 나도 예외일 수는 없었다. 병리학 연구실에서 논문의 마지막 정리를 위해 한창

실험을 진행 중 고등계 형사에게 잡혀서 동대문서 유치장에 갇혔다. 실험동물 혈청을 냉장고에 넣어 두고 왔으니 속히 나가서 실험을 계속하게 해 달라고 하였으나, 10일 후에는 도리어 경기도 경찰부 구치장으로 옮겨졌다. 김교신 선생님을 위시하여 송두용 선생 및 백(伯)씨 되시는 송후용 선생 그리고 여러 젊은 친구들이 같은 구치장에 갇혀 있었다. 나는 송후용 선생과 한방에 있었다.

일제의 경찰은 『성조』지 주필인 김교신 선생이 주동이 되어 그의 지우들과 암암리에 조선독립운동을 하고 있다고 추정하고 그들을 불법적인 사상범으로 투옥 처형하기 위해 갖은 고문을 가하면서 자백을 강요했다. 사실 김선생님과 그의 지우들은 이 나라를 성서의 토대 위에 재건하여 진정한 독립을 이룩하려는 열렬한 애국자들이고 그러기 위해 『성조』지와 성서연구회를 통해 복음전파에 힘쓰고 있었지만, 무슨 외형적인 조직이나 단체를 구성하고 있는 소위 독립운동 집단은 아니었다. 그러나 이것이 일제의 눈에는 더 악질적이고 위험한 그야말로 없애버리지 않고는 영구히 불안스러워 견딜 수 없는 존재들이었던 것이다.

진실성을 생명으로 하는 그들 입에서 고문을 아무리 한들 사실 아닌 허위자백이 나올 수는 없었다. 나를 취조하고 있던 나이든 일인 고등계 형사는 내가 경성제국대학 의학부 조수로 있음을 알고 그러는지 다른 사람들에게 가한 것 같은 심한 고문(거꾸로 달아매기, 코로 고춧물 먹이기) 등은 나에게 실시하지는 않고 가끔 '헤리구쓰 유우나'(쓸데없는 소리 말아) 하면서 조서를 쓰고 있던 연필로 나의 머리를 콕콕 찌르곤 했다. 구치감의 간수를 통해 들려 온 말에 의하면 김교신 선생을 취조하러 왔던 일본 검사가 여태까지 수많은 사상범을 다루어 보았지만 김선생 같은 진실된 인격자는 처음 본다고 감탄하더라고 했다.

김선생님은 감방에 계시면서 꾸준히 묵상과 기도를 계속하신 모양이며,

비밀 연락을 통해 다른 방의 지우들에게 주기도를 자주 하라고 분부하셨다고 들었다. '하늘에 계신 우리 아버지시여… 당신의 나라가 임하옵시며, 당신의 뜻이 하늘에서와 같이 땅 위에서도 이루어지이다… 우리를 시험에 들지 말게 하옵시고 다만 악에서 구하옵소서….' 일본 제국주의의 쇠사슬에 매여 갇혀 있는 우리들, 언제 자유의 몸이 될지도 모르는 우리들에게 있어서 이 주기도야말로 우리의 조국을 위하고 나아가서는 전세계 전인류를 위한 최고의 기원이며 짧은 이 기도 속에 인류의 진정한 최상의 소원이 요약 포괄되어 있음을 절실히 느꼈다. 나는 그 당시뿐만 아니라 27년이 지난 오늘날도 불의와 죄악으로 가득 찬 이 세계, 이 우주의 완성을 위해 주기도로 간구하셨던 김교신 선생이나 사도 바울의 심정으로 이 주님의 기도를 조석으로 되풀이하고 있다.

도경찰부로 이송된 지 40일 만에 나는 자유의 몸이 되었지마는 김선생님은 오랫동안 나오시지 못하였다. 그 후 1945년 4월 25일 흥남에서 세상을 떠나실 때까지 한 번도 선생님을 뵈올 기회를 갖지 못하였다. 선생님은 45세의 짧은 기간을 이 세상에서 사셨지만 자신만만하게 굵게 시원스럽게 사시고 할 바를 다 성취하시고 떠나신 것으로 믿는다.

나는 현재 선생님보다 10년이나 더 살고 있지마는 아직도 신앙생활에 있어서 선생님이 가지셨던 자신의 반도 못 가진 것같이 느껴진다. 그러나 선생님이 암송하라고 가르쳐 주신 로마서 1장 16-17절 "내가 복음을 부끄러워하지 아니하노니… 오직 의인은 믿음으로 말미암아 살리라…"의 사도 바울의 고백은 이제 진정한 나 자신의 고백이 되었음을 확신하는 바이며, 성서의 기사에 대해 아직도 자신 없는 점이 많기는 하나, 고린도 전서 13장 12절 "우리가 이제는 거울로 보는 것같이 희미하나 그 때에는 얼굴과 얼굴을 대하여 볼 것이요, 이제는 내가 부분적으로 아나 그 때에는 주께서 나를 아신 것같이 내가 온전히 알리라"의 말씀에 힘입어 지금도 진리를 갈망하며 탐구 실천하려는 한 학도로서 나날의 생활을 영위하고 있다. 진정 김교신 선생님은 나를 기독교 신앙에 들어가게 하신 생명의 은사이시다.

내 생애의 결정

최남식(崔南植) | 집필 당시 경남 거창읍 계림농원 경영. 생몰 여부 미상

내가 양정고보를 졸업한 지 벌써 31년 그 동안 우리들은 학교에서나 사회에서나 많은 은사님을 모셨지만, 아직까지도 우리 머리에서 떠나지 않을 뿐 아니라 정말 나의 인간 됨을 만들어 주시고 또 나의 전생애를 이루어 주신 분은 김교신 은사님이시다.

실천가이신 선생님 우리가 쉬운 말로 흔히 언행 일치라는 말을 잘 쓰나 나는 철저한 실천가로서의 선생님을 생애 잊지 못한다. 지금 서울시 정릉리라고 하면 시내의 일부를 이루고 있으나 우리가 재학 시절은 온통 솔밭이 우거진 산골짜기였다. 선생님은 여기서 자전거로 눈이 오나 비가 오나 시계바늘같이 정확하게 통근을 하셨다. 당시만 해도 여러 선생님들은 택시, 오토바이, 버스로 통근하신 분이 많으셨는데, 찌그러진 중절모자에 토끼털 귀마개를 하시고 근 30리 길을 오셔서 학교 언덕을 자전거를 이끄시는 선생님 모습은 그야말로 나에게는 십자가를 진 성자와 같이 너무나도 엄숙하게 보였던 것이다.

체력으로도 선생님은 당시의 20대 청년들에게 무엇으로나 지지 않으셨다. 한번은 홍제원 지나 녹번리 고개까지의 왕복 코스로 교내 마라톤 대회가 있었다. 그 때의 양정의 마라톤이라면 손기정 선수 재학 시절이라서 국내외에 이름을 떨치는 일류 육상 선수가 교내에 많았는데, 선생님이 당당 10위로 주파하신 기억이 난다. 그것도 도중 모든 학생들의 감독을 하시면서 얼마나

잘 뛰셨던고! 빡빡 깎으신 머리에 런닝셔츠, 팬츠 차림이니 통행인들은 학생들로만 알았을 것이다. 교내 씨름 대회에서도 선생님은 씨름 선수들과 맞붙어서 판을 막으신 일이 잊혀지지 않는다.

　무서우신 선생님　선생님은 가장 엄격하시고 무서운 선생님이셨다. 그 때 엄하신 선생님으로는 영어를 담당하신 카이저 수염의 정선생이 계셨으나, 우리가 꼼짝 못하기는 김선생님이시다. 우리 철부지들은 선생님의 날카로운 감정과 예리하신 성격을 따서 '양칼'이라 별명을 짓고, 또 빡빡 깎은 머리와 얼굴에 구김살 하나 없이 빛이 환히 난다 하여 '빤빼니' 선생님이라고도 별호를 불렀지만, 정말 선생님께서는 그야말로 스테인리스 양칼같이 번쩍이는 맑은 빛이 있었다.

　시험문제를 출제하시면 첫머리에다 '거짓말을 쓰면 0점을 준다'는 경고문을 쓰시는 것을 잊지 않으셨다. 아무리 백점의 답안을 써도 자신 없는 답이 하나만 있으면 성적은 0점이다. 그러므로 아예 백지를 내면 낙제 점수는 주시지는 않으셨다. 그러니 알쏭달쏭 주저되는 답은 쓰지 못하였다. 이래서 지식이라는 것은 자신과 정확을 가져야 된다는 철저한 신념을 길러 주셨다. 오늘날 아는 체 똑똑한 체하는 세상에 있어서 얼마나 좋은 교훈이셨던가! 당시 일제는 일어를 강요할 때였으나 우리 학교에서는 출석만은 우리말로 불렀다. 사립학교에도 일본도를 찬 일인 배속군인이 배치되어 있었다. 어느 조회시간이었다. 우리말로 출석을 부르심에 우리는 '예'하고 답을 하였더니 이 자가 '하이'라고 답하라면서 약이 올라 칼집으로 학생들을 후려 갈기지 않는가. 우리는 겁에 질려 일어로 대답하니 선생님은 끝끝내 우리말로 출석을 부르시고 나서 이 자에게 이름은 고유명사니 관계치 말라고 양칼 같으신 항의를 하시고 다음날부터 출석을 부르시지 않으셨다. 비록 어린 마음이었지만 가슴속에 무엇인가 뭉클하는 것을 자각했던 것이다.

눈물 많으신 선생님　몸은 강철같으시고 성격은 양칼같이 날카로웠으나 선생님의 눈에서는 항상 눈물이 마르지 않으시는 인자하신 선생님이었다. 유난히 눈 가장자리에는 잔주름이 많으셨고 그 주름은 언제나 눈물로 젖어 있었다. 이 민족의 무지와 굴욕, 고독 등 그리고 이 세상의 설움에 너무나 벅차서 언제나 만성으로 새어나오는 선생님의 막을 수 없는 눈물이셨다.

　몇 학년 때인가, 추석 명절날 수업을 하게 되었다. 당시 학생들은 하숙생이 많아 명절을 객지에서 쓸쓸히 지내는 것을 안타깝게 생각하시고, 선생님은 눈물로써 우리를 위로하시면서 '매봉가절배사친(每逢佳節倍思親)'이라는 구(句)를 칠판에 쓰시면서 우리의 향수를 달래 주셨다. 사부님과 부모님을 잃은 나는 좋은 때를 만날 때마다 이 구를 외우면서 님들을 사모하는 마음 간절하다. '물에 산에' 등산회를 만드셔서 매 일요일마다 등산을 하시면서 무언으로 우리를 감화시켜 주셨다. 한번은 가을비 내리는 만산홍(滿山紅)이 된 북한산 기슭에서 뒤따르는 우리를 보시고 "이놈들아, 느껴라 느껴!" 하시면서 우시는지 웃으시는지 분별할 수 없는 큰 소리를 치실 때, 다정다감하셨던 선생님의 그 심정을 어찌 철부지인 우리들이 짐작이나 하였으랴.

　시험 감독을 하실 때는 항상 제일 뒤 책상에서 독서를 하시면서 엄한 감독을 하셨다. 한번은 수험 중 뒤에서 통곡 소리가 나서 뒤돌아보니 선생님께서 『에반젤린(*Evangeline*)』 시를 읽으시면서 우시는 것이었다. 우리들은 와아하고 웃다가 벌을 받고 꼭 이 책을 읽으라는 숙제를 받아 이와나미문고(岩波文庫)로 이를 감명 깊게 읽은 일이 있다.

　마지막 뵈온 선생님　선생님 슬하에서 5개 성상(星霜)을 지나 우리는 졸업식을 마치고 뿔뿔이 헤어지게 되었다. 담임 선생님이신 이병규 사부님이 마지막 훈화를 교실에서 근청하고 나서 헤어지기 전에 김교신 선생님을 모셔다가 마지막 말씀을 듣기로 하였다. 당시 일제 말기라서 졸업식 후의 학생들과 선생의 동태를 일인 배속군인들이 살피기 때문에 조심스러운 일이었다. 박물실에 계시는 선생님께 뜻을 올리니 쾌히 승낙을 하시면서 지리 통론 교과서를 드시고 교실에 오셔서, "중요한 학과에 진도가 늦어서 때늦게 개론만 설명하겠다" 하시면서 책을 펴놓으시고 실은 딴전을 펴시는 것이었다. 민족 사랑이라는 것은 무엇이며 앞으로 어떠한 생활을 하는 것이 보람된 일이며 이를 위해 용감하게 참되게 창조성 있는 생활을 살아 보라고 눈물을 씻으시면서 곧 마루로 사라지셨다. 그리고 우리들도 동서남북에 뿌려졌다.

나는 졸업 후 향리에 박혀서 오늘날까지 과수 농사에 골몰하면서 선생님의 뜻을 순간이라도 잊지 못한다. 이제 나이 50으로 나의 생애를 이루어 주시고 밝혀 주시는 분은 사부 김교신 님이신 것을 더욱 절감하고 주야 선생을 생각함이 간절하다. 특히 고난의 때마다 밝혀 주시고 또 이끌어 주신 사부님, 나이가 좀 들수록 이제야 더욱 뚜렷이 나의 가슴속에 파고드는 선생님의 그 모습! 에반젤린의 사랑이야말로 이런 사랑이었던가?

내가 본 김교신 선생

이창호(李昌鎬) | 집필 당시 신광여중고 교목. 생몰 여부 미상

나는 선생님을 통하여 많은 것을 배운 사람 중에 하나이며, 특히 양정고등보통학교 시절에 선생님에게서 받은 감화는 내 일생을 좌우하는 큰 힘이 되었습니다. 또한 일정 말기에 흥남 본궁(本宮)에 있는 일본질소회사에서 선생님을 모셨던 사람 중의 한 사람으로 선생님의 생애의 최종 시기에 일을 함께 할 수 있는 영광을 얻었던 것입니다. 그러나 슬프게도 선생님께서는 하나님의 영원하신 섭리 있으시어 일찍 주님 앞으로 가시매 그 영결식도 내 손으로 하게 되었던 것입니다.

학생 시절 내가 처음으로 선생님을 대했을 때 선생님은 참으로 엄격하시고 무서운 분이라고 느꼈습니다. 그러나 선생님을 접하는 횟수가 늘어갈수록 내 마음은 선생님에게 사로잡히고 말았습니다. 선생님은 참으로 엄격하시면서도 인자하신 분이었습니다. 나는 첫째로 선생님의 강직하시고 솔직하신 그 성격이 좋았습니다. 불의와 타협하실 줄 모르시는 그 태도, '의'를 위하여는 단연코 분기하시는 그 태도는 나에게 접근해 오는 무엇이라 표현할 수 없는 자석과 같은 힘이었습니다.

선생님의 박물 수업시간은 '인생철학 시간'이라고 할까요? 수업시간을 통해 우리들에게 가장 귀한 교훈을 한 가지씩 꼭 주셨습니다. 그래서 나는 선생님의 수업도 좋았지만 그 무엇인가 마음의 양식이 될 수 있는 것을 받았으며, 이로써 나의 양심과 나의 심령은 의와 참을 향하여 높은 이상을 흠모하게 되었습니다. 나는 국민학교 시절부터 대한감리회 공덕교회 주일학교에 다녔으나 동무에게 끌려 다닌 것이며, 그 실은 나의 가정은 비기독교 가정이었습니다. 내가 선생님에게 더 큰 관심과 존경을 갖게 된 것은, 선생의 그리스도에 대한 믿음 그것이었습니다. 나는 선생님의 강직, 근면, 의를 위하여 분기하시는 태도, 신념 있는 생의 태도 그것이 바로 그리스도에 대한 신앙에서 나온 것이라는 사실을 알았을 때, 나는 더욱 더 기독교 신앙을 탐구하게 되었으며 선생님이 하시는 일요집회는 물론 모든 집회에 빼놓지 않고 출석했던 것입니다. 나는 선생님을 통해 그리스도의 모습을 바로 볼 수 있게 되었으며 성서에 대한 올바른 마음의 자세를 갖게 되었습니다. 그러므로 나는 양정학교를 졸업한 후 일본 간세이가쿠잉학원 대학 신학부에 가서 기독교를, 아니 성서 말씀을 공부하기로 결심하고 도일(渡日)하였던 것입니다. 그러나 목사가 될 생각은 꿈에도 없었습니다. 나는 현재도 교파나 교직의 권위 따위는 나의 관심 밖의 일이며 오직 나에게는 그리스도의 말씀을 연구 공부하고 학생들에게 이를 가르치는 것밖에는 더 큰 관심사가 없습니다. 이는 오직 선생님이 저에게 끼쳐 준 정신적 유산이라고 믿습니다.

본궁 시절 일정 말기에 만주국 길림(吉林) 신학교에 교수로 있다가 탄압으로 신학교가 문을 닫게 되자 서울로 귀가하여 일본 경찰의 요시찰에 걸려 여행이나 외출을 자유로 할 수 없게 되어 두문불출하던 때였습니다. 하루는 "주인 계시오?" 하고 부르는 소리가 낯이 익은 목소리였습니다. 뛰어나가 보니 뜻밖에도 선생님이었습니다. 나는 길 잃은 양이 선한 목자를 만난 기쁨이었습니다. 흥남 일본질소회사의 한국인 노무자들을 돌봐 주는 일이 있는데 같이 가서 일을 해보지 않겠느냐는 말씀이었습니다. 나는 존경하는 선생님과 함께 일할 수 있는 길이 있다고 생각하니 무조건 기쁘고 감사하기만 했습니다. 그래서 나는 당시 용산 경찰서장에게 여행 승낙을 받고 가벼운 발걸음으로 선생님을 따르게 되었습니다. 그리하여 흥남 일본질소회사 본궁 공장에 갔습니다.

선생님께서는 수천 노무자들의 생활 관리계를 맡으시어 그들의 복지를 위해 주야로 희생 봉사하셨으며, 나는 선생님의 지도에 따라 한국인의 노무자들의 자녀 교육의 일부를 맡아 봉사하였던 것입니다. 본궁에 있어서의 선생님의 생활은 애국 애족의 생활 그것이었습니다. 나는 학생 시절에 선생님의 방에 들어가서도 늘 발견할 수 있었던 것은 우리나라 지도였으며, 본궁 시절에도 선생님의 방에 들어가서 첫눈에 띈 것은 한국 지도였습니다. 선생님께서는 참으로 나라를 사랑하셨습니다. 내가 어느 날 선생님 댁에 갔더니 우리나라의 독립을 주겠다고 약속을 한 미국 대통령 루즈벨트 씨가 사망했으니, 참으로 원통한 일이라고 말씀하시면서 눈물을 흘리셨습니다. 정말 선생님은 신앙가이시면서 국토를 사랑하신 애국자이셨습니다. 그러므로 선생님께서는 늘 말씀하시기를 내 나라, 내 땅의 흙맛을 알아야 한다고 강조하셨습니다.

이렇게 수천 노무자들 속에 뛰어들어 그들과 희로애락을 같이 하시고 분투 노력하시던 선생님께서는 심한 과로 끝에 발진티푸스에 걸리시어 신음하시게 되었습니다. 처음에는 그저 피로에서 오는 몸살인 줄로만 알았으나, 열은 점점 더하고 좋은 약도 없는 때였으므로 선생님의 병은 더욱 심해 가기만 했습니다. 하루는 선생님 병상을 찾으니 말씀하시기를 "이군, 하나님이 잘 보이지 않네. 앞이 캄캄하네. 나는 참 괴롭다"라고 말씀하시며 나의 손을 꼭 잡으셨습니다. 나는 우리 주님께서도 십자가의 쓴잔을 마실 때에 "엘리 엘리 라마 사박다니? 나의 하나님, 어찌하여 나를 버리셨습니까?" 하신 말씀을 묵상하면서 선생님을 위해 눈물로 기도하였습니다.

아! 애달픈 일이었습니다. 그 다음날 하나님께서는 선생님의 영혼을 부르셨습니다. 나는 사모님과 상의하여 신앙적으로 예배로써 장례식을 올리기로 결정하고 온 가족과 회사 대표와 선생님의 친지들이 모인 가운데 영결식을 거행했습니다. 제자로서 존경하는 은사님의 장례식을 집행하게 되었으니 그 애통, 애절함은 무엇이라 표현할 바 없었습니다. 아 슬프도다! 그렇게 사랑하시던 조국의 광복을 못 보시고 영원히 잠드신 선생님이여!

회고 한 토막

이경종(李景鍾) | 전 양정고등학교 교장

나를 5년 동안 쭉 계속하여 담임을 하여 주신 김교신 선생님을 내가 처음으로 뵙게 된 것은 입학식 날이었다. 지금은 그 자리에 100명이나 되는 교직원을 수용하고 있는 교장실, 교직원실과 널따란 회의실 그리고 학생들이 자유롭게 이용할 수 있는 도서실들을 갖추고 있는 현대식 4층 본관 교사가 아담하게 세워져 있어서 옛 모습을 찾을 길이 없지만, 이 집을 짓기 전에는 이층 목조의 초라한 기와집이 여기 있었는데 그것이 우리 학교의 강당이었고 내가 1933년 봄 입학할 때에 입학식이 여기서 거행되었었다.

신입생 100여 명은 이 집 중앙에 몇 줄인가로 쭉 늘어서고 우리들 주위에는 학부형들이 방에 넘쳐 흐를 정도로 차 있는 가운데 식은 시작되어, 안종원 교장 선생님의 훈화를 끝으로 입학식이 끝나자 김선생님이 등단하여 우리에게 말씀하여 주셨던 것이다. 그 당시 30대였던 선생님은 불그레한 안색과 꽉 짼 체격으로 몹시 건강한 인상을 주었으며, 한마디 한마디에 힘을 주고 억양을 붙여 명확하게 하시는 말씀은 매우 정열적이며, 신념에서 우러나오는 것이어서 누구나가 다 선생님의 말씀에 끌리었었다. 더구나 선생님께서 "너희들이 수많은 경쟁자를 물리치고 이렇게 우리 학교에 입학하게 된 것은 너희들이 실력이 있기 때문이었다. 즉 너희들은 누구의 힘도 빌지 아니하고 자력으로 입학한 사실을 알아야 한다. 너희들의 보통학교 성적이 모두 다 우수하다는 것은 이것을 증명하고 있으며, 보통학교 성적이 우수한 것은 너희들이 그만큼 노력을 한 성과라고 보아도 틀림이 없다. 하면 무엇이든지 할 수 있다는 자신과 신념을 가지고 우리 학교에서 공부하라. 너희들 자신이 노력한 것에 비해 같은 성과를 그 즉시에 설혹 얻지 못한다 하더라고 결국은 너희들의 승리로 돌아갈 것이다"라고 말하실 때에, 시골서 올라온 어린 나는 가슴이 뒤흔들리며 흥분됨을 억제할 수 없었으며, 면학의 결심을 더욱 굳게 하였던 것을 지금도 잊을 수 없다.

입학한 지 얼마 안 되어 김선생님은 우리들에게 일기쓰기를 권장하셨다. 첫째로 사람은 하루의 일을 되돌아보아 반성할 기회를 가져야 하며, 동시에 그 날의 중요한 일과 감상을 기록하여 둘 필요가 있는 것이다. 둘째는 글씨 공부와 작문 공부가 되는 공덕 등등이 있다. 학급반원 누구나가 다 일기쓰기를 하라는 말씀인데 그 권장하시는 방법이 강제적이었다. 일주일에 한 번씩 돌아오는 소제 당번 날이 되면 선생님이 한 사람 빠짐 없이 꼭꼭 검열을 하시니, 아니 쓸래야 아니 쓸 수가 없었던 것이다. 소제 당번이 되는 전날 밤에 일주일치의 일기를 기억을 더듬어가며 한꺼번에 써서 잉크색이 생생한 것을 걱정하면서 선생님께 제출하는 학생들이 많았다. 여름방학, 겨울 방학 동안의 일기쓰기의 태반은 개학시의 모든 학생들의 두통거리로 되는 수가 많았다.

　이러한 강제적인 일기쓰기의 권장이 계속되기를 약 3년 동안, 그간에 일기쓰기의 참뜻을 깨닫게 된 학생도 있게 되었고, 그 수효도 점차로 늘어갔었다. 4학년 초로 기억되지만 확실치는 않다. 우리 학급에 급회를 조직하고 자치활동을 하자는 안이 나와 김선생님 입회하에 이를 결성하려고 먼저 회장을 선거하였는데, 어떻게 학생들이 기분이 돌아갔었는지 말썽 많고 공부 못하고 장난꾸러기인 그러나 언변 좋고 뱃심 좋은 김모 군이 당선되었다. 그 첫 회합에서 첫 의제로 채택된 것이 일기장 검열 중지 요청건이었다. 원래 일기는 개인 생활면에 관한 기록이므로 아무리 우리를 지도하여 주시는 선생님일망정 일기장을 보시게 한다는 것은 옳지 않다는 이유로서 이 요청안이 제출된 것이다. 이 안건은 만장일치로 일거에 통과되고 말았다. 학생들이 속셈이야 뻔한 일이다. 회가 끝난 후 선생님은 이 문제에 대해 다음과 같은 말씀을 하셔서 나는 깊은 감명을 받았다. "나는 일기 검열 문제에 대해 생각을 많이 하여 왔었다. 바로 너희들이 오늘 이야기한 그러한 이유 때문이다. 그간에 오랫동안 너희들의 일기쓰기 검열을 하여 온 것은 내가 너희들의 생활면을 알려고 하기 위한 것은 결코 아니었다. 일기쓰기의 중요성과 그 공덕을 나는 잘 알기 때문에 너희들이 일기쓰기의 습관을 가져 생활화하도록 지도하여야 하겠다는 나의 신념에서 한 것이었다. 그 동안에 일기쓰기의 중요성과 그 공덕을 아는 사람은 앞으로 내가 검열을 하거나 아니하거나 간에 계속 일기를 쓸 것이요, 그렇지 못한 사람은 나의 검열 중지와 동시에 일기쓰기를 중지할 것은 뻔한 일이다. 나는 너희들 의견대로 앞으로 검열을 하지 않기로 하겠다. 여기서 내가 너희들에게 진심으로 말하고자 하는 것은 일기쓰기를 계속하든지 중지하든지 간에 너희들 자신들이 자신의 문제로서 일기쓰기를 신중히 재검토하여 너희들 자신들의 판단과 결정 밑에 일기쓰기를 계속도 할 것이요 중지도 할 것이다." 선생님이 검열을 중지하신 후에 몇 사람이 일기쓰기를 중지했는지는 알 길이 없으나, 나와 가까운 친구들은 거의 전부 그대로 몇 년 동안 계속하였었다. 그러나 뜻하지 아니한 사건이 일기에까지 관련되어 많은 나의 친구들이 일제 경찰에 고생을 당한다는 소식을 수천 리 이역에서 전해 듣고서부터, 나는 이 일기쓰는 것을 중지하였고 그 많던 일기장도 전부 없애고 말았다. 이것은 지금 생각하여도 안타깝고 아깝기 한이 없다.

시골서는 넉넉하다는 집안의 큰아들로 태어난 나는 비교적 학비의 부족을 느끼지 아니하고 지냈다. 상급학교에도 물론 보내 주실 것으로 생각하고 그 준비 도서도 남보다 먼저 사서 공부하기 시작했다. 그 당시 일본 동경에 오분(歐文)사라는 상급학교 입학 준비 관계 도서를 전문적으로 출판하는 곳이 있었다. 여기서 발행하는 순간 '수험순보'는 4학년 초부터 한 권도 빠짐없이 읽었다. 아마도 이러한 데서 많은 영향을 받았을 것으로 생각되는데 내가 진학해야 할 상급학교는 일본 동경에 있는 W대학 고등학원이고, 전공은 경제과나 상과로 결정하여 버렸다. 이렇게 결정짓자 나도 아버지께 편지를 드려서 나의 결심을 상세히 말하고 4학년 수료 후에 일본 가는 것을 허락하시기를 바랐더니, 재삼 숙고하라는 거절의 하서를 보내 주시는 것이었다. 나는 안타까운 마음을 억제할 수 없어서 연이어 다시 두 차례에 걸쳐 강청을 올렸더니 아버지께서 일부러 서울에 올라오셔서 "너의 장래에 중대한 문제이니, 너의 담임 선생님과 상의해야겠다"고 말씀하시기에 아버지와 같이 김선생님을 찾기로 했다. 그 당시 김선생님은 정릉리에 계셨다. 지금은 정릉이 서울 시내로 되어 있지만 그 때에는 동소문 고개만 넘어서면 시골이었으니, 아버지와 같이 김선생님을 찾는 길은 걷는 길이었다. 대청마루 건너 온돌방 서재에 인도된 우리 부자는 선생님께 공손히 인사 드리고 먼저 아버지께서 찾아 뵙는 뜻을 자세히 말씀하셨다. 나도 또한 계속 나의 결심을 말씀 드렸더니 선생님께서는 한참동안 아무 말씀도 없으시고 깊이 생각에 잠기셨던 것이다. 이 아이의 전도가 내 한마디의 말에 달렸구나, 어떻게 결정지어 말하고 어떻게 이를 이해시키나 생각하신 것이라 생각되니, 선생님의 그 고마우신 마음씨는 지금도 잊으려야 잊을 도리가 없다.

이윽고 선생님께서는 부드러운 말씀으로 내 이름을 "애, 경종아" 부르시고 나셔서 "조선 사람이 조선의 것을 잘 알고 난 후에 딴 나라에 가서 공부하여야 할 것이 아니겠느냐? 한 줌의 흙에서도 무한한 공부를 할 수 있다지 않느냐? 그러니 삼천리 강토에서는 배울 것이 산더미 같으리라. 여기에 보성전문도 있고, 연희전문도 있지 아니하냐? 이런 학교를 졸업하고 난 뒤에 일본이든지 미국이든지 가서 공부하는 것이 좋을 것이다… 정말 네가 하루바삐 꼭 일본에 가서 공부해야 한다 치더라도 지금 다니고 있는 양정고보라도 졸업하고 갈 게 아니냐? 4학년을 수료하고서 간다는 말은 무슨 말이냐? 네 생각이 잘못이다"고 하셨다.

미아리 고개 넘어서 돌아오는 길에 나는 속으로 무척 울었다. 선생님의 참된 애국심은 어린 마음에도 존경하는 마음으로 깊이 느꼈으나 나는 또한 나대로의 일본에 갈 계획이 무너져서 그저 안타깝기만 하였다. 스승의 이러한 높은 뜻을 받들지 못하고 나는 학교 졸업 후에 결국 일본으로 건너가고야 말았다. 해방되던 일년 전 가을에 내가 진남포의 금속공장에 직장을 가지고 있을 때인데, 그다지 약하신 몸도 아니신데 아버지가 갑자기 돌아가셨다는 전보를 받고 고향으로 돌아와 슬픔 중에 장례를 마치고 나니 어른 안 계신 집안은 더욱 쓸쓸하기 한이 없어 인생의 무상함을 느끼며 마음의 의지할 곳이 없이 된 나는 불현듯이 김선생님의 생각이 머리에 떠올랐다. 참말로 오래간만에 문안의 편지를 서울 정릉으로 올렸더니 천만 뜻밖에도 홍남에 있는 모 공장에서 회답을 보내 주셨다. 그 사연에 "내가 쉬지 않고 일하면 그만큼 우리 동포 노무자들의 복지가 향상되는 것을 느끼게 되니 일할 만한 보람이 있다. 너도 이 곳에 와서 같이 일할 수 있겠느냐?"는 내용이었다. 우리나라 사람을 지극히 사랑하시는 선생님의 마음을 엿볼 수 있는 말씀의 한마디이며, 또 아버지를 잃은 나에게 이보다 더 이상 가는 위안의 말씀이 어디 있으랴? 그러나 그 이듬해 그러니까 우리나라가 해방되던 해 봄, 선생님은 공장 직무의 과로로 인해 병을 얻어 돌아가시니 이제 또다시 뵈올 길 없고 다만 존경의 마음으로 회상에만 그치게 되니, 아 나의 슬픔 한이 없다.

나의 스승

이호국(李昊國) | 명소아과의원장. 작고

그 당시의 양정 동문이라면 김선생님의 생생한 모습이 항상 기억에 남아 있으리라고 믿는다. 나 자신 필재는 없지만 당시를 회고하면서 지금까지 항상 머리에 떠오르고 있는 교훈이 있으니 그 두어 가지만을 여기 간추려 보려고 한다.

첫째 선생님은 엄숙하신 용모와 엄격하신 성품의 소유자로서, 재학 당시에는 그저 무섭기만 하시던 선생님도 교문을 나와 사회에 진출해 보니, 그 불의를 철저히 규탄하시면서도 일면 제자들을 아끼고 민족을 한없이 사랑하신 인자한 교육가요, 종교가요, 위대한 사상가였다고 알게 되었다. 선생님은 학교의 수업시간도 단순한 글공부만을 위주로 하시지는 않았다. 글공부를 시작하기 전에 약 10분 가량은 수업 전 예비시간이라고나 할까, 꼭 학생들에게 유익한 시간에 대한 말씀 또는 종교에 대한 말씀 등을 빼놓지 않으셨다. 필자가 1학년 때 어느 날 마침 이 수업 예비시간이었다. 학생 하나하나에게 이 세상 인물 중 가장 숭배하는 인물이 누구냐고 묻는 대답에 물론 별별 진답(珍答)이 많이 속출되었다. 그 중에서도 히틀러나 무솔리니를 숭배한다고 대답한 데 대하여는 선생님은 대노(大怒)하시고, 이들은 늑대와 같은 야수적이고 비인도적인 파괴분자라고 비난하시면서 만약 학생들 중에 이런 인물의 액자가 벽에 걸려 있다면, 당장에 부숴 버리라고 호통을 치셨다. 그 후 히틀러도 무솔리니도 결국 같은 비극의 이슬로 사라지지 않았는가?

또 일제 말기의 어느 날 납전(당시 소위 대동아 전쟁으로 동화[銅貨]는 전쟁 물자로 동원되고 대신 납전이 나왔던 것이다)을 들고 수업 전 예비시간에 학생들 앞에서 비웃으시며 통탄하시는 말씀이 국가와 국력을 상징하는 돈이 이게 뭐냐고 혹 불어 버렸다. 선생님의 이 말씀이 모두 미래를 투시하신 말씀이 아니고 무엇인가?

선생님은 머리를 매 3일 간격으로 깎으셨고, 피부의 광채는 대단한 바가 있어 이 때문에 학생들은 이로써 별명까지 지었다. 자택은 정릉이신데 매일 자전차로 통근하셨다. 정릉 자택을 방문하니 선생님이 손수 지은 서재에는 영독, 히브리어, 희랍어의 종교서적 등이 질서 정연하게 꽉 차 있었으며 장판 방바닥은 선생님이 손수 닦으신다는 말씀인데 거울같이 아른거렸다. 어찌나 엄숙한 분위기에 정결하신지 누가 이 방에 출입하였다면 그 발자국으로 누군지를 식별할 수 있었다니까 대략 선생님의 성품을 짐작하고도 남음이 있을 것으로 본다. 이 방에서 늘 교시하신 말씀, 인간은 항상 숭고한 이념의 소유자라야 하며 무엇이고 하나 특징을 지닌 사람이 되어야 한다고 교시하시던 것이 지금도 나의 뇌리에 아롱져 있다.

스승님의 면모

구건(具建) | 전 서울시립대 교수(박물학). 작고

부족한 대로 선생님을 추억하려고 하니 만감이 교래(交來)하여 실로 가슴이 메는 듯하다. 대체로 내가 선생님을 추억하는 데 있어서는 세 가지 면을 생각할 수 있다. 첫째 양정 시대 가르침에서 접했던 선생님의 면모, 둘째는 선생의 성격이랄까 인격면, 정신면 혹은 교육정신에 대한 고찰이다. 다음 셋째는 선생의 기독교 신앙이다. 이 세 가지 면에서 나는 내 나름대로 부족하지만 선생에 대해 생각하는 바가 없지 않다. 그러나 여기서는 책 지면 관계도 있을 것이고 하여 첫째 내가 양정에서 접했던 선생 면모에 대해 생각나는 대로 몇 토막을 써보기로 한다.

배운 이는 말이 통해 수업시간에 늦게 들어온 변명 한 토막. "아침에 세 곳에 출근하자니 바쁘단 말야… 인쇄소 일 보고 경무국에 들렀더니 늦었단 말야…." "아무것도 아닌 걸 가지고 일 삼아 따지는 형사와 시시비비를 따지다가 국장하고 면담을 청했더니 국장은 미안하다고 하질 않아…." 파안대소, 눈에선 눈물이 빛났다. "그래도 배운 국장이라 말이 통하니 통쾌하단 말야…."

그 때에는 도시 무슨 영문인지를 몰랐는데 후일 「성조통신」 일기문을 읽고서야 『성조』지 원고로 일경에 호출을 당하여 시비가 있었던 것을 알 수 있었다. 그 후도 경무국 출근 운운의 말씀이 자주 있었으니, 일제 총독부 경무국 출입은 아마 다반사였던 모양이다.

독서 소개 회진(灰塵)의 난리를 겪고도 내게 남은 책 몇 권이 있다. 20전 아니면 40전으로 중학 때에 산 손바닥만한 이와나미문고판의 『파브르의 곤충기』와 우치무라 간조의 명저 『후세에의 최대 유물』, 『구안록』, 『나는 어떻게 기독교인이 되었는가』 외 몇 권이다. 이것은 다 김교신 선생의 교실에서의 소개로 산 것이다.

봉래구산(蓬萊丘山)에 자리잡은 양정 본관 2층 우리들의 교실 남쪽 유리창을 열면 남산이 한눈에 들어왔다. 수업에 들어온 선생은 상념에 잠긴 듯 때론 교실에 들어서자마자 또는 한참 글공부를 시키다가 말고 혼자서 창외로 눈길을 옮겨 한동안 말이 없이 담담히 서 있는 때가 있다. 그러다가는 선생께서 최근에 읽으신 것인 듯한 두어 권의 책을 소개하시기도 했다.

박물 시간에는 거미의 결사적인 연애 이야기에서 끝에는 남녀간의 사랑에 언급, 다시 이어서 춘향의 이야기에서 롱펠로의 에반젤린의 사랑의 애가에 비화(飛火), 마침내는 이와나미문고로 최근에 나온 것이 있다고 소개해 주시곤 했다. 이런 이야기 속에는 인간의 근본적인 것이 깃들여 있었고 또한 소개하신 책은 거의가 그러한 책들이었다. 선생은 언제고 자기를 분명히 알아가는 것이 인생의 근본이라고 하셨다. 따라서 이야기의 실마리만 풀리고 보면 지리 공부 시간이건 박물 공부 시간이건 대고구려를, 세종대왕을, 이순신을 가르치셨다. 내 빈약한 서가에 지금도 꽂혀 있는 이광수 작 『이순신』도 이 때에 산 책이다.

선생의 교육은 실로 특징 있는 교육이었으며 교수 방법도 파격적이었다. 우리는 선생의 이런 말씀으로 우리 역사에 조금씩 눈이 떴던 것이다. 또 선생은 일제 막판에도 아무 거리낌없이 시종일관 우리말로 수업을 하셨다.

한번은 칼라일의 부인관(婦人觀)을 이야기하였는데 학생들에게는 실감이 잘 안 갔지만, "장가를 들려면 그만한 배짱은 있어야 해…" 하고 통쾌하게 웃으시는 바람에 우리도 무엇을 좀 알 듯했던 그 때의 어린 기억이 지금도 새롭다. 고금의 위인, 철인들의 이야기가 시작되면 실로 종횡무진이었다. 이야기는 이야기의 문을 열어 그칠 줄을 몰랐다. 등교길에 무슨 통쾌한 일이라도 있었던 날이면 얼굴이 활짝 열려 쾌활하게 웃으시며 그것을 이야기 하셨다. 그리고 감격적인 이야기를 할 때에는 으레 선생의 눈에는 눈물이 글썽거렸고 떨어지기 직전 그 눈물 방울은 빛나고 번쩍였다. 하여간 선생은 눈물이 유난히 많던 분이었다. 선생의 생활은 전체 이렇게 눈물과 감격 속에서 이루어졌던 것이 아닌가 생각된다.

호연지기 양정 계실 때 선생은 한때 주일마다 친지와 학생들과 더불어 '물에 산에'라고 하여 서울 근교의 산과 물을 찾아다닌 일이 있었다. 이 때에 이 '물에 산에'를 소개한 일이 한 번 있었다. 쉬는 날에 하루 하숙방에서 기지개만 켜지 말고 '물에 산에'에 적극 참가하여 서울 유학 기회에 옛 성지를 돌며 사적을 살핀다든가, 명승을 찾거나 지명(知名) 인사를 심방한다든가 하면 지리 공부도 되고 또 채집을 통해 박물 공부도 할 수 있으며, 견문도 넓히려니와 건강법도 되어 좋을 것이라고 하였다. 아니 그보다도 젊어서부터 꼭 길러야 할 호연지기를 기르는 데 좋을 것이라고 하시며 칠판에 '호연지기(浩然之氣)'라고 쓰셨다. 그러나 나는 호연지기가 무엇을 두고 하는 말씀인지 이해가 안 갔다. 다만 산을 타고 그 정상에서 부앙천지(俯仰天地)하는 기분, 혹은 광대무변한 대자연을 조감하는 기분을 말하는 것이라고 내 나름의 해석을 했다. 그것도 후일의 일이다.

그런데 도의를 말씀하는 데에도 선생께서 이 호연지기란 말을 사용하셨기에 나 자신이 써보기도 하고 또 내 나름대로의 해석에 반성을 가해 보기도 했는데, 어느 때 맹자 속에서 지언(知言)과 양기(養氣)의 두 수양방법에 의해 의심하지 않으며 겁내지 않는 부동심(不動心)을 스스로 얻는 것, 그리고 직도(直道)로써 이를 길러 해치지 않으면 그 기(氣)는 한층 확대되어 천지간에 꽉 차게 되어 하늘과 땅에 부끄러움이 없는 대자유, 대활동을 누리게 된다는 것, 따라서 호연지기는 정의와 인도와 맞붙게 되어 도의심과 상

통한다는 것, 그리고 도덕적 행위의 축적으로 결국 호연지기는 얻게 되는데 이는 어디까지나 자기 심내(心內)의 문제라는 등의 구절을 읽게 되었다. 그런데 이는 아무래도 동양적인 범신론적인 생각이다. 생각건대 선생께서는 크리스천으로 이 때에 특히 '물에 산에'를 통해 창조의 하나님을 우러러보고 예수 그리스도의 구원으로 그 철저한 도덕생활을 통해 신앙적으로 호연지기를 기르신 것으로 생각된다.

정농(精農) 예찬 선생은 대개 시간에 들어오면 출석부를 펴자 전 시간 결석자만을 간단히 호명하는 것이 상례였는데 출석부를 닫고 난 순간의 말씀이 그 시간 수업의 판가름이 되는 것이었다. 따라서 호명이 끝나면 무슨 말씀부터 하는가에 우리는 귀를 기울이며 은근히 책 공부 아닌 말씀이 떨어지기를 기대하는 것이었다. "어제 달밤에 자갈밭 첫 농사에서 감자를 캤단 말이야. 농사는 재미가 있단 말이야. 누구나 농사를 알아야 해. 근로가 필요해. 농사를 모르고 먹기만 하는 건 죄악이란 말이야." 정농 예찬의 말문이 열리자 젖소 치기, 낙농 이야기, 서대문 밖 독농가(篤農家) 안경록 씨 소개, 일년에 감자 두 번 캐고, 젖소 몇 마리로 관리 생활 부럽지 않은 살림에 온 식구가 우유와 계란을 마음껏 먹는 농부 가정, 이런 모범적인 독농가를 틈을 내서 한번 견학하는 것이 좋을 것이라고. 때론 수업시간 한 시간의 3분의 2가 자유 강화고, 나머지 시간이 그 날의 학습 시간이다. 대강 요점만을 가르치는데 어쩌다가 요점주의의 학습 시간도 없으면 몇몇 페이지를 공부해 두라고. 꼬박꼬박 책에 따라 하는 공부보다는 선생의 탈선 아닌 탈선의 설화(說話) 말씀이 우리에겐 청량제였으며 정말 심안을 뜨게 해주는 참다운 교육이었다. 공부법은 교과서에서 먼저 대의를 파악한 다음 세부적인 사항을 조사하도록 주의를 주셨다.

오늘의 하루는 생애의 하루 급우 중에 만화 솜씨가 비상한 친구가 있어, 비오는 날 십분 휴게시간 끝에 선생들의 얼굴을 희화(戱畵)로 그려 교실에서 소란을 떠는 친구들을 크게 웃기었다. 한참 떠들썩하는데 사이렌이 울렸다. 교실 안은 분필가루와 먼지로 공기가 탁하였다. 이윽고 교실문이 열리더니 김선생님이 교실에 드셨다. 정말은 다음 다음 시간이 선생 시간인데 한 시간 당겨 나타나신 것이다. 교실 안은 물을 끼얹은 듯 삽시간에 정숙하여졌다. 벼락 불덩이가 떨어질 것을 각오하고 숨을 죽이고 있었더니 창가에 앉은 학생을 시켜 창을 열게 하시고 무표정한 얼굴로 한참만에 조용히 입을 여셨다.

"오늘의 하루는 제군들의 생애의 하루이다. 영원에 이어지는 하루이다. 하루의 반성은 생애의 반성이다. 하루의 경각은 영원에의 경각이다. 천지는 무시종(無始終), 인생은 단 백년, 생자(生者) 그 유생(有生)의 낙을 모르면 허생(虛生)의 우(憂)를 어찌할 것인가?" 또박또박 힘있는 어조로 말씀하셨다. 아마도 그 때에 우리에게 말씀 그대로 선생은 생애 하루하루를 분투하신 것으로 믿어진다. 하루 한 날을 생애의 하루로 삼으시고 일하시다 가신 것으로만 생각된다. '오늘의 하루는 생애의 하루' 잊혀지지 않는 말씀이다.

창조적 생활 선생은 창조생활로써 인간의 가치를 인정한 성싶다. 저 자신이 새롭게 되어 달라지게 되기를 염원한 성싶다. 그리고 이 점을 늘 교육면에서 염두에 두신 성싶다. 교실 방담(放談) 중에서 선생은 창조적 생활이란 제목으로 그 당시 여러 날 동아일보에 이광수 씨 글이 실린 것을 알려 주시며, 여가에 그 주인공을 찾아보는 것도 유익할 것이라고 하셨다. 나는 그 글을 스크랩하여 6·25 때까지 간직했었다.

우리는 몇몇 벗들이 상의하여 서대문 밖 화장터 넘어 창조적 생활의 주인공 되시는 김주항 씨 댁을 찾았다. 그야말로 목수 연장만이 총재산이었으며, 이 연장으로 지은 자연석 돌집과 창조적인 새 살림과 농법을 보고 감명이 깊었던 것이다. 과연 춘원 선생의 명문 그대로의 창조생활 그것이었다. 훗날 선생도 자신의 손으로 정릉 댁에 손수 서재를 지으시기도 했다.

신입생의 마음을 끌다 내가 양정고보에 입학한 해는 1935년 봄이다. 우리 신입 1학년생 100명은 50명씩 갑, 을조 두 반으로 편성되었는데, 우리 을조 담임은 최재원 선생, 갑조 담임은 현재 모교 교장이신 엄경섭 선생이셨다. 그런데 우리 윗반 3학년 두 담임은 김교신 선생과 조종관 선생이었는데 이때는 신입 1학년생을 담임하게 되면 끌고 올라가게 되어 졸업까지 5년을 맡게 되었다. 나중에 안 일이지만 류달영 형이 김선생 담임반으로 제17회 졸업(1933년)이었으니 이 반을 내보내고 다시 담임한 반이 제22회(1938년) 졸업인 우리 윗반이었다.

어린 나는 입학 당시 젊은 김교신 선생에게 마음이 끌리었다. 다행히 선생은 1학년의 지리와 농업통론을 담당하여 일주 한두 시간 우리 학급에 드나드셨다. 어수선하던 입학 초의 학교 분위기도 가시고 신입생인 시골 소년들의 들뜬 마음도 가라앉을 무렵, 시간표에 따라 수업이 시작되었는데, 서울 시내 보통학교에서 들어온 친구들은 무척들 까불어 댔고 시골 상경생들은 모든 것이 기이하게만 보여 긴장된 마음이 좀처럼 풀리질 않았다. 그런데 이 까불이 서울 출신들 사이에 다음과 같은 말이 떠돌았다. '뺀뻬니' 선생 시간엔 정숙, 정연해야지 그렇지 않으면 대갈(大喝)이 이만저만이 아니라 했다.

첫주 수업이 시작되었다. 아침 첫시간부터 한 시간 한 시간 여러 교사가 우리 학급에 들르고 나갔다. 그런데 1학년 과목 담당 선생 중 김교신 선생만큼 나에게 매력적인 이는 없었다. 김교신 선생의 첫 농업통론 시간이었다. 문이 열리자 장대 모양 꼿꼿이 키가 크고 머리를 빡빡 깎은 선생이 옆에 출석부와 책을 끼고 들어섰는데 퍽 인상적이었다. 얼굴은 온통 반짝거리는데 일종 광채가 난다. 그리고 두 눈은 커서 이글이글하여 시원스러웠다. 새하얀 가운(박물 교사가 입는 위생복) 차림도 기이해 보였다. 골프 바지에 스타킹(장양말)인데 양인(洋人)들처럼 미끈한 다리가 또한 어울리어 멋있어 보였다. 선생은 교탁을 앞에 하고 장대 모양 섰다. 두 눈이 커서 시원스럽기는 한데 웃음도, 제스처도 없는 그저 무표정한 얼굴이다. 그러나 양쪽 입 언저리 근육이 일종의 긴장을 표시하는 듯 엄해 보이는 얼굴이었다.

또렷또렷 한 시간 동안 말씀을 계속하셨는데 어린 나는 무슨 이야기였는지 도무지 몰랐다. 아마 중학생의 각오에 대한 말씀인 것으로 짐작했는데 어렴풋이 알았을 뿐이다. 내 일기장에 의하면 이 시간 말씀의 요지는 많은 경쟁자를 물리치고 입학했으니 자기 자신을 믿고 공부에 더욱 힘쓰라는 뜻의 말씀인 것 같았다.

가시지 않는 선생의 인상 중학 초년생 때 나의 눈에 비친 김선생은 기인, 그러나 매력적인 교사였다. 한 해 지나서 받은 인상은 언행 바른 신사, 박학다식의 독서가요 교사였다. 그런데 독서와 함께 선생의 기억력은 참 놀라웠고 또 정확했었다. 다시 한 해 지나서 알게 된 선생은 참된 애국자, 초인간적인 면려, 역행의 교육자이고 또 무교회 신앙의 종교가였다. 후일의 인상은 예수의 십자가의 속죄로 자유를 얻은 정의, 독립의 사람이었다. 그는 참만을 알고 소신대로 믿고 살고 일한 자유인이었다. 자유, 정의, 독립은 그의 성격의 근간이었다. 그의 투철한 교육정신은 젊은이들의 심금을 울렸었고, 그의 신앙은 신에 통했으며, 그의 자유, 정의, 독립정신은 사회의 목탁이었다. 그의 체력 역시 측량키 어려울 정도로 강했으며, 그의 정력은 실로 무한이어서 독서력과 기억력도 한이 없었다. 그의 요지부동의 굳은 신념은 비길 데가 없었다. 그리고 이 모든 것 밑에 십자가 신앙이 있어 이가 그의 생명을 이루고 또 그의 생애의 지주였다. 그의 종생(終生)의 사업은 청년을 위한 참 인간 교육이었고, 『성서조선』과 성서강연을 통한 순수 복음전도이었으니, 오직 국가 민족의 백년대계로 앞날을 위해 일했을 뿐, 그 외는 아무 것도 안중에 없는 참 거룩한 생애였다고 사료될 뿐이다.

지리 공부 한 토막 '인도 나는 어린 중학 시절의 지리 공부 한 토막을 곰곰이 생각하며 종종 가신 옛 스승을 그리워한다. 널따란 칠판 꼭대기에는 인도의 그림이 선으로만 그려져 있다. 선으로 그린 인도 지도에는 캘커타, 봄베이가 영자로 쓰여져 있다. 고온 다우는 인도의 기후, 갠지스강 유역으로 쌀 생산, 데칸 지방의 면화는 인도의 농산, 봄베이를 거쳐 국외로 나가고, 방적, 제당, 제마 등은 이 곳의 공업 산물, 이도 캘커타를 통해 나간다. 일장 설명 후 각자 지리 부도를 펴고 찾아보게 한다. 나가는 것은 겨우 이런 것인데, 캘커타와 봄베이를 통해 인도의 수억 인구를 병들게 하는 문화병이며 사치병이 들어온다. 이것이 대영 제국의 철제보다도 몇 배 두려운 것이라고 했다.

계속하여 인도의 산물중의 산물은 오직 간디라 가르쳐 주신 것이 지금도 생생하게 기억된다. 인도 캘커타, 봄베이, 간디, 이것이 판서(板書)의 전부. 간디의 이야기로 나머지 시간은 흘렀다. 이렇듯 지리공부에 지명 하나 나오면 이에 관련된 인물이며 역사적인 사실이 종합적으로 한없이 쏟아져 나오는 박학다식의 파격적인 수업이었다.

창문 개방주의 절에 관계없이 더우나 추우나 교실에 드시면 우선 양편 유리창을 활짝 열게 하셨다. 그리고는 "아침 공기는 상쾌하단 말야" 하고 선생 혼자서 파안대소. 따라서 겨울이면 창변 학생은 시간 중 추위를 인고해야 했다. 특히 창을 아래위로 알맞게 내리고 올려 중간에 있게 하고 창 열린 정도와 간격이 각 창마다 같게 열려져야만 되었다. 창 하나 여는 데도 선생의 그 비범한 과학적인 머리가 활발하게 움직인 것인가.

자전거 출퇴근 선생은 자전거로 출퇴근을 하셨다. 가을, 겨울 외에는 헬멧 모자를 쓰셨다. 두 팔을 쭉 뻗어 핸들을 잡고 안장에 꼿꼿이 앉아 달리는 모습은 누가 봐도 좀 기이하게 보았을 것이다. 보통은 자전거를 탄 모습이 누구나 앞으로 굽게 마련인데 선생은 그 허리 자세가 꼿꼿하니 말이다. 헬멧 역시 그 당시에는 흔히 볼 수 있는 모자가 아니었다. 하의는 언제나 골프 바지를 입으셨고 스타킹을 사용하셨다.

일주에 한두 번 전교생 운동장 조회가 있었다. 전체 교사는 열을 지어 선 자기 담임반 앞에 서 있게 마련이다. 그런데 이 때 선생은 그 무거운 자전거를 끌며 조례도 아랑곳없이 운동장 옆 45도 언덕길을 올라갈 뿐이다. 간혹 운동장에서 방과 후에 전교생의 행사가 벌어지는 때가 있다. 이런 때에도 역시 선생은 아랑곳없이 위 교정에서 깎아진 비탈길 운동장 옆길을 양발로 페달을 밟아 쏜살같이 달릴 자전거에 브레이크를 걸며 내려가시다가 끝내 살같이 내달아 정문을 나가시곤 했다. 선생은 그처럼 출퇴근이 자유로웠다. 졸업 후에 안 일이지만 부임 초에 자유로운 근로가 조건의 하나였다고 들었다. 자전거 뒤 짐대 위에는 언제나 책 보따리가 끈으로 묶여져 있었다.

박물 교실에 든 영광 단 한 번 선생 전용 박물 교실에 들어간 일이 있다. 나로서는 자랑이요, 영광스러운 일이었다. 여름방학의 숙제물인 식물 채집품이 제출되는 날 학급 대표 학생과 함께 나와 셋이서 박물 교실로 숙제물을 운반하게 되었다.

박물 교사이신 선생의 교실은 양정 본관 후면 한층 높은 곳에 있는 후관 벽돌 건물에 있었다. 채집품을 들고 뒤따라 선생 교실에 들어서 보니 우선

정돈된 분위기가 마음에 들었다. 사무용 책상이 있고 별도로 박물학 교실이
나 물리화학 교실에서 사용되는 커다란 실험대 책상이 벽에 면해 있는데 한
곳은 원고지 쓰다 만 그대로이고 그 옆에는 무슨 책인지 부피 있는 원서가
퍼진 대로 사전과 함께 있고, 또 그 다음 옆에는 영자 신문과 영자 잡지류
가 질서 있게 펼쳐져 놓여 있는 것이 한눈에 보였다. 걸려 있는 큰 조선 지
도도 눈에 띄었다. 다른 일을 보신 후에 그대로 앉기만 하면 다시 앞서 하
던 일을 할 수 있는 차림이니 시간 절약이 될 것으로 생각되었다. 책장 안
책은 모두 두텁고 무거워 보이는 책으로 양서(洋書)가 많았다.

놓으라시는 대로 50,000분지 1 지도가 산적해 있는 책상 옆 위에 가지고
간 채집품을 놓고 나왔다. 그 때 이 박물 교실은 선생의 일터로서 여기서
선생은 제약된 시간에 많은 일을 한 것으로 안다. 원고 집필, 성서 원전 번
역, 히브리어, 희랍어 등 어학 공부 장소이기도 했다. 좀처럼 선생은 교무실
에서 다른 선생님들과 같이 한담하시는 것을 보지 못했다.

파격 수업 박물 시간에 고구려 이야기가 나온다. 세종, 이순신 등의 사화
가 나온다. 그야말로 파격적인 수업이었다. 그러기에 선생 시간은 언제나
감동과 감격에 찬 시간이었다. 그렇지만 선생 시간이 돌아오기를 기다리는
패와 대학 수험 준비에 손해본다 하여 공치는 시간으로 아는 패가 있어 속
으로 좋아하면서도 말로는 선생의 수업방법을 비난하는 패도 있었다. 선생
의 시간이 돌아오길 기다리는 패는 언제나 이번 시간엔 무엇이 화제가 될
것인가 궁금하였다. 아무런 거리낌없이 그것도 함경도 사투리로 하시는 선
생의 말씀에는 일종의 매력이 있었다. 박물 시간에는 곤충 또는 식물계의
신비스러운 이야기가 한없이 쏟아져 나왔다. 그러나 후일에 생각해 보니 선
생은 학과에 대해서는 중점적으로 개요만을 이야기하시고 나머지는 학생
스스로 공부하게 하고 그 대신 여타의 시간에는 사람 자체를 만들려고 노력

하신 것으로 깨닫게 되었다.

시험 감독 시험 감독 때의 선생의 선언은 "거짓을 쓰거나 컨닝을 하면 0점이야"라는 것이었다. 이것은 전교생 누구나 다 아는 일로 말로만 그리 하신 게 아니라 실제 그대로 이행하셨으니 선생의 감독 시간이 되면 먼젓번 시간 학생들이 책상머리에 잔뜩 써 놓은 것까지도 지우느라고 일대 소란이었다. 그리고 시작종이 나기 무섭게 실내는 조용하였고 구멍 뚫린 책상에 답안지를 놓고 쓰게 되어도 아무도 책받침을 쓰지 못하였고 필기 도구 이외의 일체의 물건은 교실 바닥에 놓고 시험을 보게 마련이었다.

답안지를 나누어 준 다음 주의를 주고는 학생들이 답안을 작성하기 시작하면 선생은 열심히 교탁 위에서 원고를 쓰거나 때론 교정을 보셨다. 그런데 쓰시던 글을 멈추거나 학생들 쪽을 바라보거나 의심스러운 눈으로 둘러보는 일이 결코 없었다. 또한 학생들도 선생의 시험 감독 시간에는 선생 마찬가지로 답안을 쓰다가 고개를 쳐들고 두리번거리거나 옆을 보거나 하는 일없이 묵묵히 답안만 작성할 뿐이었다. 그야말로 엄숙한 시험 분위기였다. 상급생 말이 "김선생님은 기억력이 좋으셔서 1학년 때 한번 잘못 보이면 그만이다"란 말이 위력을 발휘하여 감히 부정한 행동을 할 생각조차 못하게 되었던 것이다.

박물 점수 120점 김선생님은 양정에서 연거푸 두 번 담임을 맡으셨다. 제17회 졸업반을 내시고 바로 또 신입생을 맡아 제22회 졸업반을 내셨다. 내가 양정에 입학한 해는 1935년 봄으로 입학 전전해에 이미 제17회 졸업생은 모교에 없었다. 그런데 이 때 졸업생 가운데 선생의 끔찍한 사랑을 받은 한 선배가 있다고 들었다. 그는 그대로 또 누구보다도 선생을 존경했다고 들었다.

선생이 두 번째로 담임했던 22회 졸업반 선배 중에는 나와 가까이 사귄 이가 여럿 있었는데, 나는 그들로부터 선생의 이야기를 곧잘 들을 수가 있었다. 그 중 한 가지 이야기로 "제군들 선배 중에 류군이 있었는데 그의 박물 답안지에 난 120점을 매겼단 말이야"라고 선생이 말씀하셨다는 것이었다.

사범을 나와 교단에 서게 된 나는 몇 번이고 중학 시절에 들은 이 박물 점수 120점 생각을 해보았다. 백점 만점의 채점 규준에 120점을 주었다면 같은 학급, 같은 학년 또한 학교 전체의 채점 규준에 이가 어긋나게 되는 것이니 그 사후 처리는 과연 어떻게 되었을까 하고 생각해 보기도 하고 한편 또 이가 사실이었을까 하고 의심도 해봤는데 후일 이가 사실인 것과 그 류군이란 이가 바로 류달영 선배인 것도 알게 되었다.

박물 교사 김교신 오늘에 와서 내가 배운 중학 시절의 박물 교사 김선생의 박물 수업을 생각해 볼 때 훌륭한 박물 수업이었다고 생각할 수는 없다. 그것은 그 후 내가 사범에서 완비(完備)에 가까운 박물 교실에서 제대로의 박물을 배웠을 때 느꼈던 감명과 관련시켜 갖게 된 결론이다. 어쨌든 중학 시대의 그것은 오직 교과서와 말을 통해서 배운 박물 공부였다.

따지고 보면 그 시절에야(1935년대) 서울 장안 어느 중학, 어느 교사나 다 그랬을 것이다. 식물을 배우되 표본 하나 본 일 없고, 동물을 배우되 표본은커녕 그림이나 사진 한 장 못 보고 교과서 페이지만 넘겨 갔으니 배웠으되 선 지식의 습득에 지나지 않았던 것이 사실이다. 그러나 학교를 나와서는 결코 당시의 김선생을 원망해 본 일은 없다. 그것은 선생에게서 나는 학문하는 자세라고 할까 정신만은 철저히 배웠기 때문이다. 학문적인 사명감이라고 할까 국가 민족에 대한 학자의 태도 같은 것을 우리는 선생에게서 배운 것이다. 또 더 나아가 진리 탐구로서의 진정한 학문 정신을 배운 것으로 생각된다. 이런 점에서 생각할 때 절대 선생은 박물 자체도 소홀히 한 것이라고는 생각지 않는다. 다만 모든 학문과 인간 자체를 살려내는 높은 차원의 인간 교육면을 일의적(一義的)으로 생각한 것이라고 느껴진다. 그리고 이가 선생의 전체 근본 교육정신이었다.

그리고 나는 이렇게 박물 교사로서의 선생을 생각할 때 나 자신 중학 2년 때 잠시 염리동 외삼촌댁에 있어서, 그 때 공덕동에 살고 계셨던 선생님이 당시 수목이 울창해서 밤에는 늑대가 민가 돼지를 습격하던 공덕동에서 염리동을 넘는 인왕산 일대를 식물 채집통을 메고 헬멧 모자와 스타킹에 농구화로 따님과 함께 식물 채집에 나섰던 것을 자주 대한 일이 있었다. 하여간 선생님에게 박물학에 대한 소질과 또 이에 대한 각별한 취미와 또 깊은 학식과 연구가 있었던 것은 틀림없는 사실이다. 그런데 이 점 선생의 박물 수업에 대해서 한 가지 유명한 에피소드가 남아 있다. 22회 졸업식 때인가 당시 사회주의로 유명했던 모군이 식후 선생 홀로 계신 박물실에 가서 선생이 5년 동안 기독교만 가르쳤지 박물이라고 가르친 것이 무엇이 있었느냐고 힐난, 선생께 덤벼들자 "네가 정말 이럴 작정이냐? 그러면 좋다" 하시고 선생이 시계를 떼고 웃옷을 벗으려 하자 이것이 교무실에 알려져 여러분이 뛰어가 선생을 만류해서 일은 없이 지났으나, 선생 기운을 몰랐던 모군이 선생 그 철권에서 벗어난 것을 다들 다행으로 생각했다고 한다.

선생에 대한 의문 몇 가지　선생이 그렇게도 심혈을 기울여 주간하신 『성조』지에 대해 나의 재학 중 5년간 단 한 번도 언급이 없었던 일. 특히 독서소개로 학교에서 제1인자였던 선생이 선생 집필물이나 『산상수훈 연구』 같은 저술에 대해서는 통 소개가 없었던 일이 참 이상하다. 뿐만 아니라 그렇게 철저히 기독교적인 신앙생활을 하신 선생이시면서 기독교에 대해서는 단 한 말씀도 교내나 수업에서는 언급이 없었던 것 같은데 지금 생각해도 참 이상하다. 선생의 학생 시절 이야기며, 동경 유학 및 기독교 입신 동기 등에 대해서는 조금도 비침이 없었던 것으로 나 자신은 안다.

『성조』지 일기문에서 보면 새벽에 깨어 등산, 냉수마찰, 기도, 독서, 집필, 등교, 수업, 총독부 검열행, 인쇄소행, 교정, 잡지 배달, 발송, 밭농사 일 등 실로 초인적인 생활의 계속이었는데 그리고 보면 수면시간은 불과 4-5시간 정도일 것 같은데 그 한없는 정력과 노력과 힘의 원천은 과연 무엇이었던가? 지금 생각하니 그것에 대해서 선생은 우리들에게 한 말씀도 비치지 않았으나 오직 하나님과 그리스도에게만 바쳤던 선생의 그 깊은 숨은 신앙생활에서 온 것이 아니었던가 하고 생각된다.

'물에 산에' 전학년을 통해 주말에 이루어지는 '물에 산에'는 선생이 주관한 행사로 오래오래 계속되었다. 금요일 아니면 토요일에 학생 출입이 많은 입구 광고판에 선생에 의해 '물에 산에' 광고가 게시된다. 누구나 희망하는 학생은 일요일 아침 광고판에 게시된 지정된 집합장소에 가면 된다.

북한, 삼각, 관악, 인왕 등 병풍처럼 둘러싸인 산악 순례, 성벽 돌기, 서울 근교의 명승지를 탐승하는 행사인 것이다. 행주산성, 남한산성, 사육신 묘소, 새남터며 이 땅에 얼을 심은 외인묘지, 사지, 사찰, 암자를 순례하며 심신을 닦는 것이다.

선생 자신 교실에서 '물에 산에' 참가를 권하는 말씀이 꼭 한 번 있었다. "조선의 국토는 산하 그대로 조선의 역사이다. 그리고 조선인의 정신이 이 땅에 깃들여 있다. 조선인의 마음, 조선인의 생활의 자취가 고스란히 이 국토 위에 박혀 있다. 자기를 분명히 알아 가는 일이 인생의 근본인즉 상급생을 따라 '물에 산에' 참가하여 하루 휴일을 값있게 보냄도 좋을 것이다"라고 하셨다.

사실 이 행사에 참가하면 산 역사 공부와 산 지리 공부를 할 수가 있었다. 아니 우리의 자연과 역사를 통해 의식 무의식 인생을 가르치고 실로 민족의 얼을 심어 주셨던 것으로 이는 김선생의 깊은 착상과 어떤 의도에 의해 구상된 독특한 행사였다. 대체로 선생 자신 선두에 서서 인솔하셨으며, 목적지에 다다르면 휴식, 기도, 설화 그리고 귀로에는 노변에서 식물 채집도 하였다. 나는 기차 통학 관계로 자주 이에 참가하지 못했던 것을 지금도 못내 아쉬워한다.

젊은이를 좋아하심 선생은 농구부 부장이셨다. 출전 전 선수들 연습 때면 심판을 보시며 연습을 시키셨다. 늘 골프 바지 스타킹에 농구화 차림이었다. 이런 때면 뺀뺀한 선생 얼굴의 광채는 한층 더했고 바로 홍안 소년이셨다. 이기고 온 선수들과 같이 기념 촬영을 할 때에는 물수건으로 얼굴을 닦으시고 사진을 찍으셨다. 아니면 얼굴이 희게 나온다는 이야기였다.

연례 행사로 전교생이 뛰는 마라톤 대회에도 대체로 용약(勇躍) 참가하시는가 하면 전교 씨름대회 리그전에도 출전하셨다. 장년의 신사이지만 젊은 양정 건아 어느 선수도 선생을 당해내지 못했다. 황소와도 같은 전국 대표 선수도 낀 틈에 한몫 끼시어 역주, 10째 안에 드신 사실이라든가 씨름 리그 개인전에서 2, 3위를 다투신 사실 등은 선생의 체력이 얼마나 강하셨는가를 나타낸 것이며, 한편 선생이 젊은이를 얼마나 좋아하시고 아꼈는가를 엿볼 수 있는 일이다. 선생은 사실 늘 근무의 틈을 타서는 학생들 속에서 같이 호흡하시며 시간을 즐기셨던 것이다.

문안 편지의 답서는 『성조』지 한 권 여름방학에 선생께 문안 편지를 내었다. 댁의 주소를 몰라 학교로 내었다. 답장이 은근히 기다려졌다. 얼마 만에 시골 우리 집에 책자가 배달되었다. 『성서조선』지였다. 답서 대신 주신 것이다. 나는 얼마나 기뻤던지 모른다. 읽어 알기 어려운 종교적인 글이었으나 나는 정말 자랑스러웠다. 그리고 권말의 「성조통신」이라 하여 깨알 같은 활자로 나온 선생 일기문은 재미있게 읽을 수 있었다.

해가 거듭됨에 따라 여름, 겨울방학에 보내온 여러 권의 『성조』지의 일기문을 읽고 나는 차츰 선생님을 알게 되었다. 처음 내가 느낀 기인은 위인으로 바뀌게 되었다. 물론 나만이 이 책자를 받은 것은 아니다. 학생들의 문안 편지 답서는 으레 그 달의 것 아니면 묵은 『성조』지인데 이것이 답서 대신의 구실을 하였다. 이 『성조』지를 통해 기독교는 이해하지 못했다 해도 인생에 대해 깊은 감명을 가슴에 새긴 이는 결코 나 혼자만은 아니었을 것이다.

근무의 자유 수정같이 맑은 가을 하늘이었다. 오늘은 일본서 성묘차로 돌아온 이왕(李王) 전하와 방자비(方子妃) 전하가 엄비(嚴妃) 설립의 양정고보를 방문하는 날이다. 학교는 물론 진흙구덩이 봉래동 지금의 만리동이 전체 말끔히 청소되었고 학교에는 교실 두 곳에 전시장이 마련되어 학생 작품이 전시되었다. 500명 양정 건아는 미리 지시 받은 대로 모두 용모와 복장도 단정했다. 교장 선생을 위시하여 전체 교직원들은 연미복의 최고의 신사 차림이다. 유난히 길게 울리는 사이렌 소리와 함께 전교생은 각 학년 학급별로 전면 사열대를 향해 이열종대로 늘어섰다. 정문 밖 언덕길에는 상급생들이 길 양쪽에 도열해 서서 차가 오기만 고대하고 있었다. 정문에는 십자형으로 세운 일장기가 미풍에 나부끼고 있었다. 이윽고 두 분을 태운 승용차와 뒤따르는 무수한 차의 행렬이 정문을 통과해서 본관을 향해 치달려 올라왔다. 술렁대던 군중은 조용했다가 다시 또 술렁대기 시작했다. 운동장에 집합한 지 거의 한 시간 만에야 내방의 행렬이 도착한 것이다.

사열 시간이 박두하였는지 운동장 위 본관 본부석으로부터 몇 분 선생이 나오기 시작하자 그만 지쳐서 어수선했던 운동장 학생 모인 곳에는 다시 엄숙한 공기가 감돌기 시작했다. 순간 숙연해졌다. 전하께서 운동장으로 나오시려는 순간이다. 이윽고 봉래구상에서의 식전은 막을 올렸고 잠시 후 사열이 끝났다. 그런데 바로 이 때였다. 누군가가 운동장 위 본관에서 정문으로 빠지는 급경사의 비탈길을 자전거를 탄 채 쏜살같이 내리질러 갔는데 이가 바로 김선생이었다. 학교 전체가 축제 분위기에 휩싸여 있는 중에 이는 아랑곳없다는 듯이 퇴근하던 그 때의 김선생의 모습은 그 후 아무리 생각해 보아도 태연자약 그대로요, 아무 거리낌이 없어 보였으며 정말 자유스러워 보였다. 아니 대담해 보였던 것이다. 후일 들은 이야기지만 부임 초 학교 당국에서는 김선생이 내놓은 몇몇 조건을 수락했는데 그 중에 자유스러운 근무조건이 그 하나이었다고 들었다.

선생 에피소드는 실로 한이 없다. 이 정도로 붓을 놓는다.

나의 은사

심창유(沈昶裕) | 전 문교부 차관. 그리스도신학대학 재단이사장, 선인학원 재단이사장. 작고

내가 양정을 나온 지도 어언 40년이 되어 간다. 지금도 김교신 선생 하면 '뺀빼니'라고 별명으로 부르던 것이 기억이 나며 여러 가지 생각나는 것이 있다. 누가 지은 별명인지는 모르나 김선생님의 모습과 성품을 단적으로 나타내고도 남음이 있는 별명이다.

내가 보통학교에 재학시는 일본말 전용을 강요당하던 때이라, 중학교 입학 초에 김선생님이 우리말로 출석을 호명하시는 데에는 자못 놀라움이 컸다. 또 그 당시는 중일전쟁 중이라 전운이 감돌아 서울 상공에도 전투기가 나돌아 요란스러웠고 때로 사격 연습의 기관총 소리가 시끄러웠다. 이런 날에는 수업 중에도 김선생님은 일본놈들의 만행을 저주하시는 말씀으로

열을 올리셨다. 열띤 어조로 태연하게 우리말로 또박또박 중일전쟁에 관하여 말씀하시는 데는 그야말로 감격과 놀라움을 금할 수 없었다.

시험 답안지 성명을 기입하는 왼편에는 어떤 답안지에나 '거짓말을 쓰면 0점으로 한다'는 주서가 꼭 붙게 마련이었는데, 사실로 틀린 답안을 쓰거나 거짓을 늘어놓은 답안은 0점으로 처리되었었다. 그리고 통신부에도 말씀 그대로 0점이 표시되었다. 이와는 정반대로 훌륭한 모범적인 답안을 쓴 것에는 100점 만점에 100점을 넘는 점수를 주신 사실도 있었다.

선생께서는 연중 자전거로 통근을 하셨다. 그 때에 선생댁은 정릉리에 있었는데, 당시의 정릉은 지금 상상도 못할 만큼 먼 곳이요, 강원도 산골만큼이나 느껴지는 곳이었다. 이로써 우리는 선생님의 부지런하심과 정력을 짐작하고도 남음이 있다. 머리는 적어도 일주일에 한 번은 꼭 깎으신 것으로 아는데 마치 면도칼로 면도하신 양 언제나 빡빡 깎아 매끈하셨다. 그리고 머리 전체에서 특히 이마와 얼굴에서는 반짝반짝 이상한 광채가 나셨다. 날이 밝기가 무섭게 일찍 일어나셔서 생애를 통해 냉수마찰을 여행(勵行)하신 것으로 아는데, 그래서인지 언제나 완강하신 체구에 정력이 넘쳐흘러 보이셨다.

시험에 대하여 한 가지 더 생각나는 것이 있다. 그것은 당해(當該) 과목과는 전혀 관계없는 교양 문제나 때로는 종교, 역사 문제가 출제되는 것이 일쑤였다. 따라서 벼락치기 시험 공부로 점수를 따려면 이는 골탕을 먹게 마련이었다.

선생님이 발간하시던 『성서조선』은 종종 늦게 발간되는 수도 있었는데, 그 이유는 고등계(당시 사상범을 다루는 일본 경찰 부서)의 검열에 원고의 문장이 걸려서 늘 말썽이 되었기 때문이었다. 따라서 당시 경무국 출입을 선생님만큼 다반사로 하신 분도 드물었을 것으로 생각된다. 선생은 가을과 겨울에는 황갈색 중절모를, 봄과 여름에는 헬멧을 쓰셨다. 그 때는 이 헬멧이 참 이상하게 보이던 때라 누구에게도 기이하게 보였을 것이다. 또 퇴색한 가죽 가방을 자전차 앞 몸채에 달고 뒤에는 파란 책보로 싼 도시락을 싣고 봉래동 언덕길을 달리시던 모습이 지금도 눈에 선하다.

해방 전에 당시 경기중학 교장이 고등사범 시절의 선생님의 동창이어서 선생님을 경기로 모셔 갔는데, 그 곳에서도 다름없이 선생님은 서슴지 않으시고 부임 초부터 우리말을 사용하셨다고 들었다. 일본 학생과 다름없는 교육을 받아온 경기 학생들 눈에 비친 김선생님은 기이한 존재로 학생들 간에 입에 오르는 인물이 되어 종말에 가서는 문제가 되었다 한다. 그러나 경기 중학생 중에는 김선생님의 감화로 민족의식이 되살아나 당시 유명했던 남대문 삐라 사건을 야기시키기까지 되었다고 하는데, 이로 인해서 선생님께서는 권고 사직의 형식으로 학교를 물러나셨다고 들었다.

진정으로 존경하는 교육자를 내게 묻는다면 나는 김교신 선생이라고 답할 것이요, 진정한 애국자를 내게 묻는다면 나는 서슴지 않고 김교신 선생이라고 답할 것이다. 선생님은 비록 일찍 가셨으나 참뜻의 이 민족의 교육자이셨으며 또한 숨은 진정한 애국자이셨다.

위대한 모습

박동호(朴東鎬) | 전 안동 일직중학 교사. 생몰 여부 미상

김선생은 뜨거운 애국자이시며, 신앙가였습니다. 저는 양정고보 재학 5년생 때 선생님의 가정 성서집회에 참석하게 됐었습니다. 선생님 본댁 모임에 참석하게 된 동기는 사실은 종교 강의보다도 선생님의 뜨거우신 애국 정신에 감동된 때문이었습니다. 그 때 시국이 대동아전쟁시라서 민족적 탄압이 점점 심하여져 우리 학생들의 가슴속에도 반일 감정이 적지 않을 때였지만,

교회에서나 학교에서나 일본의 우리 민족에 대한 식민지 정책에 대해 바른 비판을 해주는 이가 거의 없었으나 김선생님은 기회가 있을 때마다 우리들에게 이 점에 대해 말씀해 주셨습니다. 선생님은 민족적 설움과 분함을 참지 못하여 어디 가서 실컷 울고 싶다고 하시며 눈물이 글썽글썽할 적이 많으셨습니다. 학교 조회 때 황국신민서사를 불러야 했는데 선생님의 뜻을 따라 우리들은 망국신민서사로 불렀습니다. 우리가 졸업한 후 1942년에 민족사상건으로 선생님과 그 동지 되는 여러 선생님들과 또 우리 친구들과 저도 같이 근 일년을 경찰서와 형무소에서 고초를 겪었습니다만, 형무소는 인생대학이요, 최고학부라고 평소에 하시던 선생님의 말씀으로 모두 의지로 잘 견디고 이겨 나왔습니다.

다음 선생님은 신앙의 사람이었습니다. 그러나 선생님의 신앙은 뚜렷한 특색이 있었습니다. 우리 개인의 영혼의 구원을 물론 모르신 바 아니지마는, 이 우리 민족을 진정 사랑한 신앙으로 민족애를 빼고는 선생의 믿음을 논할 수 없는 남다른 믿음이었습니다. 신앙 잡지의 이름도 『성서조선』이었습니다. 또 선생님의 믿음은 독립적인 자립의 믿음이었습니다. 사람이고 집단이고 어디에 의존한 믿음이 아니고 스스로 신에게만 의지한 믿음이었습니다.

독립전도로 교편생활로서 자비로 『성서조선』지를 내셨고 주일집회로써 학생들 상대로 전도하셨지만 우리들은 선생님 말씀에 큰 권위를 느꼈습니다. 또 선생님의 신앙은 이론의 신앙이 아니고 체험의 신앙이었으며, 뜨뜻미지근한 것이 아니고 전투적이었습니다. 그러나 부흥식의 전도나 기도는 금물이었습니다. 그리고 선생님의 전도에 있어서 특기할 것은 소록도에 있는 나병환자들에게 뜨거운 위로와 사랑을 보낸 것입니다. 세상에서 버림받은 그들에게 매월 성서 잡지를 보내고 서신을 주고받은 일은 누구나 할 수 있는 쉬운 일이 아니라고 봅니다.

다음에 선생님은 엄격하신 교육가였습니다. 지식보다 인격을 항상 중시했습니다. 선생들의 미지근한 태도는 참 싫어했습니다. 엄격하시나 유머로 이야기도 잘 하셔서 전교생이나 학급 학생들을 폭소시키어 딱딱한 긴장미를 풀어 주는 일도 적지 않았습니다. 학급 시험 때 선생님이 감독으로 들어오시면 학생들은 컨닝할 염을 절대 못 냈습니다. 그 따위 행위에 대해서는 참 선생님은 엄격했습니다.

　선생은 그 외에도 특징이 많습니다. 수십 년간 냉수마찰과 일기쓰기를 계속하신 일, 걸음걸이 빠르기로 유명하신 일, 마라톤, 씨름, 팔씨름 잘 하시기로도 유명하십니다. 교내 씨름대회나 무슨 경기가 있으면 학생들과 어울려 겨뤄 보시고 하시는데 씨름에는 당해 내는 학생들이 별로 없었습니다. 기운이 장사여서 누구를 때리면 죽을까봐 손을 못 대겠다고 말씀하신 일도 있었습니다. 유치장에 계실 때 새로 들어오는 사람마다 다 팔씨름을 했는데 한 번도 져 본 일이 없다고 했습니다.

　선생님은 사상의 모든 위인들과 같이 에피소드가 한없이 많으십니다. 이는 역시 선생님이 세상 소위 보통 인물이 아닌 때문으로 압니다. 해방 전 저는 선생님을 모시고 만주 도문 어느 목장에서 기거한 일도 있습니다. 때로는 꾸중들은 적도 있었습니다마는 선생님의 위대하신 점을 저는 지금도 잊을 수 없습니다. 선생님을 따르려고 애는 썼지만 선생과 같이 옳게 살지 못함을 부끄러워할 뿐입니다. 우리나라에도 선생님과 같은 정말 위대한 인물이 있어도 별로 알아주는 이가 없음을 생각하면 과연 한탄스럽기만 합니다. 선생님을 조용히 생각할 때 역사는 한 인물을 낳는데 그 민족의 총 에너지를 총집중하는 것이라고 절실히 느낍니다. 저는 선생님을 생각할 때 우리 민족의 앞날에 대해 절대 실망하지 않습니다.

북한산상에서의 교훈

류승환(柳承桓) | 전 서울국립맹아학교 교감

    중학교 3학년 재학 시절 어느 날 첫시간에 강의차 교실에 들어오신 선생님의 모습을 두려운 마음으로 조심스럽게 훑어보니, 일기(日氣)가 몹시 추운 날인데 교외 정릉 계곡에서 자전거로 봉래동 학교까지 눈 위에 삭풍을 안고 서 나오셨는데도 조금도 추운 기색을 보이지 아니하고 의연한 자세를 취하려 하셨으나, 어딘지 모르게 안면이 약간 빨갛게 상기되신 채 하시는 말씀이 "내일 일요일은 입춘인데 이렇게 날씨가 몹시 냉랭하구나. 요새 이상 기후로 날씨가 좀 차나 입춘은 봄철의 시작이니 곧 봄 날씨가 될 거야. 추위를 이겨라" 하시면서 강의를 시작하셨다.

    나는 그날 수업이 끝난 후에 집에 돌아와 내일 일요일 입춘 날에는 정릉 산골에 있는 선생 댁을 방문하기로 결심, 아침 일찍 일어나 조반을 들고 모든 채비를 갖추고 집을 나와 정릉에 있는 선생 댁을 방문하니 선생님이 자신(自身) 현관까지 나와 반가이 맞으시며 서재로 안내하시기에 들어가니 소박하고 검소한 서재에는 사방에 책이 산더미같이 싸여 있는데, 상급생 3명과 타교생 1, 2명이 이미 와 있어 서로 대화하며 선생님이 들어오시기를 고대하고 있었다.

    잠시 후에 선생님이 약식 등산복 차림의 복장을 하시고 서재로 들어오셔서 오늘 여러분들은 나와 같이 갈 데가 있으니 가자 하시기에, 서재에 있던 나는 물론 다들 무슨 영문인지도 모르고 일어서서 현관문을 나와 선생님 뒤를 따라 걷기 시작하였다. 날씨는 눈 후라 몹시 쌀쌀하고 북한산 계곡에서 휘몰아치는 바람은 뺨을 도려낼 듯이 추웠다. 얼마 동안 서로 묵묵히 선생님 뒤를 따르니 벌써 우리는 북한산 밑 산록에 다다랐다. 선생님은 역시 한 마디 말씀도 없이 묵묵, 눈으로 빙판이 된 계곡을 따라 조금도 피로의 기색도 보이지 아니하시고 꼬장꼬장한 자세로 앞장서서 계곡의 산길을 타며 산에 오르기 시작하시자 우리 일행도 한마디 말도 없이 선생님 뒤를 따라 오르기 시작하였다.

산 중턱에 와서 좀 쉬고 싶었으나 40을 넘으신 무서운 선생님이 한마디 말씀도 없이 산에 오르고 계시니 말도 붙일 수가 없었다. 거의 북한산 산정에 오를 즈음에는 그렇게 추운 날씨에도 이마에서 땀이 흐르기 시작하여 손수건을 꺼내 땀을 씻으며 뒤를 따라 올라갔다. 산정에 우리 일행이 올라서니 비로소 "이젠 다 왔다. 모자를 벗고 땀을 씻어라" 하시는 말씀이 떨어지자 각기 수건을 꺼내서 땀을 씻었다.

잠시 후에 선생님이 하시는 말씀이 "서울 시내가 한눈에 보이느냐?" 물으시기에, 불의불식중에 "네" 하고 이구동성으로 대답을 하였더니, 또 물으시기를 "서울 시내에서 제일 번화한 거리가 어디냐?" 하고 물으시기에, "일본인이 살고 있는 본정(충무로) 일대입니다" 하고 대답을 하니까 "그 다음에는 어디가 되겠느냐"고 재차 물으시므로, 또 다같이 "우리 민족이 살고 있는 종로가 되겠습니다"하고 대답을 하였더니, "무슨 이유로 이국 사람인 일본 사람이 살고 있는 곳은 번창하고 우리나라 사람이 살고 있는 곳은 저렇게 쓸쓸하고 생기가 없어 보일까?" 하시며 "이것은 다 우리 조상들이 우리의 주권과 모든 국가의 이권을 일본인에게 빼앗기어 나라 없는 백성인 까닭이지" 하시고 긴 한숨을 쉬시며 잠시 휴식 시간을 주시기에 우리 일행은 비로소 마음대로 휴식을 취하였다.

휴식이 끝난 후 선생님은 우리 일행을 어떤 양지 바른 암석 아래 인도하신 후에 잠시 명상에 잠기셨다가, 눈을 뜨신 후에 바위 아래 쌓여 있는 눈을 치우라 하시기에 다 같이 합심해서 눈을 치우니 뜻밖에도 눈 밑에서 파릇파릇한 풀들이 나왔다. 바로 그 때였다. 선생님은 반색을 하시며, "오늘 제군들이 고생을 하며 이렇게 추운 날씨에 나를 따라 산에 오른 보람이 바로 이것이다" 하시며, 약간의 웃음을 띠시면서 북한산상의 설교를 하시기 시작하셨다. "여러분, 이렇게 추운 날씨에도 입춘이 되면 눈 아래 있는 풀도 생기를 도로 찾는 것처럼, 여러분도 삶의 생기를 도로 찾아야 살고, 또 제군들과 같이 젊은 청년들이 우리 민족의 생기를 도로 찾아 줄 수 있도록 돼야 한다"고 말씀을 하신 후에 이어서 "눈은 풀에 대하여 무서운 장애물이다. 그러나 그 풀은 입춘이 되면 날씨가 춥더라도 생기를 도로 찾게 된다. 여러분 청년 학도들이 머리에 간직하고 있는 민족 의식과 여러분 가슴에 간직하고 있는 민족 정기는 피압박민족으로 영원히 소멸되는 것이 아니라, 영구히 여러분의 머리와 가슴에 살고 있으나 지금 생기를 도로 찾지 못하고 있을 뿐이다. 그러니 절대로 낙담하지 말고 입춘의 시기가 되면 풀이 생기를 찾는 것처럼 우리도 민족 의식과 민족 정기를 도로 찾아 일본인의 압박에서 벗어나 독립을 찾을 때가 있을 것이니, 여러분은 원대한 포부와 희망을 가지고 열심히 공부함은 물론 앞으로 민족과 국가를 위해 이바지할 수 있는 능력과 교양을 쌓는 것이 긴급한 임무다"고 전력을 기울여 역설하시는 것이었다.

우리는 선생님의 말씀을 일동 부동자세로 묵묵히 열심히 듣고 당분간 말문을 열지 못한 채 선생님의 그 엄한 모습에 자연 고개를 숙여 생각에 잠기고 있었는데 선생님께서 "자, 하산들 하자" 하시기에, 우리도 선생님을 따라 하산하여 인사를 한 연후에 헤어져 집에 돌아와 두루두루 생각을 하니 산상에서 선생님이 하신 말씀이 내 머리에서 한시도 떠나지 않고 자꾸만 생생하게 회상되었다.

나는 현재 50여 세로 25년 동안 교편생활을 하고 있으나 중학교 재학 중 선생님에게서 받은 감화와 가르침이 대체로 나의 인생관과 교육관을 이루는 데 힘이 되고 있으며, 중학 시대 모교인 양정중학에서 그렇게 훌륭하신 선생님으로부터 받은 가르침은 나의 일생을 통해 거울이 되고 길잡이가 되어 나의 모든 행동에 규범이 되고 있는 것을 부인할 수 없다.

생생한 추억

이관빈(李冠斌) | 전 오산고등학교 교감. 생몰 여부 미상

　왜정 말기 근로 봉사다, 창씨개명이다, 신사참배다, 일어 상용이다 하고 극성스럽게 요란을 떨며 이를 강요하여 우리 민족의 얼을 빼려는 일제의 야만 정책이 극에 이르렀던 무렵, 그 무서운 탄압 속에서도 끝까지 의연한 자세로 떳떳하게 걸으셨던 선생님의 높은 자세는 그 당시 그 탄압 속에서 공부하던 우리들 학생으로서는 여간 통쾌한 일이 아니었다. 뿐만 아니라 이러한 선생님의 철저하신 항일 정신이 부지불식간에 학생들에게 큰 자극을 주었고 용기를 불어넣어 주셨던 것은 누구도 부인할 수 없으리라.
　8·15 해방 훨씬 이전, 당시 정릉에서 만리동까지라면 거리도 멀거니와 교통 역시 지금 같지는 않았다. 선생님께서는 그 먼 거리를 자전거로 통근하시던 모습, 더구나 교문께서부터는 비탈길이라 자전거에서 내리셔서 끌고 올라가시던 모습 지금도 눈에 선하다. 골프 바지를 항상 애용하시던 것도 자전거 타시기에 편리한 때문이지 결코 골프 치시기 위한 행장은 아니었다.
　양정에 입학한 지 수년이 지나도 항상 자전거로 통근하시고 전차나 버스 타시는 것을 좀처럼 발견할 수 없었다. 어느 날 선생님께 "전차나 버스 타시는 모습을 뵐 수 없으니 무슨 이유라도 있습니까?" 하고 한 학생이 질문하니 그 근엄하신 분이 파안대소하시며, "난 왜놈에게 한 푼의 돈도 주지 않기로 했어"라는 간단한 대답이시다. 농담 비슷한 한마디 말씀 속에서도 선생님의 항일투사로서의 일면을 엿볼 수 있었다.
　근자엔 가정의례 준칙을 제정하여 허례 허식을 막고, 경제적이고 실질적

인 건전한 생활 기풍을 불러일으키려는 운동이 전개되고 있지만, 새삼스럽게 생각나는 것은 선생님이 생전에 이런 면에 대해 남기신 교훈이 이제야 실천되는가 싶어 반가운 생각이 든다. 선생님께서 생존하셨더라면 벌써 이러한 운동이 전개되었을 것 같은 생각마저 든다.

선생님께서 항상 제자들에게 말씀하시고 그리고 솔선수범하시어 당신의 자녀 결혼식도 지극히 간소하게 그리고 실속 있게 지내셨음을 우리는 상기한다. 참으로 굳은 신념과 의지력 그리고 몸소 '참'을 실천하는 분이었다. 그러므로 선생님은 자신이 접하는 모든 사람에게 큰 감화를 줄 수 있는 위대한 인격자요, 위대한 교육자셨다. 우리는 선생님의 제자로서 부끄러운 존재일지 모르나 그래도 선생님의 제자 됨을 크게 영광으로 생각한다.

중학교 1학년에 입학한 후 첫 박물 시간이었다. 골프 바지에 유독 머리는 번쩍번쩍 빛나고 윤이 나도록 박박 깎으신 첫인상이 야무지시고 근엄하신 선생님이 교단에서 우리를 바라보셨다. 왜 선생님이 박박 머리를 깎으셨는지 또 더구나 언제 보아도 면도로 민 듯이 윤이 나도록 깎으셨는지 지금까지도 그 까닭을 나는 모르고 있다. 첫인사가 끝나고 중학생으로서의 마음가짐과 공부하는 자세 등에 대한 말씀과 곁들여 다음 시간부터는 잊지 말고 교과서와 해부기는 꼭 지참하도록 하라는 말씀이 계셨다. 또 "공부하는 사람에게 교과서와 교구는 군인에게 무기야. 군인에게 무기가 없어서는 싸울 수 없는 것과 같이 공부할 때 이것이 없어서는 안 되는 거야"라는 말씀이 계셨다. 그런데 두 번째 박물 시간이었다. 교과서와 해부기를 잊고 지참하지 않았었다. 하필이면 나 한 사람만이 선생님의 추상 같은 명령을 받게 되었다. 변명할 여유도 사정 말씀 드릴 여유도 주시지 않으신다. 집이 어디냐고 한 번쯤 물으실 줄 알았는데, 지금 당장 "집에 가서 갖고 와" 하고 엄명하신다. 나는 한마디 사정 말씀, 한마디 변명도 못한 채 집으로 향했다. 야속하고 원망스럽기 짝이 없었다.

당시 나는 연희동에서 다녔다. 지금은 교통이 편리하여 버스로 연희동까지 갈 수 있지만, 당시만 해도 도보로 아현동 마루턱을 지나 굴레방다리를 거쳐 북아현동과 신촌을 거쳐 현 연세대학교(당시 연희전문학교) 교사 뒷산을 넘어 근 6킬로의 거리를 도보로 갔다 오는 수밖에 없었다. 엄명에 따라 아무 말도 못하고 그저 헐레벌떡거리며 1시간 반정도 걸려 가지고 왔다. 박물 시간도 이미 끝나고 선생님은 박물실에 계셨다. 해부기를 갖고서 선생님께 "이제야 갖고 왔습니다" 하고 말씀드리니, 물끄러미 바라보시다가 미소를 지으시며 "사람이란 항상 정신을 차려야 해." 이 한마디 말씀을 하시고 읽으시던 책에 다시 시선을 옮기셨다.

물러 나온 후 큰 한숨이 절로 나온다. 입학 초부터 되게 혼이 나서 정신이 다 아물아물해지는 것 같았다. 이런 일이 있은 후 나는 등교시에는 반드시 시간표와 교과서 기타 지참물을 조사 확인하는 습관이 몸에 배게 되어 이 점에 관한 한 실수하는 일이 없게 되었다. 지금 생각하면 한 번 실수로 오히려 큰 교훈을 받았고 따라서 좋은 습관을 갖게 된 것을 선생님께 무한 고맙게 생각한다.

참 스승

구본술(具本術) | 한국실명예방재단 회장. 성애병원 안과 과장

내가 처음으로 김선생님 성함을 알게 된 것은 나의 중학 1, 2학년생 때였다. 나의 친형이 그때 양정중학에 다녔으며 선생님의 『성서조선』지를 형의 책상에서 몇 번 본 일이 있었다. 그 잡지는 방학기에 선생님께 문안 편지를 써 보낸 회답으로서 보내신 것이라고 들었는데, 그 때 들춰는 보았으나 한 자도 많고 뜻도 이해가 안 되어 어려운 책으로 알고 더 읽어 볼 생각을 못

하였다. 동시에 형이 숙제로 50,000분지 1 지도를 맡아 어느 지방 지도 한 장에 등고선에 따라 색칠을 하는 것을 퍽 재미있게 보았다. 이도 김선생님께서 과제로 내신 것이라고 듣고 인상 깊게 느꼈었다.

때때로 형의 이야기를 통해 뛰어나신 분이고 존경할 선생님이라고 듣고 있었던 차에 마침, 김선생님께서 경기중학으로 부임하여 오시게 되어 더욱 기뻤다. 나의 3학년 때로 생각되는데 선생님께서는 등교 길에 자전차를 타시고 간편한 복장 차림으로 오시는 것을 보고, 그 때 2차 대전 중으로 모든 것을 군국조로 바꾸던 시절이라 비범한 분이시라고 느끼기도 하였다. 우리 학급은 선생님께 지리학 강의를 주 몇 시간밖에 못 받았다. 별관 2층 서측 끝의 강의실에서 시간에 임하신 선생님은 혈색 좋으신 안용에 광채가 났으며, 맑은 눈동자는 유화(柔和)스러운 사랑에 넘쳤던 것을 잊을 수 없다. 그러나 처음 뵈었을 때 그분의 자연과학자로서의 모든 사물을 근원까지 꿰뚫어보시려는 안광과 그리고 그릇된 것은 티끌만한 것도 용서치 않으실 기혼이 넘쳐흐르는 용모는 위용이라고 할까, 나로서는 두려움을 금할 수 없었던 것이 기억난다. 외국 지리 중 중국편이 과목이었었는데 교과서가 전임 교사의 지정하신 것인 탓도 있었겠으나, 교과서 내용은 예습만 명하시고 시간에는 주로 다른 말씀만을 들려 주셨다. '중경(重慶)'의 설명에 이르시자 삼국시대 재상 제갈량에 대한 이야기, 특히 그 철저한 충성을 높이 평가하시고 유명한 저의 '출사표'를 다음 시간까지 우리말로 또는 일본말로 암송하여 올 것을 숙제로 명하셨다. 파격적인 이런 교수방식에 나는 놀라고 또 감탄도 하였다. 또 하루는 3·1 운동의 독립선언문 기초와 이광수 씨의 글 이야기며, 지조에 대한 말씀도 들려 주셨다. 그 때 시절에 더욱 공립중학에서라 선생님의 이런 말씀을 잘 이해한 학생들은 적었던 것이 아니었던가 생각되기도 한다.

1940년경으로 아는데, 변호사를 하시던 나의 가친께서는 그 때 양정중학에서 화학을 가르치시던 최재원 선생과 죽마지우로 친분이 깊으셨다. 최선생님 소개로 김선생님께서 댁의 가옥에 관한 소송 일로 사무소에 오시어 상의하신 일이 있으셨다. 며칠 후 가친께서 우리들 형제들에게 말씀하시기를 다년간 많은 소송일을 맡아 각계 각층 인사들과 겪어 보았으나, 법률가 아닌 분으로서 재판까지 해야 할 복잡한 사건에 대하여 이로정연(理路整然)하게 정곡을 찌르며 간결하게 진술하는 분은 처음 보셨다고 하시며, 학교 교직에 계신 분이라 재판 비용은 부담치 않게 하신다고 말씀하셨다. 얼마 지난 후 봄철이었다. 정릉으로 이사한 지 얼마 안 된 우리집에 김선생 댁에서 선물을 보내 왔었다. 큰 광주리에 보기에도 싱싱한 앵두 열매를 사람을 시켜 보내신 것이다. 값으로는 얼마 안 될지 모르나 온 집안 가족이 참으로 기쁘게 여겼으며 선물 하나라도 받는 사람으로 하여금 흐뭇하게 느끼게 하는 참으로 생명력이 넘치는 분이라고나 할까, 온 집안 식구가 흐뭇한 심정으로 훌륭하신 분이로구나 하고 마음으로 깊이 느꼈던 것이다.

그 후 나는 원래 원하던 방향과는 달리 부친의 권에 따라 의학교에 재학하게 되었는데, 주입식으로 하는 분량 많은 학과의 과중한 수업 탓도 있었지만 공부에 재미를 못 붙인 채 수개월 후에는 참기 힘들어 결국 장래에 보람 있는 나의 취미에 맞는 학과로 전공을 변경하기로 결심, 나로서는 대단 중요한 신상문제를 가지고 김선생님께 그것을 타개하는 데 좋은 방향을 제시하여 주실 것을 기대하는 외람된 생각으로 당돌하게도 댁을 방문한 일이 있었다. 저녁 식사 후에 낮은 음성으로 의학 공부도 인류와 민족을 위한 좋은 길이고 특히 한국의 특수한 분야를 개척하여 나가면 보람 있는 일이라고 말씀하시며, 사상의학(四象醫學)도 예를 들어 설명하여 주셨다. 전공과목을 경솔히 변경하는 것이 좋지 않은 것이라고 하시고 자신께서도 원래 약하던 체질이었으나 바른 신앙을 갖게 된 후부터 몸이 완강하여지신 경험담으로 신앙과 건강에 관한 말씀도 들려 주셨다.

또 동급생의 노약우 군은 송도중학에서 직접 김선생께 배웠던 학생으로, 하루는 둘이서 방과후에 정릉댁에 인사를 드리러 간 일도 있었다. 마침 오후 늦어서였는데 뒷밭에서 감자를 캐신 것을 손에 드시고 나오셔서 반겨 주셨다. 그 때에도 우리들에게 선생님이 유소년시에 병약하셨고 학교 다니실 때 신경쇠약까지 겪으셨으나, 신앙을 굳게 지닌 후부터는 타인 이상 건강하게 되고 활동도 마음대로 하실 수 있게 되었다고 말씀하셨다.

이 때부터 나는 선생님의 잡지도 마음 먹고 읽어 보고 우치무라 선생 저서도 깊이 읽게 되어 믿음에 접하게 되었다. 그러나 선생님이 서울에 안 계시고 또 선생님 집회도 잘 모른 채 참석하여 보지 못했다. 등교, 하교시 선생님 댁을 멀리서 바라보며, 늘 사모하는 마음으로 지냈고, 또다시 뵙고 친히 가르치심을 받을 날을 기다렸었다. 그러나 얼마 되지 않아 선생님은 홀연히 가시고 마셨다. 명복을 빌며 다시 하늘에서 뵈올 때를 기대하면서도 선생님께 직접 성서 공부를 지도 받지 못한 것, 또 진리에 대한 말씀을 더 못 들은 것 등 아쉬움은 금할 길이 없다.

그러나 그것은 과분한 욕심 또는 부당한 욕구라 할 것이다. 만일 지금 선생님이 계셔도 "내가 이렇게 오랫동안 너희와 함께 지내는데 아직도 나를 모르느냐? 나를 본 사람은 이미 아버지를 보았다. 그런데 어찌하여 네가 아버지를 보여 달라고 하느냐"(요한 14.6)라고 하신 그분과 같이 우리를 책하실지도 모른다.

이미 신앙생활의 본질을 알려 주시고 이를 한국에 토착화하실 것을 신조로 정진 또 정진하셨으며, 진리를 그대로 생명을 걸고 사신 선생님이야말로 우리들의 참된 스승이시다. '릴레이 레이스'에서 선생님은 힘껏 뛰셨다. 선생님이 직접 말씀하시기를 릴레이의 승부는 나중 뛰는 사람일수록 그 책임이 더한 법이라 하셨다. 우리는 우리의 중책을 다할 수 있을 것인가?

고향의 재발견

최치환(崔致煥) | 전 경향신문사장, 국회의원. 작고

    선생님이 그처럼 통절하게 외치고 갈망하셨던 민족의 해방이 이룩된 지 20여 성상이 지난 오늘, 선생님의 추억문집을 발간한다는 말을 듣고 필자는 우선 이 사업을 추진하는 선배 동지 여러분들에 대한 뜨거운 감사와 아울러 나 자신에 대한 부끄러움과 일종의 죄책감마저 느끼게 된다.
    존숭(尊崇)하는 김교신 선생님은 외모 자체부터 전형적인 한국인이셨다. 냉수마찰로 단련하신 혈색 좋으신 용안에 장신의 의연한 풍모는 한마디로 말해서, 교육자이라기보다는 혁명가적인 기풍이 감도는 지사형이었다. 선생님은 필자가 중학 2년 때 지리시간에 과목의 진행은 아랑곳없이 각자의 출생지를 소개하라고 하셨다. 나는 일곱 번째 일어나서 저의 출생지는 경남 남해군입니다 하자 앉도록 하시더니, 남해의 금산, 이태조의 등극 기도지 그리고 군민의 근면성 등 물론 모두가 당시의 필자로서는 새롭게 듣는 설명 말씀이 있었고, 결론으로 서울 자하문 밖 평창 사람과 경남 남해 사람이 우리나라에서는 제일 근면한 사람들이라고 끝을 맺으셨다. 천리 떨어진 섬에서 한양 도심에 공부하러 온 이 외로운 젊은 소년에게 그처럼 큰 용기와 분발을 주신 말씀이 또 어디 있었겠는가 하고 지금도 추억과 함께 반문해 본다. 그러한 고향, 선생님이 극구 칭찬하신 우리의 명예를 더럽히지나 않았는가 하고, 그리고 오늘에 이르기까지 선생님의 그 말씀들은 그 고장의 출신 국회의원이 된 나의 크나큰 좌우명이 되고 있다.
    나는 이 때부터 선생님을 무엇인가 존경 이상의 마음으로 신봉하게 되었다. 어린 머리 속에서 이 선생님은 독립운동자이시다 하고 몇 번 되새겨 보았다. 하루는 또 지리 시간에 "여러분, 나는 오늘 아침 삼청공원에 가서 실컷 울고 왔다. 울고 나면 그래도 마음이 시원하다"고 하실 때 몇몇 학생이

웃었으나, 나는 그 말씀이 일제하에서 민족의 처지를 우리에게 알게 하시려는 우국의 슬픔을 담은 선생님의 애국자로서의 외침임을 그 후도 두 번 세 번 듣고 난 뒤 비로소 깨닫게 되었다. 1968년 당시의 이와무라 아토오(岩村後雄) 교장 선생이 84세의 노옹(老翁)이나 익장(益壯)의 모습으로 서울에 오셔서 20여 년 전의 화제로 몇 번 자리를 같이 하였다. 흑석동 조선일보 방일영 회장 댁에서 나는 이와무라 옹이 김교신 선생님을 경기에 모셔온 경위 등을 물었더니, 옹은 민족혼이 있는 분으로 진정한 교육자라는 소신에 지금도 변함이 없으나 그 때 선생을 전입해 놓고 총독부, 고등경찰 등에 해명 다니느라고 혼났다고 회술하셨다. 좌중 숙연한 마음으로 선생님의 그 투철하셨던 민족적, 애국적인 심지와 의연하셨던 혁명가적인 기풍이 메이지유신 이후 많은 영재를 배출해 낸 일본의 요시다 쇼인(吉田松陰) 옹의 쇼카손주쿠(松下村塾)에 게시된 사규칠칙(士規七則)을 무색케 하였다고 결론, 일동 그 위덕에 머리 숙였다.

재천의 선생님이시여, 조국의 앞길에 또 일꾼들에게 그 영명하신 계도(啓導)와 비호(庇護)를 주시옵소서.

몇 가지 생각나는 일들

박을룡(朴乙龍) | 서울대 명예교수(수학), 대한수학회장

벌써 근 30년이라는 세월이 흘러버렸으니 선생님에 관한 기억도 희미해지고 이제 한낱 추억에 지나지 않게 되었다. 경기 3학년 때로 생각되는데 아침 등교시에 교문 안 비탈길을 올라가노라니 자전거를 끌고 뒤따라 올라오시는 낯선 중년 신사가 계셨는데, 이분이 바로 김선생님이셨다. 때마침 비치는 아침 햇살에 희고 혈색 좋은 얼굴이 유난히도 반짝거리는데 실례가

될지 모르나, 마치 대패질을 잘 한 다음 니스를 공들여 칠한 것처럼 광채 나는 이마와 맑은 안광이 첫인상으로는 너무도 강렬하였다.

이런 인상은 다른 학우들에게도 마찬가지였던지 그 뒤 선생님의 별호는 '누카비카리'라는 일본말 아닌 기묘한 호칭이 되었는데, 쉬 짐작이 가듯 이 말을 한역한다면 '액광(額光)'이 되는 것이다.

당시 선생님은 정릉에 사셨다. 가을 화창한 날씨의 어느 일요일, 대강 일러 주시던 길순을 더듬으면서 댁을 방문하였다. 꾸벅 절을 하였는데도 잘 왔다느니 어떠니 하는 아무 말씀도 없이 그냥 그 반짝거리는 이마와 맑은 눈으로 앉으라는 신호를 하시는 것 같아서 마루에 걸터앉았다. 근 한 시간이나 되었을까. 그러나 주고받은 이야기는 별로 없었던 것 같다. 그러다가 선생께서 같이 소풍을 나가자고 일어서신다. 정릉 골짜기를 때로는 쳐져서 때로는 나란히 걸어 올라가다가 어떤 큰 바위 위에 올라앉았다. 그 바위 아래로는 맑은 물이 졸졸 흐르고 간간이 들리는 쏴아 하는 바람 소리, 새소리 때문인지 울창한 소나무 숲은 더욱 고요하기만 하다.

묵묵히 앉아 계시던 선생님은 갑자기 침통하게 흐느끼신다. 마침내는 방성대곡을 하시는 게 아닌가. 멋도 모르고 그냥 망연히 지켜보고 있었으나, 이윽고 엄숙하고 짜릿한 어떤 형용키 어려운 감정에 빠져 있는 나 자신을 의식하게 되었다. 잠시 후 울음을 거두신 선생님의 얼굴은 어쩐지 훨씬 시원스레 보였다. 눈물이 줄줄이 흘러 있었으나 닦으실 생각은 없으신 모양이다.

바위에서 일어서서 다시 걷기 한 시간 가량 되었을까, 선생님께 겨우 질문할 생각이 나서, 지금은 다 잊어먹었으나 아마 어색한 용어를 꺼냈었으리라. 이에 대한 선생님의 대답은 대략 다음과 같았던 것 같다. "자네도 때때로 산에 올라서 울어 보게. 그냥 어린애처럼 막 울어 보게… 바위도, 나무도, 흐르는 물도 따라 울어 줄 걸세. 내가 우는데 이 나라의 강산이 묵묵할 수가 있겠나…"

 어언 30년이 흘렀지만, 이 충실치 못한 제자는 산중에서 한 번도 울어 보지를 못하였다. 그러나 그 후 4-5년이 지나 해방이 된 어느 날 문득 선생님의 이 말씀과 당시의 광경이 뇌리에 떠오르는 것이었다. 그리고 또 몇 달이 지난 뒤, 우연히 종로거리에서 동창을 만나 선생님께서 옥고를 치르신 후 끝내 타계하셨다는 슬픈 소식을 들었다. 그 동창의 이름도 잊어버렸으나 그 길로 충신동의 나의 하숙에 동행하여 중학 시절의 이야기며 여러 소식들을 주고받았는데 결국 화제의 대부분은 김선생님의 이야기였다.
 교직을 택한 때문인지 학생들과 종종 등산을 즐기게 되어 어느새 졸업생들은 나를 등산 취미가 대단한 것으로 아는 모양인데, 어느 날 한 졸업생이 찾아와서 잡담 끝에 난데없이 이런 말을 하지 않겠는가. 그 말인즉 얼마 전 어느 이름 있는 산엘 갔었는데, 휴식 때에 딴 등산원들과 잠시 떨어져 혼자 계곡을 따르다가 나에게서 들은 적이 있는 그 산에서 통곡한다는 선생님의 이야기가 생각나더라는 것이었다. 이 졸업생도 나와 마찬가지로 구변이 별로 좋지 못한 편인지라, 그 때의 그의 심정을 적절히 표현하지는 못하는 모양이었는데, 언제 내가 제자들한테 그런 일화를 전달했는지 까맣게 잊고 있었던 터라 아연하였지만, 한편 상면(相面)도 없고 세대도 현격한 이 젊은이한테서 그런 말을 듣고 보니 새삼 감개가 무량했다.

잊혀지지 않는 한 말씀

김성태(金聖泰) | 전 고려대 교수(심리학), 고려대 교육대학원장, 작고

 김선생님에 관하여 써 보라지만 나는 감히 김선생님을 말할 수 있는 주제가 못 된다. 종교를 모르는 내가 어찌 그분을 이야기 할 수 있겠느냐 생

각하기 때문이다. 다만 그분이 나에게 주신 가르침에 관하여 이야기할 수밖에 없다. 이것은 김선생님을 말한다기보다 내 마음속에 자리잡고 계신 김선생님, 내 생장 과정을 인도해 주신 김선생님을 말해 보는 것뿐이다.

김선생님이 우리 경기에 오신 것은 1940년 내가 중학 3학년 때다. 중학 1학년 때만 해도 공부 시간이나 교사에 대해서는 일어를 썼지만 학교 안에서의 동무끼리의 사적인 회화에서는 우리말이 용납되었다. 그러던 것이 2학년 때부터 학교 안에서는 우리말을 쓰다가는 처벌을 받기 일쑤였고, 소위 창씨를 하게 되었고 마음속으로 하는 사고까지도 일어로 하라고 족쳐대는 시절에, 김선생님은 훨씬 편하실 사립학교에서 까다로운 공립학교로 오셨다. 그 내역을 나는 모른다. 하여간 지리 교사로 오셔서 3학년에 중국 지리를 가르쳐 주셨다. 김선생님의 인상으로서는 그렇게 능란치 못한 일어 말씨, 날마다 하시는 냉수마찰의 탓인지 반들반들하게 빛이 나며 혈색 좋은 피부, 또 무엇보다도 특유했던 것은 그 당시 교사의 대부분을 차지하고 있던 일인 교사들의 매서운 눈초리만 대하고 살던 나로서는 그 부드럽고 접촉하기 쉬울 듯 느껴지는 인자스러운 그분의 눈맵시였다.

김선생님의 지리 수업의 특징은 인물을 위주로 가르치시는 것이었다. 어느 지역을 문제 삼을 때 그 지방 출신의 인물이라든가, 그 지방과 관련 있는 인물에 대해 언급이 많으셨다. 위인들의 언행에 대해 감격의 눈물을 섞어 가며 낭랑하게 말씀하실 때 나는 완전히 그분에게 빠져 버리는 것이었다. 지금도 잊혀지지 않는 것은 양자강 유역을 배울 때 적벽강 대목에서 제갈량의 이야기를 많이 하셨고 곁들여 전후 출사표, 소동파의 적벽부를 외게 하셨다. 심양 땅 이야기에서는 도연명을 말씀하시고 귀거래사(歸去來辭)를 외게 하셨다. 한문은 일본식으로 읽으면 진미를 모른다고 우리말 한문으로 외는 것을 권하셨다. 그 당시 우리 한문 시간이 주당 두어 시간씩 있었으나 물론 일식 한문이며 교재 내용도 거의가 진부한 일인 한학자들의 글이 많았기 때문에 별로 흥미를 못 느끼다가 김선생님의 가르침으로 나는 명문(名文)이라는 것이 이런 것이구나 하는 것을 느꼈던 것이다. 후에 김선생님 전집에서 읽은 대목 같은데 어느 지방을 가르칠 때 지형이며 산물도 중요하지만 그 지방의 역사와 인물이 강조되어야 한다는 것을 암시한 대목을 본 것 같다. 인물 위주의 지리, 말하자면 인간 위주의 과학이어야 한다고 벌써부터 우리를 깨우쳐 주신 것이다.

  수업시간에는 관련된 인물만 말씀하신 것이 아니라, 일반적인 인물 이야기도 많으셨다. 기억이 나는 것은 최용신 양 이야기, 야나이하라 다다오 씨가 찾아왔을 때의 이야기, 남강 선생, 함석헌 씨 이야기 등이다. 김선생님이 읽어 보라고 권하신 책 중 류달영 저 『최용신 양 소전』, 야나이하라 다다오 저 『여(余)의 숭배하는 인물』 등은 지금도 그 감명이 새롭다. 읽으라고 권하신 함석헌 씨의 『성서상으로 본 조선역사』는 구하지 못해서 끝내 못 읽었다.

  김선생님의 말씀 중 지금도 내 뇌리에 그 음성이 생생하게 남아 있는 한 구절이 있다. 이군이었던가 좀 과격한 친구였는데 수업시간에 이런 이야기, 저런 이야기 나왔을 때에, 우리의 살 길이 문제가 되어 이 친구가 정치적으로 생각해서 간악한 일인 때문에 우리가 고생이니 그들과의 투쟁만이 우리의 살 길이 아니냐고 대들었다. 그 때 선생님은 웃으시면서 "일본인에도 훌륭한 사람이 있단다"고 외치시면서 우리가 살 길은 일인이 거꾸러지는 것으로 되는 것이 아니라, 우리들 자신이 잘 살 수 있는 참 인간이 되는 것이라는 말씀을 하셨다. 그 당시는 무엇인가 감명을 느끼면서도 이해치 못하고 시간이 끝난 뒤 모여서 김선생은 일본과 협력하여 자치 정도나 얻어 보자는 자치주의자에 지나지 않는 것 같다고 못마땅해 했었다. 그러나 해를 거듭할수록 그 말씀은 나에게 크나큰 교훈으로 여겨지게 되었다. 그렇게도 혹독하게 일인의 박해를 받으신 김선생님이 일인에 대한 적개심커녕 그들 중에 훌류한 자, 쓸 만한 자가 있으니 일률적으로 간악하다고 보아서는 안 된다고 타일러 주신 그 객관적 태도, 너그러운 마음씨, 나는 여기에서 참 인간의 지표를 보았다. 해방 후 20여 년의 과정에서 우리의 독립과 발전은 우리를 지배하던 자의 퇴거로 이루어지는 것이 아니고, 우리들 자신이 독립과 발전을 누릴 수 있는 인간으로 되어야 한다는 선생님의 가르침의 실증을 보며 선생님의 모습이 더 한층 역력해지는 것이었다.

김선생님은 정릉에 사셨다. 그 당시의 정릉은 먼 교외라 자전거로 통근하셨다. 겨울이면 가죽 잠바에다 방한모 차림으로 성능 좋은 새 자전거를 타고 다니시는 것은 어딘가 기인풍을 느끼게 했다. 그러나 지금도 잊혀지지 않는 것은 안국동서 학교까지 좁은 골목길에서는 살살 타시며 앞에 학생들이 걸어가면 놀랄까봐 종소리 하나 내지 않으시고 살짝 비켜 가시곤 했다. 다른 분들은 멀리서부터 요란스럽게 종을 울리며 비켜 서게 하고 빨리 달려가는데 말이다. 늘 말씀하시기를 당신의 본업은 『성서조선』을 만드는 것이고 교사는 부업이라 하셨다. 그런데도 학생들을 사랑하시기를 이렇게까지 하셨던가! 아 그 얼마나 어지신 분이었을까! 4학년이 되어 나는 병으로 학교를 쉬었다. 그 후 김선생님이 학교에서 말썽이 되었느니, 교단에는 못 서게 되고 서무 일만 보시느니 하는 전갈이 들렸다. 다시 학교에 나가서는 그분 모습을 영영 못 뵙게 되었다.

김선생은 눈물이 많으셨다. 그 때 말씀하시기를 늘 아침 4시에 기상하시어 먼저 냉수마찰을 하시고 산 속에 들어가 기도와 울음으로 아침 시간을 지내신다고 하셨다. 앞서 말한 『최용신 양 소전』을 읽으시느라고 손수건 세 개를 적시셨다고도 하셨다. 그 당시의 나로서는 이 같은 선생님의 눈물의 참뜻을 알 리가 없었다. 그 후 나이가 들면서 그것은 단순한 슬픔이나 실망의 눈물이 아님을 어렴풋이 짐작케 되었다. 불타(佛陀)의 미소, 한산습득(寒山拾得)의 웃음, 저 서양인들이 강조하는 유머 등 웃음은 초월이며 이탈, 객관시의 소산이라 한다면, 반대로 울음은 몰인(沒人)이며 주관화이며 몸소 떠맡아 느끼는 것이 아닌가 생각된다. 그렇다면 김선생님의 그 울음의 생활은 자연의 신비, 인간의 거룩하고 순수한 모습을 직시하시고 이에 몰입되시어 벅차 오르는 감동을 눈물로 쏟아 버리신 것이 아니었던가? 자연의 아름다움, 신의 참 모습에 접하여 눈물로밖에 반응하실 길이 없었던 것이 아니었을까? 선생님이 택하신 옳고 훤한 길을 무리들은 못 보고 허덕대는 것을 안타까워서 우신 것은 아니었을까? 아 선생님께서 오래 사셔서 더 좀 가르쳐 주시면 혹시나 지각(知覺)이 났을 나는 그저 선생님 안 계신 슬픔의 눈물이나 쏟을 뿐이다.

Ⅳ 독자

생의 반려자

이지성(李志成) | 집필 당시 중국대사관 정치보좌관. 생몰 여부 미상

1939년 가을 일본제국 군대가 남중국 아모이(厦門, 샤먼) 시를 점령하였을 때, 부모님을 위시하여 전가족은 강제송환으로 대만과 일본 고베(神戶)를 거쳐 목포에 상륙하여 고향인 대구에 정착하게 되었다. 고향이라고 돌아오기는 하였으나 일경의 눈초리는 일시 일각도 나의 주위를 떠난 적이 없었다. 한때는 나의 존재를 희미하게 하기 위해 대구 신천교 밑에서 자갈을 치기도 하고 또는 대구 동산병원에서 문지기 노릇도 해본 적이 있다. 그 후 대구 약시장 골목에서 주로 종교서적을 취급하는 서점을 경영하였는데, 여기서 처음으로 김교신 선생 주필의 『성서조선』에 접하게 되었다. 나는 『성서조선』을 통하여 처음으로 함석헌 선생 집필의 「성서적 입장에서 본 조선 역사」를 읽고 한국 역사를 배우게 되었고, 그리고 독립적인 신앙에 관심을

갖고 일본어를 독학하여 우치무라 간조 선생 전집을 탐독하게 되었다. 그러니까 일본어를 독학한 것은 우치무라 간조 선생 저서를 읽기 위한 것이라고 하겠다. 나는 그 후부터 오늘에 이르도록 우치무라 전집에서 떠나 본 적이 없다.

이 때만 하더라도 골수에 사무친 것이 일본에 대한 원한으로 가득 찼었고, 숨조차 마음대로 쉴 수 없는 환경에서 그리고 정신적으로 물질적으로 극도로 어려운 고비에서 설상가상 심한 신경쇠약증에 걸려 갈팡질팡 생에 대한 의욕마저 잃고 자포자기하던 때였는데, 나는 이 시기에 김선생의 『성서조선』을 통해 생의 재기를 결심하게 된 것이다.

그 후 1942년 봄 대구에서 그 이상 견딜 수 없어 하루아침의 결심으로 서울에 올라와 아현동에 있는 현 서울신학대학 5층 꼭대기 기숙사에 들어가 있으면서 무교회 계통 서적을 빠짐없이 열독하였다. 나는 이 때에 당시 일본 동경제대 야나이하라 다다오 선생의 『가신』지를 구독하기 시작하였고, 기타 선생들의 저서를 모조리 구하여 탐독하였는데 『식민지와 식민정책』, 『제국주의하의 인도』, 『제국주의하의 대만(臺灣)』을 읽는 가운데 생각하는 바 있어 생면부지인 야나이하라 선생 앞으로 "제국주의하에 있는 인도를 아시는 선생께서 제국주의하에 있는 조선을 아십니까? 위하여 기도해 주시기를 바랍니다"라는 글월을 보냈더니, 선생은 당시 저서인 『어거스틴 고백록 강의』한 책과 함께 긴 두루마리로 회신을 보내 왔는데, 그 내용인즉 "지금 이 지상에는 한 치의 안전지대도 없다. 반도에 있는 청년이여, 낙심하지 말고 씩씩하라. 나의 마음은 잠시라도 반도를 떠나 본 적이 없다"라는 것이었다.

종전 전후를 통하여 선생의 죽음을 초월하신 신앙과 실천은 나로 하여금 자유에 대한 결심과 확신을 갖게 하였다. 선생의 인류애 정신을 통해 이 때까지의 일본에 대한 나의 원한은 사라지고 원수까지 사랑하라는 성서의 교훈대로 일본까지 사랑하게 된 것이다. 1945년 5월 21일 나는 마지막으로 또 한 번 일경에게 체포되었다. 지금 생각만 해도 소름이 끼칠 지경인 생과 사의 사이를 헤매는 혹독한 고문을 당하면서 나에게 있어서 군국 일본이 불쌍하기만 하였다.

김교신 선생을 생전에 뵈온 일은 없으나 나에게 있어서는 나로 하여금 불의와 타협하지 않고 원수까지 사랑할 수 있는 지경에 이르도록 하신 안내자의 역할을 다하신 분이며 보잘것없는 나로 하여금 정의에 입각하여 조국을 참 사랑하고 인류를 참 사랑할 수 있는 데까지 인도하신 분이시다. 솔직히 말해서 당시 선생의 『성서조선』에 접하지 않았던들 나의 인생관, 세계관 내지 나의 인생 행로의 어두운 구렁텅이를 내가 벗어날 수 있었을까가 의문이다. 나는 그 후부터 실의하며 자포자기해 본 적이 없다. 내 생애에 있어서 성서를 제하고는 선생의 저작집이나 우치무라 간조, 야나이하라 다다오 선생들의 저서는 최고 최대의 반려로 되어 있다. 나는 지금도 불평 불만이 있거나 낙심될 때에 선생들의 저서를 습관적으로 뒤적거리면서 새 용기와 힘을 얻는다.

선생의 신앙

유희세(劉熙世) | 전 고려대 교수(수학), 충남대 문리대학장

김교신 선생이 돌아가신 지 30년이 되었습니다. 선생님의 신앙저작집 제1권(본 전집 2권)이 작년 가을에 나와서 우리가 읽을 수 있게 된 것은 선생님의 신앙을 배우는 데 큰 도움을 줍니다. 나는 선생님의 신앙을 연구하거나 비판하려는 것은 아닙니다. 또 선생님의 신앙을 예찬하려는 것도 아닙니다. 그것은 다 나로서는 불가능한 일일 뿐 아니라 선생님께 신앙을 배우는

태도도 아니라고 생각합니다. 나는 다만 오늘 선생의 신앙저작집 제1권에 대한 간단한 나 자신의 독후감을 말씀드리고자 합니다.

이 저작집 제1권은 1927년 선생 27세 때부터 1942년 선생 42세 때까지의 저작 중 『성서조선』지 158호에 걸친 주로 믿음에 관한 권두언으로 편집되었으며 194 항목의 문장이 수록되어 있습니다. 1927년이라고 하면 일제 침략 36년의 전반 18년이 끝나던 해입니다. 이 해부터 1942년까지 16년간 선생님은 『성서조선』지를 통하여 공적인 발언을 하셨습니다. '성서조선사건'으로 붓을 꺾이고 옥에 갇히고 흥남 질소회사 공장에 들어가신 만년의 3년간은 그야말로 선생님이 육탄으로 악의 세력과 싸우신 기간입니다. 선생님은 조국의 해방을 몇 달 앞에 둔 채 신앙의 선한 싸움을 싸우시고 달려갈 길을 마치시고 천국에 개선하셨습니다.

나는 선생님의 신앙저작집 제1권의 내용을 세 시기에 나누어 생각하여 보려고 합니다. 즉 1927년부터 1929년까지의 4년간 선생님의 20대의 문장이 그 첫째 제1차전이요, 1930년부터 1939년까지의 10년간 선생님의 30대의 문장이 그 둘째 제2차전이요, 1940년부터 1942년까지의 3년간 선생님의 40대의 문장이 그 셋째 제3차전입니다.

제1차전에서 「영혼에 관한 지식의 고금」이라든가 「지질학상으로 본 하나님의 창조」 같은 역작들이 출현했습니다. 실로 거포가 포문을 연 느낌입니다. 칼라일은 단테의 신곡을 가리켜 인류 천년의 침묵을 깨뜨린 소리라고 하였습니다마는 선생님의 이 신앙의 주장은 실로 반만년 침체, 고갈하였던 조선의 혼에 생기를 불어넣는 거포였습니다. 일인들은 선생의 신앙생활을 500년 후의 독립을 기하는 최악질 민족주의라고 미워했다고 합니다마는, 500년은 고사하고 실로 영원을 내다보고의 부르짖음이었습니다. 일제의 침략은 분명히 우리 민족의 수난이었습니다마는, 그것이 이미 과거의 사실로 되어 버린 오늘날 돌이켜 생각할 때 우리 민족의 해방과 구원이란 일제 침략자를 물리침으로써만 해결되는 것이 아니라, 보다 근본이 되는 우리 민족성의 개조, 악의 세력 자체의 격퇴 즉 하나님과의 올바른 관계의 회복에 있다는 것을 절실히 느끼게 됩니다. 선생님은 가장 어려운 시기에 이 가장 중대한 문제를 위하여 일생을 바치신 것이었습니다.

1차전에서 필승의 태세를 갖추신 선생님을 생각할 때, 우리는 이에 앞선 7년간을 선생님이 일본 동경 우치무라 간조 선생 문하에서 신앙의 진수를 꾸준히 배우신 사실을 상기하게 됩니다. 많은 한국 학생들이 조국의 불운을 비관하고 혹은 유물 공산사상으로 혹은 사상과 종교를 가리지 않는 의학, 법학, 예술 등으로 길을 택할 때, 일본에 대한 불구대천의 철심을 품고 동해를 건너가신 선생은 일인들에게는 국적(國賊)으로 박해를 받고 교회에서는 이단(異端)으로 배격을 당하는 우치무라 간조에게서 진정한 애국과 진정한 신앙의 유일한 스승을 발견하게 된 것입니다.

「입신의 동기」라는 문장에 의하면 선생은 처음에 논어에 있는 '십유오이지학 삼십이립 사십이불혹 오십이지천명 유십이이순 칠십이종심소욕불유구(十有五而知學 三十而立 四十而不惑 五十而知天命 六十而耳順 七十而從心所欲不踰矩)'라는 말씀을 선생 일생 인생의 이정표로 삼으시되 공자보다도 10년을 단축하여 육십이종심소욕불유구(六十而從心所欲不踰矩)를 불러 보리라고 내심에 기약하고 일야(日夜) 초심하셨다고 합니다. 그러나 초심하면 초심할수록 덕불수 학불강(德不修學不講)을 탄하게 되어 낙담의 심연에 빠지게 되었습니다. 이로부터 유교의 도덕을 기독교의 성령의 권능을 빌어 속성하여 보려고 노력을 다시 시작하셨습니다. 특히 기독교의 도덕이 유교의 그것보다 훨씬 더 심원고대한 것을 깨닫고 용기백배 하셨습니다. 그러나 기독교의 도덕은 노력으로 대성되는 성질의 것이 아니었습니다. 노력에서 절망에, 번민에서 자기(自棄)에 떨어지려 할 때 선생은 다시 한 번 자아를 굽어보게 되셨습니다. 용기, 용기란 무엇인가라고 반문하신 선생님은 선생님 안에 용기란 전혀 없을 뿐 아니라, 구하시는 것이 사실은 의(義)도 아니요, 그 나라도 아닌 탐욕과 죄악의 덩어리에 불과한 것을 발견하고, 자기 수양으로 완전에 도달하려던 야심을 아주 포기하기에 이르렀습니다.

"오호라, 나는 괴로운 사람이로다. 이 사망(死亡)의 몸에서 나를 구원하여 줄 자 누군고?" 하고 급(急)을 호소하게 되고 구원을 청하게 되었습니다. 도덕적인 수양에서 기진하고 파산 상태의 수습에서 지쳐 버린 자가 "건강한 사람은 의원이 쓸 데 없고, 병든 사람이라야 쓰나니 내가 의인을 부르러 온 것이 아니요, 죄인을 부르러 왔노라"고 선언하신 이에게 달음박질하여 간 것이 선생님이 예수께로 따라간 걸음이었습니다.

지금 이 제1차전에 나타난 선생님의 신앙의 발판이 되고 있는 중요한 요소를 몇 개 추려 보겠습니다. 첫째는 성실성입니다. 「반야탕」이라는 글이 있습니다. 어떤 불교신자인 문학청년이 술을 술로 마시지 않고 반야탕이라고 변칭하여 갖고 마시는 데 대한 선생님의 의분을 쓰신 글입니다. "원컨대 술을 술이라고 하라. 물을 물이라고 하라. 종교 신자가 되기 전에 정직한 학도가 되고 충실한 시민이 되라. 안심에서 비대하기보다 불안에서 수척하기를! 사업을 사업대로 하라. 이를 음위(陰僞)하는 종교나 학자나 사회나 국가가 모두 멸망하라, 또 멸망하리라"고.

둘째는 성서에 대한 애착과 그 애독, 성서연구에 대한 무진장한 흥미입니다. 「지질학상으로 본 하나님의 창조」란 글은 선생님의 박물 교사로서의 해박한 자연과학적인 지식을 동원하신 창세기의 천지창조설의 연구입니다마는, 자연과학의 문외한인 자에게도 흥미진진할 뿐 아니라, 선생께서 성서가 재미있어서 견디지 못하시는 듯한 모습이 눈에 보이는 듯합니다. 아마 선생님은 '쾌재, 쾌재'를 연발하시면서 무릎을 탁탁 치시면서 성서를 읽어 가신 것이라고 상상이 됩니다.

셋째로 예수 그리스도에 대한 단순, 솔직한 신뢰와 신앙입니다. 선생은 자연과학도로서의 치밀성을 가지고 자연을 연구하면서도 과학적 법칙의 창조자이신 하나님이 예수 그리스도를 보내시어 인류 구원의 길을 열어 주신 엄청난 사실을 과학자답게 사실대로 믿으셨습니다. 『성서조선』 창간호에 「영혼에 대한 지식의 고금」이란 글을 쓰셨는데, 부활을 부인하는 2천 년 전의 사두개인이나 영혼의 존재를 부정하는 오늘의 모 이학박사의 생물학 강화나 모두 예수의 말씀을 믿지 못하는 데에 그 병통(病痛)이 있음을 지적하시면서 "오직 사실을 친히 목격하신 자만이 최고의 권위를 가지시는 것이다. 현미경에 나타나지 않고 망원경에 걸리지 않으니 없다고 단언하는 종류의 과학자에게 어찌 전지자의 연민이 없으랴"고 쓰셨습니다. 선생님은 예수께서 "하늘로서 오셨고 그가 보고 들은 것을 증거하신다"(요한복음 3.31-32)는 사실을 순수하게 믿으셨습니다.

제1차전 3개년의 선생님의 신앙 싸움을 꿰뚫고 들려오는 선생님의 혼의 노래가 있습니다. 1928년 7월에 쓰신 「이상의 인물」이란 글입니다.

내심의 공허! 이것을 채우는 유일의 방법은 이상의 인격을 발견함에 있다… 아, 내가 과거에 충무의 인(人)에 대해 바쳤던 과도의 경모를 위해 자책을 마지못하며, 근대의 과학자를 향해 간직하였던 심지를 위해 나의 미망(迷妄)을 부끄러워하며, 특히 현대의 종교가에 대해 평가하였던 나의 표준의 비열을 생각하여 나의 영혼이 전율하노라. 아, 모든 코로 숨쉬는 자를 이상의 인격자인 것같이 애모하였던 나를 회개하노라… 이상의 인물! 나이 더하여 가고 지량(知量)이 가하여 갈수록 더욱 전심전령의 경모를 감당하기에 넉넉한 이, 내가 성실치 못하니만큼 그만큼 성실 자체이신 이, 내가 못 믿는 만큼 독신이신 이, 양과 같이 온순하고 칼과 같이 의열한 이, 내가 그를 연모하매 나의 모든 육이 나를 해하지 못하여 위축하고, 다만 나의 영혼이 감로에 젖은 것 같아서 잡혀졌던 주름이 줄줄이 펴지고 천공까지 비약하여 육까지도 자유롭게 성결받는 권능의 소유자, 호소를 듣지 않고도 정당 전지하신 이,

나의 사상 그것까지도 자기의 표준까지 끌어올려 성화(聖化)시키는 우인이고 구주인 인격자. 아, 나의 이상의 인물의 전모를 성서 기자의 영필로써 완전히 그리게 하라….

　선생 30대 10년간의 신앙생활을 나는 선생의 제2차전이라고 하였습니다. 이 격전을 2분하여 30-34세의 5년간을 전반전 35-39세의 5년간을 후반전이라고 하여 보겠습니다. 전반전이 시작되자 바로 곧 강적이 나타났습니다. 선생의 순복음의 주장에 대한 교회측에서의 도전입니다. 30년 7월에 조선 장로교회 평양신학교 기관지 『신학지남(神學指南)』 제12권 제4호(7월호)에 「무교회주의자 우치무라 간조 씨에 대하여」란 논문이 실렸습니다. 필자는 김인서 씨였습니다.
　이 논문에 대해 김교신 선생은 즉각 8월에 「우치무라 간조론에 답하여」라는 글을 『성서조선』지에 발표하게 되었습니다. 이 논쟁에서 교회측이 가장 문제로 삼은 것은 첫째 무교회주의는 한국의 교회를 파괴하는 것이라는 점이요, 둘째 무교회주의는 그 안에 일본의 내셔널리즘을 내포하고 있기 때문에 불순한 것이라는 점이었습니다. 이 전자에 관해서 그들은 '내적, 잠입적 침입' 또는 '종교의 독재제국 건설' 또는 '조선 영계를 탐탐호시하는 영적 제국주의의 야인'이라고 염려했고, 후자에 관해서 그들은 '일본주의의 무사당'이라고 비웃었습니다.
　전자에 대한 답으로서 선생님은 이것은 너무도 사실을 무(誣)하는 것인 동시에, 교인들이 교회 방비에 관해 너무 신경이 쇠약해진 병증으로 볼 수밖에 없다고 하였습니다. 그리고 우치무라 선생과 제자들을 결코 그렇게 무서워할 것이 아니라고 타이르시면서 "대전도(大傳道)를 하려고 시(試)하지 말고, 대기적을 행하려 말고, 오직 신명을 중히 하고, 그 말씀이면 다만 좇고, 신을 믿는 것이 곧 사업인 줄로 믿고, 무위(無爲)에 유사한 생애를 보내는 것이다…"라는 우치무라 선생의 말씀을 인용하셨습니다.

　다음에 후자에 대한 답으로써 첫째 김인서 씨가 "공자와 석가가 압록강을 건넌 것처럼 예수의 복음도 압록강을 도래할 것이고 현해탄을 건너올 것이 아니니라"고 한 데 대해, 선생님은 "만약 그렇다면 각 교파와 각 신학교에서 미국에 보냈던 유학생들과 외국서 파견하는 선교사들은 기어코 구주로 건너가서 시베리아 경유로 입국해야 될 것이며, 부득이 태평양을 건너오는 경우에는 요코하마(橫濱)에서 일본 유학을 마친 한국의 신학생들과 동선한 다음 일단 상해(上海) 혹은 대련(大連)에 상륙했다가 압록강을 건너와야 할 터이니 그 불편함이 얼마나 할까?" 하고 답하셨고, 둘째 김인서 씨가 "우리 하나님이 언제 영의 말씀도 일인(日人)을 통하여 들으라 하시더냐?"라고 한 데 대해 선생님은 하나님이 "언제 영의 말씀을 일인을 통해 듣지 말라고 하시더냐?"고 반문하셨고, 셋째 김인서 씨가 "바울 당시의 이방인은 유대주의의 할례당을 거절하지 아니할 수 없었다. 우치무라 씨는 바울의 교리를 가진 일본주의의 무사당이매 씨의 제자 되려는 조선 기독교도도 무사도의 할례를 받음이 당연하지 아니할까?"라고 한 데 대해 선생은 이것은 논리의 모순임을 지적하고 "바울 당시의 이방인은 유대주의의 할례당을 거절하고서 복음만을 신애하였던 것처럼 조선 기독교도가 우치무라 선생께 배우려거든 그 무사도보다도 그가 가진 바울의 교리를 받으라는 것이 추리에 답한 듯하건만 독자는 어떤가?"라고 하셨습니다. 넷째 김인서 씨가 "저 산촌 예배당에서 기도하는 노파를 찾아보라. 그는 조선 영계에서는 우치무라 선생보다 큰 자요, 귀한 자이다"라고 한 데 대하여, 선생은 말씀하시기를 "만일 김인서 씨의 우치무라 간조론이 좀더 빠른 시기에 나왔다면 나도 우치무라 선생의 문을 두드리기 전에 우선 산촌 예배당을 순례할 성의는 있었을 것이다. 마는 불행히 이는 내가 우치무라 간조에 있어서 유일의 선생을 발견하고 극심한 기갈이 의유(醫癒)된 후였다. 조선인 된 나에게 이것이 과연 명예인지

훼손인지 분명치 못하나 기성(旣成) 사실로서 우치무라 선생은 나에게 무이(無二)의 선생이다. 감히 말하노니 우치무라 선생은 나에게 유일의 선생이다. 다시 말하노니 나는 선생을 가진 사람이다…"라고 대답하셨습니다.

외부로부터 이 같은 강한 도전을 받는 일은 매우 괴로운 일입니다. 그러나 선생은 「환난래!」라고 하시며 "환난은 인내를 낳고, 인내는 연단을, 연단은 소망을 낳는 것이라"고 바울과 함께 즐거워하셨습니다. 하나님은 선생님의 피난처였습니다. 부활의 그리스도의 영이 선생님의 온 생명을 독점하셔서 선생님으로 하여금 홀로 설 수 있게 하셨습니다. "양춘이 다시 돌아와 얼어붙었던 한강에 물이 흉용하고 벌거벗었던 북한산 바위에 움이 동함을 깨닫는 때가 되었다… 지금은 전세계가 생명의 약동에 삼키우려 하는 때에 우리는 더 완전한 생명 즉 부활한 생명에 관하여 자연과 같이 생각하지 않을 수 없고, 만유와 함께 약진하지 않을 수 없다." 이것은 31년 봄 부활절의 말씀의 일절입니다. "우리가 만일 부활을 부정하였더면 근대 과학적 교양을 받은 자라는 명예에 참여하였을 것이요, 우리가 만일 영혼불멸설을 파지(把持)하였다면 소크라테스의 무리와 같이 지자(知者)에 반열하였을 것이다. 그리스도 교도가 받는 조롱의 태반은 이 부활신앙에서 온다. 마는 이만한 것을 믿기에 예수쟁이다. 조롱할 사람은 조롱하라. 나는 복음을 부끄러워하지 않는다." 이것은 33년 봄의 부활절 말씀의 일부입니다. "이 자신의 생명이 끝난 뒤에 다시 영체(靈體)로서 부활하는 일에만 우리의 희망이 있다. 그 일을 위해 하는 일만이 본직이며 실체적인 사업이다…" 이것은 34년 봄의 부활절의 말씀의 일부입니다.

선생님께 있어서 믿는 일, 즉 그리스도를 좇는 일은 전혀 비상소집을 당하는 일이었습니다. 선생님께 비애가 있었습니다. 고난 속에 있는 동포가 신앙에 무감각한 사실에 대한 예레미야의 눈물이요, 바울의 근심이었습니다. 그러나 하나님의 대능(大能, 뒤나미스)을 믿는 선생님에게는 절대한 감사가 있었습니다. "그리하여 성서의 편구일어(片句一語)씩이라도 조선 것으로 만들고자 하며, 평신도의 소유로 하고자 한다… 국한된 분야에서 성서를 일반 조선인의 책이 되도록 할 뿐이다"라는 선생님의 사업을 착착 진행시켜 가고 계셨습니다. 선생님께 고독이 있었습니다. 종파심의 쟁탈전으로 수라장이 된 서울 장안에서 선생은 감독과 명사의 종적이 미치지 못한 동해, 남해, 황해의 외딴 섬들을 그리워하셨습니다. 그리고 종로 네거리에 서신 선생님 자신 속에 외로운 섬사람을 자각하시며 십자가의 그리스도야말로 완전한 의미의 섬사람이었다고 말씀하셨습니다. 그러므로 선생은 고독을 두려워하지 않으셨습니다. "지구에 오직 홀로 남은 때에도 신앙하는 것이 신앙이다. 홀로 설 때에라야 참 신앙이다… 루터는 시국의 대세를 살피며 하나님을 믿는 척한 것이 아니었다. 전세계 대 1인으로 저는 신앙한 자이다."

　제2차전 전반전을 꿰뚫고 들려오는 선생님의 혼의 노래가 있습니다. 1934년에 쓰신「포플러나무 예찬」이란 글입니다. 시간이 없어 이를 낭독하지 못합니다. 첫 절 포플러나무는 옆으로 세력을 벌이려 하지 않고 위로 하늘을 향해 자라기만 하는 점, 둘째 만추에 낙엽이 지고 풍우에 휘둘리는 포플러나무는 '비애의 사람' 예수의 초상을 생각하게 하는 점, 셋째 포플러나무는 홀로 높은 고결한 나무여서 왜소한 나무들처럼 시기, 당쟁을 일삼지 않는 점, 넷째 포플러나무는 곧기만 한 외에 하등의 취할 점이 없는 점이 귀하다는 점, 곡예와 술책은 다른 나무에 구하고 포플러나무에서는 오직 순직하고 단명한 것을 구하게 된다는 점, 다섯째 포플러나무는 이 나라에는 새로 들어온 나무여서 이 나라의 기독교의 역사를 암시한다는 점, 끝으로 포플러나무는 멀리서 보면 부드러워 여성적인 듯이 보이지만 가까이 보면 거간이 지축을 뚫고 나온 듯한 위세가 있어서 성전 확청에 나서신 어린양 예수의 모습을 연상케 한다는 점, 이렇게 포플러나무를 예찬하심으로써 선생님은 예수에 대한 선생님의 순정을 말씀하신 것입니다.

제2차전 후반전 선생님의 30대 후기의 신앙 활동으로 전선은 크게 확대되고 전투는 가장 격렬하여 갔습니다. 선생의 전도에는 실패의 눈물도 많았고 또 성공의 환희도 컸습니다. 이에 따라 교파심을 가진 사람들은 정면으로 도전하는 것보다 이면에서 선생의 전도를 말살, 방해하려고 했습니다. 남해 어떤 나병원에서 온 한 나환자의 소식의 일부를 읽어 보겠습니다.

　"… 그 후 1933년에 『성조』지를 받아볼 마음은 간절하였으나, 무지한 반대자들의 압박과 물질이 없어서 못 받아 보다가 겨우 신앙 동지 중 한 사람이 원외 타인의 이름으로 『성조』지를 받아보게 되었습니다. 그 때 우리 동지들은 병원 구역 내에서 읽지 못하고 반대자들이 오지 않는 기회를 타서 병원 뒷산 소나무를 의지하여 은근히 모이어 읽을 때마다 썩어짐이 없는 진실한 부흥이 되었더이다. 그러다가 그것도 반대자들의 조사로 탄로되어 아무 조건 없이 이단파에 속한 자들이라 하여 무수히 박해를 당하였습니다…."

　이같이 『성서조선』에 연결된 적은 무리들이 곳곳에서 고난을 겪게 되자 적과 동지에 대한 선생의 사랑은 불보다 더 뜨겁게 탔습니다. "사랑이 열도를 어디까지 올릴까? 최후의 사랑, 결별의 사랑(요한 13장 이하)까지 높이자. 내일이나 명년을 기하지 말고 오늘 밤 겟세마네로 갈 각오로써 최후의 사랑을 경주하자…. 동무여, 분기하라, 이 때는 사랑의 무구와 전술로써 극도까지 열애하여야 할 때이다…." 선생은 이렇게 박해를 겁내지 않고 하나님 중심의 신앙, 그리스도 중심의 신앙, 십자가 중심의 신앙, 성서 중심의 신앙, 이성에 호소하는 신앙에 깊이 파고들어가시면서 기독자로서의 성실과 정직에 굳게 서셨습니다. 이제 선생의 부활의 신앙은 예수의 재림(마라나타)의 강한 주장에 이르렀습니다. 선생의 신앙의 기치가 선명하게 됨에 따라, 선생님은 무교회주의 신앙의 본질에 대해 심각한 반성과 더불어 이에 대한 많은 증언을 하시게 됩니다. 그리하여 성서적인 진정한 교회관을 말씀하셨습니다. 선생님의 입장은 자연 우치무라 선생 이후의 무교회주의 신앙의 동향에 대한 비판을 포함하게 됩니다. 외부의 적에 대한 싸움에 대해 이것은 내부의 적에 대한 싸움입니다. 무교회주의의 한 선배가 "무교회주의란 교회와의 대립 항쟁에만 그 존재 이유가 있다"고 단언하였을 때, 선생은 "결코 그렇지 않다. 무교회주의란 그런 천박한 것이 아니요, 그런 소극적인 것이 아니라"고 천명하시면서 다음 같이 말씀하셨습니다. "교회 밖에 구원이 없다고 단언하는 자 즉 교회주의자에게 대해 밖에도 구원이 있다고 프로테스트한 것, 구원은 교회 소속 여부의 문제가 아니라 신앙의 문제라고 정정한 것이 루터의 프로테스탄트주의요, 또한 우치무라 간조 선생의 무교회주의이다. 그러므로 로마 천주교회가 교회주의에 타락하지 않았던들 루터의 프로테스탄티즘이 생길 필요가 없었고, 신교 교회가 교회 지상주의로 기형화하지 않았던들 무교회주의가 생길 필요가 없었다. 그러나 무교회인이 대립 항쟁하는 대상이 하나 있다. 그것은 무릇 진리를 거스르는 자를 향하여 선전 포고하는 일이니 그 대상은 시대와 장소에 따라 변한다. 지금은 순교의 피를 뿌려야만 진리의 종교를 판별하게 된 세태이다. 이런 세태이므로 구원이 교회 안에 있다, 밖에 있다 하는 논쟁에는 우리는 흥미를 잃었다…."

이 시기의 선생님의 발언 중에서 특히 주목할 것은 신앙에 입각한 민족성의 개조에 대한 선생의 열의입니다. 사대 사상이라든가, 이기, 경박한 습성이라든가, 정의에 대한 무기력, 무관심이라든가, 팔방미인적인 동양적 군자의 개념이라든가, 샤머니즘의 변태와 같은 열광적인 성령파 기독교라든가, 누구나 나라와 겨레를 염려하는, 진리를 사랑하는 사람이라면 한마디하지 않을 수 없는 문제들입니다마는, 선생은 순수한 신앙 탐구의 필연적인 결론으로서 이 같은 문제를 근본에서 해명하셨습니다. 선생은 이 격전을 통해 선생 자신의 무거운 사명을 자각하시고 선생 자신을 이 민족의 영의 구원을 위한 주의 제물로 바치기를 기(期)하셨습니다.

지금 이 제2차전 후반전을 일관하여 울려오는 선생의 혼의 노래가 있습니다. 찬송가 362장입니다. 예수 그리스도에 대한 뜨거운 사랑, 감사 그리고 순종의 지성은 선생으로 하여금 눈물 없이는 이 노래를 부를 수 없게 한 것입니다. "우리의 믿음이 연약함을 아시는 주님은 조석으로 내 손목을 잡으시고 혹은 높은 봉우리 혹은 낮은 골짜기로 이끄시면서 이 영광을 보라, 저 영광은 어떠냐고 하시건만 내 마음 아직도 깨달음 부족하네. 아아, 주는 날마다 영광을 보여 주며 인도하시는데 내가 이 영광을 못 봤노라 할소인가?"

제3차전은 선생의 40대에 들어서서 『성서조선』지가 폐간될 때까지의 3년간입니다. 직장을 내던지고 고군분투 독립 전도자로서의 출발을 하신 때입니다. 「다시 시작」이라든가 「친구를 요함」이라든가 「나는 복음을 부끄러워하지 않는다」라든가 「건드리지 말라」라든가 「이같이 확신하노라」라든가 「나는 무교회주의자이다」라든가 실로 외람합니다만, 예수의 겟세마네를 방불케 하고 바울의 옥중서한을 연상케 하는 글들이 이 시기에 씌어졌습니다. 닥쳐오는 생활고 속에서, 옛 동지들의 배신 속에서, 교회자들의 백안시 속에서 모든 것을 하나님께 감사하시며 끝까지 이성을 존중하여 원문으로 또는 기독교 고전으로 성서의 학구적인 연구를 깊이 하시며 기쁜 찬미로써 부활의 봄을 기다렸습니다. 이해타산을 일절 초월하여 영원한 학생으로 자처, 조선과 만주 각지를 돌아다니며 복음을 전하셨습니다.

이 제3차전 속에서 울려오는 선생의 혼의 노래가 또 있습니다. 1942년 3월 『성서조선』지 제158호에 실린 「조와」가 그것입니다. 지금 이의 전문을 낭독하겠습니다.

"작년 늦은 가을 이래로 새로운 기도터가 생겼었다. 층암이 병풍처럼 둘러싸고 가느다란 폭포 밑에 작은 담을 형성한 곳에 평탄한 반석 하나 담 속에 솟아나서 한 사람이 꿇어앉아 기도하기에는 천성의 성전이다. 이 반상에서 혹은 가늘게 혹은 크게 기구하며 또한 찬송하고 보면 전후 좌우로 엉기 엉기 기어오는 것은 담 속에서 암색(岩色)에 적응하여 보호색을 이룬 개구리들이다. 산중에 대변사(大變事)나 생겼다는 표정으로 신래(新來)의 객에 접근하는 친구 와군(蛙君)들 때로는 5-6마리, 때로는 7-8마리. 늦은 가을도 지나서 담상에 엷은 얼음이 붙기 시작함에 따라서 와군들의 기동이 일부일 완만하여지다가 종내 두꺼운 얼음이 투명을 가리운 후로는 기도와 찬송의 음파가 저들의 이막(耳膜)에 닿는지 안 닿는지 알 길이 없었다. 이렇게 격조하기 무려 수개월여!

봄비 쏟아지는 날 새벽 이 바위틈의 빙괴도 드디어 풀리는 날이 왔다. 오래간만에 친구 와군들의 안부를 살피고자 담 속을 구부려 찾았더니, 오호라, 두세 마리 개구리의 시체 담(潭) 꼬리에 부유하고 있지 않는가! 짐작컨대 지난 겨울의 비상한 혹한에 작은 담수의 밑바닥까지 얼어서 이 참사가 생긴 모양이다. 예년에는 얼지 않았던 데까지 얼어 붙은 까닭인 듯. 동사한 개구리 시체를 모아 매장하여 주고 보니 담저에 아직 두어 마리가 기어 다닌다. 아 전몰은 면했나보다!"

1945년 4월 조국의 해방을 눈앞에 두고 선생님이 돌아갔을 때, 우리의 한 선배는 선생의 죽음을 비스가 산상의 모세의 죽음에 비하였습니다. 그리고 우리 각자가 작은 여호수아가 되어 요단을 건너가야겠다고 말씀했습니다. 선생님이 가신 지 20년, 우리는 과연 작은 여호수아의 구실을 하였습니까? 여호수아의 구실이란 어떻게 하는 것입니까? 하나님이 여호수아에게 말씀하시되 "오직 너는 마음을 강하게 하고 극히 담대히 하여 나의 종 모세가 네게 명한 율법을 다 지켜 행하게 좌로나 우로나 치우치지 말라"고 하셨습니다. 모세가 여호수아에게 율법을 전해 주었다면 김교신 선생이 우리에게 전해 준 것이 무엇인가? 우리는 끝으로 이 문제를 심각하게 생각해 보아야 하겠습니다. 선생님 생전에 음으로 양으로 박해의 손을 뻗쳤던 사람들은 선생님이 돌아가신 후에는 선생님이 영웅이 되든지, 용사가 되든지 일체를 방임을 하고 있는 듯합니다. 혹은 선생님의 추종자들이 몰려다니며 무교회라는 작은 교파라도 구성하는 것을 묵인, 묵살하려는 것일지도 모릅니다. 그러나 김선생은 하 많은 교파 중에 그리고 그 교파 싸움 속에 선생이 그렇게도 싫어하시던 또 하나의 성가신 교파를 이 땅에 더 늘이려는 야심을 가지고 이 세상을 떠나셨다는 말입니까?

그럴 수 없습니다. 절대로 없습니다. 선생님이 쓰신 「나의 무교회」란 글에서 선생님은 다음과 같이 말씀하셨습니다. "우리가 10년에 걸쳐 우치무라 선생에게 배운 것은 무교회주의가 아니요, '성경'이었다. '복음'이었다. 그러므로 교회 개혁 운운의 일체의 생각을 염두에 두지 않고 오직 성서의 진리를 배우고 자신을 채찍질하여 그리스도의 발자취를 따르려는 것이 우리의 일이다…." 이 '그리스도의 발자취를 따르려는 것이 우리의 일이다'란 말씀은 너무도 당연한 말씀이면서도 한없는 무게를 가진 말씀입니다. 이것은 선생의 생애의 요약이요, 선생의 신앙의 결론이라고 생각됩니다. 그러므로 '좌로나 우로나 치우치지 말고 그리스도의 발자취를 따르라'고 하는 것이 김교신 선생이 우리에게 전해 주신 유산이라고 나는 믿습니다.

교회생활이란 신교이건, 구교이건 또는 예수 당시의 바리새인들의 회당생활이건 그것이 유형 무형의 제도와 조직에 의하여 움직인다는 것이 그 특징이라고 나는 생각합니다. 예수가 그렇게도 신랄하게 비난하신 바리새주의, 바울이 그렇게도 배격한 율법, 루터가 정면으로 맞선 로마의 교권, 이런 것이 모두 결국은 이 유형 무형의 제도와 조직 안에서 움직이는 하나의 오토메이션화 된 선행, 타성화 된 선행, 생명의 자유가 없는 선행을 의미하는 것이라고 생각됩니다. 물론 오늘의 교회 안에 존경할 만한 크리스천이 많음을 우리는 알고 있습니다. 그러나 제도나 조직은 그것이 아무리 선하고 거룩하더라도 또 그것이 비록 유형이건 무형이것 그것은 결국 인간의 것입니다.

사실 교회에 적을 두고 천국행의 선남, 선녀들 사이에 끼는 일은 오히려 쉬운 일입니다. 그러나 도대체 스데반이나 예레미야나 바울은 어느 교회에 적을 둔 사람입니까? 뜻을 세워 신학교에 배워 목사, 박사가 되고 또는 일생 독신으로 혹은 성당에 혹은 수도원에 들어가고 혹은 선교사로 일생을 바치는 일도 오히려 쉬운 일입니다. 그러나 한 평신도로 가정을 가지고, 직장을 가지고, 일체 제도의 제약과 혜택 밖에서 성서를 읽고 예수를 믿고 복음을 전함으로써 그리스도의 발자취를 따르려는 일은 무모한 일에 가까울 정도로 어려운 일입니다.

그러나 김교신 선생의 생애는 이 같은 순수한 신앙이 우리나라에서 가능하다는 것을 우리에게 증명하여 주셨습니다. 그러므로 우리가 여호수아의 구실을 한다는 것은 우리도 선생님처럼 이 무모한 모험을 하는 일입니다. 인간의 눈에는 무모해도 그리스도 안에서는 김교신 선생에 있어서와 같이 가능한 생명의 길이라고 믿습니다. 김선생은 위대한 분이었으니까 그런 신앙을 지킬 수가 있었다고 생각하는 것은 김선생의 신앙을 무시하는 말인 동시에, 그리스도의 구원의 능력을 모독하는 소리입니다.

우리에게도 송두용 선생의 『성서신애(聖書信愛)』지가 있고, 노평구 선생의 『성서연구(聖書硏究)』지가 있지 않느냐고 자위하는 것은 이 오늘의 격심한 신앙의 싸움을 두 분 선생님께만 떠맡기려는 무책임한 소리입니다. 우리가 제도와 조직의 제약을 문제삼지 않는 것은 그리스도의 펄펄 뛰는 생명이 우리 속에서 범람하여 그런 인간의 모든 제약을 뛰어넘기 때문입니다. 그런데 사실은 무교회주의라는 간판을 걸어 놓고 외적인 아무런 제약이 없는 틈을 타서 얼마든지 사랑이 식어갈 수 있고 또 그리스도를 이미 졸업하고 그리스도 이상으로 완전, 위대한 자리에 자처할 수가 있습니다. 이 같은 경향은 모두 김교신 선생이 타기(唾棄)하신 태도이며 그리스도의 죽음을 개죽음으로 하는 태도라고 생각합니다. 히브리서 10장 26절에 "우리가 진리를 아는 지식을 받은 후 짐짓 죄를 범한즉 다시 속죄하는 제사가 없고, 오직 무서운 마음으로 심판을 기다리는 것과 대적하는 자를 소멸하는 맹렬한 불만이 있으리라. 모세의 법을 폐한 자도 두세 증인을 인하여 불쌍히 여김을 받지 못하고 죽었거든 하물며 하나님 아들을 밟고 자기를 거룩하게 한 언약의 피를 부정한 것으로 여기고 은혜의 성령을 욕되게 하는 자가 당연히 받을 형벌이 얼마나 더 중하겠느냐? 너희는 생각하라"고 있습니다. 우리는 김교신 선생님의 신앙을 생각할 때 여하한 고난이라도 기쁨으로 맞이하여야 하겠다는 각오를 할 수가 있습니다. 선생님의 성조지 종간호의「부활의 봄」의 마지막 말씀을 읽고 저의 말씀을 맺겠습니다. "지금 우리에게 임하는 모든 동상(冬傷)은 춘양의 부활을 확연히 하고자 하는 데 없을 수 없는 과정이다. 우리의 소망은 오직 부활에 있고 부활은 봄과 같이 확실히 임한다." (1965년 5월 김교신 선생 기념 강연의 강연 내용)

퓨어 스타일

이현원(李鉉元) | 영문학자. 생몰 여부 미상

    자연과학이라면 모르지만 인문과학에 있어서는 우리가 서구학자들에 비해 양적으로 도저히 따를 수 없는 것이 있다. 그렇지만 적어도 질적으로는 우리가 그들이 도달한 수준까지 가야 하는 것이다.
    그런데 우리나라같이 학자가 나기 어려운 풍토에서 외로운 정진을 일생 쉬지 않았다는 점만 가지고도 김교신 선생은 우리의 사표가 될 수 있는 분이라고 생각한다. 그의 전공인 자연과학에 만족치 않고 김선생은 동서의 사상을 널리 깊이 탐구하셨다. 독일인이 자기의 전공분야를 통해 무엇을 하는 데 대해 불란서인은 방계로써 더 크게 된다는 것처럼, 선생은 전공 아닌 기독교라든가 인생 전면에 관한 연구에서 업적이 더 컸다고 볼 수 있다. 이것은 선생의 저작을 읽으면 알 수 있고 또 선생의 저작은 양적으로도 절대 적지 않다. 더욱이 선생과 같은 엄격한 성격의 소유자로서는 자신의 필력을 믿고 필요 없는 내용을 비양심적으로 나열할 수 없으니까 실지로는 더 큰 양이 된다고 볼 수 있다.

선생의 문장은 퓨어 스타일(pure style)이라 할 수 있을 만큼 퓨어러티(purity)가 있는 문장이다. 사상가로서 이 같은 퓨어(pure)한 문장을 쓸 수 있다는 것은 그의 사고와 생활이 그만큼 퓨어했다는 것을 증명하는 것이라 볼 수 있다. 나는 선생에게 생전에 접하지 못한 것을 일생의 불행으로 알지만 사실 그의 글에 나타난 엄격한 성격은 공포감을 느끼게 할 정도이다. 밀턴(Milton)은 위대한 시를 쓰려면, 그 시인의 생활 자체가 한 편의 아름다운 시가 되어야 한다고 말했지만, 부패하고 말세적인 오늘날 같은 시대에는 선생과 같은 고결한 인격이 아쉬워짐을 금할 수 없다.

또 선생은 과학자로서 진리를 열심히 탐구하셨기 때문에 서구적인 과학적 사고가 결핍된 우리 풍토에서는 선생의 저작을 읽는 의의는 더욱 크다고 보는 바이다. 그 저작 속에는 종교뿐만 아니라 인생 전반에 걸친 깊고 넓은 선생의 사상이 퓨어 스타일로 적혀 있다. 그의 저작에서 우리는 사상뿐만 아니라 인생 자체, 생활 자체를 배울 수 있다. 책을 사랑하는 모든 분들에게 충심으로 권하고 싶은 참으로 가치 있는 저작이다.

병고와 신앙

박이철(朴貳喆) | 의학박사(소아과). 작고

김선생께서 그처럼 사랑하시던 조국의 광복을 보지 못하시고 눈을 감으신 지 벌써 25년, 아니 티끌 없는 영롱한 그 눈으로는 두 동강이 난 조국, 동족 상잔의 6·25 동란, 난마처럼 얽힌 부정, 부패의 오늘을 차마 볼 수 없어 눈을 감으셨는지도 모르겠다. 함선생의 말씀대로 김교신 선생에게서 한국을 빼고는 실로 의미가 없다. 한국을 생각함이 간절할새 갖은 고생을 하시며『성서조선』을 간행하셨다. '조선을 성서 위에' 하시고 선생은 성서와 한국을 따로 떼지 못하셨다. 한국 지도를 벽에 걸고 정좌하여 일순도 조국을 잊지 않고 사랑하시던 선생, 양칼이라 불린 대로 불의와 허위에 추호의 양보, 타협이 없으신 선생, 한 술의 식사를 헛되이 않으신 선생의 성실!

시대가 어지럽고 흔들리면 그럴수록 우리의 사무치는 선생에 대한 경모의 정, 이가 강하면 강할수록 멀어져 가는 물리적 시공의 거리와는 반대로 우리의 가슴속에 파고들어 그 거리는 더욱 단축되기만 한다. 생전 강연에 열한 바 없고, 찾아뵈어 성해(聲咳)에 접한 일 없고, 생시에 저작 한번 읽어보지 못한 자로 이런 글을 초(草)하려 하니 자연 부끄러움이 앞을 가리나 근래 선생 신앙저작집을 통해 받은 바 믿음의 교훈은 너무도 컸고 인생을 가름하는 지표가 되었기에 감히 붓을 들었으며, 그러나 지금은 부족한 대로 범위를 좁혀 의사로서의 나의 전문면에서 병고에 대한 선생님의 신앙 태도를 생각해 보려고 한다.

무릇 질병은 병고를 수반하며 사망을 초래한다. 인간으로 제일 바라지 않는 상태, 아니 이보다 더 꺼리고 싫어하는 것은 없을 것이다. 그럼에도 질병은 왜 존재하는 것인가? 인생의 거구생신(去舊生新)을 위해, 연년생성 발전상의 일환으로 필요함인가? 성의(聖意)에 의한 건곤일척(乾坤一擲)의 정신 각성제인가? (이하 겹따옴표는 선생 저작에서의 인용임).

영혼의 복원작업 "사슴이 시냇물을 찾으려고 갈급한 것처럼 내 영혼이 당신을 찾으려고 갈급하나이다"(시편 42.1-2). 인생에 있어서 질병시처럼 갈급할 때는 없을 것이며 이 때야말로 영혼의 복원 작업에 절호의 기회인 것이다. 예수를 목마르게 부를 때는 그리고 하나님의 능력을 진정 알 때는 "건강한 사람은 의원이 쓸데없고 병든 사람이라야 쓰나니" 한 대로 이 때야말로 진정 예수님을 목마르게 부르짖을 때다.

「환난래」에서 선생은 "대개 건강한 자는 의약을 불요함같이 땅에 만족한 자는 다시 하늘을 욕심치 않을 것이요, 환난의 고통이 없는 자에게 그리스도가 요구되지 않을 것임을 우리는 안다. 불치의 병환으로 신음하며 시시로 죽음의 위험에 떨고 섰는 친구여, 인간의 모든 진가(眞價)가 병상에서 가장 명확하게 드러난다. 인간의 위무와 인간적 세력이 죽음에 직면한 자에게 무슨 능력을 발휘하였는가? 즉 이러한 번뇌, 빈궁, 질병을 당할 제 저는 인간의 입문(入門)에 선 것이며, 하나님을 뵈는 지성소에 이른 것이다." 병든 자만이 자기의 미약함과 무능력을 깨닫고 무한한 하나님의 사랑과 능력 앞에 자신을 맡길 수 있는 것이다.

불행과 역경이 도리어 은혜가 되고 가장 약할 때에 강하며 부족 중에서 지족(知足)으로, 환난에서 소망을 갖는 것이 기독교 신앙이니 바울이 이르되 "육체의 가시가 내게서 떠나기 위하여 내가 세 번 주께 간구하였더니 내게 이르시기를 내 은혜가 네게 족하도다. 이는 내 능력이 약한 데서 온전하여 짐이라"(고린도 후서 12.8-10)고. 여기에서 우리는 바울의 획기적인 회심의 신앙 경험을 볼 수 있으며 기독교의 진수에 접하는 것이다. 김선생도 또 "…무엇이든지 만족의 땅이요, 감사의 재료로 소화해 버린다. 한 걸음 나아가 기뻐한다. 찬송한다. '다만 이뿐 아니라 우리가 환난 중에서도 즐거워하나니 이는 환난은 인내를, 인내는 연단을, 연단은 소망을 이루는 줄 앎이로다'. 환난도 오히려 달콤한 것으로 변화시킨다"고 하셨다.

병상에서의 사생과 반성　양계(養鷄)에서도 창조의 원리를 헤아리며, 산란의 일자와 계보의 정부(正否)를 속이지 말면서 거룩한 이 앞에서 행하는 일이면 다 거룩한 일이라고 통찰한 선생께는 병상의 신앙적 의의야 말할 나위도 없는 것이었다. 선생은 "병상에 누워서 생리적 병세의 진퇴 이외에 아무런 사상이 내왕이 없는 사람처럼 가련한 인간은 없다"고 하였으며, "의미를 알 때의 병상은 도장이요, 모른 때의 것은 원한과 발악의 구렁이라"고 하셨다.

그러므로 "가난에 처하여 가난을 삼키고 병상에 누워서 병을 삼키는 심경이 고귀하다"고 했으며, "누워 있는 병상과 한숨 쉬는 그 빈(貧)에서 깊이 고독의 샘물을 마심으로써 높이 성결의 은혜를 받고 크게 능력의 실질을 파악하라"고 하셨다. 과연 인생에 있어서 죽음을 이기는 길만이 생명의 길인 것이다. 선생은 또 "영의 일을 생각함은 생명이요, 육의 일을 생각함은 죽음이다. 기독교가 만일 죽음을 정복하는 실력을 신자에게 형성하지 못할진대 그것이 무슨 소용이 있는 것이냐?"고 하셨다. 그리고 이 역경이 지애(至愛)의 선물이 됨은 일개인이나, 일민족에 있어서도 같다 할 것이다. 선생은 "예수, 바울의 광야, 모세의 미디안 생활이 하나님의 교안(教案)에 필요하였던 것처럼 병과 빈에 몰리는 형제여, 주님의 이 교안을 자각하라"고 하셨다.

병은 인격의 독립을 가져옴 "다섯 살 되는 소녀가 홍역 후의 폐렴에 시달림을 보고, 일평생에 조우하는 이런 난관을 단독으로 싸워야 하는 난관을 통화하도록 인생 프로그램을 작성하신 성의에 생각이 미칠 때, 우리의 무능과 초조를 회한하기보다 인생의 고귀성과 엄숙함과 하나님의 지극하신 사랑의 보좌 앞에서 '싸워라 아가. 홀로 싸워라. 너는 다시 없는 인생인 까닭이다'. 어리고 약한 자도 각기 단독으로 싸우게 하셨사오니 당신은 받으소서, 감사와 찬송을". 또 "우리가 병환으로 인하여 친족에게 버림을 당하고 빈곤으로 인하여 친구를 잃고 불리한 사업을 기도하여 협력자에게 배반당할 때에 그 자리가 아니고는 받을 수 없는 진리의 잔이 넘침을 본다. 그리하여 나중 심판의 자리에도 통역 없이, 변호자 없이 오직 중보자(仲保者)인 예수와 함께 단독으로 서리라"고, 이 선생의 말씀이다. 하나님 앞에는 만인이 동등하며 일대일의 독립적 인격이라고 생각된다.

의학(Medicine)은 영매(Media)에 어원을 두며 즉 하나님과 인간과의 영매에 그 사명이 있으며 낫게 하는 것은 하나님의 능력이며, 여기에는 사람을 하나님께 복귀시키는 역할이 있는 것이다. 앓는 일은 쓰라린 일이지만 신자는 예수님을 힘입어 육의 병으로 영의 병을 깨닫고 주 예수 그리스도의 구원과 복음으로 기쁨과 감사의 생활에 들어가자.

선생은 경기중학에서도 쫓겨나시고 또 「조와」 건으로 옥고를 치르신 후는 종내 흥남 질소공장에서 강제 징용된 동포들과 기거를 같이 하며 일하시다가 발진티푸스 병을 얻어 일생을 마치셨다. 이 병은 병사들의 참호생활이나 피난민의 집단이동 또는 강제수용소 등에서 곧잘 발생하는 병이다. 그 때 아무리 시국의 절박함이 있었다고 하지만, 아 그래 이가 조국에 헌신하신 선생을 우리가 최후로 대접함이었던가? 아니, 하나님의 거룩한 계획이었는가? 회개할 줄 모르는 이 백성의 죄를 위한 제물로 되신 것인가? "너희는 그 의인을 잡아 준 자요, 살인한 자가 되나니"(사도행전 7.52)라고 하신 말씀과 같이 사실상 당시 일제 말기 우리 민족이 당한 참혹상은 무엇에 연유한 것이며, 오늘날의 이 난맥상은 도대체 또한 무엇에 연유한 것이냐?

선생이야말로 회개할 줄 모르는 파렴치한 우리, 물고 찢고만 하는 우리들 추악한 마음의 거리를 좁히기 위해, 한 맘, 한 뜻으로 사랑할 줄 모르는 모래알 같은 우리를 한데 묶기 위해 일생을 산 제물로 바치신 것이다. 이 제물의 참 뜻을 깨닫고 돌아가신 선생에게 배우며, 본받아 나아감이 선생을 추모하는 참 뜻일 것이다. 소록도 문둥이를 위하여는 자신이 문둥병자 되기를 꺼리지 않으셨던 선생은 문둥이보다도 못한 우리들이지만 선생의 그 그리스도의 사랑과 민족애로써 '야 이 문둥이들아' 하고 저 나라에서 팔을 벌려 우리를 안아 주실 것만 같다. 아니 안기고만 싶다.

환희에 찬 비통의 전승가 - 김교신저작집을 읽고

임옥인(林玉仁) | 소설가. 전 건국대 교수, 여류문인회장. 작고

김교신 선생의 부음을 듣기는 내가 고향 길주 역전에 있는 친정에서 발진티푸스를 앓다가 회복기에 들어선 무렵이었다. 김선생 역시 발진티푸스로 흥남에서 돌아가셨다는 것이었다. 1945년 봄이다. 이 해에 창궐했던 그 병은 걸린 사람 80퍼센트를 죽음으로 이끌었다는 것이며, 특히 인텔리가 걸리면 에누리가 없다는 풍문이 돌던 때였다. '그 건강해 보이시던 분이… 마라톤 선수였던 그분이…' 하고 나는 중얼거리지 않을 수 없었다.

길주교회에 담당 권성훈 목사라고 돈독한 젊은 분이 계셨다. 친척도 돌볼 수 없는 그런 무서운 나의 병석에, 권목사 부처(夫妻)는 자주 머리맡에 와서 엎드려 기도해 주셨다. 도저히 회생하지는 못하리라고 가족들도 맥을 놓았던 속에서, 나는 마치 깊은 잠에서 깨듯 눈을 번쩍 떴다. 그 때 빠알간 진달래 한 다발이 유리병에 꽂혀 있는 것이 눈에 확 들어왔다. 그리고 그 곁에 가지런히 엎드린 권목사 부처를 발견했다.

아 나는 살아났다는 부르짖음과 더불어 그분들의 정성에 목이 메었다. 그리고 그 자리에서 나는 김교신 선생께서 내가 앓던 바로 그 병으로 돌아가신 것을 알았던 것이다. '그 건강해 보이시던 분이… 마라톤 선수였던 그분이…' 하고 나는 되풀이되풀이 중얼거리지 않을 수 없었다.

키 크고, 물기 도는 선량하신 눈과 잔잔한 맑은 음성의 선생이었다. 지극히 짧은 기간이었으나(불과 두 학기 동안) 항상 회상하게 하는 강렬한 무슨 힘을 느끼게 하는 선생님이었다. 그 때 권목사께서는 김교신 선생께 대해서

이렇게 말씀했다. "사람이란 1인 1역도 힘드는데, 그분은 1인 4역을 훌륭히 해 내셨죠.『성서조선』의 꾸준한 발간과 교원생활, 농축생활 또는 가장으로서의 완전한 의무를 다했다는 점입니다." 그리고 나서 권목사님은 내게 보관된『성서조선』몇 책을 뽑아 들고, "철저하신 분이죠…"라고 덧붙이셨다.

그러나 김선생은 이미 이 세상의 분이 아니었다. 자살하고 싶던 시기에 죽을병에 걸린 것을 다행으로 여기던 나는 되살아난 것이 오히려 원망스러운 심정이었는데, 그렇게 건강하시고 일하셔야 할 분이 세상을 떠나셨다니, 목숨의 불가사의를 느낄 뿐이었다.

그로부터 20년이란 세월이 흘러 버렸다. 선생의 전집을 읽고, 그에 대한 글을 내가 쓰게 되리라고 상상이나 했으랴! 김선생께서 동경고등사범에서 지력(地歷)을 연구하시고 귀국 후, 처음의 근무처가 우리 모교인 함흥영생여고였다. 단 두 학기만의 짧은 기간이었으나, 운동회 연습 때 릴레이 레이스와 마라톤 연습을 시켜 주시던 일이 눈에 선연하다. 운동장이 좁아서 반룡산 기슭 공지에서, 두 주먹을 부르쥐고 시범하시던 젊은 모습이 지금도 그대로 머리에 남아 있다. 30여 년 전 이야기이지만(그 때의 체육 담당 이유경 선생께서는 서울에 계시며, 만날 때면 으레 김교신 선생의 이야기가 나온다) 박물실의 열쇠를 맡아 가지고 지력, 동식물의 표본 수집이며, 발전기에 들어선 모교를 위해 힘을 쓰셨다. 선생의 노력과 진실성은 전교에 반영되어 가고 있었으며, 채플 시간의 설교는 잔잔하면서도 힘이 있었다. 김선생이 가장 좋아하시던 찬송가는 '내 주여 뜻대로 행하시옵소서'의 291장이었다. 예배실에 남아 음악선생의 반주에 맞추어 그 찬송을 부르시던 모습도 역시 그대로 뇌리에 남아 있다.

그리고 내가 나라(奈良)여고사 재학 중에 여름방학을 마치고 학교로 돌아가던 때(3학년 때라고 기억된다) 우연히 서울역에서 김선생을 만나 뵈었다. "지력을 전공합니다"라고, 김선생과 같은 전공과목을 택한 데 대해서 나는 무척 친근감을 느끼면서 말씀드렸더니, 선생의 그 독특하신 윤기 도는 얼굴에 기쁨을 참지 못하시는 듯했다. 그 모습도 역시 그대로 생생하게 남아 있다. 그러나 영생과 고향을 떠나신 후의 선생과 우리는 그냥 절연 상태에 있었다. 나는 편지 한 장 드린 일이 없고 선생이 전력을 다해서 성서의 씨를 이 민족의 마음 밭에 뿌리고자 그처럼 혈투하신 것도 아랑곳없이 벅찬 생의 물결을 타고 나이를 먹어 왔다.

일찍 신앙에 굳게 섰던 선생이 또한 이처럼 날카로운 무기인 붓끝을 소유하신 것에 놀랐다. 몇 해 전에 고통문학(苦痛文學)이라고 일컫는 욥기를 특별히 공부해야 할 일이 생겨서 전영택 목사님께 여쭈어 봤더니, 김교신 선생의 『구약성서개론』(본 전집 3권)이 있지 않느냐고 일러 주셨다. 우주 전체의 구성으로부터, 그 안에 있는 생물과 인류의 시원, 죄악과 타락의 시원, 회개와 신뢰의 시원, 문화의 시원 등을 개관한 창세기의 해석으로부터 시작하여 말라기에서 끝낸 순차적인 것이다. "모름지기 건실한 우주관, 인생관을 파악하려는 자로서 창세기를 알지 못한다면 그 지식은 기형을 면치 못할 것이다"라고 시작한 문장에서, 필자는 그 간결하고 힘차고 아름다움을 느끼지 않을 수 없었다. 우리가 꺼리는 바 지나친 한자 사용도 선생의 문장의 특색을 이루는 데는 어찌할 수 없는 요건임을 깨닫게 된다. 무한하고 영원한 진리를 밝히는 데 있어서, 어떻게 하면 간명하고 힘차게 소개할 수 있을까, 대담 솔직하게 표명할 수 있을까에 힘을 기울인 자취를 엿볼 수 있다. 평생을 복음의 순수화 운동과 청년 교육에 헌신하셨던 선생은 이른바 문필가로서도 가장 뛰어난 분이었다고 생각한다.

이번 선생을 아끼고 존경하는 분들의 성의와 노력의 결실로서 '김교신저작집 간행회'를 만들고, 모든 악조건 속에서 제1권 『신앙과 인생』(본 전집 2권)을 내놓았다. 그것을 손에 들고 감개무량함을 금치 못했다. 지난 이른 봄 나는 병중에서 편집위원회의 연락을 받고도 참석치 못해 못내 송구스럽게 생각하던 중, 간행회 대표 노평구 선생을 통해서, 귀한 책을 받고 숙독했던 것이다. 양장, 모조지, 당당 426면의 책에 실린 선생의 글은 그대로 선생의 옛 모습이 살아 돌아오신 듯 반갑기만 하다. 비록 두텁지 못한 사제간이었다지만, 그래도 평생 뇌리에서 떠날 수 없으셨던 옛 모습, 그리운 스승의 산 정신이 오늘의 나에게 저 독특하신 맑고 잔잔한 음성으로 들려 온다 싶을 때, 어찌 반갑지 않았으랴! 그리고 이어 이것은 나에게만 들려오는 음성이 아니라, 그리스도의 말씀이 그러했듯이, 그 누구에게나 가난한 마음에 채워질 청신한 메시지가 아닐 수 없다고 생각하지 않을 수 없었다.

"세월은 흘러갔고 일은 회오리바람을 치는데 말씀은 더욱 살았고 사람은 더욱 그립다"의 간행사 그대로, '말씀'을 밝힌 김선생의 힘찬 어조는 좌왕우왕하는 미로의 거리의 등불 같은 길잡이가 되리라고 느껴진다. 「보는 눈 듣는 귀」에서 "겸비한 심정으로 예수 그리스도의 지점을 기다려 보는 눈과 듣는 귀를 소유할진저"라는 구절은 여고 시절에 듣던 말씀이었지만, 오늘에 이르러 선생의 그 간절한 호소가 더욱 가슴에 사무침을 느낀다. 그러니만큼 선생이 생존하셨더라면 하고 저 부음을 들었을 때의 아쉬움보다는 더욱 절실하게 마음에 울리는 바가 있다.

선생의 『신앙과 인생』에는 오늘에 한없이 아쉬운 신념과 정열이 철철 넘친다. 민족 수난사가 눈물로 얼룩진 것이라면, 선생의 글은 지금도 마를 줄 모르는 찝찔하고도 뜨거운 액체로 우리 생리에 육박한다. 오늘에 아쉬운 그 뜨거운 눈물이… 흑백이 분명치 않은 흐느적거리는 종교라는 이름의 오명을 선생의 글은 붉은 피로 씻으려고 끓고 있다. "네 눈이 범죄하거든 빼어 버리라"는 준열한 말씀을 그대로 순복하겠다는 확고한 신앙이 그분의 인생 태도로 표명되어 있다. 「입신의 동기」에서, 선생은 공자의 칠십이종심소욕불유구(七十而從心所欲不踰矩)란 일절을 논어에서 학습할 때에, "이야말로 나의 일생의 과정표요, 공자보다는 10년을 단축하여 육십이종심소욕불유구

(六十而從心所欲不踰矩)라고 불러 보리라고 내심에 기약하고 일야초심하였다"고 고백하신다. 그러나 인간 노력의 한계성과 욕망의 무한성과의 모순에 접했을 때 절망과 번민을 거쳐 드디어 "건강한 사람은 의원이 쓸데없고 병든 사람이라야 쓰나니 내가 의인을 부르러 온 것이 아니요, 죄인을 부르러 왔노라"고 선언하신 이에게 달음박질하여 간 것이 내가 예수께로 따라간 걸음이었다고 표명하신다.

갈급해서 견딜래야 견딜 수 없는 심령으로 달려가고, 달려간 후에는 한 걸음도 후퇴하지 않고 일로 매진하는 인간상을 우리는 여기서 볼 수 있다. "인간은 구복(口腹)을 채움으로써 만족하는 동물이 아니다. 실상은 영화(榮華)를 위하여 사는 것이다. 그 영화를 비석 위에 구할 때에 공보다 헛된 것이 되나, 만일 십자가 위에 영화를 구할진대 그것은 영원한 것이다. 아버지의 영화를 위하여 아들을 영화롭게 하기를 구하는 마음, 이것이 지고 최대의 영화이다. 구하고 크게 구할진저, 그리스도의 영화를!"(1933년 8월). 선생의 한없는 갈증은 십자가 위에 영화를 걸고 질주하는 인간 선수의 모습이었다. 그러므로 그 달리는 모습이 너무나 진지하고 빨랐으므로 기성 교회와 세속에서 비난을 받지 않을 수 없었던 것이다. 선생에게 따라다닌 무교회주의라는 것이 본질적인 신앙 문제에 뿌리박고 있었음에도 불구하고 당치 않게 비난의 화살을 맞으신 것도 그 너무나 직선적인 달음박질 때문이었다. 그 섭섭한 감회를 묘향산에 모여서 조용한 시간을 얻고자 하다가 '예수쟁이'로 모난 사람들이기 때문에 사원에서 쫓겨나 물가 바위에서 노숙했다는「쫓겨난 때의 감상」에 기록하신 것이다. 불사(佛寺)에서 쫓겨난 때에 연상하지 않을 수 없는 것은 조선 안에 있는 기독교회에서 그 교단에 김선생과 그분의 동지들을 용납치 않기로 결의한 것과 기독청년회가 선생을 거부한 일이라고 했다. 다 같이 예수를 구주로 믿고 천국에 소망을 두는 이들이건만, 오직 교회지상주의에 찬동하지 않는다는 이유로 배격받고 있다는 것이다.

같은 영역에서 이처럼 배척받으니 불사에서 용납치 않는 것은 범연한 일이요, 모든 것이 합동하여 유익하다고 전화위복의 위로를 얻으셨다. 왜냐하면 노숙을 통해서 선생과 그 일행은 신선한 자연과 더욱 친숙해질 수 있었기 때문이라고 한다. 생활 개선의 연구, 각 가장의 살림살이 안정, 따라서 농축 생활의 장려로써, 의식주를 넉넉케 해주는 일에 전심전력하는 것이 무엇보다 급선무라고 제언하는 이가 있지만, 보다 더 시급한 문제는 진리를 창도하는 일이라고 소신을 밝히신다. "성대가 진동하는 날까지 외칠 것은 이 기별이요, 우리에게 인쇄할 종이가 배급되는 날까지 대서 특필로써 창도할 것은 이 진리이다." 모든 사물의 기반을 기독교 진리에 두고 있었으며, 선과 후를 가리는 데 있어서 조금도 흐림이 없었다.

그렇게 준열한 기품이지만 '신경 훈련' 등의 정서적인 표현에서는 부드러운 서정 시인과 같은 일면을 보여 주시기도 한다. 감사할 자료에 둘러싸여 있으면서도 감사를 발견 못해 메마르는 생명이 있고, 눈물의 사막 같은 골짜기에서라도 때와 곳을 따라 샘과 계류와 화초를 발견하는 눈이 있고 신경이 있다고 하신다. 그 심정, 그 눈은 가난한 심령의 소유자이기 때문이시다. 모나고, 거만하고, 독선적이라 혹은 기성 교회에 도전한다는 비평을 과연 들으셔야 했을지, 그것은 역사의 눈이 판가름할 수 있을 뿐이다. 진리는 간명한 것이며, 진인은 쓸데없는 변명을 하지 않는다. 「푸러리(개 이름)의 비탄」에서, 부활을 예증하시는 선생의 신앙과 인생의, 추수절기를 기다리는 농부의 그것처럼, 확고하고도 아름다운 사실이기도 하다. 평신도 운동자로서, 교육가로서 이처럼 대담 솔직하게 처할 수 있다는 것은 그분 자신이 참되기 때문이다. 생명 있는 씨알은 꽃을 피우고 열매를 맺기 마련이다. 이제 김선생께서 가꾸신 진리의 씨앗은 때가 갈수록 천배 만배의 결실을 얻을 것이다. 그리고 선생은 제1권 종장인 「승전가의 생애」로 쓰여진 글의 내용 그대로, 죽어서 사는 승리의 열매를 거두신 것이다. 이 「승전가의 생애」라는 글의 말미에는, '출생 후 가장 비통한 서신을 받고, 눈물로써 이 글을 초함'이라는 부기(附記)가 달려 있다. 선생의 일상이 얼마나 고되고 비통했던가! 그런 비통 속에서 가장 환희에 찬 승전가를 부르신 것이다. 할렐루야, 할렐루야를 연발하시면서 모든 영광은 그리스도에게로 돌리자고 외치신다.

비장미―나는 선생의 일생에서 그리고 손끝으로가 아니라 심장으로 새긴 문자들을 통해서 그것을 느낀다. 읽는 사람에게 생의 긴장감을 촉구하여 마지않는 선생의 전집을 부디 사람들이 읽어 주었으면 한다. 눈을 맑게 닦고 마음을 열고 읽으면, 선생의 글은 목숨을 키워 주실 것이라고 생각한다.

부기(附記). 함흥에 계실 때 우치무라 간조 씨의 고제(高弟)분을 초청하여 부흥회를 열고 선생께서 통역을 하신 일도 있었다. 태평양전쟁 말기에 동지들과 투옥되신 일들을 통해 선생의 생애는 한없이 굵고 직선적이었음을 알 수 있다. 아직 생존하셨더라면… 하고, 답답한 정을 금치 못한다. 글은 글이고 직접 말씀을 듣고 싶어서다. (『사상계』 1955년 8월호에서 재수록)

저작집을 읽고

김종길(金鍾吉) | 전 풀무학원 교사

독후감을 쓰라는 말씀을 듣고도 염치가 없어서 차일피일 끌어 왔습니다. 선생님의 신앙으로 살지 못하는 제가 무슨 글을 쓸 수 있겠습니까. 연기된 기한마저 또 넘어 가려는 이제 마음을 가다듬고 옷깃을 바로잡으며 선생님 책에서 가장 감명 깊었던 점을 몇 말씀 적습니다.

제일 큰 감명을 받은 점은 선생님의 성서 읽으신 태도십니다. 큰 문제를 일으키셨던 「조와」를 통해 알 수 있듯이 선생은 하늘에 계신 분들만이 깨어 내려다보시는 가운데 찬란한 하늘의 별들의 환영을 받으시면서 이른 새벽에 조용한 동산으로 올라가셔서 개구리도 얼어죽는 그 찬물에 전신으로 목욕하신 후 온 몸과 온 영혼을 제물로 바치시고 기도와 찬미로 예배를 올린 연후에 성서를 읽으신 일입니다. 귀중한 말씀을 받는 자의 진지해야 할 태도를 가르쳐 주셨다고 믿습니다.

둘째로 선생님의 성서 해득의 방법에서 감명을 받습니다. 선생님은 선인들의 저서에서보다 성서의 깊은 뜻을 성실하신 선생님의 피눈물 나는 그 걸머지신 십자가를 통해서 육체와 혼을 합친 선생의 전인격으로 체득하신 때문으로 믿습니다. 선생의 산상수훈 강해는 선생이 어떤 저서에서 따오신 것이 아니고 우리 민족 전체에 지워진 십자가를 성실히 지는 자, 태무(殆無)하였을 때 민족 전체의 부채를 선생 혼자서 지시고서야 비로소 깨달을 수 있는 또 쓰실 수 있는 진리였다고 믿습니다.

그 같은 무거운 짐을 혼자서 지시고도 선생은 소망을 잃지 않으시고, 신뢰를 저버리시지 않으신 철두철미한 신앙으로 지상의 생애를 마치셨습니다. 선생님의 신앙이야말로 한국인의 구원의 핵이요, 한국 민족이 하나님으로부터 칭찬을 받을 오직 유일한 보배로 믿습니다. 선생의 신앙과 똑같은 신앙으로 오늘의 민족의 십자가를 용감히 지고 나갈 수 있는 우리 되기를 기도하면서 붓을 놓습니다.

참 한국인

주옥로 | 풀무학원 설립자

1. 인간부재의 우리의 현실

지금부터 30년 전 '성서 위에 조선을…' 하고 외치다 못해 45세를 일기로 쓰러지신 김교신 선생을 바라보며 그의 싸움을 이어 받고자 하는 이 마당에서 나는 진정한 한국인에 대해 생각해 보고자 합니다. 그것은 4천 년 한국 역사 가운데 진정한 한국인이 있었을까 하는 의문과 한국인이 살고 있는 한국의 현실이 이럴 수야 있나 하는 안타까움에서 이 제목을 택한 것입니다.

오늘의 세계를 돌이켜 보면 30억을 돌파하는 인간 과잉의 시대이면서도 사람다운 참 사람을 만나볼 수 없는 인간부재(人間不在)의 역설적인 현실이기도 합니다. 더욱 우리나라는 일자리가 없어 구직자, 잠재 실업자는 홍수처럼 범람하고 있지만 꼭 해야 할 일에는 사람을 구할래야 구할 수 없는 상태로서, 흡사 그 옛날 희랍의 디오게네스처럼 대낮에 등불을 들고 인간을 찾아 헤매었던 비극이 우리 눈앞에서 연출되고 있습니다. 그렇습니다, 최초의 한국인이 없이 한국이 성립될 수 없으며, 진정한 한국인이 없이 참다운 한국의 모습을 발견할 수 없음은 너무도 당연한 일이 아니겠습니까. 한국인도 역시 사람이기 때문에 하나님의 형상대로 지음을 받은 본연의 사람 즉 사람다운 사람이어야 할 것은 말할 것도 없습니다. 그렇다면 사람이 사람다운 참 사람이 되는 길은 무엇이겠습니까? 결론부터 말씀하면 어거스틴의 말대로 '영원한 생명과 진리에의 참 길', 진정한 구원을 성서에서 발견하는 것이라고 믿습니다. 그리고 나는 우리 민족의 이 진정한 구원을 그리스도의 십자가 신앙과 성서를 통해 확립하려고 한 분이야말로 김교신 선생으로서 이 점 또한 선생이야말로 우리에게 있어서 진정한 의미에서 최초의 기독자, 진정한 한국인이 아닐까 하고 생각하는 바입니다. 그는 일찍이 "나의 염원의 전폭을 차지하는 것은 조선이란 두 글자요, 그리고 이 최선의 애인에게 줄 유일의 선물은 성서 한 권뿐이라"고 하여 마침내 『성서조선』지를 간행, 오직 성서의 진리로 겨레의 도덕적인 골근(骨筋)을 세우고 이의 순수한 신앙으로 민족의 피와 살을 삼고자 생애를 바친 진정한 의미의 최초의 한국인이요, 애국자이기도 했습니다.

참된 한국인의 희망은 경제부흥이나 2차 5개년 계획의 성취도 남북통일을 이루는 군사력도, 조국의 민주적인 근대화도 아닙니다. 무엇보다도 진실 건전한 거짓 없는 한국인을 산출해 내는 일입니다. 성서의 진리로써 거듭난 진정한 신앙의 한국인 말입니다. '역사는 위인의 전기'라고 칼라일이 말한 바 있거니와 과연 우리의 역사에 네루가 말한 '앞으로 천년을 두고 생각할 인물'이 있습니까. 실로 인도의 위대는 5억 민중의 마음속에 살아 있는 마하트마 간디의 위대이며, 인류의 양심이라고 할 수 있는 에이브러햄 링컨이 있어 미국은 미국일 수 있습니다. 신앙 자유의 투사, 진정한 독일인 마르틴 루터 없이 진리의 독일을 생각할 수 없으며, 청교 신앙의 기초를 놓은 올리버 크롬웰이 없이 오늘의 영국을 상상할 수 없습니다. 만일 덴마크의 미래가 남아 있다면 그것은 키에르케고르(Kierkegaard)의 순수 절대한 신앙에 있을 것으로 나는 감히 믿습니다. 또한 오늘날 세계적인 일본인으로서는 그리스도의 십자가 중심의 믿음만의 믿음을 그의 독창적인 무교회 신앙으로 현대에 재발현한 우치무라 간조야말로 근세 일본 아니 미래의 일본 민족의 영적인 기초를 놓은 분이라 하겠습니다. 다행히도 이와 때를 같이하여 같은 성령의 역사로써 우리에게 있어서 김교신 선생이 또한 한국인의 심장으로 순수한 성서 신앙의 민족적인 소화와 확립을 위해 진리의 싸움을 펴셨던 『성서조선』 내지 '성서조선사건'이야말로 역사적 사건이라 아니할 수 없습니다. 사랑하는 조국을 성서의 진리 위에 세우고자 하는 선생의 신앙 싸움은 자연 기독교에 있어서의 외적인 제도와 조직 즉 일체의 교권, 교직, 교파, 교회 그리고 형식적인 소위 모든 의식과 교리를 박차고 신앙을 철저히 개인 심령으로, 도덕적 자유로, 사랑으로 파악하기 위해 성서 진리의 본질적인 탐구에 짧은 일생을 바침으로써 예수 그리스도와 함께 십자가에 죽고 다시 나는 민족의 신생, 속죄, 구령의 생명적인 복음 신앙에 철저하신 것이었습니다.

2. 우리 민족의 기조

저는 여기서 한국인의 거룩한 마음씨와 성실한 인격으로 우리의 정신과 문화 위에 민족적인 위대한 진리를 발현한 전형적인 세 분 인물을 대표자로 더듬어 보고자 합니다. 첫째 거금 1,300여 년 전 신라가 당시 불교 사상을 수입, 소화함에 있어서 불경 중심의 근본 정신과 종지 대요를 이해 파악하기에 힘쓴 원효 스님을 생각할 수 있습니다. 그에게 있어서 불교는 인도의 것도 중국의 것도 아닌 신라인의 독자적인 불교였으며, 더욱 그는 체험적인 통일의 이상주의자로 '일즉일체 일체즉일(一卽一切 一切卽一)'이란 마음의 본업으로 종파란 있을 수 없음을 주장한 점으로, 그의 깊은 불교의 한국적인 소화와 순화, 파악을 볼 수 있으며 이가 또한 찬란한 신라 불교 문명을 배출시켰으며, 저의 불교 사상이 멀리 일본 불교에까지 큰 영향을 끼치게 된 것입니다.

다음 유교적으로 민족 문화와 그리고 민족 성격의 바탕을 구현한 두 인물을 우리는 이조사에서 들 수 있습니다. 우리 역사에서 왕자로서 세종대왕만큼 내치외정에 빈틈없으셨으면서도 더욱 광범하게 학술에 통달하신 분은 없을까 합니다. 그는 불요 불굴의 의지로써 당대 인류사상 독창적이라고 할 수 있는 우수한 한글을 친제, 보급하여 민족 문화의 양양한 초석을 놓고, 동양 어문으로서의 희망을 지니게 하였음은 생각할수록 민족적인 은인이라 아니할 수 없습니다. 심지어는 초정(椒井)에게 안질을 치료하러 갈 때에도 계속 한글의 연구에 고심 초사하셨으며, 최만리 등 공공연히 이에 반대, 상소하자 추상같이 '이는 유자식리(儒者識理)의 일이 아니며 속유배(俗儒輩)들의 잠꼬대'라고 심하게 책망하였던 것입니다.

다음 부동의 신념으로 왜침에서 조국을 구출한 이순신 님에게서 우리는 영원한 민족의 착한 마음 바탕을 봅니다. 충효(忠孝), 신의(信義), 지덕(知德), 인용(仁勇) 모두 다 너무도 뛰어난 인품이었습니다. 모함으로 옥에 갇

했다가 정유재란 때 원(元)이 대패하자 '미충불사 갈충어국(微忠不死 竭忠於 國)'의 단성과 폐허에서 주워 모은 배 '상유십이(常有十二)'로 이는 실로 1 대 30의 전투 비율인데, 신망국활(身亡國活)의 비원을 올리며 적탄에 운명 하신 충무공이야말로 내외로 천세 만세의 민족 귀감이라 하겠습니다. 이외 에도 우리 민족의 기조가 될 만한 유명 무명의 비범한 많은 인물들이 있을 줄로 압니다.

그러나 나는 여기서 성서의 입장에서 몇 가지 원칙을 들어 최초의 진정한 한국인에 대하여 구체적으로 생각해 보고자 합니다. 첫째, 민족 성격의 기본 형성을 위해 가장 평범하고 건전한 개성의 소유자로서 민족에 정신적인 원동력이 될 수 있고, 나아가 도덕과 양심의 지주가 되며 이 점에서 미래 영원히 부단히 빛을 발할 수 있는 인물이라야 하겠습니다.

둘째, 위 사람의 영혼과 양심 도덕 정신의 개조나 확립이란 사람의 노력이나 수양으로는 절대 될 수 없는 것으로 이는 진정한 종교 신앙 즉 사람을 죄에서 구하고 저에게 참 생명을 부여하는 하나님과의 절대적인 산 관계에 들어가야 되는 것으로 최초의 한국인 저는 우리에게 소년, 청소년, 장년, 노년, 빈자, 유무식간, 건강, 병약의 차별 없이 생애의 스승과 친구로서 희망과 위로와 힘을 줄 수 있는 영적 진리의 전달자 또는 증인이어야 하겠습니다. 셋째, 따라서 동포의 영혼의 구원을 위해 하나님만 의지, 그리스도만에 절대 신앙을 바치는 영혼의 독립 자유인으로서 진실 건전한 사람이요, 세상 모든 불행과 고초 가운데서도 천적인 인종과 기쁨과 행복의 사람이어야 하겠습니다. 이러한 진리와 믿음의 사람은 저의 지상에서의 최후의 목표가 자연 민족과 국가의 구원을 위한 십자가의 삶이 될 것이며, 영원히 민족을 수호하는 파수꾼으로 살 수밖에 없을 것입니다.

이렇게 보면 최초의 한국인은 최초의 기독자여야 하며, 진정한 한국인이란 결국 진정한 기독자란 말이 되겠습니다. 그런데 우리에게 있어서는 최초의 기독자가 누구냐가 문제가 아니라 과연 진정한 의미에서 한국인도 기독자일 수 있는가, 또는 우리의 현실에 진정한 기독교 신앙이 존재하는 것인가가 우선 문제입니다. 신앙에서 보아 신의에 배반함은 물론 인간 최악의 살인적인 전쟁 즉 월남 파병에도 일언반구의 반응이 없는 우리 기독교, 그러면서도 한일 국교 문제에는 정치인들로 더불어 단식 투쟁에 여념이 없는 기독교, 불연이면 통일교나 전도관 같은 기독교가 우리에게 있어서는 날로 왕성하니 말입니다. 기본(Gibbon)은 유명한 그의 로마사에서 "기독교는 순결한 훌륭한 종교로서 이의 거룩한 도덕률로 신도들의 생활이 깨끗하면 할수록 로마제국에서는 박해가 더욱 심했는데 이는 참 일대 의문이라"고 했지만, 지금의 우리에게는 가히 짐작되는 바가 있습니다. "순수하고도 진정한 그리스도이기에 오늘의 기독교는 그를 재수입해야 한다"고 한 키에르케고르의 말은 결코 지나친 풍자가 아닙니다. 이제 이러한 견지에서 김교신 선생은 과연 어떠한 분이신가 다시 생각해 보고자 합니다.

3. 예언자의 애국

선생은 원래 함경도 태생으로 강철같이 강직한 절륜의 의지와 추호의 허위를 불허하는 근엄한 진지성과 그러면서도 눈물 많은 천진한 어린이 같은 성격의 소유자였습니다. 그러나 또한 건전하고 상식적인 그의 인간성은 우리의 감정적인 기독교 신앙에 대해 '냉수를 쳐 가며 믿으라'고 외치셨습니다. 역사상에 애국자가 있다면 그것은 하나님의 사랑과 정의와 우주 섭리에 근원했던 이스라엘의 예언자들일 것입니다. 이들은 민족의 파수꾼으로 국민의 정신과 행위의 감시자로 민족의 양심이요, 정신의 지주요, 행위의 척도였습니다. 우리에게 있어서 김교신 선생은 족히 이러한 예언자로서 민족을 수호하고 불의를 경책함으로써 내외로 조소와 박해와 수난에 직면하지 않을 수 없는 싸움과 눈물의 생애를 보냈던 것입니다.

10년을 하루같이 계속한 그의 일기에 보면 이런 대목이 있습니다. "아침에 신열이 내리지 않다. 오전 7시 반 옹진 시외 일본 광업회사 견학. 갱내 막다른 골목에 이르렀을 때, 캄캄한 가운데 착암기를 잡고 섰는 15-16세의 소년에 내 온 주의가 끌려 버렸다. 저가 꼭 내 동생, 내 아들만 같아 견딜 수가 없다. 갱내의 어둑한 것을 기화로 광벽을 향해 무량의 눈물을 뿌리지 아니치 못하였으니 이것이 박물 교사의 총수확이었다. 저들도 보통 교육을 받고 바울을 읽으며 예수의 복음을 듣는 날까지 우리가 어찌 안연히 명목할 수 있으랴." 또는 "내가 이렇게 눈물이 헤픈 사람이었던가. 물말이 밥은 소화가 안 된다고 하나 눈물말이 밥은 소화가 더 잘 되더라"고 하신 구절도 있습니다. 항시 선생 서재에는 대형 한국 지도가 걸려 있어 여기 선생의 원대 투철한 깊은 예언자로서의 애국의 경륜이 세워졌을 것으로 생각되며 당시의 일본 관헌이 "『성서조선』지야말로 민족의 300년 앞을 준비하는 최악질의 민족 운동이라"고 지적했다고 하지만, 성서의 신앙과 진리로써 민족의 살 길, 백년대계로 확신한 박물 교사인 선생은 안으로 쇠를 잠근 박물 교실에서 다난한 16개 성상 간단없이 158호에 이르는 『성서조선』지를 집필 간행하시기에 정력을 다 쏟으셨습니다. 참으로 그의 이 오로지 정의와 믿음과 진리로써 한 민족애야말로 한국 최초의 실로 하나님의 뜻과 축복에 해당하는 예언자적인 이상적인 영원한 애국이었다고 생각되는 바입니다.

4. 성서신앙의 확립

『성서조선』 75호 권두문 중에 '성서를 조선에, 조선을 성서 위에'라고 하신 비문과도 같이 아로새겨진 말씀이 있습니다. 이는 실로 선생의 민족적인 신앙의 소화, 파악, 확립을 위해 기독교 신앙의 근본, 중심, 생명으로서의 경전 자체, 성서 자체에 대한 본원적인, 근본적인 노력을 보여 주는 점에서, 민족에 대한 그의 종교 개혁적인 의도를 분명히 하는 위대한 발언이라고 할 수 있습니다. 선생은 일개 박물학자로서 전문 성서학자는 아니었으되 성서학자 이상이었으며, 전문 전도자가 아니었으되 직업 전도자 이상으로 성서 신앙의 순수한 복음의 씨를 우리 민족의 심장 깊이 맨 먼저 심어 준 유일한 한국인으로서 민족 신앙의 선구자가 되신 것입니다. 즉 성서 신앙의 민족적인 확립을 위해 망국의 비통과 고난 가운데서 아니 민족의 불의와 불신 가운데서 애국의 지성과 인내와 희망으로써 그리고 깊은 진리애로써 성서를 사실로써 이해하고, 믿고, 살고, 증거한 점에서 진정한 성서 신앙 아니 성서 생활의 개척자가 되셨습니다. 철학자 파스칼(Pascal)의 말에 "성서는 우주와 인생의 유래와 그 목적과 또 이를 달성하는 섭리와 그리고 종국의 완성을 위해 하나님이 저의 아들 그리스도를 보내 주신 구원의 역사인 것으로, 성서에 게을리함은 우주의 최대사를 게을리하는 것이라"고 있습니다. 그렇다면 성서 신앙을 민족적으로 확립하고자 애쓰신 선생이야말로 민족적인 최대사는 물론 우주의 최대사를 위해 진력하신 것입니다.

'성서 위에 조선을!' 이보다 더 우리 민족의 높은 이상을 단적으로 표현한 말씀을 나는 아직껏 발견하지 못합니다. 성서 없는 기독교, 신앙 없는 성서가 무용이듯이 성서 없는 한국 역시 무용지물일 것입니다. 신앙의 영웅 루터 역시 보름스 국회에서 "나는 성서에 사로잡힌 자이다. 나의 양심은 하나님의 말씀에 얽매여 있다. 나는 성서의 진리를 취소할 수는 없다. 그러나 만일 저서 중 성서를 어기고 진리를 부정한 것이 있어 누구든지 이를 밝혀 가르쳐 준다면 나는 조금도 주저 않고 그것을 누구보다도 먼저 불 가운데 던질 것이라"고 외쳤습니다. 그는 또한 '성서는 하나님의 본체'라고 했습니다. 그러므로 성서에 충실함이 곧 신앙에 충실함입니다. 그가 이 성서 신앙, 이 말씀을 무기로 삼아 로마 교황과 가톨릭의 철통 같은 조직을 격파했다면, 김선생은 이로써 조국은 물론 일제의 모든 부정과 비진리와 싸우신 것이었습니다. "사람은 빵으로 살 것이 아니요, 오직 하나님의 입으로 나오는 모든 말씀으로 살 것이니라" 하신 성서의 말씀 위에 영구불멸할 진리의 한 국을 세우고자 하는 선생의 염원이 '성서 위에 조선'이란 표어로써 『성서조선』지의 간행을 보게 되고, 민족적인 신앙 확립이란 일점에 선생의 전생애와 노력이 집중되었던 것입니다.

5. 진정한 기독자

오직 산 믿음으로 일체의 종교 의식을 경멸하고 정의를 중히 여겨 티끌만한 불의에도 전신의 피가 끓고 약자와 빈자와 노유를 아끼며 하나님만 두려워하고 사람을 두려워하지 않으며 거친 들에 묻힌 들사람이면서 기탄 없이 국민의 죄를 책하여 조국의 일목 일초까지 아니 세계의 구석구석에까지 사랑과 동정을 보내고, 고금 동서의 진리와 역사에 밝고 미생물, 무생물에까지 깊은 관심을 기울이고 앞날을 그처럼 깊이 투시 통찰하여, 국내외를 기탄 없이 책론하고 회개치 않으면 드디어 멸망할 것을 분명히 예언하고 그러나 골방에 들어가 조국의 장래를 위해 눈물의 기도를 올린 그는 과연 평민적인 진정한 기독자이며, 성서 신앙의 확립자요, 진리에 근원한 애국자요, 우리 역사의 최초의 참된 한국인이기도 합니다. 나는 선생을 통해 우리 민족의 핏줄과 맥박 속에서도 진정한 그리스도의 십자가의 신앙이 뿌리를 박아 붉은 피가 되고 복음의 아름다운 꽃을 피울 수 있게 된 것을 확신할 수 있어 선생 앞에 무한한 감사를 금할 수 없습니다.

기독자란 죄 사함을 받은 십자가 복음의 증인으로 자신 십자가에 죽고 다시 산 자이며, 하나님의 뜻을 선포하여 새벽을 기다려 밤을 새우는 진리의 파수꾼이기도 합니다. 저는 하나님 안에서는 무엇이고 할 수 있되 하나님을 떠나서는 아무것도 할 수 없는 자입니다. 저는 진리와 사랑을 과시하면서도 이로써 자신을 위해서는 아무것도 할 수 없는 자입니다. 이렇게 진정 사람을 거듭나게 하는 것은 오늘날 자유주의도 통제주의도 공산주의도 아니며 오직 예수 그리스도의 십자가를 믿는 성서 신앙뿐입니다. 국가의 부흥도 동양의 평화도 우리 민족의 인류에의 기여도 오직 이에만 있을 수 있는 것입니다. 이와 같이 진정한 한 사람만이 잘도 일국의 패망을 바로잡을 수 있는 것으로, 세상 건축가가 버린 돌이 가장 요긴한 모퉁이의 머릿돌이 된다는 믿음의 진리를 우리는 잊어서는 안 되겠습니다. 이리하여 저는 김교신 선생이야말로 우리에게 있어서 예언자적인 애국과 성서 신앙의 민족적인 확립이라는 중대한 면에서 첫 열매가 되신 것으로 확신하는 바입니다.

"진리는 스스로 선다"는 말씀이 있거니와 자주와 독립이 진정한 진리의 증거라면 언제까지나 후진국으로 경제생활과 국토방위까지 외국에 의존하여 살고자 하는 우리란 분명히 거짓 위에 서 있는 것이며, 한국인이되 한국인 부재, 진리 부재의 현실이라고 아니 할 수 없습니다. 과연 우리의 조국은 어디로 가는가? 조양(朝陽)이 선명한 아침이 올 것인가? 진리란 씨앗의 생명과 같아서 아무리 산 진리라도 사람의 마음속 깊이 심지 않으면 드디어는 고사하고 맙니다. 우선 진실한 한국인의 양심의 옥토에 그리스도의 영원한 생명의 진리를 심읍시다. 즉 김선생이 생애를 통해 외치신 성서를 한국인의 심장에 깊이깊이 심고, 가꾸고, 피어나게 할 수 없다면 우리는 필경 하나님의 진노를 피할 수 없다고 감히 단정하는 바입니다. 오늘날 더욱 세계의 아니 동양의 격동하는 동태 중에서 나는 이를 예감하고 몸서리치는 바입니다.

우리의 이상의 한국을 지킬 진정한 한국인이 어디에 있겠습니까? 청와대와 의사당에 있습니까? 아닙니다. 무기창이나 정보부에 있습니까? 절대 아닙니다. 사상계나 학계에? 어림도 없습니다. 교회당이나 신학교에? 잠꼬대 맙시다. 그러면 농촌에? 북녘 땅에? 아닙니다. 여우와 이리 떼는 우굴거리고 독사나 박쥐들은 늘름대고 파리나 거미 떼는 떠들어대도 하나님의 형상대로 지음 받은 사람다운 본연의 한국인은 없고 또 없습니다. 콜리지

(Coleridge)의 말대로 여기서는 모든 사람이 진리 이상으로 나라나 정권을, 물질이나 향락을, 교회나 가정을, 아니 자기 자신을 더 아니 절대로 사랑하기 때문입니다. 죄의 인간이 철저히 죽고 그리스도를 믿음으로 다시 진리애로부터 시작한 일이 아니고는 모두가 거짓이요, 헛되고 헛될 뿐입니다.

　기독교적인 키에르케고르의 말에 "기독교는 이해하기가 가장 어려운 종교이다. 나는 이 세상에서 아직껏 진정한 기독교 신자를 보지 못했다. 그러나 이해하기 어려운 것이 오류인 증거는 아니며, 한 사람의 그리스도 신자가 없었음은 내가 신자가 될 수 없다는 이유는 될 수 없으며, 이 점 나는 최초의 기독자가 되어야 한다"는 위대한 크리스천의 거룩한 야망을 보여 준 말씀이 있습니다. 그러나 우리는 이미 김교신에게서 한국 초유의 기독자와 진정한 한국인을 발견했으며 그와 함께 피차가 십자가를 지는 진리의 싸움에 참전해야 될 것이 아니겠습니까?

　"국가는 의인의 가슴속에 있다"는 말이 있습니다. 진실로 우리 한국은 진정한 한국인의 가슴속에만 살아 있을 것입니다. 우리는 정말 기독교인이 되기 전에 먼저 진정한 한국인이 되어야 하겠으며 또한 진정한 한국인이 되기 위해 먼저 진정한 기독자가 되어야만 하겠습니다. 지금 나는 이 순간 이 자리에서 한국의 대표로서의 제1인자, 진정한 한국인 김교신 선생의 진정한 모습을 보는 듯합니다. 나는 그의 심장 속에 빛나는 그리스도의 십자가와 아로새겨진 이상의 한국 지도를 봅니다. 그리고 그의 언성을 듣습니다. '나와 아무 관계없는 자여, 그대 이름도 한국인, 그러나 내가 가장 사랑하는 자여, 그대 이름도 한국인'이라고. '오늘로 세상의 종말이 온다 해도 우리는 성서 위에 조국을 세우기 위하여'라고 부르짖은 개혁자 마르틴 루터의 말대로 우리도 우리들의 심장 속에 성서를 깊이깊이 심읍시다. 유명한 성서 주해자 라이트프트의 말을 빌어 나의 부족한 말씀의 끝을 맺는다면, '하나의 심장이 온 몸을 뜨겁게 하듯' 한 권의 성서가 기어코 한국을 다시 살려 낼 것을 믿고 진정한 한국인, 최초의 한국인, 진정한 애국자 김교신 선생의 만세를 높이높이 부르고 싶습니다. (1965년 5월 김교신 선생 기념강연 내용)

그 믿음과 정신을

최익상(崔益祥) | 전 경북 한알중학교장

1945년 5월 어느 날 평양역 구내에서 노평구 선생을 대했을 때 대뜸 하시는 말씀이 놀란 표정으로 "김교신 선생님이 돌아가셨어…" 하시기에, "에! 무슨 병으로 돌아가셨습니까?" "장질부사라고 그래요" "언제 돌아가셨습니까?" "지난 4월 25일에" 하시면서 선생은 분한 심정과 착잡한 감정에 사로잡혀 있음을 보았다. 이 때는 바야흐로 해방을 앞에 놓고 옷에 흙투성이의 수많은 보국대원들과 몸빼 차림에 소위 야미 물건을 운반하는 여성들과 그리고 모든 국민들이 옛날 애급에서 고역을 당하던 유대 사람들처럼 한숨에 싸여 죽지 못해 사는 처지였는데 가장 존경하고 신뢰하고 또 의지해 오던 선생을 잃었으니 과연 분통이 터지지 않을 수 없었다.

해방 후 24년이 흐른 오늘날에는 애국이란 말이 그 시절같이 뼈저리게 느껴지지 못하는 감이 있다. 그 시절에는 강산을 봐도 내 강산이요, 민중을 봐도 내 민중이었다. 외인(外人)한테 멸시받는 같은 처지라 동포애가 있었던 것인가? 나는 김교신 선생을 직접 대해 본 일은 없고 동경 시대 노선생을 통해 『성서조선』지를 좀 읽은 일이 있지만, 함석헌 선생, 송두용 선생과 함께 김선생님의 이름밖에 별로 기억이 나지 않는다. 그러나 지금은 친지들을 통해 혹은 여러 선생님들과 또 선생 책을 통해 지난날의 진정한 애국자요, 교육자요, 이 땅에 믿음의 씨를 심은 위대한 하나님의 사도였던 선생을 깊이 알게 되었다.

완전히 자유를 박탈당했던 일제 시대 더욱 일어 사용과 내선 일체를 부르짖던 때에 선생은 확고한 기독교 신앙 위에서 감히 대담하게 한글로 글을 쓰셨다. 『신앙과 인생』 제2권(본 전집 1권) 「조와」에서 "동사한 개구리 시체를 모아 매장하여 주고 보니 담저에 아직 두어 마리 기어다닌다. 아 전멸은 면했나 보다!"라고 한 것이 문제가 되어 많은 독자가 투옥되었다고 하니 우리는 김선생의 저작집을 읽을 때 이가 수난사 속에서 쓰여진 것을 기억하고 읽어야 될 줄로 안다. 자유 없는 시대의 글일수록 그 속에 독립 정신이 강하게 살아 있는 것을 알 수 있다. 너무 자유스러워도 인간은 정신력이 약화되거나 부패한다는 것도 진리인 듯하다. 우리는 자유 없던 시대를 회상하고 진실에 만족은 못할망정 그래도 감사로써 누가복음 10장 27절 말씀대로 늘 하나님을 사랑하고 또 이 민족을 사랑하는 생활에 힘쓰는 것이 선생을 따르는 자의 책임이요, 의무요, 도리라고 생각한다. 김선생님은 박물학자였던 까닭에 선생 글에는 자연과학에 대한 것도 많다. 시대적인 차이로 원자력이나 달 여행에 관한 기사는 없어도 이 면에서도 선생은 원리적으로 하나님의 절대적인 진리를 분명히 하신 줄로 안다.

나는 부족하나마 교단생활 20년으로, 김교신 선생께 본받고 배워야 할 것이 너무도 많은 것을 발견한다. 선생은 우리 민족의 정신 계발과 개화를 위해 무엇보다도 중요한 기초 공사가 되는 성서의 진리를 이 땅에 심으시고, 기독교 정신에 의한 이 민족의 독립 정신과 애국 정신을 고취시켰다. 선생은 본직인 교사생활을 하시면서도 생애 성서 연구지를 내셔서, 우리들도 시간을 선용만 한다면 누구든지 자기대로의 최대 유물을 이 세상에 남길 수 있다는 것을 몸소 보여 주셨다. 선생은 또 털끝만한 불의도 용납치 않으시고 더욱 이런 정신으로 철저한 교육을 하셨으니, 수학 여행 중에라도 타학급에서는 사고자가 나도 선생님 반에서는 한 명의 사고자도 없었다고 들린다. 또 선생의 일상생활은 전체 철저한 의지적인 실천생활이었다고 들린다.

생애를 통한 성서집회, 기도생활, 냉수마찰, 자전차 통근, 시간엄수 등등은 다 이를 보여 주는 것이었다.

　오늘날 우리의 현실이란 과연 사람은 많으나 실상은 사람 없는 시대이다. 회사를 하나 차릴래도 믿을 사람 없고, 정당을 봐도 진실한 인격 없고, 교육이라고 해 봐도 요는 사람 문제이다. 요즘 반공, 도덕 교육이라고 떠드나 어디 여기 도덕 문제 때문에 낙제한 학생이 있던가? 그러나 자타가 공언하듯 부정과 부패는 올 데까지 왔고, 소위 물질 문명의 부산물로 정신적인 타락도 올 데까지 왔으니, 민족을 위해 좌시만 할 수는 없게 되었다. 그렇다고 홍익 인간 해도 막연하고, 불교 해도 새 힘이 없고, 유교 해도 진취성이 없고, 한국에서는 다 시험제가 아닌가. 그래도 아직도 희망을 걸 수 있다면 기독교 신앙에 의한 민족 개조라고 본다. 세상이야 기독교인을 어떻게 보든지, 기독교인이 나빴으면 나빴지 기독교 자체는 영구 불변의 진리이다. 우리는 한국이 낳은 김교신 선생의 믿음과 정신을 따라가야 하겠다. 김선생께서는 45세를 일기로 8·15 해방을 몇 달 앞두고 승천하셨지만, 많은 믿음의 제자들을 남긴 선생은 미완성인 대로 할 일은 다 하시고 가신 것으로 믿는다. 남은 우리에게 힘찬 믿음의 생활이 있기를 빌 뿐이다.

『성서조선』의 얼

박노훈(朴魯壎) | 전 고교 교사(독어). 작고

　1927년생인 나는 『성서조선』과 거의 함께 자라났다고 할 수 있다. 어릴 적에 아버님 서가에서 대했던 『성서조선』지는 철이 들면서 여기저기 뒤적거리며 흥미를 느끼고 또 아버님이 단편적으로 들려주신 김선생님의 이야기 가운데 특히 선생 서재를 손수 지으셨는데 매일같이 퇴근길에 앞 시냇가에서 돌을 한 개씩 모아다가 그 주 자재(資材)로 하셨다는 얘기가 인상 깊이 남아 있는데, 이제 새삼 『성서조선』지를 통해 『김교신 신앙저작집』(본 전집)을 소개받고 읽게 되니 구구절절에서 물결치는 감동은 과연 우주 공간을 종횡으로 나는 우주 비행사의 그것을 훨씬 넘는다 하겠다. 일찍이 역시 아버님 서가에서 무심코 뽑아 들었던 『성서연구』지 제2호에서 기독교의 참 모습에 접하고 신앙적인 회심을 체험하여 기쁨과 감격에 날뛰었다면, 이 김선생의 저작집은 기독교 신앙의 골수를 개시, 한결 드높은 신앙 세계로 나를 이끌어 올려 주었다고 할 수 있다. 즉 저작집 간행사 중에 "한 때에만 소중되고 그 때가 지나간 후에는 쓸데가 없는 말은 말씀이 아니다"라고 한 뜻이 실감나게 클로즈업되니 감회가 무량할 뿐이다.

무엇보다 이 저작집을 읽어 나가노라면 우선 느껴지는 것이 편집자의 신앙 슬기이다. 특히 제1권(본 전집 2권) '하나님'에서 시작해서 '찬미'로 그치는 그 단원 분류는 정말 인지(人智)로서는 불가능한 일이며 성서 진리의 불변성이 여실히 재현되는 신앙의 일임을 절감하게 되니, 신앙인에게는 스스로의 신앙 체계 확립에 불신자에게는 기독신앙에의 길잡이로 하나님이 이 땅에 보내신 고 김교신의 사명이 실로 부활했다 할 것이다.

결론부터 말하면 우리 역사를 갖고 생명적인 것으로 만방에 떳떳이 자랑할 것이 없다고 부끄러워만 하던 나에게 이제 김교신 선생이 있다고 고함쳐 외칠 수 있게 되었다는 기쁨이다. 하나님의 말씀이 김교신 선생을 통해 우리의 것으로서 표현되었다는 기쁨이다. 다시 이를 영원히 간직할 수 있게 되었다는 기쁨이다.

이 저작집은 전 6권 중 아직 2권이 미간이지만 본문집의 성격이랄까, 오히려 김교신 선생의 신앙의 단적인 표현이랄까 그것은 제1권 초두의 「하나님」으로써 능히 요약될 수 있다고 본다. 시대와 문화의 변천에 따라서 변개되는 그런 하느님은 하늘의 님, 추상화된 우상이지, 영원 전부터 영원 끝까지 스스로 계신 유일하신 하나님은 아니다. 이토록 신관이 확립되지 않고는 그것이 만고에 인류사를 빛내는 종교적인 진리라 할지라도 그것은 타작 마당의 쭉정이에 지나지 못하는 것이다.

다음의 「불공평한 하나님」으로 김교신 선생의 신앙에 숨막힐 지경으로 뚜렷이 대할 수 있어 벌써 이 두 가지 글만 갖고도 본문집의 내용을 엿볼 수 있어 족할 뿐더러, 이를 편집한 분의 신앙의 향기가 또한 천상적이어서 가히 귀 있는 자는 듣고 눈 있는 자는 볼 수 있는 신앙의 진리가 그대로 계승되어 우리 한국도 이제부터 참 살게 되었구나 하는 감개가 저절로 솟는다.

김교신 선생 생존시, 당시 학생간에 '양칼'이라는 별호로 통했다고 하지만, 아마도 우리 한국칼은 그나마 주부들의 노고도 덜어 주지 못했던 모양이나, 지금도 그 따위 쇠붙이 조선칼이 잘 들든 못 들든 그건 야금 기술자에게 맡겨 버리기로 하고, 또 별명 '양칼'은 육신 김교신과 함께 낡아지고 오직 여기 그의 말씀과 함께 부활한 그야말로 '조선칼' 김교신 선생이야말로 구구절절이 나의 심령 속의 불신의 찌꺼기를, 군더더기를 싹싹 에이고도 남음이 있다. 「예수와 성인」은 바로 현대의 한국 무교회인에게 내려진 '조선칼'이요, 제도 교회의 온상 속에서 군살만 디룩디룩 쪄 가는 교회인에게 내려진 무서운 칼이기도 하다. 신도 200만을 자랑하고 선교 100년을 자랑하는 현대 한국의 기독인 중에 누가 예수의 참 제자 되랴! 이는 곧 한국을 성서 위에 확립시키려는 선생의 민족적인 회개의 촉구인 것이다.

그러나 예수의 제자 되는 길은 '십자가의 도'라 하여 범상한 인간 상식으로써는 도저히 따를 수 없는 길임을 명백히 하였다. 현대인은 휴머니티를 갈구하는 나머지 이를 신앙의 길에까지 도입함으로써 좁은 길이요, 고난의 길이요, 고독의 길인 십자가의 도를 얼마나 순탄하게, 넓게, 고속화하여 이를 왜곡하여 버렸는가.

내심의 공허를 매울 길 없는 인간은 또한 육체적인 혹은 정신적인 향락과 도취에서 깨어나서는 예수를 한낱 신자로서만 추앙하고, 율법화한 복음을 통해 그를 닮으려고 덕행에 애쓰고 힘쓰고 하다가, 하나님과 인간 사이의 불화를 푸시고 영원한 생명까지 갖다 주신 예수님과의 사이에다 다시 건너지 못할 심연을 파고 떨어져 나가는 우를 범하고 말았건만, 김교신 선생은 '이상의 인물'로서 더없이 예수를, 나의 이상까지도 자기의 표준까지 성화시키는 우인으로, 구주로, 인격자로 발견하여 한없는 만족을 맛보았다고 했다. 그렇다, 예수를 하나님이 아닌 사람으로 추앙했다면 큰 모독이 될지 모르지만 오늘날 교회가 예수를 예배의 대상으로 섬기는 데는 저에게 한없는 거룩을 돌리고 있을지 모르나 실상은 예수를 인간 관념의 애완물로 만들어 버린 게 사실이 아닐까?

이러한 폐단은 오로지 성서를 말씀으로 받아들이지 못하고 즉 구원의 희소식 복음으로 받지 못하고 그저 경으로서 읽고, 외우고, 거기 심취해 버리는 데 있다. 실생활과 관계없이, 의식 속에서만이라도, 설교 듣는 중만이라도 세상사를 잊어버리고, 그 은혜 속에 잠길 수만 있다면 족하다거니, 아니면 몸만이라도 교적에 두고 예배에 참석해 두면 언젠가는 수가 있겠거니 하는 식의 공리적인 감성적 신앙생활로는 결코 예수를 알 수 없다.

신앙이란 우선 성서를 통해 하나님 앞에 죄를 깨닫고 참되게 살려는 도덕적인 의욕을 얻는 일이다. 선생님은 '성서 연구의 목적' 가운데서 "우리는 될 수 있는 대로 냉수를 쳐 가며 냉정한 중에 성서를 배우려 하며 사람다운 생활을 하기 위해, 그 힘을 얻으려고 하는 것이다"라고 밝혔다. 그리고 이로써 우리가 종당에는 가정의 자질로서, 국민과 인류의 일원으로서 참 사는 길이 열린다고 하였다.

대개 힘에는 저항이 이는 법이요, 이런 신앙의 길에는 자연 환난과 핍박이 여러 모로 일어나기 마련이다. 그러나 환난까지도 하나님의 은혜로 받아 되도록 이를 피하기보다는 도리어 이를 삶의 힘의 요소로 받아들이려는 생활 태도, 즉 신앙을 연단하여 온갖 거짓 신앙의 도금을 벗겨 버리려는 신앙 태도가 더 아쉬운 것이다. 김선생님은 이 결론으로서 요한 16장 33절 "세상에 있을 때에 너희가 환난을 받으나 안심하라. 내가 세상을 이겼노라"는 말씀으로 하셨다. 과연 성서에 입각한 참 신앙이 아닐 수 없다.

성서에 입각한 참 신앙의 확립을 위해 거금 30년 전에 외치신 고인의 광야의 소리에 귀를 기울여야 하겠다. "금후 50년은 이성의 시대, 연구의 시대." 이어 "식염 주사 같은 부흥회로써 열을 돋우지 말고 냉수를 쳐서 열을 식히면서 학도적 양심을 배양하며 학문적 근거 위에 신앙을 재건할 시대에 처하였다"고 하신 말씀에 우리는 귀를 기울여야 하겠다. 구약의 각 예언서나 신약의 계시록의 예언을 현실의 역사적인 사실과 부합시키는 무당판수식의 조립식 신앙을 성서적이라 하며, 한편 열을 극도까지 올려 열심 있다는 성도일수록 그 신앙적 열심의 대가를 열광적으로 만끽하려는 비도덕적인 신앙의 군열매가 횡행하는 오늘날, 다시 한 번 우리는 이 말씀을 되새겨야 하겠다.

모름지기 모든 기독인은 각자의 '입신의 동기'를 회고해 볼 필요가 있다. 거기 털끝만큼의 인간적인 의지나 이상이나 야망 같은 것은 결코 낄 수 없는 것이다. 기독교는 인간 신화의 수단은 결코 아니기 때문이다. 그런데 기독교는 사랑의 종교라야 한다. 사실 사랑 없는 기독교란 생각할 수 없다. 지금 이 독후감을 쓰다가 꼭 먼저 밝혀 둘 것이 있다. 연초 홍성에서 있었던 동계 성서집회에서 고린도 전서 13장 사랑의 장의 강화가 있었는데, 이 집회 전후에 나는 이 사랑에 관해 내가 나가는 교회 학생회에서 강론하다가 스스로의 무정, 무애에 봉착하여 번민하던 때라, 비상한 관심을 쏟던 터이나, 결국 인간적인 온갖 탐심 특히 교만, 자랑 등이 완전 제거된 사랑이라야 하는데, 이 사랑은 "예수의 부활을 통해서 비로소 체득할 수 있다"고 하신 노선생님의 말씀과 김선생님의 「애적의 사랑」에서 "의의 폭발적인 요소를 뽑아낸 사랑을 우리에게 권하지 말라"고 결론하신 말씀, 또한「책무를 분담하리라」는 장에서 "무우불여기자(無友不如己者)라는 분식(粉飾) 중에서 어느덧 우리는 교우의 귀족주의자요, 부르주아지요, 독선주의자로 되어 버렸다"는 선생의 참회에 접하고 우리 무교회 신앙인은 제도교회 내의 불평 분자를 규합하는 무리는 아니요, 현존 교회를 무조건하고 공격하는 무리도 아니요, 다만 하나님의 참 사랑, 예수 그리스도가 십자가를 통해 나타내신 절대적인 사랑을 남 먼저 깨닫고 감사에 넘치는 무리로서 이 의의 사랑을 몸소 궁행하여 이 세상에서 자기 의에 도취하는 몽유병자를 깨치고, 한편 번민과 원망 속에서 세상에서 버림받는 타락자들에게 이 기쁜 소식을 전함을 사명으로 받는 무리임을 깨닫게 된다.

그러나 이러한 사랑도 인간의 극기심과 칸트가 말하는 최고선의 의지로써도 그 실천의 가능성을 보여 주고 있다. 암흑 대륙의 전도자 리빙스턴이나 의료 전도자 슈바이처의 행적이 우리에게 사랑의 감명을 줄 수 있고 또 깨우칠 수도 있거니와, 우리의 사육신이 죽음으로 나라님을 사랑한 절개가 또한 산 교훈을 주어 우리의 무딘 심지에 불을 질러 주기도 하지만, 이는 어디까지나 인간 사색의 첨가제요 인간 삶에의 청량제는 될 수 있어도, 무엇보다 저를 3년유여나 신종하던 12제자가 끝내는 저를 버렸다가 그의 사후 다시 저를 전파한 것은 물론 순교한 일이나 또는 다소 사람 바울을 기독자 되게 하여 복음의 세계 전파의 기틀을 마련한 것 역시 예수가 죽은 가운데서 부활했다는 사실에 근거한 것이다. 즉 "기독교 신앙의 기반은 부활이라는 사실에 있다" 하신 선생의 부활 신앙에 있는 것이다. 과학의 발달이 바야흐로 달이나 다른 혹성에 인간을 보내는 단계에 이르는 차제에 현대인으로서 육체의 부활이란 정말 믿기 어려운 것이다. 기독교인까지도 거개가 교회에 다니고, 예수를 믿는다고 하지만 그것은 어디까지나 현세적인 것으로 현세에서 좀 낫게, 행복하게 살려는 욕심의 발동이나 충족에 불과한데,

불신 과학도들이 부활을 믿지 못한다고 탓할 수도 없는 것이다. 그런데 저들이 과학적인 제 사실은 믿으려 들면서 역사적인 기록이요, 사실의 선포인 "예수가 죽었다가 3일 만에 부활하였다"는 복음의 사실을 못 믿는다면 저들이 의지한다는 과학적인 학문 역시 실로 허무하다 아니할 수 없다. 여기 김교신 선생이 「부활의 사실과 이론」에서 고린도 전서 15장의 바울의 부활론이 그야말로 과학적이고 사실적인 것이라고 설파한 것은 선생의 신앙과 특히 해박한 박물 지식에 의하신 것으로 천고에 불변하는 진리의 창도가 아닐 수 없다.

그리고 예수의 부활 신앙이야말로 기독자의 내세 천국에 참여할 수 있는 엄연한 신앙 사실인 것이다. 그러나 그 믿음이 기쁨을 산출하지 못한다면 저가 받은 복음이 참 복음이 아니거나 그 신앙이 거짓임을 드러내는 것이다. 이 점 김선생님은 "신앙생활에 가장 현저한 특색은 기쁨의 생활이다"라고 하였다. 기쁨이 없는 신도는 다시 한 번 저가 기뻐하지 못하는 심령의 상태를 깊이 검토해 볼 필요가 있는 것이다. 이는 곧 「질그릇에 담은 보화」에서 선생이 말씀하신 대로 기독자는 스스로가 질그릇임을 깨닫고 믿음으로 그 속에 하늘나라 보화를 간직하게 된 것임을 아는 일이다.

그런데 이 '기독신도'의 단원을 읽어 가노라면 선생의 사람됨이 여실히 드러나 새삼 고개가 숙어진다. 그야말로 '안고수비'의 사람 즉 숭고한 이상가이되 약한 질그릇 속에서 날로 새로워지는 하늘나라 보화를 깨달아 결코 낙담하지 않고 절대한 기쁨을 맛보시는 성도(聖徒)임이 분명하다. 그러나 이 속에 예언이 있어 당시 선생 30~40대뿐 아니라 지금 60~70년 후의 우리 기독인에게까지 경고가 되는 위험신호를 발하고 있음은 과연 선생이야말로 신앙 릴레이의 한 주자로서 이 나라에 보내진 하나님의 사자임이 분명하다.

"예수 그리스도를 전하라"고 이 사자는 외치신다. 오늘날 현존하는 잡다한 각 교파마다 자파의 교리만을 옳다고 주장하는 한 그것은 신학, 학설의 주장일 뿐, 교회가 지닌 본연의 사명의 완수는 결코 못 되는 것이다. 오로지 교인 쟁탈전으로써 서로 대립하고 분쟁이 쉴사이없는 교계의 오늘날 풍조는 이 나라 각계 각층으로 파급되어 이 민족의 고질적인 사색당쟁의 숙근(宿根)은 기독교조차 끝내 뽑아 버리지 못하고 도리어 이를 깊게만 하는 현실에서 '예수 그리스도를 전하라'는 선생 광야의 소리는 과연 허공만을 울리다가 말 것인가?

인정이란 기호를 같이하고 보면 그래도 정이 통하여 무슨 친목이니 하여 계가 형성되고, 모임이 이루어져 형이니 동생이니 하며 아주 다정해질 수도 있는 반면, 제 기호에 맞지 않는 인사(人士)를 보면 이를 멸시하고, 경멸하고, 소외하고 심지어는 적대시하기에까지 이르는 법이다. 바로 요새 신문 보도에 설악산 조난자 구조라는 목첩의 일에서 두 개의 산악인 단체가 서로 주도권을 쥐겠다고 미군 헬리콥터 앞에서 옥신각신하는 추태를 벌였다고 하는 것도 이런 인간의 내적인 죄성을 드러낸 것이라고 할 수밖에 없다.

여기 「기호를 불문(不問)」이란 장에서 김선생님은 "우리는 이전에 나의 성격, 나의 견식, 나의 도덕, 나의 신앙으로써 친구를 저울질했다"고 말씀하시고 있는데, 이가 오늘날 나 스스로의 당파성 즉 '나는 무교회신자라'는 왜소한 생각이 무조건 교회인을 적대시하고 그 신앙을 저급하다고 경멸하려 드는 편협성을 낳고, 급기야는 또 무교회를 하나의 교파로 만들어 자고연(自高然)하는 신앙 교만의 죄과를 저지르는 것을 경험한다. 그렇다, 이는 현대 한국의 제(諸) 교회간의 분파에서, 각 교파간의 비정에서 빚어지는 갖가지 분쟁에서 엿볼 수 있는 통폐들이다. 이 때야말로 애오라지 선생이 말씀한 "다만 생명을 바쳐 여호와 한 분만을 예배하고자 하는 이는 다 우리의 경모를 받을 것이라"고 한 그대로 일곱 번씩 일흔 번이라도 스스로의 신앙을 재검토하여, 우리 무교회가 진정 신앙에 산다고 자처한다면 이 나라 교계의 밀알로서 썩고, 빛으로서 빛나고 소금으로서 방부제가 되어야 할 것이다.

사실 '무교회'의 단원에서 놀랍게 여겨지는 것은 이 땅에서 벌써 30여 년 전에 당시의 평양신학교 기관지 『신학지남』이나 최태용 씨 등과의 사이에 격심한 논쟁이 있었고 또 나아가서는 무교회 신앙 자체의 이질화를 방지하기 위해 정말 냉수를 쳐 가며 믿자든지 심지어는 「무교회 간판 철거의 제의」 같은 비장한 각오 아래 싸우신 것을 볼 때, 하나님의 진리의 역사가 신구약성서를 통해서 명백하듯, 우리 김선생을 통해서도 역사하시고 그 성서 진리가 약동하는 신앙 유산으로 『김교신 신앙저작집』이 우리에게 남게 된 것은 오늘날 전국 방방곡곡 마을마다 우뚝 솟은 수많은 교회당 건물 이상, 일곱의 일흔 곱절 더 소중한 것임을 생각할 때 기쁨과 감사에 용솟음치는 스스로의 심장의 고동을 억제할 길이 없는 바이다.

그전 일본의 쓰카모토 도라지 선생이 '마루노우치(丸之內) 집회'를 해산하신 처사를 나는 회의와 더불어 한때 못내 아쉬워하다가 이가 지금은 놀라운 신앙 장거(壯擧)로 이해되고, 현재 그 신앙 승리의 열매가 일본 각지에서 맺어져 가고 있음을 보게 될 때, 「냉수마찰과 종교」에서 영하 20도까지 내려가는 한대에서도 천연 냉수로써 또 한풍을 쏘여가며 바깥에서 이를 해야만 한다는 식의 율법적인 근성은 철저히 부서져 버려야 한다는 선생의 무교회 신앙 정신이 역력히 이해됨도 또한 하나님의 오묘하신 섭리가 이 민족을 버리지 않으셨음을 직감하게 되어 감사와 찬송을 금할 수 없는 바이다.

여기 『김교신 신앙저작집』은 아직 완간을 보지 못했다. 전집 간행 붐이 현금의 출판계를 휩쓰는 이 마당에서, 이가 아직도 그 반밖에 그것도 수삼 년이 걸려야 내는 것을 생각하면 이 겨레의 불신이나 민족문화의 진로를 우려하기에 앞서 스스로의 불신과 무력을 다시 한 번 하나님 앞에 회개치 않을 수 없다. 이렇게 미완 문집을 두고 독후감을 쓴다는 것은 어쩌면 쑥스러운 일 같기도 하건만 기간(旣刊) 3권에 대한 독후감을 쓰지 못하고 제1권만의 것을 쓰는 데도 장님의 코끼리 더듬기 같은 결과가 되는 듯해서 한숨이 새어날 뿐이다. 그러나 여기서 확언할 수 있는 것은 장님의 코끼리 더듬기라 할지라도 신앙의 덩어리인 『성서조선』의 얼을 더듬어 우리 믿음의 얼을 기를 수 있다는 사실이다. 또 그것을 열심히 해야 되겠다는 것이다. 생명샘의 샘물은 그것이 한줌의 물일지라도 갈급하는 우리의 심신을 넉넉히 적시고도 남음이 있기 때문이다.

저작을 통해 본 선생님

석진영(石鎭榮) | 시인이자 찬송가 작사자. 미국 거주

나는 고인을 직접 만나본 일은 없다. 그런데 내 마음이 어쩐지 존경하던 스승을 추모하듯 고인을 생각하게 됨에, 나는 고인을 내 영사(靈師)라 부르게 되었다. 이것은 고인의 서적을 통해 된 영회(靈懷)로 말미암은 것이다.

고인의 글을 읽고 나서 나의 마음에 떠오른 말씀이 있었다. 예수께서 재세시 당신이 사랑하시던 친구 나사로의 집에 가셨을 때(요한 11장) 그의 여동생들에게 하셨던 말씀이었다. 자상하고 열정적이었던 언니 마르다가 주님을 대접하기 위해 분주히 돌다가, 조용히 주님 발 아래 앉아 열심히 주님의 말씀을 듣는 동생 마리아를 보고 예수께 나아가 "주여, 내 동생이 나 혼자 일하게 하는 것을 생각지 아니하시나이까? 저를 명하여 나를 도와주라 하소서" 하고 말씀드렸을 때 예수께서 마르다에게 대답하신 그 말씀이었다. 즉, "마르다야, 마르다야, 네가 많은 일로 염려하고 근심하나 마리아는 이 좋은 편을 택하였으니 빼앗기지 아니하리라"(누가 10.38-42)고 하신 말씀이었다. "봐라, 좋은 것 하나를 택한 마리아, 그것을 저에게서 빼앗아서는 안 되는 것이고, 또 빼앗을 수도 없는 것이고 그리고 빼앗기지도 않을 것이라"고 예수님은 말씀하셨다.

이 좋은 것 하나를 택한 마리아에게서 나는 김교신 선생의 생애를 읽을 수 있었기 때문에 그의 저서를 읽고 난 뒤 문득 이 말씀이 나의 마음에 떠오른 것이 아닌가 싶다. 한마디로 하여 내가 그의 글 중에서 만난 김교신 선생은 예수를 믿고 신생하여 그리스도의 사랑 안에 그 마음의 뿌리를 깊숙이 묻고 구원의 기쁨을 간증하기 위해 여념이 없었던 분 같다. 이를 다시 예수 자신의 말씀을 빌어 말한다면, 고인은 생애 하나님의 일(요한 6.29)에 전력하다가 부활의 영원한 소망을 안고 주의 뜻 안에서 그 수명이 진(盡)했을 때 하나님 품으로 돌아간 분이었다(요한 6.39-40).

고인의 45년간의 생애의 총결산을 우리는 선생이 10여 년간 계속하였다는 월간 『성서조선』지에서 볼 수 있다. 스스로가 받은 구원의 감격 속에서 선생은 하나님의 사랑과 그리스도의 은혜를 조국에 전하기 위해 한없는 사랑의 노고로 생애를 관철했다. 한 가지 일, 그에게서 빼앗아선 안 될 단 하나의 일을 위해 즉 그는 꾸준히 열심히 때를 만나건 못 만나건 복음의 씨를 저가 만난 이 민족의 아들들의 마음 밭에 뿌리고 물을 주었다. 그 속에 담겨진 하나님의 구원의 능력, 생명의 싹을 위해 믿음으로 낙망하지 않고 충성을 다했다. "복음은 모든 믿는 자를 구원하는 하나님의 능력"(로마 1.16)임을 그가 확신하였기 때문일 것이다. 주일이면 한복으로 단정히 갈아입고 자택에서 몇 사람의 친지와 제자들로 더불어 영으로 하나님께 예배를 드리고 성서를 강했다는 선생의 이야기를 처음 들었을 때 나는 깊은 감사에 숙연해졌던 것이다. 그것은 이스라엘 전도에 생애를 바치신 예수 그리스도, 저는 이스라엘의 잃은 양을 찾기 위해 팔레스타인 좁은 골 밖으로는 나가실 염도 없이 오로지 동포에게 하나님의 사랑과 뜻을 전파하시다 죽음을 당하셨지만, 끝끝내 원수까지도 사랑하시고 저들의 용서를 빌으신 저 예수 그리스도를 고인은 방불케 하였기 때문이다. 더구나 잔악했던 일제의 식민 정책 하에서 호시탐탐한 일경의 검열망을 뚫고 매달 『성서조선』지를 출간하셨던 선생의 20년간의 노고를 생각할 때 지금도 나는 눈시울이 뜨거워짐을 금할 길이 없다. "내가 쓴 글줄의 사이를 읽어 달라"고 호소하셨다는 선생의 말씀에서 나는 나라의 불운에 대해 만난(萬難)을 극복하며 동포의 영원한 구원과 하나님의 성호를 위해 생애를 바친 선생의 확고부동한 신앙과 깊은 애국의 진정과 진리에 맞닿은 높은 실천정신을 간과할 수 없다.

자고로 영웅 위인들이라고 하면 대체로 인민을 동원 지배하여 전쟁을 하거나 거대한 건축을 일으키는 등으로 명성을 떨쳐 성공의 축배와 부귀영화에 취했으나, 그러나 이렇게 정신 없이 빗나가기만 하는 인류 역사를 바로잡기 위해 모든 진인(眞人)들은 소위 이런 실없는 명성을 꿈꾸지 않고 오직 이웃 사랑하기에 진정을 다하여, 자기에게 주어진 하나님의 일에 희생되어 조용히 돌아갔음을 인류사는 우리에게 말해 준다. 나는 고인이 전날 진정 유명하지 않은 이 진인이었음을 반갑고 고맙게 생각하며, 저를 한국에 주셨던 하나님의 축복에 한없는 깊은 감사를 드리는 바이다.

애국이라고 하면 곧 정치인들의 전매 특허같이 생각하는 천박한 경향을 가진 우리들에게 김교신 선생은 깊은 의미의 참 애국을 보여 준 것으로 생각된다. 한편 또 기독교라고 하면 가시적인 교회나 의식에의 참여 및 목사의 설교 정도로밖에 생각할 줄 모르는 많은 사람들에게 고인은 성서의 깊은 근본 진리를 밝힘으로써 믿음으로 의롭게 되는 십자가의 오의(奧義)(로마 1.17)를 비로소 한국인으로서 분명히 하고, 나아가 모든 고난을 무릅쓰고 이를 동포들에게 전한 진실한 하나님의 종이었다.

복음의 사도 바울처럼 고인도 복음을 위해 죄인으로 매이는 데까지 고난을 당했으나 사랑과 능력의 하나님을 믿는 굳은 믿음으로 끝까지 세상 권세에 굴하지 않고 환난과 핍박 중에서도 복음 전하기를 부끄러워하지 않으므로 하나님의 말씀은 결코 매일 수 없음(디모데 후서 2.9)을 증거하셨다. 그가 그리스도의 말씀에 거하여 진리를 알았고 진리가 저를 생사를 초월하여 자유케 하였음(요한 8.31)을 우리는 총칼의 위협도 무릅쓴 고인의 말년의 영어의 생활을 통해 긍정할 수 있다.

  선생의 기독교 입신의 동기를 직접 그의 글로써 보면 그가 얼마나 삶에 대해 진지하였고, 또 자신에 대해 정직하였는가를 알 수 있다. 공맹의 도를 실천궁행하다가 종심소욕불유구(從心所欲不踰矩)의 역(域)에 오를 수 없음을 스스로 발견하고 "오호라, 나는 괴로운 사람이로다. 이 사망의 몸에서 나를 구원하여 줄 자 누구인고" 하고 급(急)을 호소하였다는 고인의 고백은 인간 나를 응시함에 철두철미하였던 그의 진실성을 보여 준다. 계속 그는 자신의 옛 나를 다음과 같이 회술하였다. "전에는 내가 성선설에 신의(信依)하여 천품의 선한 부분을 발육함으로써 소약(小弱)에서 입거(立去)하여 노대(老大)에 완성할 것을 기약하여 보았다. 그러나 자아를 좀더 명확하게 알게 됨에 선한 성품이라고는 하나도 나에게 내재함이 없고 또 선을 보고도 이를 감행할 만한 용기를 완전히 결한 가련한 죄악의 덩어리임을 알게 되었다. 자기 수양으로써 완전의 역에 달하여 보리라던 야심은 이제 아주 포기치 아니치 못하였다. 전에는 내가 태평양의 차안에 서서 어찌어찌하면 피안의 신천지까지 헤엄쳐 보리라고 호언고거(豪言高居)하였었는데 지금은 내 몸이 노도에 부딪히어 생명이 경각에 있음을 보고 놀라 구원을 청호하게 된 것이라"고 고인은 비통 중에서 정직한 고백을 했다. 천하고 약한 자신을 목격했으므로 스스로 부정하고 지성전능(至聖全能)의 사랑의 하나님께 항복한 것이라고 고인은 말한다. 이리하여 선생의 옛 나는 죽고 기진맥진하여 아버지 집으로 돌아온 탕자처럼(누가 15.11-24) 그는 온전하신 하나님의 은혜와 사랑 안에서 생의 근거를 완전히 바꾸고 새로운 생을 살게 된 것이라고 말한다. 상한 마음, 절망 속에서 통회하고 구원을 갈구하는 사람의 마음 자리야말로 하나님을 만나 뵈는 지성소임을 고인은 우리에게 다시 한 번 보여 준다.

한번 그리스도의 사랑에 접한 후로는 그는 영 마음을 변치 않은 것 같다. 그가 아무 다른 욕심 없이 생애를 복음 전파에 전심하여 하나님의 말씀을 양식 삼은 것도, 적의 총칼의 위협과 세상 권력의 탄압에도 굴하지 않고 끝끝내 믿음의 지조를 지킨 것도, 심지어는 같은 기독교도들의 무교회주의자라는 백안시와 비난에도 개의치 않고 묵묵히 그리스도의 순복음만을 전파하기에 심혈을 기울인 것도 다 그가 세상 무엇보다도 하나님을 더 사랑하고 세상 무엇보다도 하나님을 더 경외한 까닭일 것이다. 구주 그리스도와 한번 영회(靈會)되자 고인도 저 개혁자 마르틴 루터같이 저의 심령과 양심이 온전히 살아 계신 하나님의 말씀에 사로잡힌 것이라고 믿어진다. 루터와 같이 '제 양심과 하나님의 말씀을 거스르는 것은 옳은 일도, 안전한 길도 결코 아님'을 고인의 영(靈)도 확신하고 오직 하나님의 사랑과 의와 능력에 자기 전체를 맡기고 사명을 위해 진력한 것이라고 믿는다. 또한 하나님께서도 성령으로 저의 속에 임재하여 철저히 그의 생의 원동력과 길잡이가 되어 주신 것으로 믿는다. 이 경지를 예수께서는 "아비나 어미를 나보다 더 사랑하는 자는 내게 합당치 아니하고, 아들이나 딸을 나보다 더 사랑하는 자도 내게 합당치 아니하고 또 자기 십자가를 지고 나를 쫓지 않은 자도 내게 합당치 아니하니라. 자기 목숨을 얻는 자는 잃을 것이요, 나를 위하여 자기 목숨을 잃는 자는 얻으리라"(마태 10.37-39)고 하셨다. "주님의 증인이 되는 것, 땅 끝까지 가서 그리스도의 증인이 되는 것, 사람이 할 일은 이것만인 듯하다"고 기독자가 된 후 고인은 신생의 감격 속에서 하나의 지귀(至貴)한 사명감을 토로하였다. 그는 자칫하면 기복(祈福) 종교로 타락하기 쉬운 유한의 깍지에 낀 우리 민족의 약하고 우매해지기 쉬운 종교심을 각성시키기 위해 생애 그리스도의 말씀을 풀었으며, 이를 이 백성이 마음 밭에 심기에 오로지 주력하였다. 그가 골로새서 강의에서 언급했듯이 그리스도 예수만이 하나님의 로고스로 성의의 완전무이한 현현(顯現)이셨고 나아가 우리 가운데 오신 하나님 자신 즉 임마누엘이심(마태 1.23)을 확신했기 때문이다.

그는 자칫하면 감정적으로 감상적으로 흐르기 쉬운 우리들의 신앙의 경향성을 지양시켜 부활하여 살아 계신 예수 그리스도와의 인격적인 대화가 되도록 건전하고 실제적인 면으로 우리의 민족 신앙을 살리기 위해, 인공적으로 소위 부흥의 열을 가하지 않았을 뿐 아니라, 될 수 있는 대로 이에 냉수를 쳐 가며 냉정한 중에서 건전하게 진지하게 학적으로 성서를 배우라고 권했으며, 자신 또 몸소 이렇게 가르쳤다. 이 방법이 또한 오늘날도 미신적으로 재래 민간 신앙화하는 우리 기독교의 진로를 바로잡는 유일한 길이라고 생각한다. 이렇게 오로지 전생을 민족의 종교 신앙의 확립을 위해 또한 이에서만 민족의 진정한 회생을 보고 일로(一路) 믿음과 진리의 길을 가신 선생의 재천의 영 위에 무한한 축복을 빌며 아울러 깊은 경의와 감사를 드리는 바이다.

'그렇지 않다고'

노성호(盧成虎) | 집필 당시 한전연구소 소장. 작고

긴 이야기를 쓸 것도 없고 쓸 필요도 느끼지 않는다. 다만 한마디 김선생의 저작집(본 전집)을 읽으면서 그다지 살고 싶지 않노라던 내가, 아니 어서 죽어야 한다고 생각하던 내가 철저하게 끝까지 살아야 한다고 생각하기에 이르렀다는 사실만은 적어야겠다.

오랜 병석에서 괴로운 나날이 과연 지루하게 오래도 끌어갔던 것이다. 한없는 고통과 모멸감과 회한에 많은 눈물들이 온 몸을 씻던 그 순간들! 나는 이 괴로운 길을 이제는 완전히 빠져 나왔다고 생각하려고 하지는 않는다. 내 인생 자체가 고난과 수모로 꽉 짜여져 있는지도 모르기 때문이다.

그러나 이젠 '그러니까 어서 죽겠다'고는 생각지 않는다는 말이다. 넘어지면 일어서고 넘어지면 또다시 일어서고 하다가 하나님께서 이젠 그만 수고했다고 하실 때까지 나는 살 것이다. 그렇다, 있는 힘을 다해서 오로지 살 것이다.

비참한 인생, 실패한 인생이기도 하다. 그러나 김선생의 저작집은 나에게 '그렇지 않다고' 믿어도 좋다고 가르쳐 주었다. 그래서 나에게 완전히 영육 새로운 생을 가져오는 계기가 된 것이다. 감사가 있을 뿐이다.

미완성의 생애

김해암(金海岩) | 코넬대 교수(정신과 의사)

그의 인격 인간의 인격이 본능적인 욕구와 함께 여러 형태의 환경의 적응에서 이루어진다면, 인간 김교신은 넘치는 욕구의 억제와 환경에의 독특한 적응에 의한 고유한 성격과 자아의 완성 내지는 소망의 성취를 못 보고 끝내 너무나 빨리 사라진 혜성과 같은 존재인가? 그는 우치무라의 순수한 신앙과 사상을 한국적으로 이해, 소화시켰으며, 그가 가족과 제자들과 잡지 독자들을 기독교의 높은 도덕률로써 엄격하게 훈도한 것은 우치무라의 일면을 보는 성싶다. 우치무라가 그러했듯이 그는 만사에 철저하려고 했다. 그에게는 교육가로써 강박 관념과 행위가 있었다. 할 일과 대망이 너무도 컸기 때문이었으리라. 철저했던 우리 사회의 고루한 전통을 깨뜨리고 새로운 정신 문화를 일으키려는 선각자로서의 그를 이해해 주고 그의 고민을 알아주고 아껴줄 이는 진정 아무도 없었던 것 같다. 이 점 오히려 그는 남의 동정과 협조를 원치 않았다는 것이 옳을지 모르겠다.

그가 자라난 환경은 너무도 살벌한 세대였다. 그는 약소 민족의 아들로 태어나 진정한 의미의 기독교인이 되려는 강렬한 자의식 속에 있었다. 동경고사 시절에 접했던 일본 문화는 젊은 김교신의 성격 구성에 있어서 두드러진 영향을 준 듯하다. 한국의 모든 면의 빈곤상과 일본의 근대 문화와의 대조는 너무도 컸고, 그는 이 갭을 교육으로써 메우려고 분투했음을 우리는 쉽게 이해할 수 있다. 그리고 이 간격은 아직도 여전히 점점 더 벌어만 지고 있는 것 아닌가? 그는 우리 민족에게 정직성과 성실성을 요구했다. 그는 몸소 이를 실천함으로써 본을 보이고 저를 따르라 한 듯하다. 황무지에 나서는 개척자의 조바심과 강박성으로 그는 일에 충실했지만 그에게는 기쁜 희망과 평화를 주기에 그 시대는 너무도 험악했다고나 할까? 우리는 선생의 피곤했던 모습을 「조와」라는 글에서 본다. 짤막한 글로 절망을 의식했다고 하겠다. 그는 오히려 자신의 무능력을 탓했을지도 모른다. 두어 마리의 개구리가 아직도 담저에서 기어다니고 있었다고 했음은 몇 사람 남지 않았던 민족의 수호자로서의 자화상이 아니었을까? 한편 우리는 그에게서 끊임없는 기도와 초인간적인 노력의 일면을 본다. 기독교 내세관이 아니었던들 어찌 그 소망과 영혼의 싸움이 있었으리요! 그에게 휴식과 위로를 주고 수평선 너머로 시각을 터주는 것은 없었으나, 그래도 그는 십자가의 믿음에서 이를 찾을 수 있은 것이 아닌가 한다. '성서조선사건'으로 옥고를 치른 다음 가정과 일터와 사명을 뒤로 하고 북만주 미디안 광야에 가신 것은 우수를 풀고 새로운 출발을 위한 모라토리엄(moratorium)이 필요했었음인지? 그러나 북만주에서도 그는 일본인이 더 탄압적이었음을 보고 그 곳에 안주할 수 없었을 것은 짐작할 수 있다. 너무도 급격했던 생활의 변동 때문이었을지 또는 너무도 많았을 심중의 감회와 울분에서였을지 하여간 그는 이에 정착할 수 없었다. 한편 끊임없이 동요하고 있었을 그의 내면적인 불안에 그리고 전쟁의 종말을 내다보며 조국의 해방을 의식 무의식 의식하고 국외에 오래 머물지 못했던 것일까? 우리는 선생의 산상수훈 강해에서 말씀하신 바와 같이 그대로 살고 간 분이라고 본다(본 전집 4권). "자식 된 자는 지성을 다해 아버지를 닮아야 하며 아버지와 같이 완전할 것뿐이다"라고. 그는 그리스도를 완전히 닮지 못함을 안타까워하신 분이다.

애국과 생명   왜 김교신은 애국을 지상 생명처럼 느꼈던가? 그는 기독교인인 동시에, 한국인으로 약소민족의 쓰라림을 민감하게 체험한 이상주의자였다. 그의 스승인 우치무라가 그랬듯이 종교는 민족의 현실에 뿌리박지 않고는 피어나지 못함을 그는 누구보다도 잘 알았기 때문이 아니었을까? 예수의 높은 도덕률은 인간의 완성을 넘는 너무도 지고한 것이기에 그는 철저한 믿음을 택하지 않을 수 없었고, 그의 지순한 애국은 그에게 또한 인격의 완성을 명하여 결국 그에게 있어서 믿음과 애국은 별개의 것이 아니었다. 그의 애국심은 소위 세상 정치가나 사회학자의 무슨 외적인 경륜이 아니었고 자기가 인격적으로 도덕적으로 온전하려는 종교 신앙과 깊이 관계되는 것이었다. 예수가 십자가로써 유대 민족과 인류에 대해 보여 준 속죄와 같이 그는 진리와 믿음에 의한 애국을 통해서만 자기의 구원은 물론 나아가 세계와 인류의 구원이 가능하다고 본 듯하다. 그의 애국에의 집념은 특히 그의 제자들 인격에 뿌리깊은 감화를 주어 그의 애국과 신앙을 완전히 동일시하게끔 되었던 것으로 안다. 해방 후 선생의 제자로서 인천중학교에서 교편을 잡으셨던 민형래 선생은 필자가 불과 월여(月餘) 동안 사사한 바이었지만 그 애국심에 있어서 김선생을 뒤지지 않는 분이었다. 해방 후 그 때 국대안(國大案) 반대로 좌익계 학생들의 선동에 의해 동맹휴학이 있었는데 위협을 무릅쓰고 등교한 우리들 소수 학생들에게 선생은 애국의 시조 등으로 가르치고 격려해 주었다. 폐결핵으로 세상을 뜨는 시간까지 민선생은 민족교육에 전념했었다. 그 때 암송시켜 주신 김종서의 시 '벽장의 칼이 울고'며 '삭풍은 나무 끝에 불고 거친 것이 없어라' 등, 또 이조 초엽 어느 선비가 중국으로 끌려가며 불렀다는 '잘 있거라 삼각산아, 다시 보자 한강수야' 등은 민선생이 눈물을 머금고 읊어 준 시조들이다. 김선생의 애국에의 역점(力點)은 그의 신앙에 주축을 둔 것이었고 또한 그의 처절한 기독교 정신에서 우러나왔던 것임은 선생을 이해하는 모든 분들의 공통된 느낌일 것이다.

김선생의 유산 역사의 흐름 속에 사라져 간 인물을 되살려 보자 함은 결코 그분의 명예를 위해서라기보다 그가 남겨 놓은 유산을 통해 우리가 더 많은 인물을 낳고자 함이 아닐까? 선생이 작고한 지 35년 후에나마 선생 저작과 인격을 글로 엮는 것은 그런 점에서 우리의 정신 문화를 위한 하나의 공헌이라 아니할 수 없다. 시대적인 차이와 사회적인 변천으로 인간 김교신을 직시하기는 어렵겠지만 그를 재발견하려 함은 곧 우리의 앞날의 새로운 걸음을 위한 준비라 하겠다.

일본의 근대 정신사에서 우치무라 간조를 빼놓을 수 없다면 한국 근대 수난사에서 김교신은 두드러진 인물이 아닐까 싶다. 얼마나 일반 민중이 그를 받아주고 이해해 줄지는 모르지만, 역사가 인물을 낳아도 알아볼 줄 모르고 또 바르게 이를 키울 줄도 모르는 우리 민족의 커다란 정신적인 병폐를 앞으로 바로잡는 데 있어서 김교신의 신앙 유산인 저작이 크게 힘이 될 것이다.

사람이 인격 구성에 있어서 가장 중요한 시기가 유영아기라고 볼 것인즉, 우리 문화 구성에서도 우리 근세 개화기 이후에 있은 독립의 상실과 그 상처가 치명적이 아니겠는가 생각된다. 일본의 경우 이런 문화의 개화기를 평화 가운데 또 강성 가운데 보냈다고 볼 수 있고 이 때에 2차대전을 소년기의 횡포에 비할 수 있다면, 비록 패배는 했지만 그들은 이제 청년기에 접어든 왕성한 기력으로 눈부신 발전을 하고 있음이 분명하다. 그러나 우리의 형편은 어린 때에 받은 상처가 너무도 크고 깊었다고 할까. 더욱 김교신이 걸은 길은 이 상처 가운데서 시들어 가는 민족의 싹을 키워 보려 안간힘을 다 쓰며 믿음의 희망과 구원에서만 살 수 있었던 때가 아니었던가. 강대국 애굽의 노예였던 민족을 만인미답(萬人未踏)의 종교적 도덕적인 경지로 이끌어 갔던 이스라엘의 지도자 모세에게 자기를 비하여 선생이 말년 만주에 가서 90까지 미디안 광야에서 생활하라고 한 것은 저의 선각자로서의 비애의 표시였던가(『성서연구』지 174호 「김교신과 에피소드」). 아니 그는 때를 기다리려 했던 듯하다. 그러나 그가 없는 오늘 그 때를 맞은 우리는 선생이 남겨 놓은 정신적인 유산과 그가 비스가 산상에서 죽은 모세와 같이 못 이루고 간 꿈의 유산을 계승하여 이를 오늘 우리 역사에 이룩해야 할 것을 다짐해야 할 줄 안다.

　추억의 의미　우리가 김교신을 추억하자 함은 어떤 점 우리의 과거를 되살려 보자는 것과 같은 뜻인 듯싶다. 뒤늦게나마 그를 정시(正視)하고 이해하려는 우리의 이 노력은 그 자신이 또한 원하는 바가 아닐까 하고 생각된다. 그는 철저히 공적으로 생을 살았기 때문이다. 그는 우리에게 동정이나 애정을 구하는 비겁한 인물이 아니었기에, 그분의 생에 대한 목표에 대해 우리도 보람을 갖고 살아야 할 것이다. 그에게 결여됐던 무슨 성격적인 결함이나 미흡했던 생활의 요소를 캐내자는 것이 아니고 우리가 그의 글을 깊이 음미하고 그를 똑똑히 바라볼 때 우리는 바로 우리의 장단점과 불완전을 여실히 보는 것만 같다. 우리는 그를 통해 깊이 자각하여 보다 깊은 믿음과 높은 인격과 철저한 생활로 성장하는 것만이 우리가 그를 참으로 배우는 길이 아닌가 한다. 흔히 우리는 선생에게 보다 더 원만하기를 기대했고 또 오래 사셨다면 하고 기대하지만, 이는 의식 무의식 우리 자신이 선생으로 덕을 보자는 것이고, 우리가 저에게 의지하기 더욱 편할 수 있으리라는 부모에 대한 게으른 자식의 심중 같은 것이 아닐까 한다.

우리는 선생의 신앙 정신을 본받아 우리도 믿음에 자라고 성숙해야 한다. 예수의 제자들도 그를 모른다 부인했고, 가룟 유다는 배반까지 한 것을 생각할 것이다. 특히 우리는 선생의 강철 같은 의지와 독립 정신과 그 눈물 많았던 감성의 성숙 등 깊이 배우고 본받아야 할 것이다. 그를 경원할 것이 아니고 같은 인간으로 함께 느끼고 신앙의 형제로서 가까이 접해 가슴속에서 뜨겁게 이해와 사랑과 비애를 나눌 수 있을 때 선생은 새로운 영의 모습으로 우리와 함께 자리를 같이 하게 될 것이며 이 때에 우리의 믿음 역시 되살아 날 것이다.

참 교사

김정환(金丁煥) | 고려대 명예교수(교육학). 전 고려대 사범대학장, 교육철학회장

김교신 선생님을 나는 한 번도 뵈온 일은 없다. 선생님과 나는 꼭 한 세대의 격차가 있고, 이는 선생이 일찍 세상을 떠났기 때문이다. 그러나 내가 신앙면으로 스승으로 모시는 분들 중에 선생님의 제자가 많다. 이분들이 그를 '선생님'이라 부르며 추모할 때, 나도 덩달아 '선생님'이라고 부르는데, 마음에 아무런 저항을 느끼지 않는 데에는 몇 가지 이유가 있다.

첫째 그는 나의 신앙의 선생이며, 이분에게서 나는 한국적인 무교회 기독교의 얼을 저작을 통해 배웠기 때문이다. 나는 어릴 적부터 교회 신앙에서 자랐다. 오래 전부터 일본에 거주하시던 아버님의 부름으로 1949년에 도일해서도, 그곳 고베의 한국인 기독교회에서 주일학교의 교사로서 성의를 다하여 봉사하였고, 재일교포 사회에서는 우리의 언어와 우리의 얼이 겨우 교회 안에만 희미하게나마 남아 있던 터이므로, 옛날 이스라엘 사람들이 시나고그(synagogue, 회당)를 자주 찾았듯이, 나도 교회를 높이 평가하고 자주

찾았으며 아꼈다. 우치무라 간조의 저작을 읽기 시작한 것도 이 무렵이다. 그러나 그것은 그에게서 무교회 신앙을 배우자는 뜻에서가 아니고, 그의 마음속에 도사리고 있는 민족의 얼을 배움으로써, 우리의 민족혼을 간직하는 데 시사를 얻자는 뜻에서였다. 사회적, 경제적으로 사람 대접을 받지 못하고 있는 재일 교포로서의 소외감은 한국인 교회에 나가 우리말로 된 성경을 읽고, 우리말로 찬송과 기도를 드리는 정도의 교회생활에는 풀리지 않았다. 60만을 헤아리는 재일교포의 생활이란 애굽에 포수된 이스라엘 민족이 '고기 냄비'를 즐기고 있는 상태로 밖에는 여겨지지 않았다. 지금도 그러하다고 나는 생각한다. 그 무렵 나는 20 전후의 철없는 학생이었는데 60만 재일교포를 가나안 땅으로 출애굽 시킬 모세가 출현하기를 바라 마지아니했다.

그러나 모세는 끝내 나타나지 않았다. 그러므로 나는 우리의 처지를 운명으로 돌리고 그럭저럭 일본에서 살자고 만류하신 아버님의 말씀을 거역하고 꼭 10년이 되는 교포생활을 정리하고 먼저 자신이 자신의 모세가 되고자 홀로 귀국하였다. 아직 한일간의 국교가 열리지 않았던 때인지라 정기선이 없었으므로, 나는 며칠을 시모노세키, 후쿠오카 등의 선박 사무실을 찾아다니면서 겨우 자그마한 무역선 한 척을 찾는데 성공했다. 현해탄의 거친 물결과 싸우며 조국을 향하는 배 위에서 하나님과 조국을 향해 기도를 드렸던 나의 젊은 시절의 모습, 이것은 불혹이 넘은 내가 정신적으로 뒤흔들릴 때, 언제나 다시 돌아가려고 애쓰는 나의 삶의 기본적인 자세이기도 하다. 나는 이 기본적 자세를 기독교회를 통해서 배웠고, 이 점 또 나는 교회에 지금도 감사를 드린다.

귀국 직전 미션계 T고등학교의 교사 자리를 얻게 된 것도 깊은 하나님의 뜻으로 알고 감사하였다. 부임 첫날 천여 명의 학생을 앞에 놓고, 이방에서의 천년보다 주님의 전(殿)에서 문지기의 하루를 살기 위해 왔노라고 철없이 뇌까렸는데, 나는 지금도 이 때의 나를 생각할 때 등에서 식은땀이 흐른다. 그러나 고교의 너무나도 의식적이고 교파적인 기독교 교육 방침, 그리고 바리새적인 신앙 태도에 나는 차츰 회의를 느끼게 되었다. 긴장이 차츰 풀리면서 신앙이 한 걸음, 한 걸음 후퇴되고, 몸에서 기운이 사라지는 것을 스스로 느끼게 되었다.

　귀국 후 반년이나 되었을까, 하루는 종로서관에서 우연히 '무교회 신앙지'라고 부제가 박힌 노평구 선생님의 『성서연구』를 보고, 한국에도 무교회 기독교가 있구나 하고 놀랐다. 바로 신설동에 노선생님을 찾아뵙고 적어도 일년 이상 수강을 해야 된다는 선생님의 당부를 반타의로 응하고, 교회와의 인연을 끊고 선생님의 성서강의를 듣기 시작하여 오늘에 이르렀다. 1958년의 일이니 어언 10여 년이 흘렀다. 이 사이에 나는 김교신 선생님을 말로 글로 알게 된 것이다. "찬물을 머리에 끼얹어 가면서 믿어야 한다"는 선생님의 말씀은 아마 무교회 신앙의 기조를 잘 나타내는 말씀이리라. 사실 김교신 선생님 없이 한국의 무교회 신앙은 생각할 수가 없고, 또 무교회 없이는 진정한 한국의 기독교를 나는 생각할 수 없게 되었다. 김교신 선생님을 비롯하여 함석헌 선생님 등 무교회 신자들만이 한국이 세계사적으로 어떤 사명을 다해야 하느냐는 것을 분명히 했고 또 우리의 참다운 독립은 진정한 도덕적인 각성을 통해서만 이루어지며, 그리고 민족의 얼과 넋의 독립은 외국의 선교회로부터의 독립과 외국 신학으로부터의 독립적인 믿음으로 이루어지는 것임을 분명히 했기 때문이다.

　그러나 교회에서 오랫동안 자란 나에게는 지금도 교회에의 향수가 없지는 않다. 내가 학창 시절의 일부를 지냈고 주일학교 교사도 한 일본의 히로시마(廣島) 한국교회에 대한 애착은 지금도 간절하다. 그 옛날에 코를 흘리며 성경 이야기를 듣던 아이들이 이제는 의젓한 대학생도 되고, 아기 엄마도 되고 하여 한국인 교회를 지키며 우리말과 우리 성경을 지키고 있기에 말이다. 그러나 나는 꾹 참고 무교회에 머무르고 있다. 이유는 간단하다.

국내외를 막론하고 일반적으로 교회는 성서 중심, 진리 중심이 되지 못하고 의례와 법도와 사업에 흐르고 있으며, 한편 또 예술적 무드에 젖어 생명의 약동을 잃었기 때문이다. 말이 선교(宣敎) 백년이지 어디에 한국적인 신학과 어디에 외국 교파로부터의 독립이 있단 말인가! 몸을 교육계에 담고 있는 내가 민중의 종교 교육의 마당으로서의 시나고그 회당 교회를 멀리하고 있는 모순된 생활을 하고 있는 이유가 바로 여기에 있다.

'무교회'도 하나의 '파'로 생각하는 사람이 있는데, 이것은 오해이다. 특히 이것이 일본식 기독교라고 말하는 사람이 있는데 딱 질색이다. 나는 무교회의 특색을 늘 다음 넷으로 요약해서 생각하고 있다. 첫째 회당을 교회로 인정하지 않으며, 둘째 성직 제도를 인정하지 않으며, 셋째 교회가 갖는 성서 해석권을 인정하지 않으며, 넷째 신이 한국 민족에게 주신 고유한 사명을 밝히지 않는 신학을 인정하지 않는 점이다. 무교회는 교회를 부정하거나 교회를 없애자는 파는 아니요, 두 사람이 모여서 기도 드리는 곳도 교회라고 인정해 달라는 것이요, 따라서 회당이 없는 교회도 교회가 될 수 있다고 주장한다. 또 성직자를 통해 물로 세례를 받는 것만이 세례가 아니요, 마음속에 영으로 받은 세례도 인정해 달라는 것이요, 또 천국의 열쇠는 베드로만이 쥐고 있는 것이 아니고 하나님만이 끝까지 쥐고 계신다는 것이요, 또 성경 해석에 정통적인 절대적 규준이 있는 것이 아니고 그때그때 하나님의 계시로써 직접 우리에게 이를 가르쳐 준다는 것이요, 또 신앙자의 사회 참여는 정치적인 조직으로써가 아니고 한 사람 한 사람의 도덕적인 판단과 양심과 책임하에서 이루어져야 한다는 것이요, 또 우리 민족의 신으로부터의 맡은 바 고유한 사명을 밝히는 신학이 있어야 한다고 주장하는 것이다. 이런 무교회 신앙을 하나님은 김교신 선생님을 통해 한국에 심어 주셨다고 나는 생각한다.

소크라테스(Socrates)는 자기의 고유한 사명을 비대(肥大)하여 졸고 있는 늙은 군마로 화한 아테네를 꼭꼭 쏴서 저를 일깨우는 '쇠파리'로 비유했지만, 그리고 이 사명을 다하기 위한 그의 노력이 아테네 시민들에게는 청년들을 그릇 이끌며 새로운 신을 믿게 한다고 오해를 받아 결국 목숨을 잃게 되었는데, 오늘날 한국의 무교회는 이런 소크라테스적인 사명을 자각하고 실천해야 할 것으로 믿는다.

내가 김교신 씨를 '선생님'이라고 부르는 둘째의 이유는 그가 진정 교육자로서의 선생님이기 때문이다. 노평구 선생님은 일제 치하에서의 독립운동을 이승만의 외교입국, 김구의 살인입국, 김성수의 경제입국, 안창호의 교육입국으로 대별하고 여기에 세상에 잘 알려지지 않은 김교신의 신앙 즉 도덕입국이 또 있었다고 하셨는데, 이것은 우리에게 많은 것을 생각케 하는 말씀이다. 사실 신앙만을 내세운 김교신 선생이 결과적으로는 가장 훌륭한 교사가 된 것은 퍽 기이하게 보이지만, 이것은 실은 교육이라는 영위(營爲)가 갖는 본질적인 당연한 귀결인 것이다. 교육이라는 영위는 소경에게 빛을 비춰 주듯이 외부에서 지식을 주입하는 것이 아니고, 미숙자와 대화를 통해서 상대방의 넋과 얼에 불을 질러 스스로가 움직이게 하는 것이며, 이런 뜻에서 그것은 소크라테스의 말대로 진정 산파술인 것이다. 이것을 플라톤(Platon)은 교육이란 나면서부터 쇠사슬에 묶여서 어두운 그늘과 허상만 보아 왔던 죄수의 몸 전체를 밝은 빛, 실체로 향하게 하는 영혼의 전향술이라고 정의했는데 참 좋은 표현이다. 교육은 상대방의 영혼에 불을 질러 스스로 온 몸이 움직이게 하는 것이다. 손만을, 머리만을, 가슴만을 움직이게 하는 것이 아니다. 따라서 지식의 주입만으로써는 이는 불가능한 것이다. 교사 스스로가 생도와 더불어 살면서 진리를 공동 생산하는 것이다. 화학 물질의 결합 반응에 촉매 작용이라는 것이 있다. 이것은 자기는 변화하지 않고 다른 두 물질만을 변화시켜 결합 반응을 일으키게 하는 작용을 말한다. 여기에 그대로는 반응하지 않는 두 물질 A와 B라는 액체가 있다고 하

자. 촉매 C라는 액체는 이 속에 뛰어들어가 A와 B를 결합 반응시키되, 자신은 조금도 변하지 않는다. 교사란 이런 촉매와 같은 것일까? 즉 A라는 사람에게 B라는 지식을 머리만으로 주입시켜 새로운 행동을 일으키게 하는 것일까? 절대로 아니다. 촉매일 수는 없다. 참 인간의 교사는 스스로의 몸과 넋을 변화시키며 상대방을 변화시켜야 한다. 소크라테스가 말하는 진리의 공동생산은 바로 이것이다. 이렇게 교육 및 교사의 참 모습을 그려볼 때, 우리 김교신 선생은 참으로 훌륭한 교사였음을 알 수 있다. 그는 자신과 현실의 부정(否定)을 계기로 하여 진리를 모색하고, 진리에 삶으로써 이를 보는 사람들로 하여금 온 몸을 새로운 방향으로 돌리는 인간을 만들어 냈던 것이다.

나는 소위 미션계 학교의 기독교 교육에 회의를 품고 있다. 그들은 기독교의 교리를 가르침으로써 기독교인을 만들려고 하며, 교회생활이라는 조직적인 신앙 양식을 익히게 하여 즉 습관화시킴으로써 기독교인이 만들어진다고 생각하고 있다. 그들은 하나하나의 교리나 하나하나의 믿음의 양식을 산술적인 가법(加法)으로 계산하여 이로써 믿음의 적고 많음을 따지는 기준으로 여기고 있으리라. 이리하여 소위 평균치적인 온건, 성실한 신자들이 만들어진다고 여기고 있으리라.

그러나 나는 이렇게는 생각지 않는다. 앞서 말한 것의 총화(總和)로서의 '기독교 교육'이라는 것은 존재할 수가 없다고 생각한다. 신앙이란 지식으로 얻어지며, 행동으로 습관화될 수는 없기 때문이다. 교목 또는 성경 공부를 통해 신앙이 만들어지는 것이 아니다. 신앙을 갖는 교사에게서 은연중에 흐르는 전파로 생도의 마음이 감전이 되어 불꽃을 튀기게 됨으로써 생도가 스스로 참된 삶의 길을 모색하게 되고, 이러다가 성경도 자진해서 읽게 되고, 신의 부름을 받을 수도 있는 소지(素地)를 스스로 몸 전체로 마련하게 되는 것이라고 나는 믿는다. 교사의 성실한 인간으로써의 생활태도가 생도에 전염되는 것이지, 결코 그의 성경주석으로 신앙이 만들어지는 것이 아니다. 생도의 체험을 통하지 않은 교리로서의 종교의 수강은 하나님의 이름을 헛되이 망령되이 부르게 함으로써, 도리어 진지한 신앙 탐구를 저해하는 요인이 될 수도 있는 것이다. 신앙이란 삶의 방향을 180도 전환하는 것이지 아니 전환을 당하는 것이지, 자신이 한 걸음, 한 걸음 쌓아 올리는 것이 아니기 때문이다. 일본에 미션계 학교에서도 채플 시간을 두고, 그 출석을 자유에 맡기고 이를 학점에 반영시키지 말아야 할 것이냐, 아니면 그 출석을 의무화하고 학점에 반영시켜야 할 것이냐로 양론이 있어 이에 대한 연구를 계속하고 있는데, 대체 자유 출석 편으로 중론이 기울어지고 있다. 또 유년 주일학교를 아예 없애버린 교회도 있는데, 이는 실없는 '신앙놀이'가 어린이의 정신 위생상 해롭다는 데 연유하는 것이라고 생각된다. 우리나라에서는 아직 참으로 소위 전통적인 '기독교 교육'이 가능한 것인지 아닌지에 대한 기본적인 연구가 없는 것으로 알며 이것이 타부로까지 여겨지고 있는 듯하다. 그러므로 피교육자에 대한 정신적 시간적 손실을 가져오고, 나아가서 그것은 반기독교적 인간을 만들 가능성마저도 내포하고 있는 것이다.

교육이란 한 생명이 다른 하나의 생명을 인격, 즉 사랑으로 포섭하는 데 이루어지는 것이므로, 생명의 참 뜻과 존엄성과 그 생명의 고귀 즉 본질을 아는 신앙자만이 참된 교육자가 될 수 있는 것이다. 이런 뜻에서 김교신 선생은 뛰어난 교육자이기도 하였다. 그리고 그는 학교에서 별로 기독교 이야기는 아니하였지만, 그의 문하에서 훌륭한 많은 기독교인이 배출된 이유가 여기에 있을 것이라고 생각된다.

내가 김교신 씨를 선생님이라고 부르는 셋째 이유는 내 자신이 선생님으로 모시는 노평구 선생님을 비롯하여 기타 여러분들에게서 그가 진정한 인생의 스승임을 나타내는 그의 여러 일화들을 많이 들었기 때문에, 내가 그를 인생의 스승으로 직접 대한 듯한 착각을 느낄 정도로 친근감을 갖게 된 때문이다. 내가 들은 일화들을 생각나는 대로 두서없이 여기 몇 가지만 적어 본다. 1, 늘 한국 대형지도를 벽에 걸어 놓고 이를 들여다보고 계셨다고. 2, 댁에 계실 때 한복 모시적삼이나 두루마기에 짚신을 잘 신으셨다고. 3, 라디오로 흘러나오는 심청전에도 눈물을 흘렸으며, 눈물말이 밥은 물말이보다 소화가 더 좋더라고 하셨다고. 4, 생애 자전거를 애용했고『성서조선』이 나오면 서적은 물론 가까운 독자들에게도 이로써 손수 배달했다고. 5, 그때만 해도 인적이 드문 정릉 골짜기 외딴 데 주택과 서재를 마련하고, 새벽같이 계곡에서 냉수마찰하시고 깊이 골짜기에 들어가 늘 기도하셨다고. 6, 하루는 어느 숙직날 친구와 몇 판 바둑을 두고 시간을 낭비한 자책에 방성대곡하셨다고. 7, 연회에 나가시면 술은 안 마시고 안주만 많이 들고 먼저 일어나 집에 들어와 밤을 새며 공부하셨다고. 8, 한번은 일본 경찰이 선생을 괴롭히려고 갖고 온 술을 한없이 마셔 경찰을 녹초 되게 했는데 선생님은 끄떡없었다고. 9, 선생은 기운이 장사로 씨름도 유명했는데 특히 팔씨름을 잘해서 함흥 질소회사에 계실 때 함남 일대에서 이름난 역사(力士)를 애기 팔을 꺾듯 지웠다고. 또 선생은 사람을 때리면 죽을까봐 못 때린다고 하셨다고. 10, 선생은 손기정 선수의 마라톤 코치도 하셨는데, 일본 예선에서 손선수를 우승시켰을 때 중간점에서 돌아오면서부터는 자동차로 앞서 가며 손선수를 보는 선생의 얼굴에는 눈물이 끝없이 흐르고, 손선수는 선생의 이 눈물에 젖은 얼굴만 보고 뛰었다고. 11, 성질이 불과도 같고 또 사리, 흑백, 정사(正邪)를 분명히 하기 때문에 양정에서 선생 별호가 '양칼'이었다고. 12, 선생이 경기중학 교사로 부임한 것은 교장의 회유책도 있는 것이 아닌가 보여지기도 하는 모양인데, 선생님은 역시 거기서도 우리말로 수업을 하셨으며, 식민지 관료를 희망하는 수재 학생들을 늘 못마땅히 여기셨다고. 그런데 하루는 한국 백지도에 채색을 해 오도록 숙제를 받은 학생이 긁적긁적하여 적당히 성의 없는 숙제를 제출하자, 선생님은 그의 위에 전신으로 덮쳐 이로 인해 교탁까지 넘어졌다고. 13, 이도 경성에서의 일인데, 중국 지리시간에 제갈공명의 출사표를 선생이 눈물로 암송하시고 학생들에게도 이를 암송시켰다고. 14, 어머님에 대한 효심이 지극하여 학생들 앞에서 어린 시절에 어머님께 거짓말한 것을 뉘우치고 우셨다고. 15, 학벌이 없으신 부인과 생애 한 번도 싸우신 적도 없고 큰 소리를 낸 적도 없으셨다고. 16, 정릉 댁에서 대체로 성서 강의를 계속하셨는데, 어떤 때는 한 사람 상대의 강의도 상당 기간 계속되었다고. 우리나라 유명한 안과의 손정균 박사도 이에 참가한 한 분이라고 들림. 그런데 이런 때에도 선생과 학생은 1 대 1로 단정히 앉아 강의를 했고, 그 앞에서 학생은 때로는 졸기도 했다고. 17, 늘 사표장을 써서 가슴에 품고 다녔다고. 이런 일화가 선생께는 한없이 많으신 모양이나 내가 아는 정도로 이만 그친다. 이 일화들 중에서도 특히 나에게 충격적인 것은 15와 16이다. 교육이란 흐르는 물에 붓으로 글씨를 쓰는 것 같다는 말이 있다. 그러나 그 때의 교사는 바위 위에 끌로 새기는 기분으로 해야 한다고 어느 교육학자는 말했는데, 이런 모습을 나는 김교신 선생에게서 발견하고 느끼는 바가 실로 많다. 또 선생님은 신교육을 받지 못한 부인에게 평생 한 번도 화를 안 내셨다고 들리는데, 이는 정말 나에게 큰 충격이었다. 부인을 하나님이 골라 주신 분으로 여겼기에 그리고 또한 부인을 불쌍한 한국 여성의 대표로 그리고 자신을 역시 불쌍한 한국 남성의 대표로 여겼기 때문이 아닐까 하고 생각해 본다. 플라톤에 세 가지 자랑이 있었다. 첫째로는 남성으로 태어난 것, 둘째는 아테네에 태어난 것, 그리고 셋째로는 소크라테스를 스승으로 모신 것이었다. 플라톤은 8년밖에 스승을 모시지 못했지만 그로 인해 위대한 철학자가 되었다. 나의 아는 훌륭한 분들 중에 김교신 선생님에게 직접 배운 분 또는 직접 그를 본 분들이 많은데, 나는 이분들을 퍽 부럽게 생각한다. 그러나 나는 글과 남의 말을 통해서 간접적으로 선생을 알게 된 것만도 퍽 다행으로 여긴다. 유가에는 스승은 셋밖에 모실 수 없다는 말이 있다는데, 내가 선생님을 직접 뵈었더라면 나의 세 스승 중의 한 분으로 그를 모셨을 것은 틀림없다.

그런데 애석하게도 우리 한국 사람들은 김교신 선생님을 너무나도 모르고 있으며, 그는 너무나도 빨리 잊혀져 가고 있다. 이제 우리는 그를 참 교사로서 연구하고, 그의 저작을 완전히 수집하는 것이 우리의 중요한 과제라고 생각된다. 이런 뜻에서 노선생님이 엮어내고 계시는 『김교신 신앙저작집』(본 전집)은 우리에게 큰 민족적인 유산이 될 것이다. 나의 처남 한 분이 일제시에 김선생이 교편을 잡았던 양정중학을 나왔기에, 선생을 아느냐고 물었더니 잘 모른다고 해서 나는 고소한 적이 있다. 신구문화사에서 낸 『한국의 인간상』 전 5권 속에도 김교신 선생은 없고, 길선우 씨 같은 부흥목사가 끼어 있기에, 이를 나는 못마땅히 여겨 편집에 관여하는 한 친구에게 말하여 증보 별책에는 선생님도 넣을 것을 종용하여 원고를 노선생님에게 위촉토록 했는데, 아직 이의 출판에 접하지 못하고 오늘에 이르고 있다. 민족의 중흥을 위하여는 경제발전도 중요하지만 이런 인물의 발굴을 통해 민족의 넋을 불러일으키며, 우리의 삶의 지표와 국가가 가야 할 기본적인 방향과 자세의 확립이 이에 못지않게 더욱 시급한 것이다.

도시 우리에게는 우리나라 인물에 대한 연구가 모자라고, 하나의 숭고한 인물이 주는 인격적, 정신적인 영향력에 대한 인식이 모자란다. 모두가 다 '문화적, 사회적, 경제적'이라는 접두사가 붙어야만 연구로 알고 있으니 한심한 일이다. 김교신에 대해서는 물론이요, 이상재 전(傳) 하나 똑똑한 것이 없는 것은 학문한다는 사람들의 수치일 것이다. 재일본 한국기독교연합 회장이며 신학자인 오윤태 씨가 쓴 『한일 기독교 교류사』에도 해방 직전의 한국 기독교의 수난사가 샅샅이 적혀 있으나 놀랍게도 김교신, 함석헌 등의 소위 '성서조선사건'의 기록은 한마디도 없으니, 오윤태 씨도 모르고 있음이 분명하다. 이 어찌 된 일인가? 우선 4권까지 나온 『김교신 신앙저작집』

한 질을 오씨에게도 기증하고도 싶은데, 한 질밖에 없고 재판도 어려운 모양이니, 내가 아껴 보고 아이들에게 민족 신앙의 유산으로 남겨 주고 싶어 보내지 못하고 있다.

다행히 내가 몸을 담고 있는 고려대학교 교육대학원 학생 한 사람이 김교신 선생님에 흥미를 갖고 있는 듯하니, 이분에게 석사 논문으로 한번 써 보라고 권하고도 싶으나, 현재로는 자료 부족으로 좀 망설이고 있다. 그러나 좌우간 시작은 해볼 만한 일이라고 생각된다. 김교신 선생에게 직접, 간접으로 배움을 받은 우리와 그리고 우리 기독교인들은 그를 좀더 한국에 알리고 또 그를 알 의무를 지니고 있다고 생각한다. 이렇게 함으로써 민족의 정신적인 문화 유산이 계승되는 것이다.

신앙, 애국, 교육

김기현 | 집필 당시 전도자

한국 출판 사업의 그 진상을 나 같은 것이 잘 알 길은 없었으나, 짐작컨대 연간 상당 수량의 책자들이 발간되는 것 같고 또 그 내용도 감히 헤아릴 수 없을 만큼 천차만별일 것으로, 과연 이 나라, 이 백성의 정신적 문화적 혹은 기술적인 각 부면에 물론 어느 정도의 기여와 공헌이 있을 것으로 알지만, 그러나 엄격히 말해서 이 시대뿐이 아니고 우리 후손들에게까지 길이 또 길이 전하여 줄 수 있는 진정 우리 민족의 고전까지라도 될 수 있는 보배로운 간행물이란 과연 얼마나 될 것인가 하는 의문도 없지 않습니다.

그런데 저는 근래 우연한 기회에 『김교신 신앙저작집』 2, 4권(본 전집 1, 4) 두 권을 입수하게 되었습니다. 그런데 이 저작집이야말로 한국 출판계와 한국 독서계에 크고도 빛나는 광명이요, 모든 독자들의 심금을 깊이 울려 새로운 삶의 용기와 빛나는 소망을 북돋아 주는 저작으로서, 현재뿐이 아니고 우리의 자손들에게까지도 전해 주어야만 할 값진 신앙 유산이라고 절실히 느꼈습니다. 이 저작집을 대하고 읽고 배우는 이들 중에서는 기어코 제2의 김교신, 제3의 김교신 선생님과 같은 훌륭한 인물들이 우리의 여러 면에 반드시 배출되리라고 확신합니다. 참으로 한국 민족이 이 역사 위에 존속하는 한 이 저작집만은 물려 주어야 하고 또 물려 받아야 할 의무와 책임이 있다고까지 강조하고 싶으며, 저는 진정 이를 하나님 아버지께 감사하지 않을 수 없었던 것입니다. '아버지시여, 감사합니다. 이 백성의 눈이 어두워 알지 못했지만 하나님께서는 이미 아시고 세워 주셨던 신앙의 위인, 신앙의 사표가 된 김교신 선생님을 다른 선진 국가에 태어나게 하시지 않고 화 있을 수밖에 없는 이 백성 속에서 나게 하셨습니다. 그는 이 백성이 당해야 할 화와 벌을 위해 얼마나 뜨거운 눈물을 쏟으셨으며, 몸부림치며 하나님께 호소하셨습니까? 그에게 고난의 생애를 주시고 겨우 또 45세를 일기로 짧은 생을 보내게 하셨습니다만, 그는 이 민족의 혈관과 골수 속에 사무치는 삶의 향기를 뿌려 주셨으니, 이 민족 앞에, 이 민족 위해 하실 일 다하시고 먼저 가신 선생님의 아름다우신 발자취는 시대가 어떠한 모양으로 바뀌고 또 역사가 어떻게 변천하더라도 더욱 빛날 것이오니 진실로 감사합니다. 당신의 크신 은혜로 시궁창 같은 이 민족 가운데서도 한 포기 향기로운 장미가 피게 되었습니다. 그리고 이 장미의 향기는 시궁창의 더러운 냄새도 넉넉히 가리워 주었습니다. 이제는 한 포기뿐 아니라, 열 포기 백 포기, 천 포기로 많은 향기로운 장미가 이 강산 방방곡곡에서 피어나게 될 줄 믿습니다. 감사합니다, 김선생님 같으신 분이 한국에 나셨다는 일, 김선생님 같으신 분의 생애가 늦었지만 이제라도 이 백성에게 알려지게 된 일이 모두가 하나님의 은혜가 아닐 수 없습니다. 참으로 감사합니다'라고. 이가 실로 절실한 저의 감사의 기도였습니다.

저작집 제2권 『신앙과 인생』 하권(본 전집 1권)에는 주로 조국, 교육, 학문과 직업, 현실과 이상, 믿음의 생활, 사회시평… 등 내용 깊은 글들과 제4권은 『성서연구』인바 주로 우리 주 예수님의 산상수훈 연구와 골로새서, 데살로니가 전서 강의인데 애석하게도 4장 12절까지로 1942년 3월에 있은 '성서조선사건'으로 인한 선생의 투옥으로 완결을 보지 못하였으나 여기 또 시편 121편과 23편의 강해가 첨부되었는데 이는 다 구구절절(句句節節)이 생명이요, 자자행행(字字行行)이 흑암을 비춰 주는 광명의 말씀이었습니다. 저로서는 감히 붓을 들 자격조차, 용기조차 없는 것입니다만, 부족한 대로 감히 솔직하게 말씀 올린다면 첫째로 선생의 신앙 문집은 한국 기독교 신앙의 지침이라고 하겠습니다. 기독교가 이 땅에 들어온 지 1세기가 되는바 이는 어디까지나 구미의 신앙 사상을 그대로 받아 아직도 우리의 것으로 충분히 소화하지 못한 것이라고 할 수밖에 없습니다. 그러나 김선생님의 신앙은 성서 그대로의 순수한 정통 신앙, 복음 그대로의 은혜주의의 신앙이며 불의와 부패로 세속 속에 타락하여 가는 교계에 동화되지 않고 오히려 분명히 이에 거슬러 올라가는 그야말로 생명이 약동하는 기독교의 본 모습대로의 신앙입니다.

우리 국민을 오직 그리스도에게로만 이끌어 어떤 교권 앞에 세우는 것이 아니고, 어떤 교파에 예속시킴도 아니고 오직 그리스도에게만 직속하게 함으로 우리 한국 민족에게 진정한 복음을 순수하게 소개, 증거하고 또 선생님 자신이 그대로 살아가신 것입니다. 이 빛나는 생활의 발자취는 과연 성도의 발자취가 아닌가 하고 흠모하게 됩니다. 그러니 김교신 선생님의 신앙은 미국식 기독교 신앙도 또한 서구식 신앙도 물론 아닌 순수한 성서 위에서의 신앙이며, 성서 속에서만 호흡하고 활동하며 성서 속에서 무궁무진 샘솟듯 한 생생한 복음적인 신앙입니다. 어떤 신학 사조나 어느 고등 비평가의 제 나름의 연구에 좌우되는 따위의 신앙 형태가 아니고 선생은 일찍이

'조선을 성서 위에'라고 외치신 대로 오직 성서 속에서의 신앙이었고 성서 위에서의 조선으로 신앙조선, 신앙한국을 수립하기 위한, 그야말로 하나님이 특히 우리 민족의 믿음을 위해 보낸 신앙의 투사요, 신앙만을 위한 선생님이었습니다. 선생님에게서 우리가 하나님의 이 사명적인 위대한 성서적 신앙을 제거한다면 선생님의 생애를 통한 이 신앙저작은 세상에 나올 수 없었을 것입니다. 선생님의 저작을 자세히 살필 때 우리는 실로 선생님의 위대를 생각지 않을 수 없습니다. 선생님은 오로지 수직적으로 주님께만 직속되신 순수한 신앙의 소유자였으며, 하늘과 진리로만 만족하셨으며, 또 신앙만으로 인간 대소 범사를 해결하시고 마침내 승리하셨던 것입니다. 기독교 신앙의 진수를 알고 싶은 모든 국민은 주저하지 말고 선생님의 신앙 저작을 통해 바르고 참스러운 신앙을 배우고 올바른 성서 이해에 들어갈 수 있을 것입니다. 그래서 우리는 방황과 주저에서 확신과 용기를 가지게 되고 신앙으로서의 참 삶과 삶의 참된 의의와 승리의 기쁨을 깨닫게 될 것입니다.

다음 선생의 저작은 우리에게 한국인으로서의 참 애국이 어떠한 것인가를 가르쳐 주는 것이라고 믿습니다. 성서를 통해 계시된 진정한 애국의 길을 즉 국가관, 민족관을 우리는 선생을 통해 가장 바르게 진리대로 배울 수 있습니다. 한국의 산과 강과 바다와 촌락과 도시 그리고 우리 민족을 선생님과 같이 사랑하시고 아끼신 분은 별로 없으리라고 생각됩니다. 선생님은 생애 대형 한국지도를 서재에 걸고 늘 이를 쳐다봤다고 합니다. 선생의 애국은 결코 우리에게 있어서 흔해 빠진 꽹과리식 애국이나 나팔식 애국이나 또는 혀끝이나 붓끝으로만 하는 값싼 애국은 결코 아니었습니다. 선생은 교장에서, 거실에서, 공석에서, 사석에서, 들에서, 산에서 노상 한없이 눈물을 흘리신 모양인데 이는 저로서는 대부분 애국의 눈물, 민족애의 눈물이 아니었나 하고 생각합니다. 또 선생님의 애국은 종교 신앙에 입각한 애국으로서 이 나라, 이 민족을 영구히 진리의 만세 반석 위에 세우려는 것이었습니다.

선생의 저작 제2권(본 전집 1권)에 보면 『성서조선』을 말씀하신 데 이런 말씀이 있습니다. "사랑하는 자에게 주고 싶은 것은 한두 가지에 그치지 않는다. 하늘의 별이라도 따 주고 싶으나 인력에는 스스로 한계가 있다. 혹자는 음악을 조선에 주며 혹자는 문학을 주며, 혹자는 예술을 주어 조선에 꽃을 피우며, 옷을 입히며, 관을 씌울 것이나 오직 우리는 조선에 성서를 주어 그 골근(骨筋)을 세우며 그 혈액을 만들고자 한다… 우리는 오직 성서를 배워 성서를 조선에 주고자 한다. 더 좋은 것을 조선에 주려는 이는 주라. 우리는 다만 성서를 주고자 미력을 다하는 자이다. 그러므로 성서를 조선에…"

우리는 이 말씀 가운데서 선생님의 애국 정신, 애족 정신의 깊은 내용을 그대로 보는 것입니다. 그렇습니다, 선생님의 애국은 한마디로 기독교 신앙 위에 이 나라와 이 백성이 서야 하겠다는 것이었습니다. 선생 애국의 위대는 참으로 여기 있습니다. 선생은 오로지 국가와 민족을 종교 신앙 위에 세우기 위해 전생애를 바치셨으며, 힘찬 진리의 싸움, 의의 선한 싸움을 싸우신 것입니다. 진리의 토대 없는 애국 운동이나 애족 운동이란 마치 모래 위에 세운 집과 같아 몇 날이 못 가 비가 오고 장마물이 나고 바람에 부딪힐 때 그 무너짐이 얼마나 심할 것입니까. 해방 후 30년 역사가 고스란히 이를 우리에게 보여 주는 것이 아닙니까. 선생은 오로지 영원 부동하는 진리의 한국을 위해 자나깨나 괴로우나 즐거우나 고초와 멸시, 조소와 비난을 개의치 않고 드디어는 왜경의 포악한 손길에 이끌려 투옥까지 당하여 옥고를 맛보시기까지 하시면서 숭고한 이 선한 싸움을 싸우신 것입니다. 이렇게 오직 홀로 진리의 한국, 진리만의 한국을 위해 싸우신 선생에게 어찌 존경이 없을 수 있겠습니까. 예수가 나다나엘을 보고 "이는 참 이스라엘 사람이로다. 그 속에 간사한 것이 없도다"(요한 1.47) 하신 말씀은 그대로 김선생께 해당되는 말씀이라고 생각됩니다.

다음 저작집은 김선생님은 위대한 민족의 교육자 되심을 가리켜 주시는 것이라고 믿습니다. 저작집 제2권 「입학 시험」이란 글에 "영생의 양식보다 썩을 양식을 위해, 참된 여호와 하나님보다 눈에 보이는 우상을 위해 더욱 열성을 다하는" 우리의 교육 현실, 그 교육자, 피교육자를 생각하고 선생은 "연민의 정, 증오의 분, 참회의 눈물이 흉중에 교체하지 않을 수 없다"고 하셨으니, 이야말로 김선생님의 참 교육 이념, 교육 목적을 무언중에 밝히심이 아니시겠습니까? 과연 우리의 교육계는 전체 선생님의 이 한마디 말씀을 진정 명심해야 되겠다고 생각됩니다. 이 말씀, 이 정신이야말로 우리의 교육에 대혁명을 가져오는 말씀이라고 생각됩니다.

오늘날 민족의 백년대계를 위한 우리의 교육, 이는 분명히 비정상적이요, 병적이요, 또 기형적인 것이 분명합니다. 글쎄 가짜 졸업장 그것도 대학교 졸업장이 돈에 좌우되어 팔고 산다는 것이니 이야말로 기절하며 자빠질 노릇이 아닙니까. 그뿐입니까? 근일에는 또 부끄럽고 서글퍼서 그저 손이 떨립니다만, 가짜 박사 학위가 돈에 의해 나돈다고 하니 이 통탄할 사실이 아닙니까? 아니 민족의 앞날을 생각할 때 비통한 한숨을 짓지 않을 수 있겠습니까? 참으로 선생님과 함께 연민의 정, 증오의 분, 참회의 눈물이 흉중에서 교체하지 않을 수 있겠습니까? 참된 인간교육, 참된 인격교육, 참된 생명교육을 어디서 찾아야 되겠습니까? 모두 죽은 교육, 거짓 교육, 내일이 없는 교육으로 그저 정말 선생님의 말씀같이 썩을 양식을 위해 배우고 또 가르치고 또 다스리고 나아가니 여기서 무슨 위대한 것, 참스러운 것, 무슨 영원한 것이 생겨날 수가 있겠습니까? 만일 선생님께서 지금 계신다면 30여 년 전에 하신 그 비통하신 말씀을 다시금다시금 되풀이하실 것만 같아 가슴이 메는 듯합니다.

선생은 분명히 영생의 양식보다 썩을 양식을 위해, 참된 여호와 하나님보다 눈에 보이는 우상을 위해 더욱 열성을 다하는 이 모순 투성이의 교육을 근본적으로 새롭게 하기 위해 애쓰신 것입니다. 선생님의 교육 이념은 분명히 썩을 양식을 위한 교육이 아니고 영생할 양식을 위한 교육이었으며, 눈에 보이는 재물, 명예, 지위, 권세, 영화 등 우상을 위한 교육이 아니고 참된 여호와 하나님의 영광과 그의 뜻을 위한 교육이었습니다. 오늘날 이 나라의 교육이 참으로 오로지 하나님의 모습을 띤 만물의 장 된 인간의 아들들을 물질의 노예로, 온갖 죄악의 노예로 전락시키고 있음을 볼 때 선생님의 진정한 교육에 깊이 감사하지 않을 수 없습니다.

끝으로 지상에서 이 민족의 신앙과 교육을 위해 사명을 다하시고, 싸움을 다하시고 이제 영으로 하나님 앞에 계시는 선생님 앞에 깊은 존경과 뜨거운 감사를 올리는 바입니다.

어릴 때에 뵌 선생님

조광제 | 집필 당시 부산복음병원 직원. 미국 거주

내가 철이 들면서부터 선친이 아끼시던 장서를 가장 귀한 유물로 생각하고 이것저것 뒤지다가 수많은 잡지가 소중하게 간직되어 있음에 놀랐다. 그 중에서도 『가신』과 『성서조선』을 볼 수 있어 군데군데 오래 두고 읽어 나가다가 선친이 아끼신 이유를 겨우 알 것만 같다.

선친의 진실하려 함이 이들 선생님에게서 영향을 받은 것 같고 또 진실과 참 신앙의 교사는 이들 선생님이라고 나도 단정하고 두고두고 배우기로 마음 먹었다. 현재 나에게 겨자씨만한 믿음이 있다면, 이 잡지들을 통해 얻어진 것이요, 또 이로 말미암아 자라게 된 것이다.

선생님을 내가 처음 뵙게 된 것은 8-9살 때 우리집에 선생이 달포 가량 계신 적이 있을 때였다. 빡빡 깎은 머리와 번들한 이마에, 꿇어앉아 언제나 바른 자세로 가끔 명상에 잠기시던 모습이 생각난다. 또 언제나 일찍 일어

나서 냉수마찰을 하신 것으로 기억된다. 지금 생각할 때 아마 1943년경 옥고에서 풀리신 무렵이 아니었던가 싶다. 장난이 심한 어린 때라 독서하시는 선생님을 몹시 성가시게 굴어서 야단도 맞았지만, 한 밥상에 마주 앉아 조반을 드실 때는 한 술에 50번을 씹어서 넘기라고 매사 철두철미한 본을 보이면서 가르쳐 주신 일이 어릴 적 기억이지만 새롭다. 책이 소중한 것을 배운 것도 선생님에게서였다. 언제나 책을 가까이하고 계신 것을 보아 왔기 때문이다.

그전 일이지만 선친은 경남 진영에서 요시찰 인물로 지목되어 있다가 신사참배 사건으로 여러 차례 경찰서에 드나들게 되었다. 거기서 매도 맞고 병을 얻어 요절케 된 것이다. '성서조선사건' 때는 어머니가 불려 다니기도 하고 잡지와 귀중한 서적을 거의 압수당한 생각이 난다.

지금 선생님께서 고인이 된 이 때에 저작집을 통하여서나마 그 인격과 신앙을 흠모할 수 있게 됨을 기쁘게 생각하며 노선생님을 위시한 많은 편집인의 노고에 다시금 감사를 드린다.

신앙과 인생을 읽고

홍순명(洪淳明) | 풀무농업고등기술학교 교장

김교신 선생을 처음 알게 된 것은 원주농업중학교 일학년 때였습니다. 중고교 병설인 원주농업에는 당시 명물 교사가 몇 분 있었는데, 직접 수업은 받지 않았으나 새 환경의 신선한 감각과 성장의 모범을 발견하려는 기대 때문에 그분들에게서 반영되는 분위기는 입학 초부터 곧 느낄 수 있었습니다. 그 중에 정태시 선생에 대하여는 학생들간에 이런 말이 오르내리고 있었습니다. 저 분은 일년내 옷 한벌로 지낸다더라, 일과 뒤에는 괭이를 메고 밭에 가서 일한다더라, 책이 굉장히 많다더라, 공부를 하도 해서 눈이 나빠졌다더라, 고등학교의 학도호국단 간부들도 정선생 시간에는 조용하다더라, 선교사들도 존경한다더라 등등. 그 정선생이 몇 고등학교 상급생들과 성서연구회를 열었는데, 아침이면 공산주의 선전이 교실 칠판에 가득 쓰이던 때라 대조적이었습니다. 얼마를 계속했는지 무엇을 공부했는지 모릅니다만 집의 형도 그 회원이었습니다. 관사에 가서 국수 대접을 받는다는 것, 여러 아이들이 식탁에서 '참새 떼처럼' 기도를 올린다는 것 등 선생을 존경하게 하는 지식이 첨가되었습니다.

형의 책꽂이에서 정선생이 배부한 『성서연구』지를 본 것은 그 때입니다. 한자 때문에 이해는 못하지만, 이 책을 읽는 인격들의 압력과 난해한 것에 대한 일반적인 외경으로 대하였습니다. 맨 처음에 본 연구지는 2호였습니다. 많이 낡은 것을 지금 꺼내어 보니, 판권난에 1947년 6월 경성시 용산구 대도정 419라고 발행일자와 주소가 있고 잡감록의 정선생 기사에는 희미하게 잉크로 네모가 쳐 있습니다. 그 3호에 실린 류달영 선생의 '김교신 선생님 송도에 계시던 때'는 문장이 쉬워 읽어 보았고, 같은 호의 함선생님의 시 '돌아간 김교신 형의 집을 찾고'는 정선생이 국어 연구수업 시간에 강의를 했다고 형에게서 들었습니다. 좀 뒷일이지만 정선생님이 김교신 선생의 문장「전공과 기호(嗜好)」를 등사해서 학생들에게 배부했다고 들었습니다. 이렇게 해서 정선생님과 성서연구회와 『성서연구』지를 통하여 김선생의 모습이 작은 영혼 속에 서서히 들어왔습니다. 학교는 가정 사정으로 다섯 달 밖에 못 다녔습니다. 형과도 헤어져 고향인 횡성으로 들어가야 했습니다. 시기는 기억이 잘 안 나지만, 을유에서 나온 류달영 선생 편 문고판 『신앙과 인생』(본 전집 1, 2권)을 구해 주었습니다. 두메산골에서 책도 친구도 별로 없고 심심했으므로 이 책은 여러 번 읽었습니다. 더벅머리 때부터 청년 때까지 여러 번 보았고, 보지 않을 때에도 잘 간수했습니다.

동란이 났습니다. 군화로 짓밟은 눈 위에 붉은 핏자국, 겨울 대기 속에 풍기는 화약 냄새, 들에 널린 전깃줄과 귀순 권고 삐라, 그 위를 떼 지어 나는 까마귀들, 밤새 소리치다 새벽에 숨지는 부상병… 전쟁은 인간의 가장 어두운 부분의 산물이었습니다. 피난 다니는 손길에 『신앙과 인생』은 쥐어져 있었습니다. 들고 다녔지 보지는 못했습니다. 글줄들이 단어와 의미로 변화되리만큼 정신을 집중할 수가 없었습니다. 그래도 이 책을 지닌 것은 몇 걸음, 몇 시간 앞뒤에 죽음을 두고, 일상적인 인생의 모든 영위가 유희같이 아득히 보일 때 무언가 진실, 곧 영원한 것에 고착하려는 반사 작용이었는지도 모릅니다. 전쟁이 끝난 뒤에도 조금씩 보았습니다. 어떻게 해서 교단에 서게 되어 학생들에게도 자주 인용했고, 무심코 한 말도 알고 보면 이 책의 사상에서 나오기도 했습니다.

　　『신앙과 인생』은 술은 얇지만 여러 모로 인간 형성기에 영향을 받은 것으로 생각합니다. 김선생 하면 『신앙과 인생』이 연상되는 것은 그 때문일 것입니다. 사실 뒤에 저작집을 읽으면 어릴 때 읽던 작은 책의 감명이 더 강한 것을 느꼈습니다. 생각하면 짧은 학교 기간이었고 공부를 더하고 싶은 때도 없지 않았습니다. 그러나 그 기간 중 『성서연구』지나 김선생을 접한 데서 얻은 것이 너무 좋은 것이기 때문에 선택의 자유가 있고 다시 시작한대도 공부의 손실을 고통 없이 포기할 것입니다. 그 때는 그런 것을 몰랐지만 해가 지날수록 고마움이 더합니다. 『성서연구』나 김선생을 몰랐다면 지금쯤 인생의 어디를 헤메고 있을까? 김선생을 알게 된 개인적 동기를 회상하면서 모든 것이 사람의 자유면서도 또한 모든 것이 기이한 은혜에 찬 인생의 경이, 어린 신뢰를 파괴하지 않은 모범의 감사, 책이 주는 정신적 환경, 학교에 영혼과 전설이 사라지지 않기를 비는 마음 등을 실감합니다.

　　『신앙과 인생』에서 처음 끌린 것은 문장에 특이한 재미가 있으며 부담 없는 상식의 교과서적인 만족을 준 때문입니다. 그 곳에는 자연에서 농사, 지리, 역사, 과학, 교육, 인물 등이 망라되어 있습니다. 그리고 사소한 일에서 인생의 기본적인 문제를 설명하기 때문에 일상생활을 통해 배후를 지배하는 법칙의 소박한 고찰을 자극해 줍니다. 사실과 밀접한 정신적인 원리는 양자의 분리에 의한 비현실, 비이상을 막고 사실의 존중을 눈 떠워 줍니다. 또 『신앙과 인생』에서 과장이나 비하가 없는 진실한 인간을 발견했습니다. 생의 첫 단계에서 간단한 인간 지식으로도 곧 감지되는 종교가의 위선, 학자의 편견, 교사의 소심, 관리의 허세, 사상가의 공허, 눌린 이의 피학 의식 등의 약점이 어느 것이나 거기는 없었습니다. 「이상」「산다는 것」등의 문장과 그의 생활은 일치하는 것으로 보였습니다. 구속 없이 선을 실천하는 자유, 사람의 눈치를 안 보는 독립, 이상과 영의 입장을 고수하는 철저는 그의 사고와 행위 어디고 침투되어 그는 인생의 큰 길을 외곬로 당당히 걸으셨습니다. 류선생의 글을 통해서지만 유명한 장사 황씨를 김선생이 팔씨름으로 이기신 얘기에 환성을 올렸습니다. 일제 말년의 억압에서 민족의 양심을 대변하신 것은 통쾌했습니다. 탄광에서 일하는 어린이를 눈물로 지켜보시는 모습은 강하고 부드러운 것이 어떻게 나란히 양립하는지 놀라웠습니다.

요새는 안 그렇겠지만 10년 전만 해도 압제자에 폭력으로 저항한 이들을 애국자의 최상의 자리에 앉히는 교육을 받았습니다. 그런 애국이 이의 없이 받아지는 때, 애국이란 최선의 본성과 이념 위에서 부단한 도의적 향상을 추구하는 것이란 개념을 얻은 것은 Korea와 Christ를 나눌 수 없는 것으로 사랑한 김선생님의 영향도 컸다고 믿습니다. 애국의 개념과 함께 무교회에 대한 상식도 듣게 되었습니다. 애국도 학문도 직업도 인생도 모두가 당연히 종교와 깊은 관계를 갖는 것이었습니다. 그러나 동포의 상처와 하나님보다 인간적 집단화한 교회와 절대적일 수 없는 의식에 대한 이상한 집착은 당연치 않은 것 같았습니다. 외국 사람의 돈과 가난한 이들 앞에서 구호 물자를 취급하는 태도는 당연하지 않았습니다. 전쟁 중에 교회에서 북폭을 열심히 비는 모습에는 동행한 친구까지도 부당히 여겼습니다. 교회건 무교회건 소속에 관계없이 그리스도와 어떤 관계가 있는가가 문제인 것은 모르고 무교회가 옳다는 무조건의 감정에 치우쳤습니다.

아데네사에서 다시 김선생의 『구약성서 개론』(본 전집 4권)이 나왔습니다. 속표지에서 김선생의 사진을 처음 대했습니다. 단단한 이마, 뚫어보는 안광, 의지적인 입술… 을 보는 반면 어딘가 슈바이처나 우치무라 식의 위대한 풍모를 기대한 나는 실망(!)을 했습니다. 그 때까지 김선생은 내게 영웅이었습니다. 그 영웅 숭배는 영웅의 공적을 자기 것으로 착각하고 그 이익에 함께 참가하려는 이기적인 복선을 가진 것이었습니다. 거기에는 고쳐진 것도 새로워진 것도 없습니다. 과연 그간의 나는 신앙의 신자도 모르는 가련한 자였습니다. 그러나 가련한 중에도 하나님의 손길이 계시다면 감사로 변합니다. 그것은 더 나쁜 악덕에서 구하시려는 필요한 과정입니다. 그리하여 『신앙과 인생』을 배우라는 인생의 한 단계에서 네가 『신앙과 인생』을 살라는 한 단계로 넘어갔습니다. 이해와 실존 사이의 심연에 몸을 떤 것은 인생의 환영에 벗겨진 순간이었습니다. 타넘을 수 없는 거리 앞에서 위를 본 순간 도덕적 무력 – 죄는 온 몸을 숨도 어렵게 마비시켰습니다. 희미한 의식 속에 영혼을 지으신 이의 대수술이 시작되는 것을 느꼈습니다. 그리고 어느 날부터 김선생의 위대에 대한 관념이 달라진 것을 발견했습니다.

군대를 마치고 시골의 작은 학교에 있게 되었습니다. 노선생에 의해 저작집이 간행되고 또 기념문집이 나오게 되었습니다. 언젠가 사석에서 송두용 선생이 김선생 말이 났을 때 "결국 신앙으로 한평생 산 것인데…"라고 혼잣말 비슷이 말하시는 것을 들었습니다. 신앙의 빛으로 김선생의 여타 면을 일단 몽롱하게 하는 이 말씀에 대하여 전적으로 공감하는 자신을 스스로 의아하게 생각했습니다. 지금도 김선생의 신앙으로 귀결하는 현상에 대한 과학적 태도에 경의를 갖고 있습니다. 자연계와 정신계의 사실에 대한 진실에서 과학과 신앙은 깊이 관련하고 있습니다. 정신계의 사실은 죄와 은혜와 선생의 체험입니다. 사실의 추구 없는 신앙과 과학은 미신과 비도덕의 온상입니다. 신생된 영혼은 그 하부 단위인 지식과 의지의 각성과 향상을 수반합니다. 노벨 수상자 40명을 배출한 유일신 유대교의 이스라엘인의 인류 문화에 대한 기여를 우리는 기억하고 있습니다. 김선생에게 있어 사실의 존중과 동원은 궁극 목적이 미신과 비도덕을 제거하는 신앙에 있음은 명백한 일입니다.

날이 갈수록 김선생의 의연하고 건전한 인격은 빛나리라고 믿습니다. 국민의 5분의 1이 피눈물을 머금고 해외를 헤메고 고난의 채찍은 뼈에 닿던 때에 하나님 앞인 듯 심판을 받으며 불의를 심판하신 진리 수호의 증언에 머리 숙입니다. 조국의 심장에 성서를 새기기 위해 생애의 끝까지 쾌주한 인격으로 성서를 주해한 것을 감사합니다. 유·불교의 이상은 그리스도교의 영역에 이르고 그리스도교는 유·불교의 이상을 실현해 줍니다. 유, 불교의 철저하고 위대한 넘어짐의 비극을 딛고 민족의 정신적인 소원에 응답하여 최초의 한국인으로 일어섬으로써 이제 한국에는 원칙이 제시되고 생명의 씨는 언 땅 속에 깊이 묻어졌습니다.

그러나 이런 김선생의 인격을 가꾸기 위해 '청소수각(淸宵數刻)'을 떨며 '한강 메우기보다 어려운' 자아를 죽이는 일에 비지땀을 흘리며 기도를 하신 내면의 싸움을 우리는 지나볼 수 없습니다. "나의 영혼의 본색은 사업도 운동도 아니다. 열성도 분발도 아니다. 실망도 두려울 것 없고 미약함도 염려할 것 없다." 그리하여 김선생의 인격 이면에 무위(無爲)와 신뢰의 믿음만을 지닌 적나라한 모습을 우리는 보는 것입니다. 그의 인간성에 놀람과 공경을 드리려는 우리에게 그는 배후의 존재를 가리킬 것이며 그리하여 우리는 초인적인 힘이 주어지지 않을지라도 신뢰만을 요구하시는 하나님 안에서 감사와 함께 나대로 나다울 수 있는 것입니다.

　김선생은 『성서조선』지의 제호가 보이듯 성서와 조선을 하나로 괄호 속에 택하셨습니다. 피와 풍토와 운명과 섭리로 결정되어 서로의 형성에 영향을 주는 개인과 국가는 이해와 감정과 능력의 범위 내에서 구체적인 의무를 지시하는 이웃의 확대입니다. 인격적 관련을 갖는 이웃간 의무의 총체가 어떤 형태로건 사랑을 통해 그 본원의 하나님께 한 걸음씩 전진시키는 것이듯 애국도 이 최고의 윤리를 지향하여 동포의 정신을 한 걸음씩 하나님께 상승시키는 것입니다. 애국이 배타적이거나 사대성을 띨 수 없는 것은 그것이 비도의적 요소이기 때문입니다. 순수한 애국은 순수한 신앙으로 환원됩니다. 신앙 없는 애국은 집단적 이기주의나 비생산적인 개성의 숭배에 떨어지기 쉽습니다. 바울은 동포를 위해 자기 멸망도 사양치 않았으나, 그것이 그의 믿음에서 북받친 말이며, 신앙 아닌 것은 다 죄라고 다른 곳에서 말하고 있습니다. 애국심만으로 목숨을 바쳐도 절대적인 입장에서 자기 의지의 관철에 그칠 수도 있습니다. 애국심만으로 큰 일을 해도 동포의 심령의 표피에만 그 영향이 머물 수도 있습니다. 그러나 믿음으로 동포를 위해 빌 때 그는 우주 속에서 국가를 주관하시는 하나님의 마음을 움직입니다. 믿음을 가지고 일할 때 그는 동포의 심령 속에 영원한 인상을 주고 축복이 깃들이게 합니다. 믿음 위에서 민족주의와 세계주의는 무리 없이 포옹합니다. 무교회의 정신은 믿음만이라는 루터의 개혁 정신의 철저이므로 더 말할 여지가 없습니다. 인간의 자연적 본성을 중요시하는 요즈음의 신학 경향이 있으나, 문제는 그것도 백퍼센트 하나님이 주신 것이고, 신앙과 허무의 자유로운 선택에 이르는 소재이지 내용이 아니며 결국 그것으로 자립할 수는 없는 것입니다.

　우리 학교에서 낸 국어 교재에는 학년별로 김선생의 글이 하나씩 수록되어 있습니다. 「포플러나무 예찬」과 「조선지리 소고(小考)」와 「산상수훈의 요약」입니다. 이 글에서 교육의 목적인 천성의 개발과 신앙을 통한 인격의 완성과 복수적인 이웃으로서 사회 이상 실현과 자연의 애호를 배웁니다.

"하나님 경륜에 관한 사상만은 가난하고 약하고 멸시받고 유린당해 타고난 교만의 뿌리까지 뽑힌 이에게 계시되는 듯하다. … 동양의 모든 고난도 이 땅에 끌어대어졌지만 동양에서 산출해야 할 바 무슨 고귀한 사상, 동반구의 반만년의 총량을 큰 용광로에 달이어 낸 엑기스는 필연코 이 반도에서 찾아보리라."

「조선지리 소고」 결론의 일절입니다. 여러 번 같이 배웠지만 그 때마다 다시 새롭게 생각하게 하는 구절입니다. 그리고 학생들에게 마을에서부터 비롯하는 자급적 사회, 경제 체제 위에 심령의 상승, 국민의 강건으로만 누적된 고난의 해결과 세계 사명에 기여할 것과 기, 불, 유(基佛儒) 삼대 문명권의 한 중심으로서 비류 없이 세 문명이 교차했음과, 섭리의 고난과 숙원을 들어 우리에게 순종의 결의만이 없다고 말합니다. "17세기 영국의 청도교는 왜 실패했는가? 청도교보다 더 큰 이상이 있기 때문이라"고 한 칼라일의 말을 생각하고 순화된 외유내강의 국민 성격에 의하여 평화와 사랑의 새 시대를 맞을 어떤 기대를 갖습니다.

다음은 산상수훈을 배우고 고사필답지에 쓴 학생의 글입니다.

"우리는 가끔 아주 불행한 것처럼 생각되어지는 수가 있다. 그러나 엄밀한 의미에서 행이 무엇인지 불행이 무엇인지 생각해 본 적이 없는 듯하다. 그러나 예수는 산상수훈에서 분명히 말씀했다. "마음이 가난한 자, 애통하는 자, 온유한 자가 행복하다"고. 가난한 자가 행복하다―이것은 정말 모순된 말 같기만 하다. 물질적 면에서 생각할 때. 애통하는 자가 행복하다―이것 또한 마찬가지다. 온유한 자 역시 마찬가지다. 그러나 좀더 생각해 보면 (생각의 척도를 하나님께 접근시켜서) 확실히 위와 같은 말의 의미를 이해할 수 있고 모순되었다고는 생각되지 않는다. 부(富)한 자들은 결코 행복하게 생각지 않는다. 정말 마음이 가난한 자(물질이 풍부하더라도), 자신이 정말 부족하다고 느끼고, 슬프다고 느낄 때(좋은 환경 속에 있더라도 역시)에 성서 한 구절이라도 더 들여다봐진다. 그리고 또 마음이 강퍅스럽지 않고 모든 사물에, 타인에 대하여도 좀더 잘 대해 줄 수 있고 그렇게 행동을 하고 난 후의 오랜 뒤에 가서 생각해 보면, 그 때가 결코 그렇게 불행했다는 생각은 들지 않는다. 오히려 행복에 접근시킬 수 있을지언정, 빈부를 물질에, 모든 것을 이 세상 사회의 돌아가는 것에 마음의 기준을 둘 때는 끝없이 불행하고 행복이란 것에 접근시킬 수 없고 언제나 불행 속에서만 살다가 죽어 가는 것이 아닐까? 그러기에 산상수훈에서의 행복론이 우리 인간 사회에서의 진정한 행복론이라고 말하고 싶고, 또한 그러한 생각의 척도에서 일생의 생활이 끝마쳐질 수 있었으면…"

생명의 고동은 대지 위에 귀를 대면 그치지 않습니다. 위인의 효능은 용감하고 진실한 생애와 함께 후배를 감화, 분발케 하는 데 있다고 합니다. 김선생의 위대는 이제부터입니다. 저는 주어진 자리에서 만족과 끝없는 의무를 느끼고 있습니다. 그 의무에는 신앙으로 일관한 김선생의 인생의 행복을 알리고 김선생 속에 역사하신 그리스도의 모습이 학생들 속에 이루어지기를 비는 가장 본질적 부분이 있습니다.

느낌

김은희(金恩希, 본명 명숙) | 전 보건복지부 가정복지국장

다른 사람들이 아무리 불후의 명작이라고 말한대도 천성의 태만으로 성서를 제외하고는 여간해서 두 번 다시 책을 읽지 못하는 성격의 소유자입니다마는, 두 번을 읽고도 다시 더 읽고 싶고 또 수시로 뒤적이며 아무 페이지

나 펼쳐서 읽어도 마음의 위로를 얻고 감히 가까이 접근할 수 없는 지고지순함을 느끼는 글이 바로 김교신 선생님 신앙저작집이었으며, 읽어 가는 동안 제가 가졌던 기독교 신앙에 대한 자신도 미처 깨닫지 못했던 많은 편협과 편견을 발견할 수가 있었습니다.

10여 년 동안 저의 기독교 신앙에서 가졌던 많은 의문에 시원스런 대답을 얻기도 했습니다. 더욱이 신앙저작집 제4권(본 전집 4권)은 하루하루의 피곤함을 잊은 채 땀을 쥐고 새벽이 된 줄도 모르고 읽었습니다. 어렸을 때 여러 탐정 소설을 읽었습니다만 이처럼 무아의 경을 헤매지는 못하게 했던 듯합니다.

요즈음은 책에서도 스승 얻기가 어렵다고 하는 이야기를 가끔 듣습니다만, 저는 이처럼 훌륭하신 지고의 인격자를 저서를 통해서나마 뵈올 수 있었다는 데에 크나큰 영광과 자부심을 갖는답니다.

더욱 하나님께 감사하는 것은 다른 나라 아닌 우리 한국에 일찍 이러한 스승을 보내 주셨다는 점이며 또 알게 해주신 노선생님과 편집위원님들께 깊은 감사를 드리고 싶습니다.

나와 신앙과 인생

최병인(崔炳仁) | 전 고교 교사(물리)

기독교가 우리나라에 들어온 지 수십 년이 되어도 우리나라의 기독교는 마치 남의 옷을 빌어 입은 것처럼 우리의 생활과 우리의 사고 방식에는 어설프게만 느껴지곤 했다. 이웃 일본만 해도 기독교에 대한 신앙적인 저서가 한없이 많은 데 비해, 우리에게는 우리 자신으로 쓰여진 진지한 신앙적인 연구 서적은 물론, 순 신앙생활에서 우러나온 산문체의 일반 글조차 구해 읽을 수 없었으니, 이것은 그야말로 깊이 없는 우리나라 기독교의 진상을 말하는 것이 아닐 수 없다.

수년 전에 비로소 김교신 선생의 이름과 함께 선생의 저작집(본 전집) 편찬을 『성서연구』지를 통해서 알고 나도 주문, 신청했었다. 선생이 어떤 분인지 전혀 모르던 처지요, 또 자신이 믿음에 철했던 것도 아니었으므로 저작집의 내용이 어떤 성격을 지녔을지도 알 리 없었다. 다만 무교회 신앙이라는 데 약간의 호기심과 우리나라 사람의 이름으로 된 6권의 저작집이라는 데 막연한 기대를 가졌다. 기다리던 제1권이 왔다. 몇 권 안 되는 부수 중에서 나도 그 중 한 권의 소유자가 되었다는 흐뭇한 긍지로 한번 펴들었을 때, 선생의 폭발적이고 탁월한 신앙적 발언에 그만 매혹되기 시작했다.

그 후 나는 『신앙과 인생』 상·하권을 나의 작은 서재에 반드시 꽂아 놓곤 하였었다. 건강이 나빠 일체의 독서가 금지되었을 때에도 내 머리맡에 이 두 권은 언제나 놓아두었었다. 좀 뭣한 이야기지만, 성경을 읽고도 내 맘속에 착 달라붙지 않고 소화할 수도 없던 때이었다. 그러나 선생님의 책은 기독교적인 신심으로써가 아니라, 병중에서라도 잠깐잠깐 읽노라면 나도 모르게 위안이 있었기 때문이다. 실직과 실의의 고뇌 속에서 지칠 때라도 가끔 본서의 여기저기를 – 특히 나는 「절대한 감사」 「우리는 한 평신도이다」 같은 글을 읽다가 깊은 명상에 잠기게 되었고, 그 명상에서 깨었을 때에는 산정에 오른 등산가들의 마음만치나 상쾌했었다. 세파(世波)에 어두워진 마음에 좌절감마저 덮쳐올 때면 나는 본서의 내용을 뇌까리며 꺼져 가는 마음의 등불을 다시 밝혀보기도 했다.

교회 마루바닥에서 찬송을 불러도 보고 기도를 올려 보아도 답답하고 컬컬한 내 심정에는 예수라는 이름은 피안에서나 부르는 소리같이 들렸고, 그래서 갈래야 갈 수 없었기에 기독교 자체에 크나큰 의심을 가졌던 때도 적지 않았었다. 그런데 나는 선생의 '말씀'(이것은 확실히 글이라기보다는 말씀이라는 표현이 적절하리라)에 귀를 기울이게 되자 예수라는 분이 내 생활과 직결될 수 있음을 직감하게 되었고, 고독한 가운데 '주'라는 칭호에 친근감을 갖게 되었으니 이 역시 하나님의 은혜인가, 뜻인가!

나 자신은 독서의 삼매경(三昧境)에 들어갈 수 있는 주제도 못 되고 또한 신앙의 정수분자 축에도 못 끼는 편인데 가만히 생각해 보면 이러한 경험은 천만다행한 일이었다. 이것이 바로 하나님의 은혜런가? 전의 나 자신은 '나는 기독교인이다'라고 떠벌릴 용기가 전혀 없었던 것이다. (지금도 큰 변화는 없지만) 어쩌다가 기독교인을 자칭하노라면, 즉시 내 양심에서는 반박이 뒤따랐다. '네가 기독교인이냐? 기독교인다운 것이 뭐 있느냐?' 이런 질문에 대답 못하면 마음은 혼란에 빠져 머리를 움켜 잡고 괴로워하다가 좀 마음을 안정하고 조용히 본서의 여기저기를 뒤적이다가 「이성 존중」 같은 글에 접하고는 '나도 기독교인이 될 수 있지!' 하고 가슴속에서 어느새 희열의 미소가 감돌아 오르곤 했다. 그러면 도대체 선생의 말씀 중에는 무엇이 있기에 이와 같이 내 마음을 움직이는 것일까? 첫째로, 멀쩡한 정신으로 확고한 신앙에 입각한 외침이기 때문이다. 간결한 문장 속에 요약 수록된 선생의 신앙관은 평신도의 갈팡질팡대는 마음속에 뚜렷하게 갈 길을 비추어 준다. 그것은 어디까지나 선생의 이성에 입각한 신앙이다. 일시적인 신경의 흥분에서나 또는 설교자의 우아한 제스처나 설교에 끌리어 일어나는 광신적인 것과는 아주 다른 것이다. 우리는 본서의 어느 곳을 보아도 투철한 신앙관으로부터 우러나오는 넘치는 힘에 접한다. 이것은 분명히 '생명 있는 말씀'이기 때문이다.

둘째로, 우리의 양심에 꿰뚫는 신앙적인 애국심의 발로에서의 외침이다. 본서의 어느 페이지고 펴 놓고 잘 읽어 보라. 이 민족의 체취가 풍기지 않은 곳이 있는가? 우리나라의 기독교는 이 때까지 겨우 남이 주는 음식이나 받아 먹고, 남을 위한 잔치에 가서 즐기며 커 왔다고 한다면 이는 나의 지나친 편견일 것인가? 그러나 나는 본서에 접하고 비로소 이 민족의 생동하는 참된 얼에 접했다. 일제의 가혹한 탄압 밑에서도 기어코 소생한 이 민족의 역사의 배후에는「조와」에서 선생이 외치신 '전멸은 면한' 개구리같이 그래도 살아 남은 참된 얼의 기도에 응답한 하나님의 은사가 있었음이 아닌가? 세상에 널리 알려진 독립운동자만이 애국자는 아니다. 민족적인 수난의 역사적 의미를 하나님의 뜻에서 찾고, 그의 채찍 밑에서 신앙적인 심안(心眼)으로 기도로써 가련한 이 민족을 지켜 보고 또 이 민족의 구속을 빌었다면 이 어찌 진정한 애국심의 발로가 아니겠는가? 이 민족의 개인적인 양심의 각성과 민족적인 구원을 위해 조와담(弔蛙潭) 바위 위에 꿇어 엎드린 아, 선생님의 그 거룩한 모습이여! 이야말로 진정 예레미야적인 신앙인의 애국이었던 것이다. 함선생이 그 서문에서 '김교신에게서 조선을 빼고는 의미가 없다'고 하신 표현은 그대로 선생의 지순한 이 애국을 간단히 요약한 적절한 말이 아닐 수 없다. 일본의 군력보다도 훨씬 강하고, 소위 애국 투사의 투지보다도 더 의연했던 선생의 이 민족에 대한 신앙과 사랑이 그대로 나타난 글이야말로 본서인 것이다.

셋째로, 선생의 글을 읽으면 자연, 인생, 역사, 교육, 사회, 가정, 학문, 직업, 인물 등에 대해 깊고 올바른 밝은 눈을 열어 준다. 특히 화학 교사인 나로서는 선생의 넓고 깊은 자연과학적인 식견과 통찰에 놀랐다. 자연을 하나님의 뜻으로 바라보는 선생의 신앙적인 혜안에 머리가 저절로 숙여진다.

세상엔 위인도 많고 명언도 많고 인생관, 처세술도 복잡하다. 그러나 본서에서 부각되는 인생관, 처세술만큼 활기 있고 간단명료하고 영원을 인식케 하고 영원을 지향케 하는 불굴의 용기를 주는 것도 드물 것이라고 생각된다.

선생의 글은 대체로 단편적인 토막글인 것이 사실이나 그러나 이를 꿰매는 일관성 있는 강한 정신이 전체를 통해 흐르고 있는데 이는 분명히 선생의 글이 선생의 깊은 신앙적인 신념에서 나온 글이기 때문일 것이다.

인간 교육의 이념이 투철함에는 옷깃을 여미게 하며, 오늘날 우리의 교육상을 돌아보고 얼굴이 붉어짐을 금치 못한다. 교육과 신앙의 길이 둘이 아니요, 하나일진대 선생의 글을 읽을 때 참 신앙 없이 교단에 서는 자는 쥐구멍을 찾지 않을 수 없는 심경이다.

오늘날 우리 젊은이들은 가치의 기준을 잃고 갈등과 모순에 싸일 때가 많다. 이로써 사회의 혼란은 더욱 심해 간다. 그런데 여기에 선생의 깊고 높고 넓은 신앙적인 인생 체험으로 하는 가르침은 열병환자에게 냉수를 끼얹는 듯 시원하고 사지(死地)에 빠진 중환자에 대한 그야말로 명의(名醫)의 소생의 일침이다.

흥미롭게 엮어진 가정훈 아니 바로 신앙인의 올바른 생활태도에 대한 언급이 무진장하다. 배금 사상에서 학문과 진리를 경시하고 이에 냉큼 발을 못 들여놓는 자에게 다 같이 인생을 신실하게 사는 방법과 용기를 가르쳐 주고, 한편 또 천학비재(淺學非才)에게도 인생을 깊고 뜻 있게 살 지혜와 힘을 준다. 학문과 직업과 종교가 딴 것이 아님을 철저히 가르치는 본서로써 우리는 이 민족과 조국이 원하는 근면 성실한 인간상을 선생의 실천적인 교훈으로 형성해 낼 수 있을 것이며, 그리고 무릇 이를 이루기 위해 충실하는 자 저의 직업, 신분을 물을 것 없이 저가 진정한 애국자가 아닐 것이냐. 이 점에서 또한 선생의 인물론은 그것이 젊은 제자에 대한 것이건, 역사적 성서적 인물에 대한 것이건, 우리의 젊은 가슴에 그야말로 정신적인 강렬한 상징(symbol)을 제공해 준다.

이 밖에 선생의 그 글 속의 글을 발굴한 식견과 선생의 깊은 뜻을 그대로 파악, 표현할 힘과 필력이 나에게는 없으니, 이미 가신 이가 20-30대에 쓴 글을 다시 보며 오직 경탄과 경모의 염을 깊이할 뿐이다. 선생의 글을 읽는 이 한둘이 아니겠지만 나로서는 인생 행로에서 가장 중요한 신앙의 설계도를 구상할 수 있는 키(key)를 이에서 잡게 되었으니, 하나님, 그리스도, 성서, 진리, 믿음, 사랑, 부활에 대한 나대로의 이미지가 웬만큼은 형성된 듯하여 선생께 한없는 감사를 드리고 싶다. 선생의 글은 전체 깊은 믿음에서 하는 인생 체험의 글이라 두고두고 읽고, 씹어가며 읽으면 그 참맛이란 한이 없으며 이 점 아무런 동양적인 수양서보다 수준 높은 것이라고 느껴진다.

끝으로 옥에도 티가 있다는 말이 있다. 한편 옥을 보는 자의 눈에 티가 있어도 옥은 선명하게 안 보이는 것을 우리는 알아야 한다. 오늘날 젊은층이 얼핏 보면 이해하기 어려운 선생의 완고했던 점도 없지는 않다. 그러나 이것도 신심이 부족한 자의 덜 깬 눈의 소치라면 무조건 순종하는 아브라함의 신앙이나 산정에 방주를 만드는 노아의 신앙을 이해 못하는 불신자의 눈에 비친 영상이라고 함이 온당할 것이다.

그러나 이제 한 가지 절실한 아쉬움이 있다. 그것은 선생이 지금껏 살아 계시다면 하는 욕심 아닌 욕심이다. 만일 그랬었다면 이상에 써 온 내용에 대한 보다 큰 가르침이 있었을 것은 말할 것도 없겠지만, 이보다도 이 『신앙과 인생』에 수록된 모든 사상, 교훈의 종합된 보다 더 체계적인 실로 파스칼적인 우리의 위대한 정신적 유산이 이루어졌을 것이고, 또 수십 년이라는 시공을 통해서 한없이 상승된 선각자의 위대한 믿음과 인격에 접할 수 있었을 것으로 우매하고 불성실한 이 내 인생에 더욱 밝혀 주심이 컸을 것이라는 아쉬움이다.

글을 통한 배움

김성진(金成珍) | 농장 경영

나는 『김교신 신앙저작집』 특히 『신앙과 인생』 상하(본 전집 1, 2권)를 읽으며 행간에 넘쳐흐르는 조국애와 예수 그리스도에 대한 선생님의 뜨거운 믿음과 인생에 대한 한없이 진실한 태도에 접해 계속 손수건을 손에서 놓을 수 없었다. 그 감동, 그 감격을 어찌 다 표현해 내랴! 나는 선생을 통해 느낀 바 조국과 인생, 신앙 세 면에 대해 여기 간단히 적어 보려고 한다. 그리고 선생님의 신앙은 성서 신앙이고 이가 나아가 애국이 되고, 선생의 그 애국은 또 선생의 교육 활동을 통해 나타났다. 결국 이 세 면은 선생에 있어서 분리할 수 없는 유기적으로 통일되고 있다.

"믿음은 들음에서 나며, 들음은 그리스도의 말씀으로 말미암았느니라"(로마 10.17)고 있다. 김교신 선생은 성서의 사람이었다. '성서를 조선에' 주어 그 골근(骨筋)을 세우며, 그 혈액을 만들고자 하셨다. 또 '조선을 성서 위에' 세우기 위해 성서로 하여금 조선 밑에 영구한 기반이 되게 하려고 했다. 그리고 선생은 민족의 백년대계로서의 그 지하의 기초공사가 곧 성서적 진리를 이 백성에게 소유시키는 일이라고 했다. 이야말로 선생의 생의 분명한 지표요, 높은 목표요, 또 위대한 포부요, 사명이었다.

그러나 오늘날 우리의 기독교 현실이란 성서 없는 기독교가 아닌가? 사실상 기독교는 믿어도 성서는 배우려 않고, 신학, 기독교 사상, 설교하여 기독교는 설명해도 성서는 공부도 않고 읽지도 않는 것이 실정이다. 그 단적인 증거로서 신교 전래 1세기에 아직도 소위 이야기체의 성경 공과서(工課書)의 공부 범위를 벗어나지 못하고 있으며, 설교래야 훈화나 수양담조의 정도를 못 벗어나고 있는 것이 사실이다. 여기 실로 우리 한국 신앙의 문제점이 있다.

선생은 "성서에 대한 오인(吾人)의 인식은 단순한 궤상(机上)의 이론이 아니다. 전신앙과 전생명이 그 동정(動靜)을 성서와 함께한다"고 말씀했다. 성서는 선생의 열애하는 책이었다. 선생 생애의 마지막 흥남에서의 사회 격무 가운데서도 선생은 낮에는 직장에서 희랍어 성서와 밤에는 핸드북 총서

히브리어 문전을 손에서 떼지 않았다고 들린다. 김교신 선생의 신앙의 특이성은 노선생님이 이미 말씀했듯이 우리나라 교회 현실에서 보는 서양식 기독교에 대한 단순한 형식적인 모방이나 또는 제도적인 이식 아닌 오직 진실한 조선인의 심장으로써 하는 성서 자체의 연구, 진리 자체에 대한 본질적인 구명으로써 민족적인 종교 신앙을 확립하려는 것이었다.

다음 김교신 선생은 진정 조국을 사랑하였다. 그것도 한없이 높은 이상으로써 사랑하였다. 따라서 선생의 애국 자체가 종교 신앙을 떠나서는 도저히 이를 이룰 수 없는 경지의 애국이었던 것이다. 선생이 일본 유학시 우치무라 간조에게 사사하게 된 동기 역시 우치무라의 그 뜨거운 애국심 때문이었다고 한다. 선생은 자신의 애국을 우치무라의 가슴속에서 보았으며, 애국의 이상, 방향 또한 저에게서 배웠던 것이다.

애국의 방향과 그 내용은 물론 사람에 따라 다를 것이나, 국가 민족의 영원한 발전은 실로 이 척도의 고하에 따라 결정되는 것이다. 한말(韓末) 이래 우리 대소 모든 애국 지사들의 그것은 현실 정치적인 것이어서 저들은 또한 대체로 정치사적인 인물들이었다. 그러나 우리는 이 점에서 한 사람의 예외를 김교신 선생으로써 갖게 되었다. 즉 선생만이 종교에 의한 민족 이상의 제시자가 된 것이다. 정치 현실의 변화 이상(以上) 민족 성격의 개조요, 저의 영적 도덕적인 신생(新生)이야말로 선생 애국의 위대 찬란한 지표였던 것이다.

오늘 우리들의 식자, 지도자, 정치인들의 국가 목표란 오로지 의식주, 경제생활에 집중되고 따라서 국가 시책 역시 오직 경제의 고도 성장만을 구가, 안간힘을 이에 집중하고 있다. 그러나 오늘날 이 정신부재, 도덕부재 즉 인간부재의 천박한 이 현실 가운데서 진정 우리가 기대할 것이 무엇이 있겠는가? 우리는 오직 진실한 한국인을, 그렇다, 김선생과 같은 진정한 한국혼의 소유자를 기다릴 뿐이다. 아니 민족 전체의 이에의 신생을 기원할 뿐이다. 소위 해방 후 30년 우리의 현실이 오로지 이를 우렁차게 외치고 있는 것 아닌가?

　김교신 선생은 신앙가요, 애국자요, 또 위대한 인생 교사였다. 선생은 지성적인 교육으로 민족혼의 각성에 의한 우리 민족의 전인적인 인간 형성을 위해 특히 선생 자신이 피눈물 나는 신앙 실천으로써 생애 청소년들의 교육에 진력했다.

　부족한 나 자신의 이야기지만 나는 소년 시절 도산 안창호의 글에 접해 깊은 감동과 영향을 받게 되어, 정말 인간이 무엇이고 애국이 무엇임을 배웠던 것이다. 즉 선생은 진정한 애국이란 자신이 건전한 인격과 성실한 인간이 되는 데 있다고 했다. 여기서 비로소 나의 도덕적인 노력이 시작되었던 것이다. 그러나 사람의 도덕적 노력이란 노력하면 노력할수록 자체 내심의 죄악의 장애로써 어쩔 수 없는 한계에 부딪쳐, 고뇌와 실망에 빠짐을 부족하지만 자신 체험하게 되어 사실 하나님 앞에서 떨리는 마음으로 고민 중에 있었다.

　이 때에 나에게 이 죄에서 구원되는 그리스도의 십자가를 제시해 준 것이 실로 김교신 선생이었다. 김선생은 종교에 의한 진정한 도덕 문제의 해결을 나에게 가르쳐 주셨다. 안도산 선생을 통해 나는 도덕적인 자각에 들어가고 다시 김선생을 통해 이의 신앙적인 진정한 해결을 얻게 된 것이다. 도산에 의해 나는 애국과 도덕의 깊은 관계에 눈떴던 것이며, 이제 김선생을 통해 믿음 안에서 이 애국과 도덕이 완전히 이루어지는 기독교 구원의 높은 경지를 체험하게 된 것이다.

　김교신 선생은 일개 중학 박물 교사만이 아니고 믿음으로 이렇게 인생의 근본문제를 해결해 주시는 인생 교사요, 그러므로 나는 또 선생이야말로 우리 민족의 유일한 진정한 지도자라고 생각한다. 문학자 김팔봉 선생이 김교신 선생이야말로 그 깊은 종교 신앙 때문에 도산 이상 우리 민족의 진정 사표(師表) 되실 분이라고 했다고 들리지만, 실로 지당한 말씀이라고 생각한다. 나는 심중(心中) 선생이 내외로 우리 민족의 진정 사표 되시는 날을 고대하여 마지않는다. 그 때에야만 우리 민족이 진정 살 수 있을 것이라고 믿기 때문이다.

신앙의 성찰

전준덕(田埈德) | 중앙총신학교 희랍어 강사

동양의 성자라고 불리우는 인도의 선다 싱은 "신학이라는 학문이 생김으로써, 신앙은 되려 타락하였다"고 했습니다. 사실 오늘날 기독교의 복음 안에 신학이 있어도 신앙은 없는가 봅니다. 우리 기독교 지도자 중에도 신학을 전공한 신학자는 있어도 참 믿음을 가진 신앙자는 없습니다. 신학으로 이름을 날린 신학자는 허다하지만 믿음으로 복음을 외친 주님의 참 제자는 드뭅니다. 오늘날 범람하는 기독교 서적 중에서도 신학 논문은 읽을 수 있지만, 믿음을 가르쳐 주는 참 신앙의 글은 읽을 수가 없습니다.

교회의 지도자인 교사의 설교에서도 신학은 들을 수 있어도, 우리의 생명을 위협하는 우리의 마음 깊숙이 파묻힌 더러운 죄의 때를 씻어 줄 참 복음의 외침은 들을 수가 없습니다. 소위 부흥회의 모임에서 이 참 외침을 들을 수가 있다고 하나, 그것은 믿음을 위한 모임이기보다 되려 주님의 이름을 더럽히는 협잡배들의 모임이 되고 있습니다. 강연회라고 해도 세상 학문으로 연구한 신학과 자기 지식을 토할 뿐, 거기서 우리는 정말 예수의 참 복음을 들을 수가 없습니다. 무엇이 있기는 있어도 주님의 복음과는 아무런 관계가 없는 그저 사람의 놀음이 되고 말았습니다. 이러한 현실에 우리가 기대하는 참 은혜와 성령과 진리는 도저히 임할 수가 없는 것입니다.

사람의 세상 지식으로 소위 성서를 연구한다는 일은 참 위험한 일입니다. 이래서 우리에게 있어서 기독교는 갈기갈기 찢어지고 신도들은 흩어질 대로 흩어졌습니다. 또 소위 성서를 연구한다는 일은 결국 성서를 의심하는 것이 되고 맙니다. 기독교에서는 의심하는 일은 참을 의심하는 일로 죄악인 것입니다. 예수님은 "너희는 나를 의심하지 말라"고 했습니다. 바꾸어 말하면 나를 그대로 믿으라는 것입니다. 의심하는 우리 마음에 그분이 찾아오실 수는 없습니다. 적어도 의심 없이 나를 전폭적으로 맡기고 믿는 마음에만 예수님은 찾아오실 것입니다. 정말 의심 없이 믿는 마음이 참 믿음입니다. "주는 그리스도시요, 살아 계신 하나님의 아들이십니다"(마태 16.16) 하고 고백한 베드로의 믿음이 우리에게도 있다면 그 때에 모든 것이 다 된 것입니다.

그러나 오늘날 우리의 기독교의 지도자들은 믿음을 위한 열심보다는 밤을 세워가며 소위 신학 공부하는 일에만 열중하고 있으니, 과연 우리의 기독교 현실이란 "화 있을진저" 하신 주님의 옛 책망이 그대로 적중하게 된 것이 아닐까요? 미국 유학 못 가는 것을 부끄러움으로 아는 신학도가 있다든지, 박사 못 되는 일을 큰 수치로 아는 지도자나 교사가 있다면, 이것은 복음을 외칠 자격이 없는 자라고 생각됩니다. 복음이야말로 하나님과 저의 진리를 아는 최고 최대의 은사로 믿는 자에게 무엇이 부족함이 있으리요? 우리도 바울과 같이 "나는 복음을 부끄러워하지 않는다"(로마 1.16)고 외칠 수 있을 것이며 소위 교계에서 유행하는 박사 따위도 필요 없는 것입니다.

우리에게 진정 두려움과 수치가 있다면 그것은 다만 가슴을 치며 "하나님이시여, 불쌍히 여기옵소서. 나는 죄인이로소이다"(누가 18.13) 하는 고백 없는 신앙일 뿐입니다. 우리에게 믿음 없는 것만이 큰 수치요, 부끄러움이지, 미국 유학 못 가고 박사 못 되는 것이 수치와 부끄러움이 될 수는 없는 것입니다. 오늘날 한국 교계에서 참 수치와 부끄러움을 모르는 기독교인이 있다면, 저는 정말 주님의 복음과 관계없는 바리새인이요, 사두개인일 따름입니다. 이는 끝내 또다시 주님을 십자가에 못박는 무서운 믿음의 적이 되고 말 것입니다. 우리 기독교의 적은 실로 밖에 있지 않고 우리 안에 있습니다. 내 이웃이 아니라 바로 나 자신임을 알아야 합니다. 우리 신자 된 자 깊이 반성할 시대라고 생각합니다. 실로 하나님의 심판이 두렵습니다.

  교회와 교파에 의존한 현대 기독교는 정말 기형이 되고 말았습니다. 사실 하늘을 치솟는 높은 건물 위에 십자가를 달고 새벽종을 울리는 것이 교회라면, 지금 주님이 오셔서 '내가 언제 이런 껍데기 교회를 세우라고 했느냐?' 하시며 크게 분노하시고 책망하실 것만 같습니다. 정말 아무리 웅장해도 건물이 교회는 아닐 것입니다. "주는 그리스도시요, 살아 계신 하나님의 아들이십니다"(마태 16.16) 하는 믿음 위에만 주님의 교회는 선다고 주님 자신이 분명히 말씀했습니다. 이 믿음이 참 믿음이요, 이 교회가 참 주님의 교회입니다. 이는 곧 우리 각자의 믿음 위에 서는 것입니다. 그리고 우리는 이 믿음 위에서만 영과 진리로써 하나님을 예배할 수 있습니다. 사실 육안에 보이는 교회는 교파와 진리와 의식으로 단장한 교회입니다. 이 안에서 신앙은 형식이요, 예배는 습관으로 되어 버렸습니다. 오늘의 기독교 복음은 분명히 기형적인 복음이 되고 말았습니다.

  교파 없는 복음운동은 힘든다고 교계 지도자들은 말합니다. 큰 건물에 사람 수만 많게 되면 성직자로서 대성했다고 만족합니다. 어딘가 좀 잘못된 오늘의 기독교라고 아니할 수 없습니다. 수가 아니고 믿음입니다. 사람이 아니고 영입니다. 의식이 아니고 진리입니다. 교회는 오직 예수를 주로 믿는, 영과 진리로 사는 자들의 모임이어야 할 것입니다. 나는 이번 김교신 선생의 신앙저작집을 읽고 한국 교회의 현실에 대하여 내가 평시 부족한 대로 마음에 지녔던 생각이 틀리지 않았음을 더욱 믿게 되어 두서없이 부족한 대로 몇 자 선생의 추억집에 적습니다.

예레미야 같은 스승

김욱환(金旭煥) | 전북 완주 상관중학교 교장

약 10년 전에 처음으로 김선생님의 존함을 책에서 보았고 또 들었습니다. 글로 보기는 친구 집을 방문했다가 선생님의 신앙저작집을 통해 보았으며, 듣기로는 함께 근무하던 직원으로부터였으며, 또한 김교신 선생님의 그 강직하셨던 마음과 함께 심중에 새겨진 은사의 가르침을 지금까지 기억하고 있다는 양정 출신의 어느 교장 선생님으로부터 너무나 여러 차례 듣는 동안 오래 전에 모시고 있었던 옛 스승님을 다시금 대하는 듯 마음이 흐뭇했었습니다. 더구나 제가 노선생님으로부터 『김교신 신앙저작집』 제2권(본 전집 1권)을 받아 들고 읽어 가는 중에 모든 글 한줄 한줄에서, 한자 한자에서 깊은 정을 느꼈고, 고독하고 깊은 감회 속에서 한국 민족의 방향 잃은 양떼를 보시고 혼자서 마음 깊이 늘 우신 모습을 몇 차례고 접할 수 있었습니다.

더구나 저 같은 것이 가장 미흡한 자리에서 후세를 담당한 교육자라고 되고 보니, 얼마나 보람되게 현재의 위치에서 생활을 유지할 수 있을까가 참으로 겁이 납니다. 생활 전체를 통하여 성경대로 사시려고 노력하심이 그대로 제자들에게 보였기 때문에 '선생님은 이 세상에서 참 영적 부호'라고 제자들의 부러움의 대상이 되셨습니다. 「축 졸업」에서 보는 대로 선생은 가장 평범하게 생각되는 일에서도, "경박한 마르크스주의의 흥분에 감염되지 않고…" 타국에서 배움의 한 매듭을 짓고 귀국한 후배를 칭찬하심은 민족의 내일에 큰 희망을 건 때문이었습니다. 「졸업생에게 주는 말씀」에도 "아무리 훌륭한 교회에 속하였고 고명한 교사의 강의를 들었다 할지라도 자기 스스로 성경 본문을 읽어 거기서 참 생명의 영적 양식을 무궁하게 뽑아 마시지 못하면, 저는 아직 자립한 신도는 못 되느니라"고 하셨음은 보이기 위한 겉치레의 신앙이나 교육을 하지 말 것이며, 진실에서 우러나온 참 마음으로 하나님을 믿고 나라를 위하며 민족을 살찌게 하라는 가르침으로 느꼈습니다. 자립하지 못하였기에 민족의 역사는 늘 비참한 굴레에 매이게 되었고 선생님의 고뇌는 더욱 컸던 것이라고 생각됩니다.

"신앙은 경망하게 콧등에 붙이고 행세치 말라. 단, 당면하는 첫시험에 기독신자인 것을 공명하게 고백하라. 처음에 이겨 놓으면 다음부터 매우 쉬울 테니. 그러면 젊은 신앙의 용사들이여, 부디 씩씩하라, 이기라" 하심은 체험을 통한 신앙의 간증이요, 교훈임을 알 수 있었으며 동시에 나에게 주신 무서운 채찍 같기도 했습니다.

「학교 교육은 현대인에게 최대의 우상」이란 선생님의 말씀의 깊은 뜻을 몇 번이고 생각해 보았으며, 모든 것이 실리에만 급급한 현재의 사회적 풍토 속에서 교육마저 같은 길을 걷고, 이 가운데서 교사들의 정신력의 결여가 또한 급속도로 교육의 부패를 불러일으키고, 우리처럼 농촌에서 볼 때 근일은 더욱 모든 여건이 허락하는 범위에서 각 방면에 걸쳐 도시 집중의 현상을 초래함과 동시에 소위 도시의 물질적인 근대화에 반하여 농촌에서는 자꾸만 전날의 순수와 미풍양속이 구시대의 유물로서 팽개쳐지는 것을 볼 때, 선생님의 그 예리하게 뚫어보신 예언의 안광이 정말 무섭게 생각됩니다. 선생님의 문집은 처음부터 한 줄, 한 구가 모두 생각이 얽힌 글이었고, 그 참 뜻을 이해하기가 어려웠습니다. 더구나 성경 본문을 통독하시고 성경대로 말씀하셔서 바로 성경을 읽는 느낌이었습니다. 그 중에서도 저는 교육편을 더욱 관심 있게 읽었으며 표현 못할 제 나름대로의 그 무엇을 찾았습니다. 한번 정도로 읽어 넘길 내용의 말씀은 본서 중에는 한 페이지도 없다고 생각됩니다. 몇 번씩 되새겨 읽을수록 더욱 참 맛이 나는 글이었습니다. 더구나 인간 관계에서 발생하는 대소의 모든 일에 종교와 철학이 결부되어 읽는 동안에 정신적인 부담도 컸습니다만, 또한 그만큼 깊이 배우고 깨닫게 되는 점이 한없이 많았습니다. 어떻든 좀더 성실하고 과감하게 김선생님이 남기신 말씀과 교훈과 믿음대로 살 수 있기를 바라는 마음 간절할 뿐입니다.

진리의 보고인 저작집

이천우(李泉雨) | 집필 당시 서울시립대 학생. 생몰 여부 미상

나의 일생을 통해 해야 할 일의 하나는 독서를 많이 해야 될 일이다. 물론 책을 통해 여러 선생들의 좋은 말씀에 접한 때문이겠지만, 결국 나 자신의 조그만 독서 체험에 의해서 나는 더욱더욱 독서의 필요성을 절실하게 느끼게 되었다. 그러므로 시간이 있으면 하고, 없으면 그만두고, 하고 싶으면 하고, 말고 싶으면 말고 하는 식의 그런 독서는 이제 점차로 나의 생활에서 지양되어 가고 있다.

나의 인생 순례의 여정이 무한하다면 독서도 그저 닥치는 대로 아무 책이나 읽어도 좋을지 몰라도 그렇게 하기엔 우리의 인생 여정이란 너무나도 짧다. 그래서 나는 요새는 책을 선택할 필요를 절실히 느끼고, 책 한 권 사는 데도 돈 이상 내용에 대해서 도리어 신중을 기하게 되었다.

나는 중학을 졸업하고 곧 고등학교에 진학을 못하고 한때 시골 모교에서 소사로 있게 되었는데, 어느 날 우연히 서무실 한 귀퉁이에서 최용신 양의 전기를 발견하게 되었다. 학교에서 단체로 구입하여 학생들에게 나눠주고 남은 것을 쌓아 둔 모양이었다. 이 때에 무심히 펴 들고 서문을 읽은 것이 내가 김교신 선생을 알게 된 처음이었다. 이 서문은 내게 크게 감동을 주었다. 무언가 텅 빈 절간에서 인생의 엄숙과 사명의식과 그리고 큰 사랑에 부딪는 그런 느낌이었다.

그 후 류달영, 함석헌 두 선생님의 저서를 탐독하는 중에 김선생님 책도

읽고 싶은 간절한 마음이 일어나곤 하였다. 수년 전 서울 시내 어느 서점에서 김선생님의 『신앙과 인생』(본 전집 1, 2권)이란 책을 보기는 했으나 때마침 돈이 여의치 못해 사지 못한 것을 한스럽게 생각하던 중, 모교의 은사님이신 구건 선생님의 소개로 노평구 선생님을 통해 이미 매진되어 좀처럼 구하기 힘든 김선생 저작집 중 『신앙과 인생』을 구해 주시어 이 귀한 책을 나의 것으로 장만하게 되었다.

이 책을 읽으면서 자주자주 느껴지는 것은 이토록 고상한 단어를 거침없이 구사하여 엄정한 문단을 이루어 놓은 선생, 그 실력이 불과 선생 30전후의 것이라는 점이다. 또 나아가 더욱 나를 놀라게 하는 것은 단어나 문장 이상 그 이면에 흐르는 선생의 한없이 진지한 인생 태도가 나를 무한히 자극하는 것이다. 나폴레옹은 플루다르크(Plutarch) 영웅전을 읽다가 통곡하였다고 한다. 남은 지금 내 나이에 이런 큰 일을 하였는데 나는 뭐냐는 자책에서였다고 한다. 이제 내게서도 나폴레옹 식의 영웅은 점점 그 빛을 잃어가고 있으나 저의 이 심지만은 취하려고 한다. 즉 이 인생에서 나 자신의 사명을 깨닫고 본격적으로 천천히 힘차게 살려는 욕망이다. 그리고 김선생의 글은 우리에게 전체 이런 인생의 거룩한 야망을 일으켜 주는 실로 위대한 신앙 문장이다.

나는 일찍이 류교수님의 『새 역사를 위하여』 『인생 노트』 등의 저서와 또 함석헌 선생님의 『뜻으로 본 한국 역사』 『새 시대의 전망』 등을 읽고, 거의 만나는 친구마다 '이 책을 읽어야 한국 청년이다'라고 말해 왔다. 지금도 기회 있으면 또 되풀이하는 것이 상례이나, 이제 김선생님 책은 사실은 성경이니, 논어니, 팔만대장경이니 하는 종교 경전들에 대해서만 써야 할 말인지는 모르지만 하여간 '이 책을 읽어야 사람이 될 수 있다'고 부르짖고 싶다. 부르짖기보다는 자신부터 철저히 읽는 한 사람이 되고자 한다. 내 생각으로는 또 앞으로 우리 모든 국민이 성경을 바르게 읽는 데 이 김선생님의 책이야말로 유일한 가장 좋은 지침서가 아닐까 생각한다. 그리고 인생에 있어서 최고의 경지가 종교적인 경지라고 할 때, 김선생님의 책이야말로 또한 우리에게 있어서 최고의 가치를 지니는 것이라고 할 것이다.

V 추억문

세간·천국(世間·天國)

류영모(柳永模) | 동양학자. 평화주의자이자 종교다원주의자로 알려졌음. 호는 다석(多夕). 작고

世間(세간)

十字架本資血盟 贖罪辛苦乘利得(십자가본자혈맹 속죄신고승리득)
從橫兩主室里田 昇降一心合晦朔(종횡양주실리전 승강일심합회삭)

天國(천국)

合上離晦自存心 侍下順從子處事(합상리회자존심 시하순종자처사)
父子聖靈氤氳气 生命誠康恩慧史(부자성령인온기 생명성강은혜사)

나와 김교신

김주항(金周恒) | 농촌사업가. 작고

내가 교신 선생을 안 것은 불과 7-8년 동안이다. 1934년부터 세계 제2차 대전 당시까지이다.

그가 무교회주의를 설도(說道)하는 『성서조선』을 나에게 보여 주었을 때 교리나 신조 또는 의식주의를 배척하는 젊은 농자인 나의 마음을 정말 상쾌하게 해주었다.

세상이 온통 모두 황국신민의 서사(誓詞)를 외우면서 자라나는 제2세 국민을 일본화시키는 교육기관에 있으면서도 어용 교육자가 아니었고, 미신을 따르는 종교가가 될 수 없다는 것을 역설하는 선생의 활동을 나는 부러워하여 마지않았다. 오늘에 와서 시대는 달라졌다. 그러나 우상숭배의 인간성은 여전하여 이가 교회 속에도 또 모든 사회생활 속에도 한가지로 나타나고 있으니 가신 김선생의 마음은 과연 여전히 안타까워할 것이 아닐까.

현대화를 부르짖는 우리 사회는 모두들 버젓이 양복을 입고 양옥 속에서 TV 수상기를 앞에 놓고 정치를 논하고 문화를 평하나 우리들의 심령은 오직 꼭두각시 조종자의 심부름꾼이 되고 있으니 가신 선생은 개탄할 것이 분명하다.

우둔한 인간의 노름을 보지 않기 위하여 선생은 기회 있는 대로 박물 표본 채취를 빙자하고 산야에 나가는 습관을 가졌었다. 그분이 말없는 자연 속에서 생의 진리를 찾아내는 유쾌한 시간을 즐기는 것을 나는 부러워하였다.

또 귀찮은 환경을 벗어나 영혼의 자유를 갖는 것이 종교의 진수라고 하면 선생은 확실히 고전을 원문으로 늘 상고하여 그 진리를 캐내는 것으로 유일한 낙을 삼은 것이다. 진기한 보물을 찾는 일과 같이 많은 흙을 뒤적거려야 진리는 발견된다. 선생은 이러한 목적으로 서재에서 많은 시간을 보낸 줄로 안다.

이같이 연구와 집필의 생활에 바쁘면서도 선생은 동지 될 만한 사람을 방문하는 것을 무엇보다 즐겨했다. 학자로서 사회생활에 충실하기는 좀 어려운 일이라 하건만 선생의 사회 접촉은 참으로 다방면이었다. 집사람 아그네스 데이비스 김은 지금도 교신 선생이 많은 학생들을 거느리고 우리 집 농터에 자주 나와 준 것을 이야기하곤 한다.

그는 특히 우리 내외가 손수 지은 주택에 남달리 많은 흥미를 가진 듯하여 학도들로 하여금 자기네들의 창의에 따르는 의식주 문제를 해결함으로써 독립자영(獨立自營)의 기백의 소유자가 되기를 강조한 듯했다. 또 선생 자신 정릉 댁에 개울가 자연석으로 돌집을 우리네와 같은 방법으로 지었다고 들었다.

그는 가고 안 계시다. 그러나 그이가 뿌린 씨는 퍼져 가고 있을 것이다. 애국 일념, 민족과 국토에 대해 무한한 사랑을 바친 그의 생애는 오직 거룩할 뿐이다.

선생의 이모저모

김연창 | 전 공주사대 학장. 작고

김교신 선생은 동경고사를, 나는 히로시마고사를 졸업하고 같은 해 같은 날 양정학교에 부임했다.

나는 성공회 신자인지라 김선생이 성경을 연구하는 것을 보고 누구보다도 성실하고 경건한 분으로 알고 존경했다. 나는 성경을 모르는 이는 교사로서 무엇인가 부족한 사람이라고 여겼다. 특히 성경을 모르고 셰익스피어 한 권도 못 읽고 영어 교사를 하는 이를 볼 땐 이상히 여겼다.

김선생은 『성서조선』을 편집하면서 한글 철자법과 낱말을 연구하여 바르게 적는 일을 세심하게 다루는 것을 보고, 언제나 내 심중에 훌륭한 분이라고 여겼다. 선생은 또 학생을 준엄하게 다루었는데 그 가운데 저들이 애국적이고 바르게 자라기를 바라는 간절한 심정을 엿보고 갸륵한 교육자라고 생각했다. 『성서조선』을 엮는 중에 총독부와 경찰서에 불려가서 힐난을 받는 것을 수없이 보았다.

어느 때 선생이 기르던 개가 집을 나간 일이 있었다. 선생은 없어진 개를 잊을 수가 없어 하루속히 돌아오기를 기원하고 애태웠다. 얼마 후에 그 개가 돌아왔을 때다. 반갑고 기쁜 심정을 어떻게 표현하느냐는 어휘에 대해서 일주일 동안 생각해도 못 찾았다고 하면서 상의하였다. 그 때에 장지영 선생이 '아이 반가와라' 하면 좋겠다고 하시기에 나도 좋은 표현이라고 찬성하였더니 선생도 찬성하여 『성서조선』 몇 호엔가 그대로 표현하여 인쇄했던 것을 기억한다. 이렇게 선생은 매사에 꼼꼼하여 붕어의 비늘이 몇 개라고 기록하는 정도의 실로 생물학자다운 성실한, 아니 바울 선생의 말씀대로 하면 경건한 인생의 교사였다.

남에게 지는 것을 싫어하는 선생은 어느 날 정구를 권하려고 찾았더니 거절하기에 무려 한 시간 동안 자기의 몸을 위로하고 학생들과 함께 뛰노는 것이 교육자로서 마땅하다고 졸라서 겨우 동의하기에 정구를 시작한 결과 일취월장, 서울 시내 교사 친목 정구대회에 출전하여 양정이 우승을 한 후부터는 선생은 의기양양하여 대회마다 출전케 되었다. 선생은 한번 한다고 결심하면 무슨 일이고 그칠 줄을 모르는 성격이어서 정구 기술도 자꾸만 늘어 당당한 선수로 활약하게 되었다. 선생은 양정 농구부장으로도 참말 열성이고 공이 많았다.

선생은 모든 일에 대하여 묵묵히 생각하는 분이었다. 나와 함께 손기정 선수를 데리고 동경에 갔을 때 한없이 사람의 마음을 조이게 하는 베를린(伯林) 올림픽 참가를 결정하는 마라톤 마지막 그 예선 때에도 나와 택시를 타고 신궁(神宮) 외원에서부터 육향교까지 왕복하는데 역시 한마디의 말도 없이 묵묵한 표정이었던 그 표정은 지금도 내 머리에 생생하다. 일착을 한 손군을 보는 김선생은 평소에도 이마가 반짝이는 분인데 그 때에는 더욱 기뻐서 이마와 눈물이 한꺼번에 반짝인 것을 나는 지금도 기억한다.

　김선생은 모든 일에 잘 감격하는 분이었다. 학생을 상대로 곧잘 한시를 읊으면서 감격의 눈물을 흘렸다고 한다. 내가 "선생은 한시를 잘 읊으신다죠" 하면 "한시는 참 멋이 있어요" 하고 극구 찬양했다. 선생은 또 가르침을 잘 이해하고 시험 답안을 잘 쓴 학생에겐 120점을 주는 일도 있는 것으로 안다.

　한편 김선생은 굉장한 고집쟁이다. 손기정 선수가 베를린 올림픽에서 1등을 하고 금메달과 30센티 가량 되는 월계수를 분에 심어 가지고 왔다. 그 해 겨울 동안 보관하는 문제가 제기되었을 때마다 김선생은 자기가 월동하도록 보관하겠다고 고집하였으나 나는 어느 온실이 있는 집에 부탁하자고 하였다. 그 때 선생은 화를 내면서 "내가 생물학자인데 말려 죽일까 봐서 그럽니까? 나에게 맡기세요" 하고 노기가 등등한지라 일임하고 말았다. 그래서 김선생은 월계수를 겨울 동안 자기 방에 보관하고 있었다. 이듬해 봄이 되어 김선생은 그 월계수 분을 들고 와서 "큰일났어요. 월계수가 말라 죽게 되었어요. 어쩌죠?" 하면서 큰 걱정을 했다. 나는 행여나 김선생의 기분을 잡칠까 봐 '고집을 부리더니 기어코 죽였구나' 하는 말을 꿀꺽 삼키고 온화한 말씨로 "잘 해봅시다. 살리도록 연구하죠"라고 했더니 "김선생의 말대로 어느 온실에 부탁을 할 것을 내가 공연히 고집을 부려 실패했습니다. 어이 하죠?" 하고 풀이 죽어 말했다. 나는 "이왕 말라 죽은 것이라면 별 도리가 없는 노릇이니 뿌리가 살아 있는지나 확인하시죠" 했더니, 김선생은 월계수를 분에서 뽑아보고 "아직 뿌리가 살아 있으니" 한다. 우리는 의논 끝에 월계수를 들고 김선생이 뿌리로부터 10센티 가량 칼로 잘라서 교정 한 모퉁이 지금 월계수가 있는 곳에 고이 심고 둘레에 목책을 쳐서 건드리지 못하도록 하고 물을 주며 보살폈다. 천우신조 천만다행으로 얼마 지난 후에 월계수 줄기 한 곳 눈에서 싹이 텄다. 이를 본 우리들은 참말 기쁘기 한이 없었다. 후련했다. 그 후에 그 싹이 점점 자라서 지금 있는 그대로 교실 높이까지 커서 양정학교의 발전과 함께 무럭무럭 자라고 있다. 참말 다행인 일이요 기쁜 일이다.

어느 해 김선생과 함께 금강산으로 학생들을 데리고 수학여행을 갔다. 여관에서 식사를 할 때였다. 선생은 밥 한술에 상에 있는 반찬을 골고루 입에 넣고 오래오래 씹어 먹는 것을 보고 그 이유를 물었더니 여러 음식물을 한꺼번에 오래 씹어 먹는 것이 영양을 고루 섭취하는 법이라고 설명했다. 음식, 취침, 보행 무엇이고 건강을 위해 의식적으로 연구 실행하는 분이다. 술은 한 방울도 못한다. 우리가 술을 마시는 것을 보면 이상한 눈으로 본다. 그날은 여관에서 술 한 병을 주어서 내가 가지고 비로봉을 올라갈 때였다. 술병이 무거워 내가 잘 걷지 못함을 보고 당신이 들고 가다가 이 곳에서 좀 쉬어서 한 잔 하여 무게를 덜라고 하면서 권한다. 몇 해 동안에 술을 권하는 것을 처음 보았다. 인정이 이만저만한 분이 아니다. 그러나 선생은 한 잔도 못함은 물론이다. 그날 저녁에 절에서 밤늦도록 잣송이를 까며 재미있게 지낸 일도 생각이 난다.

여름에 수박을 자실 때는 소금을 많이 찍어서 먹어야 한다고 일러주면서 남보다 몇 배나 많이 잘 자시는 것을 보았다. 그 후부터 나는 수박에 소금을 찍어 먹는 것을 잊어버리지 않고 다른 사람들에게도 이렇게 권하는 것을 잊지 않는다. 이런 면에서도 나는 김선생에게서 많은 것을 배웠다.

그 후 김선생은 양정학교를 사직하고 다른 학교로 전근하였지만 김선생이 그 때 걱정하던 그 월계수는 싱싱하게 자라고 있다. 8·15 해방 전에 어느 날 흥남에서 오셨다고 오래간 만에 기쁘게 만나 여러 가지 이야기를 하며 즐겼다. 그 때에 헤어져 다시 만나지 못하다가 해방 후에 소식을 들으니 이미 작고하셨다고 하는 말을 듣고 슬픔 중에 충심으로 하나님께 명복을 빌었다. 이 다음 심판날에 부활하여 다시 만날 것을 믿음으로 기약하면서 부족한 글을 끝맺는다.

김교신 형의 인간상

이덕봉 | 전 서울대·고려대 교수(식물학), 식물분류학회장. 작고

내가 김형을 알게 된 것은 김형과 내가 같은 박물학 교사이기 때문이었는지 혹은 나의 동창이요 신앙의 선배인 최태용 형을 통해서인지 지금 분명한 기억이 없으나 이 두 가지가 거의 동시가 아닐까 생각된다.

김형을 알게 된 뒤로 그의 정력적이고 초지 일관하는 신앙 태도에 경복하여 마지않았고, 문자 그대로 외우(畏友)로서 사귀게 되었다. 김형은 청소년 교육자로서 진실하고 모범적인 제자 몇 분을 길러 냈지만 박물 교사로서는 뚜렷한 업적이 있는 것 같지 않다.

김형은 어느 날 배화여학교로 나를 찾아와서 조선인끼리로만 박물에 관한 연구 회합을 가져 보자고 하여 이에 나도 즉각 찬동하고 주로 서울 시내의 각 고등보통학교에 재직하는 박물 교사와 전문학교와 연구기관에 있는 이들로 조선박물연구회를 조직하고 동물부, 식물부로 나누어 제일 첫 사업으로 각 사립학교와 개인이 보유하고 있는 동식물 표본을 출품하여 전시회를 열기로 의논이 되어, 휘문고등보통학교 강당에서 개최한 바 상당한 성과를 올린 바 있었다.

다음 사업으로는 동식물의 우리 이름이 있는 것은 찾아서 동물이명(同物異名), 이물동명(異物同名)을 가려 정리하고 이름이 없는 것은 새로 지어서 쓰기로 결정을 보아 식물부는 3년에 걸쳐 백여 회의 모임을 갖고 2천여 종의 식물 이름을 사정(査定)하여 1937년 3월에 『조선식물학명집』이라는 책으로 출판되었는데, 이것은 우리나라 최초의 식물총람이라고 하겠다. 당시 동물부는 별 활동이 없었다. 그런데 김형은 이러한 모임의 산파역만을 하였고 전시회나 식물명 사정에는 참여하지 않았다.

그래서 나의 김형에 대한 추억은 주로 김형의 신앙가로서의 모습을 더듬어 볼 수밖에 없다. 일본 무교회주의의 창설자 우치무라 씨의 문하로서 내가 알고 있는 최태용 형과 김교신 형 두 분은 매우 대조적인 존재였다. 최형은 우치무라 씨의 감화로 처음은 무교회주의자였다가 교회의 필요성을 느끼어 복음교회를 창설하였고(나도 거기 동참하였다) 광복 이후는 목사직을 떠나 국민운동(특히 농촌운동)에 열중하였다. 신앙 사상에 있어서도 역시 우치무라 씨에 추종하다가 그를 비판하였으며 한 때는 독자적인 신학을 세워 보려고도 하였다. 그는 개인 잡지도 처음에는 『천래지성(天來之聲)』으로 하였다가 나중에 『영과 진리』로 제호를 바꾸었다. 최형은 이렇게 옳다고 생각하면 주저 없이 방향을 바꾸었다. 그에게는 당시의 기독교계를 향하여 안하무인의 영웅적인 일면이 있었다.

이에 비하여 김형은 끝까지 무교회를 지켰고 개인잡지도 『성서조선』으로 계속하여 처음 뜻을 변함 없이 일관한 의지의 사람이었다. 김형은 머리를 박박 깎고 이마는 반들반들 윤이 났으며 정릉리서 양정고보까지 30여 리 길을 매일 자전거로 통근하였다. 학교에서 박물학 교사로서 하루의 일과가 끝나면 『성서조선』의 원고 작성을 비롯하여 인쇄, 발송 등의 일을 위해 동분서주하였고, 일요일에는 일요집회를 계속하면서 두 시간의 성서 강해를 하였으며, 여름과 겨울에는 특별집회를 가졌었다. 나도 한번 청함을 받아 성서식물의 이야기를 한 적이 있었다. 보통 사람으로는 도저히 견디고 계속하기 어려운 일신삼역(一身三役)의 이러한 고된 과업을 능히 관철해 낸 것은 그의 강철 같은 체력과 불굴의 의지와 깊은 신앙심의 소치가 아닌가 생각된다.

김형은 평소에는 소탈하고 검소하기 이를 데 없지만 집회 때는 반드시 두루마기를 입고 한 시간이고 두 시간이고 정좌하여 자세를 흐트러뜨리지 않았다. 김형이 살던 정릉 골짜기는 삼각산을 등지고 두 줄기 맑은 시냇물이 좌우로 흘러 그 당시에는 산천이 명미한 경승지였다. 절이 두어 곳 있고 개인 주택은 몇집 아니되는 한적한 곳이었다. 교통이 아주 불편한 곳임에도 불구하고 여기다 주택을 정한 것은 아마도 공기가 맑고 조용하여 아침저녁 기도의 터전을 찾기에 알맞고, 땅값도 싸서 터를 넓게 잡아 채소도 가꾸기 위함이 아니었던가 짐작된다.

『성서조선』의 권두에는 현실을 날카롭게 비판하는 글이 실렸던 것으로 기억되며, 강직하고 불의를 허용치 않는 그의 성품은 신앙적인 면보다 오히려 도덕적인 면에 치중하던 것처럼 느껴지기도 한다. 언젠가 김형은 예수께서 바리새인을 향해 "너희가 잔과 대접의 겉은 깨끗이 하되 그 안에는 더러운 것이 가득하도다" 하고 책망하신 대목을 인용하면서 우리는 속도 깨끗해야겠지만 그보다 못지않게 겉도 깨끗해야 한다고 주장하는 것을 들은 적이 있다. 일제 말기에 『성서조선』에 실린 함석헌 씨의 「성서적 입장에서 본 조선역사」 사건으로 일경에 체포되었을 때에도 추호도 굴함이 없이 '일본인은 회개하지 않으면 망하고야 만다'고 신앙에 입각한 소신을 굽히지 않았다고 들었다. 당시는 일본이 최후발악을 하던 시기로서 자칫하면 목숨이 왔다갔다하는 판국에 이 얼마나 용감하고 의연한 신앙의 태도였는가!

불의에 굴하지 않고 불의와 타협하지 않고 소신을 관철한 의지의 사나이, 경골한 김교신이었다. 이런 인물이 우리 시대에 있었다는 알은 우리의 자랑이요, 고마운 일이 아닐 수 없다. 우리 주위에 김형 같지는 못하더라도 이런 삶을 배우고자 갈망하는 청년이 많아지기를 비는 마음 간절하다.

참 삶을 사신 분을 존경하는 마음으로

서장석(徐章錫) | 전 경기 교장, 서울교대 학장

김교신 선생께 직접 수업을 받아 본 바는 없다. 그러나 김선생님께서 1940년경 경기 강당에서 당시의 이와무라 아토오(岩村後雄) 교장으로부터 인사 소개를 받던 때의 그 의연한 모습이 지금도 눈앞에 생생하다. 내가 김선생님을 존경하고 흠모하는 것은 교과시간을 통하여 배운 바는 없지만 양정 출신의 친지나, 이 글을 쓰게끔 재촉해 주신 구본술 학형이 전해 주신 단편적인 일화와 『성서조선』 및 『김교신 신앙저작집』(본 전집)에 담겨 있는 신앙고백이나, 선생의 교육적인 신념을 통하여 느낀 교훈에 인유(因由)한다. 김교신 선생님은 그러므로 나의 은사이시다.

나는 전통적인 기독교인의 가정에서 성실하게 신앙생활을 하고자 노력해 왔다. 성서를 애독하고 기도를 하고 설교를 듣고 교회의 직분을 감당해 왔다. 그러나 우치무라 간조 선생, 야나이하라 다다오 선생의 저서도 읽고 『성서조선』 『성서연구』를 위시한 출간물을 애독하는 가운데, 또한 김교신 선생님의 동지로서 그 뒤를 따르는 훌륭하신 분들과 만나 담화를 나누는 가운데 참된 기독교 신앙을 추구하는 성스러운 구도자의 진정한 모습을 발견하고 진리와 하나님의 계시로써 나의 신앙생활을 부단히 반성하고 재음미하는 계기를 갖게 되었다. 나는 과연 성경을 올바르게 이해하고 있는가? 진리를 파악하고 있는가? 성경의 말씀을 진정 생활화하고 있는가? 하나님을 믿고 진리를 따른다고 자부하며 예배와 봉사로써 여념이 없다는 모든 크리스천이, 현대 교회 그리고 우리 각자가 정말 이대로 가도 괜찮을 것인가 하고 특히 김선생님의 한없이 높고 깊었던 신앙 생애와 아울러 수시로 깊은 신앙 반성에 잠기게 된다.

또한 현대 우리 교육사의 진정한 귀감이 되신 김선생님의 실로 그 고결하셨던 교육적 신념과 실천에 비추어 교육계의 말석을 더럽히고 있는 내 스스로의 교육정신과 실천을 돌이켜 늘 깊이 반성하고 가르침과 힘을 받게 된다. 김교신 선생 신앙저작집을 읽는 모든 이들이 다 크게 감동을 받으려니와, 이제 또 많은 분들이 선생님의 모습을 생생하게 추억하여 흠모의 정을 불러일으키는 감동적인 글을 쓰신 것으로 아는 터에 내 어찌 무딘 붓을 들어 사족의 어리석음과 비례(非禮)를 감당하리요, 선생 앞에 오직 경건된 마음으로 또 부끄러운 마음으로 선생님에 대한 나의 한없는 존경과 사모의 정념을 일자(一字)로 표하는 바입니다.

소년의 눈에 비친 김교신 선생

홍승면(洪承勉) | 언론인. 전 동아일보 논설위원·편집국장. 작고

반년으로 심으신 충열한 인상 아무리 생각해도 김교신 선생님에 관해 세상에 알릴 만하고 특기할 만한 무엇을 나는 갖고 있지 않다.

김선생님에게 내가 배운 기간이 채 반년도 못 되는 데다가 배운 과목은 지리였고 수업시간표에서 지리는 일주일에 한두 시간밖에 배당되어 있지 않았다. 더욱이 나는 중학교 1학년생이었다. 나이 13살 안팎인 소년들에게 김선생님이 어떤 깊이 있는 이야기를 하시려고 했을 리가 없고 설사 하셨다고 하더라도 과연 소년들이 얼마나 그것을 새겨서 이해하고 소화할 수 있었겠는지 의문이다.

김선생님에게 배운 기간은 그렇게도 짧았지만 김선생님은 어린 나에게 매우 강렬한 인상을 남기신 스승이었다. 그러나 그뿐이다. 김선생님에 관해 특기할 만한 것이 따로이 나에게는 없다. 그래서 나는 내가 김선생님에 관해 쓸 것이 무엇이 있겠습니까 하고 몇 번이고 사양하지 않을 수 없었던 것이다.

　그러나 선배님들은 막무가내였다. 그래도 좋다는 것이다. 김선생님에게 받은 강렬한 인상만이라도 몇 자 적어 보라는 것이다. 존경하는 선배님들의 그러한 권을 들으면 일종의 의무감 같은 것을 느끼게 된다. 김선생님의 사상이나 업적이나 하는 것을 떠나서, 비록 짧은 기간이기는 했지만 김선생님이 한 소년의 눈에 어떻게 비쳤을까 하는 사족은 나에게 돌아오는 의무인지 모르겠다고 느끼게 된다.

　1940년 9월 9일이 김선생님이 경기중학교에 부임해 오신 날이었다. 노평구 선생께서 엮으신 김선생님 연보를 살피면 그 해 3월에 성서연구와 복음전도에 전념하기 위해 10년 만에 양정고보(그 때는 '중학'으로 개칭)를 사임하셨다고 한다. 선생님의 나이가 꼭 40살이 되신 해였다.

　양정에 계시던 선생님이라고 우리는 듣고 있었지만 10년간이나 임직하셨던 양정을 복음전도의 전념을 위해 사임하신 불과 반년 만에 어떻게 되어 경기에 오시게 되었는지 그 경위와 사정을 나는 지금도 모르고 있다. 이와무라 아토오 경기 교장의 호의와 배려에 의한 것이라는 소문이 그 당시에도 나돌았다. 이와무라는 동경고사 – 그것도 바로 지리 박물과의 선배였다. 세태와 시류에 의연히 거역하여 속세적인 의미에서 불우했던 후배를 달래고 감싸고 도우려는 선배의 자세가 이와무라 교장에게 있었던 것이 아닌가 하고 지금 35년 전의 일을 회상해 본다.

　김선생에게 호의를 베풀었던 이와무라에 관해 한마디 적고 싶다. 일본 제국주의의 식민지 통치 교육이라는 거대한 운영(運營) 속에서 객관적으로는 그도 비록 미세할망정 착실한 부분품의 하나였을 것이다. 다만 한 개인으로서 그는 존경할 만한 인물이었다. 그는 학생들을 사랑했고 성심껏 학생들을 보살폈다. '불독'이라는 별명의 근거인 그의 얼굴에서 반짝이는 자애로운 두 눈을 들여다볼 때 소년들의 예민한 동물적인 본능은 그가 소년들에게 어떤 인물인가를 잘 알아내고 있었다. 그를 회상할 때 으레 내 마음에는 친애감이 감돈다.

강당의 단상에서 이와무라 교장이 김선생님을 전교생들에게 소개할 때 이러한 이야기를 했다. 자기가 조사연구를 위해 백두산을 헤매고 있었을 때 역시 조사연구를 위해 외로이 백두산을 헤매고 있었던 김선생님을 만났다는 것이다. 그만큼 김선생님이 노력하는 독학자라는 것을 예증하면서 강조하려는 이야기였다. 동경고사의 선후배 관계는 언급되지 않았다. 김선생님을 바로 소개하려면 빼 놓으려야 빼 놓을 수 없는 『성서조선』지나 무교회주의에 대해서도 아무런 언급이 없었다.

지금 생각하면 그 때 이와무라 교장은 김선생님을 아끼고 보호하면서도 김선생님이 사상적인 것을 포기하고 오로지 지리 박물 공부에만 전념하실 것을 바라고 있었던 것이 아닐까 한다.

작업으로 성취하신 지도 습득 1학년 때 나와 같은 반이었던 H 교수가 아직도 간직하고 있는 그 당시의 일기에 의하면 우리 반에 대한 김선생님 지리 시간은 그 해 9월 13일에 시작되었다. 특이한 것은 별로 강의를 하시는 일이 없고, 한반도의 50,000분지 1 지도들을 각각 학생들이 한 장씩 색칠을 하게 하시는 것이 김선생님의 지리 시간이었다.

지리 교실은 본관 뒤에 별관에 있었다. 지리 시간이 되면 우리는 지리책과 노트 대신에 지도와 물감을 들고 지리 교실에 가서 색칠을 했다. 강이나 개울에는 파란 물감으로 색칠을 하고, 해발 100미터 이상은 다갈색으로 칠

하되, 고도가 100미터 달라지는데 따라 다갈색의 농담을 달리하는 작업이었다. 고도가 높아지면 높아질수록 다갈색은 진해져야만 했다.

말하기는 쉬우나 실제로 해보면 까다롭고 복잡하고 힘드는 작업이었다. 큰 실수를 해서 지도를 버리게 되면 남전(南電)과 화신(和信) 사이에 있는 지도점까지 가서 새로 지도를 사 와야 했다. 바다가 많이 끼어 있는 지도가 배당된 급우를 몹시 부러워했던 기억이 난다. 바다는 색칠하기가 간단하고 바다 때문에 색칠해야 할 토지 부분이 그만큼 적어지고 또한 해안지대는 내륙지대보다 지형이 복잡하지 않게 마련이었다.

우리 반에서는 H군(전기한 H 교수)이 모든 학업에 성실한 그의 성품대로 제1착으로 작업을 끝냈다. H군이 작업 종료 지도를 들고 앞에 나가 김선생님에게 그것을 제출하는 것을 보면서 아직도 작업의 앞날이 요원했던 나는 저절로 한숨이 나올 듯한 기분이었다.

갑자기 김선생님의 노성이 온통 지리 교실을 진동케 하면서 폭발하기에 깜짝 놀란 나는 색칠 작업의 손을 멈추고 앞을 보았다. 김선생님이 무섭게 H군을 때리고 계셨다. 체벌이 예사였다고 해도 별로 과언이 아닌 시대였기는 하지만 그런 시대 치고서도 김선생님은 H군을 무섭게 때리셨다.

제1착으로 작업을 끝낸 H군이 김선생님의 노여움을 산 이유는 간단했다. 지도의 색칠이 '완성'된 것이 아니라 미비점이 여기저기에 있었기 때문이었다. H군의 지도를 살피시고 미비점을 지적하시다가 그 수가 적지 않은 데서 선생님은 대노하셨던 것이다. (김선생님이 그렇게 대노하신 이유에 대해서 35년 후에 H 교수는 나에게 보충 설명을 해준 바 있으나 그것을 여기에 적을 자격은 나에게 없다).

100미터를 단위로 해서 지도에서 샅샅이 등고선을 가려낸다는 것이 소년들에게는 반드시 쉬운 일은 아니었다. 산지의 경우 봉우리 부분에서 등고선이 100미터 달라지는 것은 그것이 콩알만큼 적을 때는 방심하여 잡아내지 못하고 빠뜨리기가 일쑤였다. 그런 방심과 태만이 김선생님에게는 타협할 수 없는 것이고 용서할 수 없는 것이었으리라고 짐작된다.

이 지도 작업에는 그렇게 치밀성이 요구되지만 이 작업의 결과로 우리는 지도를 이해할 수 있게 되었다. 무미건조했던 50,000분지 1 지도에 생명이 주입되어 개울에서는 물소리가 들려 오고, 산지의 경사가 어느 쪽은 완만하고 어느 쪽은 급격하다는 것을 한눈에 알 수 있게 된다. 개울물이 빠른가 또는 느린가 하는 것까지 짐작할 수 있게 된다. 지도에서 등고선이 의미하는 바가 무엇인가를 선생님은 한마디의 설명도 없이 색칠 작업으로 우리가 스스로 습득할 수 있게 하셨다.

그러나 김선생님이 무섭고 엄격한 선생님이시라는 것은 전학년을 숙연케 했다. 기독교를 아직도 구미(歐美)적인 것으로 알고 있었던 소년들의 눈에 비쳤던 김선생님은 유교적인 기율과 엄격성을 지니신 스승이었다. 그러한 의미에서 민족적이시고 전투적이신 것으로는 느껴졌지만 기독교에 대한 이해가 빈약하고 유치했던 소년들에게는 김선생을 기독교의 세계와 결부시켜 이해하는 지적 소양은 없었다.

소년들은 김선생님에게도 별명을 지었다. 양정에서 김선생님의 별명은 '양칼'이었다고 한다. 김선생님의 예리한 성품을 꼬집어 낸 별명인데, 김선생님이 10년간이나 재직하시는 동안에 김선생님의 성격적인 특징이 학생들에게 잘 알려졌겠고 따라서 '양칼' 같은 그럴듯한 별명이 학생들 총의(總意)의 산물처럼 정착할 수가 있었겠다. 그러나 경기에서는 반년밖에 계시지 않았기에 최종적으로 정착할 만한 별명이 마련될 수는 없었고, 또한 시도된 별명들도 성격적 특징을 꼬집는 것이 아니라 외모에 치우친 피상적인 것들이었다.

내가 속해 있던 1학년에서 가장 유력했던 것은 '다이아몬드'였다. 지금 생각하면 김선생님의 성품이나 업적의 고귀함에 잘 어울리는 별명이었던 셈일까 하고 쓴웃음을 짓게 되는데, 사실대로 이유를 밝히면 그것은 김선생님의 유난히 빛나는 이마를 풍자하려던 별명이었다. 일부에서는 '메뚜기 대가리'라는 실례 천만의 별명을 추진했지만 그것은 그 당시에도 널리 보급되지는 못했고, 지금 평가해도 낙제점의 별명밖에는 되지 않는 것이 아닐까 하고 나는 고개를 갸웃거린다.

선생님 등에 있는 핏자국은? 노평구 선생께서 엮으신 김선생님 연보(『나라사랑』 제17집)에는 1940년경에 "…이 해 경기중학에서 교직생활을 시작하였으나 불온 인물의 낙인을 받고 6개월 만에 추방되다"고 적혀 있고, 후일 이와무라 교장이 김선생님의 애국적인 심지와 교육에 대해 근세 일본의 지사 요시다 쇼인(吉田松陰)의 쇼카손주쿠(松下村塾)의 사규칠칙(士規七則)을 무색케 했다고 격찬한 것으로 전해진다는 것을 추기(追記)하고 있다.

김선생님은 내가 1학년 2학기를 시작했을 때 경기에 오셨지만 3학기를 채우지 못하고 떠나셨던 것으로 기억한다. 『성서조선』을 발행하고 계셨고 그 때만 해도 화신백화점의 서적부 같은 곳에서 『성서조선』을 사 볼 수가 있었다. 다만 중학교 1학년생에게는 『성서조선』은 너무 어려워 나는 사귀지를 못했을 뿐이다. 김선생님이 구체적으로 어떤 사정으로 경기를 떠나셨는지는 모르지만 김선생님께서 그 당시의 소위 '불온 인물'이라는 것은 어린 소년들도 막연하게나마 추측할 수 있었고, 그래서 소년들에게는 무섭고 엄한 김선생님이시지만 한편 동경과 존경의 감정이 김선생님에 대해 있었다. 한마디로 김선생님을 소년들은 외경했다고 말할 수 있을 것이다.

2학년이 되어 가을을 맞았을 때 김선생님께서 송도고보(그 때는 '중학'으로 개칭)에 가셨다는 말을 듣고 반갑기도 하고 서운하기도 했다. 건재하심은 반가웠고 타교로 가 버리셨다는 것은 서운했다. 소년들의 성장은 빨랐고 성장함에 따라 소년들이 가지는 김선생님의 이미지도 성장해 갔다.

3학년이 되자 우리는 김선생님이 투옥되셨다는 소식을 듣게 되었다. 우리 학년에는 김선생님의 교우고 동지인 분의 자제도 있었고 조선어학회사건이나 연전교수사건으로 수감되어 있는 여러 분들의 자제들도 있었고 해서 우리는 그런 소식에 어둡지는 않았다.

김선생님이 옥고를 치르시게 된 것을 우리는 비통하게 여기기는 했지만 놀라지는 않았다. 웬만한 분들이 마치 차례라도 있는 듯이 잡혀가던 시대였다. 언젠가는 김선생님의 차례가 올 것으로 우리는 알고 있었다. 김선생님에게도 마침내 올 것이 왔다는 것은 비통한 일이지만 우리에게 놀라운 일은 아니었다.

따라서 왜 김선생님은 투옥되셨는지 하는 이유에 대해서 많은 학생들은 관심이 없었다. '왜'는 무슨 '왜'며 '이유'는 새삼스럽게 무슨 '이유'인가? 빤한 것이지 뭐냐 하는 단순한 생각이 나에게도 있어서 김선생님이 투옥되신 구체적인 사유는 그 당시의 나에게는 전연 관심 밖이었다.

그러자 소년다운 낭만주의적 상상력과 영웅숭배 심리의 합작인지, 웃지 못할 이야기가 발생해서 귀에서 귀로 속삭임으로 전파되고 있는 것이 내 귀에도 들어왔다. 김선생님이 독립운동의 일환으로 한반도 전체의 50,000분지 1 지도를 착색하여 그것을 독립운동자(임시정부)에게 넘겨주시는 대공적을 세우셨다는 것이다. 그것이 김선생님이 수감되신 이유이고 말하자면 우리도 간접적으로 독립운동에 기여한 셈이라는 것이다. 우리도 공로가 있는 그 착색 지도는 앞으로 독립군과 연합군의 한반도 군사 작전에서 요긴하게 이용되리라는 것이었다.

4학년이 되니까 김선생님께서 석방되셨다는 소식이 들려 왔다. 전기한 연보를 보면 1943년 3월 29일에 불기소로 석방되신 것으로 적혀 있으니 내가 4학년이 되기 직전에 형무소에서 나오셨다. 우리는 김선생님이 석방되신 것을 다행스럽게 여기면서도 언제 다시 형무소로 되돌아가실지 모르겠다고 걱정도 한(限)이 없었다.

　5학년 생활을 이럭저럭 지내고 졸업일이 다가왔을 무렵에 나에게 한 권의 공책이 돌아왔다. 누가 돌린 것인지 기억이 나지 않으나 졸업기념으로 몇 마디 적어 달라고 공책이 돌아오는 일이 몇 건 있었다. 무슨 말을 적을까 궁리하면서 다른 급우들은 어떻게 적었을까 궁금해서 바로 앞장을 젖혀 본 나는 그 곳에 적혀 있는 N군의 시를 읽고 충격을 받았다.

　그것은 김선생님에 관한 시였다. 선생님의 팔목에 있는 상처는 어떻게 된 것이냐고 제자인 시인이 묻는다. 그러면 선생님께서 겨레를 사랑하시려고 했다가 수갑을 차였을 때의 상처라고 대답하신다. 다시 제자는 선생님의 가슴에 있는 흉터는 어찌된 흉터냐고 묻는다. 선생님께서 그것은 나라를 사랑하시려고 했다가 묶였을 때의 흉터라고 대답하신다. 다시 제자는 선생님의 등에 있는 핏자국은 어찌 된 핏자국이냐고 묻는다. 다시 선생님께서 그것은 주를 위해, 인류를 사랑하고 자유를 사랑하고 평화를 사랑하시려고 했다가 매를 맞은 핏자국이라고 대답하신다.

　줄거리는 대략 그러한 것이었지만 그것은 처참한 시였다. 제자의 통곡이 들려 오고 몸부림이 보이는 한편 김선생님의 강철 같은 의지와 불꽃을 뿜는 신념이 역력하게 표현된 시였다. 나는 N군의 시에 압도되어 연필을 떨어뜨리고 한참 동안 멍하니 앉아 있기만 했다.

　우리가 졸업하고 한 달 후에 김선생님께서 세상을 떠나셨다. N군의 시가 그토록 김선생의 건강을 빌고 영광의 그 날이 올 때까지 가찬(加餐)하시기를 빌었건만 김선생님께서는 영광의 그 날이 넉 달도 남지 않았는데도 세상을 떠나셨다. 영광의 그 날을 맞아 김선생님께서 동지들과 얼싸 안으시면서 '아 전멸은 면했나 보다!'라고 이번에는 껄껄 웃으시기를 우리는 그렇게도 빌었었는데!

김교신 선생

김팔봉 | 소설가. 전 경향신문 주필. 작고

오래 전 서울시에 하나밖에 없는 교통 수단이던 전차가 동물원 앞까지 운행되던 때 나는 성북동으로 이사해 살고 있었는데, 그 때는 혜화동서부터 돈암동까지가 아주 형편없이 초라하고 쓸쓸한 산모퉁이 앵두나무밭 골짜기, 뽕나무밭, 호박밭, 허허벌판, 모래사장, 잔디밭, 이런 토지였었다. 그리고 이 같은 풍경 가운데에 사람 사는 집이라곤 어쩌다가 이 구석에 한 채 저 구석에 한 채… 이렇게 눈을 씻고서 간신히 찾아볼 수 있을 만큼 보기 드물었다. 나는 성북동 꼭대기에서 동물원 앞까지 걸어나가 전차를 타고 출근하고서 밤에는 또 동물원 앞에서부터 걸어야 하는 그런 처지였었다. 1933년 때의 이야기다.

그런데 일년 후부터 나는 나보다도 더 먼 곳에서 시내에 출근하시는 분이 있다는 사실을 알았다. 그는 양정고등보통학교에 나가시는 선생님인데 정릉 고개 넘어서 양정학교까지 비가 오거나 눈이 오거나 자전거만 타고 출근하신다고 했다.

"그분이 바로 김교신 선생님이신데 진정한 크리스천이란다. 아주 훌륭한 인격자시라고 모두들 존경한단다." 이렇게 말하는 친구도 있었다. 나는 맘 속으로 기회 있으면 한번 김선생님을 만나 봤으면 싶다고 생각했었다. 그랬건만 나의 환경에서 일어나는 이런 사정 저런 사정 때문에 몇 해가 지나가도록 김선생을 만나볼 기회가 없었다.

내가 김선생을 먼 빛으로 바라본 일이 오직 두 번 있었다고 기억한다. 어느 날 동소문 고개 근처에서 명륜동 쪽으로 내가 걸어가고 있을 때, 자전거를 탄 신사가 내 곁으로 훌쩍 지나갔는데 그가 바로 김교신 선생이라고 같이 가던 친구가 알려 주어서 내가 얼핏 보았기 때문에 김선생의 모습을 대강 윤곽만은 알았다. 그리고는 그 후 또 한 번 나 혼자서 김선생이 역시 그 고갯길로 자전거를 타고 지나가는 모습을 보았다.

세월이 흘러 8·15 해방 후 나는 김교신 선생이 일제로부터의 우리 민족 해방을 못 보고서 함경남도에서 작고하셨다는 소식을 들었다. 한번 만나서 인사를 나눈 일도 없건만 웬일인지 나는 아까운 인격자가 먼저 갔구나 하는 아쉬운 마음이 들었다.

나는 김선생이 발간하던 『성서조선』을 꼭 한 번 친구한테서 잠깐 보았을 뿐이다. 그러니까 김선생과 인사도 없는 나는 선생의 사상, 품성, 인격을 잘 알지 못하는 사람이다. 그런데도 불구하고 내 마음속에서 선생의 별세를 아쉽게 생각했다는 것은 무엇을 말하는 것인가?

깨끗한 향기 높은 꽃이 아무리 깊은 산 속에 있다 해도 저절로 사람이 안다는 말이 있듯이 비록 가까이 대면하지 못했을망정 김교신 선생의 인격에서 풍기는 깨끗한 향기가 나에게 느껴졌던 때문이 아니겠는가?

일제의 굴레 아래서 우리 민족 가운데 똑바로 자기를 세우고 참되게 살려고 몸부림치던 많은 사람들한테 큰 영향을 준 사람 중 한 분이 김선생일 거라고 나는 생각한다.

식민지 한국의 목자 김교신

김종해(金鍾海) | 시인. 문학세계사 대표

식민지 한국 사회의 죽은 역사 속에서 김교신은 언제나 깨어 있는 사람이다. 그는 그의 시대의 모든 것을 보았고, 모든 것을 말하였고, 모든 것을 행동하였다. 그리하여 모든 것을 언제나 그의 염두의 전폭을 차지했던 '조선' 그녀에게 주었다. 그는 자기 시대를 가장 충실하게 산 자이었다. 그의 신앙, 교육, 언론을 통한 모든 행동은 죽은 민족사의 황야에서 신음하는 한국의 구원이었고, 한국의 그 모든 것에 대한 사랑이었고, 젊은 한국이 품고 있는 한국혼을 영원으로 이끌어 가려는 구도자적 열애의 순정으로 촘촘히 이어져 있다.

식민지 한국 사회를 살고 있는 우리 민족 영혼이 가장 절실하게 필요로 하는 것이 무엇인가를 그는 누구보다 잘 알고 있었다. 자갈이 물리고 사지가 결박당한 식민지 한국 사회가, 그의 가진 모든 것을 강도 일본 제국주의 세력에 강탈당하고 일제의 부화(附和) 세력으로 부림을 당할 때 김교신의 고통은 이미 신앙의 순수성을 변질시키고 있었던 것이다. 그것은 너무나 당연한 변질이었고, 또 식민지 한국 사회의 절실한 요구에 의한 변질이었다. 그는 하나님의 말씀을 신앙의 순수성에서보다 '조선 민족'이라는 정치성의 단위에서 조선 그녀에게 주었던 것이다. 그것은 조선 민족의 주림을 채울 수 있는 가장 필요한 일용의 양식이었다.

만일 예수 그리스도가 우리 식민지 한국 사회에 재림한다 하여도 김교신과 같은 민족애적 종교 활동 이외의 어떠한 신앙의 순수성을 지키려 들진 않을 것은 너무나 명백한 일이다. 식민지 한국의 아픔을 쓰다듬지 못하는 어떠한 말씀도 죽은 말씀에 지나지 않기 때문이다. 그러므로 김교신은 죽은 식민지 사회에서의 하나님의 말씀을 살아 있는 생동하는 새로운 생명력으로 전도한 가장 충실한 목자로서 자신의 사명을 다한 것이었다.

김교신의 신앙의 이러한 변질은 이단이라 할 수 있다. 그러나 그것은 가장 당연한 그리스도의 뜻에 합당한 진정한 이단이라 할 수 있다. 오히려 이러한 이단이 식민지 사회에서 살아 있는 정통 기독교의 유일한 명맥이라 볼 수 있는 것이며, 우리 사회가 전적으로 필요로 하고 있는 '이단'을 외면하고 있었던 당시의 일련의 교회주의자의 기독 신앙에 대해서는 비판적 회의를 넘어선, 존재 이유마저 생각할 수 없는 죽은 신앙, 반기독 신앙으로 생각

될 뿐이다. 식민지 현실에서 모든 사람이 목이 말라 물을 달라고 한다. 모든 사람들의 타는 듯한 그 갈증을 채울 수 있는 신앙 행동으로서 그들은(반기독 신앙) 한 모금의 물 대신에 달콤한 설탕을 주었다. 그러나 김교신은 물을 주었다. 생명을 주었다. 설탕을 주었던 그들은 분명 신앙의 순수성을 가장한 이단자들이었다.

김교신의 신앙 사상의 뚜렷한 이상은 이미 1927년에 창간되어 장장 16년간을 식민지 사회의 일순일순(一瞬一瞬)과 함께 투쟁하였던 무교회 복음 신앙잡지 『성서조선』 창간호에 대전제의 일단이 피력되고 있다.

" '성서조선'아, 너는 소위 기독신자보자도 조선혼을 가진 조선 사람들에게 가라, 시골로 가라, 산촌으로 가라, 거기에 나무꾼 한 사람을 위로함으로 너의 사명을 삼으라.

'성서조선'아, 네가 만일 그처럼 인내력을 가졌거든 너의 창간 일자 이후에 출생하는 조선 사람을 기다려 면담하라, 상론하라.

동지를 한 세기 후에 기한들 무엇을 탄할손가."

기독신자보다도 조선혼을 가진 조선 사람을 위한 '성서조선'의 이러한 신앙 행동의 투철한 대전제와 목표는, 식민지 한국 사회가 요구하는 가장 절실한 갈증을 해결하는 한 모금의 물과 같은 것이었다. 그에게는 조선인으로서의 가장 강렬한 긍지와 신념으로서의 신앙 행동이 있었을 뿐이었고, 조선인으로서의 투철한 자각 위에서 '다만 망하면 망할지라도 의에 당한 것, 신의에 합한 일이면 감행하고 불의한 것은 거절할' 뿐이었다. 그리하여 무교회의 복음 신앙으로써 식민지 한국 현실의 잠자는 진리와 의를 깨우고 가위눌린 민족 영혼을 신생시키고, 갱생 불능의 민족 정신과 한국혼을 다시 세우려는 강렬한 민족애가 김교신의 신앙 사상의 대맥락을 이루며, 그의 행동과 『성서조선』지를 통한 신앙 언론 활동의 어느 곳에서나 나타나고 있는 것을 볼 수 있다.

깊은 상징과 은유로써 압축, 심화된 『성서조선』의 끈질긴 민족 회복의 시적(詩的)인 맥락은 매월 일제 총독부의 검열에 저촉되지 않을 수 없는 숙명적인 것이었다. 당시 『성서조선』지를 읽는 독자는 비록 수백에 지나지 않았지만, 식민지 사회에서의 정신적, 사상적 갈증을 풀 수 있었던 그 수백의 독자들은, 자신의 겪는 식민지 사회에서의 불행을 김교신의 무교회 복음 신앙에 의해 극복할 수 있었던 것인 만큼, 그들의 신앙, 애국적 정열은 어떠한 투쟁에서도 조금도 약화될 수 없는 힘으로 결속되어 있었다. 김교신이 조선 그녀에게 주었던 '사랑'은 불과 수백에 지나지 않는 극소수의 '조선혼을 가진 조선 사람'에게밖에 전해지지 않았지만, 그러나 그 '사랑'은 근대 한국이 받았던 가장 위대하고 지고한 '사랑'이었고, 영원한 것이었다. 『성서조선』이 많은 독자들을 확보할 수 없었던 특수 신앙지로서의 여건과 실정을 감안해 볼 때, 발행부수가 적었던 것은 불가피한 것이겠지만, 식민지 한국 현실을 살고 있는 다수 민중들이 그들 시대의 갈증을 해결할 『성서조선』이 주는 '한 모금의 물'을 구하여 얻지 못했던 것은, 또 하나의 그 시대의 불행이라 하지 않을 수 없었다. 그러나 김교신은 조금도 이를 안타깝다거나 초조하게 여기지 않고 있었던 것이다. 그의 투철한 예언적인 신앙 이상은 이미 미래의 복음 한국을 보고 있었고, 영원한 한국 그녀에게 그의 사랑은 바쳐지고 있었으니까.

" '성서조선'아, 네가 만일 그처럼 인내력을 가졌거든 너의 창간 일자 이후에 출생하는 조선 사람을 기다려 면담하라, 상론하라.

동지를 한 세기 후에 기한들 무엇을 탄할손가." (1927년)

『성서조선』 창간 이후에 출생한 필자는 이 대목을 읽는 순간, 알 수 없는 감동과 전율이 스침을 숨길 수가 없었다. 이미 반세기 전에 그가 했던 말씀 – 금년 4월 25일이면 김교신 사후 30주기가 되는 이 때에, 그는 현대 한국의 살아 있는 목자로서 또한 우리를 깨우고 있다. 그가 한국 그녀에게 주었던 사랑은 영원히 우리 민족과 함께 동반하여 우리를 깨운다.

그는 이제 외로운 '섬사람'이 아니다. 외로운 역사의 고도에서 순수한 사랑과 진리대로 진리를 양심의 귀에 속살거리던 김교신은 이제 숨어서 잊혀지고만 '섬사람'이 아니다. 그가 살았던 '40만 대도시의 경성'에서 사람 기근을 느껴 이야기할 사람을 구하는, 복음을 위하여 고군 분투하는 섬사람 김교신 – '세인트헬레나 섬의 영웅 나폴레옹에게는 그래도 수인의 종자(從者)가 있었고, 섬사람 로빈슨 크루소에게는 정을 통할 새와 꽃이 있었다. 그러나 골고다의 예수 그리스도는 완전한 의미의 섬사람이었다'. 김교신도 자기 시대에서 어느 의미로는 완전한 섬사람이었다. 섬에서 섬사람을 만나지 못하면 그리스도께 돌아와 이야기하리라던 김교신은 그와 이야기하고 상론하고 면담하는 수많은 현대 한국의 섬사람들이 그의 주위를 둘러싸고 있는 것으로 그는 이미 예언하고 있었다. 다시 어둠이 내린 650만의 대도시의 서울에서 이야기할 사람을 구하지 못하는 섬사람인 필자도 김교신께 돌아가 상론하고 있는 것을 그는 알까 모를까!

나는 그를 찬송한다.

김교신 선생 추억

노재성(盧在聲) | 집필 당시 노신경정신과 원장. 생몰 여부 미상

노평구 선생을 간접적으로 안 지는 오래다. 최근 우연한 기회에 상면할 수 있었고 또 어떤 제자의 일로 내 집까지 왔었다. 화제가 김교신 선생에 관계되었을 때 노선생은 대뜸 "김선생 추억문을 ××날까지 하나 써 주시오. 칭찬해 주기를 바라는 것도 아니고 비평도 좋소"라고 했다. 30여 년간 단절되었던 일이니까 기억이 안 난다고 사절했다. 다음날 성조지와 몇 권의

다른 책자 등 한 보따리의 책을 가져다 주면서 "이것을 보면 생각이 날 거요" 했다. 노선생의 열성에 항복했다. 선생의 동상을 만든다 해도 조각가는 많은 애를 쓸 것인데 김선생의 정신상을 그것도 실물에 알맞게 만들려는 노선생의 정력적인 생활에 감탄했다. 하나님의 힘을 거기서 느낄 수 있는 것 같다. 은사에 대한 성의로만은 그렇게까지는 되지 못할 것이다. 노선생은 하나님의 명으로 김교신 정신상을 만들어 그 상에서 하나님을 보게 하기 위함이리라. 한편 나의 입장에서 느껴지는 것이 있다. 나는 일정(日政)시 성서조선사건으로 구속되었다가 유치장에서 풀려난 이후 딴 방향으로 흘렀다. 신앙생활을 계속하지 못했다. 그래서 김선생이 저승에서 '아직 나는 너를 버리지 않았다' 하시는 것 같다. 하나님께서도 '이제 네가 할 수 있는 일은 그런 것 정도니 써 보라' 하시는 것 같다. 나는 근래 건강 때문에 책을 별로 보지 않는다. 그런데 이번에는 위로부터의 압력을 느끼면서 그 많은 책을 읽었다. 전신이 아프고 못 견딜 지경이었으나 '봐야겠다'고 느꼈다.

내가 김교신 선생을 직접 알게 된 것은 30여 년 전 일이고, 지금 내 나이는 김선생이 타계하실 때 나이보다도 10여 년이 더 되었다. 김선생 사진을 보니 젊고 미남형이다. 좀 거북한 느낌이다. 해 놓은 일 없이 나이만 먹은 것이 부끄럽기도 하다. 노선생이 준 책을 보지 않았더라도 기억할 수 있는 것이 있기는 하다. 머리와 얼굴의 광채도 그 하나이다. 덕윤신(德潤身)인가 한다. 눈물 잘 흘리는 김선생은 내 기억에는 없었다. 말이 없고 실천적이고 의지가 강하고 초지일관이고 함부로 덤빌 수 없는 엄격한 사람이면서도 하해(河海)같이 넓은 아량과 사랑으로 받아들여 주시는 등 기억하고 있다.

1941년부터 약 2년간 직접 관계를 가졌다. 성서지에 「어떤 청년과의 대화」 2회, 그 밖에 「지어생(紙漁生)」(종이 갉아먹는 벌레)이란 이름으로 4회 원고가 수록되었다. 20대 청년으로서 무리(無理) 무례(無禮) 후안(厚顏) 무치(無恥)하게 선생께 대들었다. 김선생은 나의 그런 말과 태도를 성의껏 진지하게 들어 보고 응대해 주었다. 뿐만 아니라 9권이나 되는 막대한 성의 조잡하고 순서도 없고 횡설수설한 원고를 전부 읽었다. 그보다 더 힘드는 일은 그 읽은 것을 요약해 몸소 원고지에 옮겨 써서 성조지에 게재한 일이다. 김선생이 얼마나 사람을 귀중히 여기고 특히 청년을 사랑했는지 알 수 있다. 지금 나는 잊어버렸던 내 글을 다시 읽어 보았다. 내용은 보잘것없는 것이다. 다만 솔직하게 마음에 있는 대로를 말하고 꾸미지 않았다는 것만은 괜찮은 것 같다. 중대한 의의는 김선생의 노고와 아량과 청년을 사랑했다는 데 있다. 김선생이 학교, 집회, 성조지에 한 여러 가지 좋은 말씀은 다른 사람들이 많이 말했다. 같은 말을 되풀이함은 지어(紙魚) 구실밖에 안 될 것 같다. 다만 몇 가지 내 딴에 하고 싶은 말이 있다. 지리 수업 때 어떤 지방의 산물을 가르칠 때는 그 지방에서 난 인물을 가장 중요하게 다루었다는 것은 특이한 교수법이었다. 성조지는 당시 내가 참말로 애독했다. 가장 애독하고 가장 먼저 읽은 것은 「성조통신」이었다. 원리 원칙은 큰 소리로 외치는 사람이 많다. 교회 설교가 오히려 우렁차고 억양이 있고 힘이 있다. 그러나 실지로 생활 속에 그것도 가식 없이 자연스럽게 소화시킨 사람이 김교신 선생이다. 신앙생활이 없다면 잔여(殘餘)는 모두 사문(死文)이다. 김선생은 물질 아닌 정신 사업에 일생을 바쳤고 소신을 변함없이 관철하였고 그리고 거기에서 만족과 행복을 느낀 사람이다. 나는 최고 가치를 사랑에 두지만 인간의 점수는 타고난 능력을 얼마나 발휘했나 즉 '얼마나 노력했는가'에 달렸다고 본다. 김선생이 만에 하나 틀렸다고 가정하더라도 그 정력적인 노력만으로도 인간 점수는 만점이다. 성조지는 오늘날 보면 얄팍한 질이 나쁜 종이로 된 외형상으로는 보잘것없는 잡지지만 그 당시는 기적이었다. 일정의 가혹한 검열과 교회의 압박 속에서 한 호 한 호마다 힘들게 나왔고 그 소부수(300부)의 책이 순진한 사람들 마음속에 뿌리를 내리고 싹이 텄다. 하나님을 힘입지 않고는 김선생도 그 고생을 해내지 못했을 것이다. 김선생이 박물실에서 공산 청년과 격투를 하려 했었다는 기록을 보니 하나의 적이 더 있었던 것 같다. 힘으로 눌러야 공산주의자에게는 말이 통하지 않는다는 것을 그 때 벌써 아셨던 모양이다. 나는 인생의 의미와 목적을 얻으려고 종교를 찾았다. 현실생활에 두미(頭眉)를 붙이려고 하다가 실감 없는 지두지미(紙頭紙尾)를 붙인 결과가 되었다. 김선생은 종심소욕불유구(從心所慾不踰矩)라는 인격 완성을 향해 수양하다가 역부족을 깨닫고 입신하였다고 한다. 실생활이 입신 동기가 되어야 신앙생활도 실감 나는 것이 되는 모양이다.

1942년 나는 돌연 큰일을 당했다. 내가 애서 사 모았던 모든 책과 내 판에는 애서 썼던 모든 원고와 일기 일체를 몰수당하고 경기도 경찰부 유치장에 차 넣음을 당했다. 나는 성조지 때문인 줄은 알았지만 권두문 「조와」 때문이었다는 것은 요새야 알았다. 내가 들어간 방은 마루방이고 전면은 굵은 나무 창살이고 뒷 벽 높은 곳에 조그만 창 하나가 있고 방의 우후(右後)면에는 마루 일부가 뚜껑으로 됐고 그 밑에는 분뇨통이 들어 있다. 처음 들어온 사람은 말석인 그 위에서 담요 한 장을 덮고 자야 한다. 밤중에 누가 그곳을 사용할 때는 번번이 일어났다 다시 누워야 된다. 식사는 소형 알루미늄 도시락 2개다. 하나는 보리밥이고 또 하나는 잘 씻지도 않은 생배추에 소금 뿌린 것이다. 메뉴는 언제나 동일하다. 밤이면 12시, 1시경에 비명을 듣는다. 유치장 선배들 말에 의하면 손을 뒤로 묶고 밧줄을 그 손에 걸어 천장에 매다는 것을 비행기라고 한다. 그 밖에 각목 위에 종아리뼈를 대고 꿇어앉게 하고 사람을 전후로 밀어서 아프게 하는 것 등 별별 것이 많다고 설명해 주었다. 그래도 나는 호명을 받으면 무슨 해결이 나려나 하고 가는 다란 희망을 걸어 보았다. 때리고 차고 코피가 터지고 희망은 산산조각이 났다. 나는 닭 울기 전에 김선생을 세 번 모른다고 하는 이상으로 마음이 약했다. 그러나 김선생 문하의 모 청년(B전문학교 학생이라고 들었는데) – 그 사람은 강경하였다. 비행기, 잠수함 등 굉장히 많이 탄 모양이다. 나는 그 청년이 부러웠고 존경심이 들었다. 나는 잠도 못 자고 밥도 못 먹었다. 내가 천신만고해 들어간 학교에서 퇴학을 맞으면 무엇을 할까, 그 생각뿐이었다. 나는 어느 날 뜻밖에 사식을 주어서 먹었다. 유치장 선배들 말에 의하면 김교신 선생이 사식을 나한테 보내고 관식을 잡수셨다고 했다. 예수께서 3,000명에게 빵과 물고기를 나누어 준 것을 받은 기분이었다. 김선생의 청년 사랑은 이것 하나로도 알 수 있다. 여러 말이 무슨 소용이랴. 유치장 선배들은 정보를 잘 얻는다. 방 사이 벽 어떤 부분에 입을 대고 훅 불고는 귀를 대고 듣고 이런 식으로 모든 정보가 교환되고, 간수가 지켜 앉았는데도 용케 담배꽁초가 전해지고 깨알 만한 성냥, 유황만 있는 것 같은 것으로 불을 켜 담배를 피운다. 그 소식통에 의하면 김선생은 유치장 안에서도 팔굽히기 등 운동을 열심히 한다고 했다. 나는 7일째 되는 날 나를 담당한 고등계 형사가 갑자기 부드럽게 대해 주는 데 놀랐다. 어젯밤에도 '이 새끼 내일 맛 좀 보여야지 안 되겠다'면서 감방에 들여보냈기 때문에 그날은 되게 당할 것을 예상했는데 의외였다.

8일째 되던 날 나는 풀려 나왔다. 나중에 알고 보니 – 나의 외가 5촌숙이요, 경성제대 선배이신 분이 예과(豫科) 부장한테 가서 눈물로 애원해서 예과 부장이 직접 고등계 형사과장을 찾아가서 청탁을 했다고 한다. 나는 책도 없고 혼도 빠지고 일시 허탈감에 빠져 있었다. 정신을 가다듬어 앞으로는 의학 공부에 전념하고 일생을 바치기로 결심했다. 이것도 잘 안됐지만 그것은 해방 후 사건이다. 그러면 내가 교우들과 관계를 끊은 이유는 감시를 받고 있었고 또 고등계에서 자기네 일에 협조해 달라는 꺼림칙한 부탁을 받았기 때문이었다. 학업은 계속할 수 있게 되었지만 재학 중 견딜 수 없는 심적 고통이 많았다. 잊을 수 없는 가장 괴로웠던 기억이 하나 있다. 학생 식당에서 급우들이 회식을 했다. 한 학급에는 일본인 수가 한국인 수의 배나 된다. 일본인 지도급 학생 몇이 수군거리더니 나보고 황국신민으로서의 결의를 말하라고 한다. 할 수 없이 앞에 나갔으나 침이 마르고 말이 나오지 않는다. 어쩌다 고개를 들고 저편 벽 위쪽을 보니 그림 액자가 하나 걸려 있었다. 하필이면 그것은 예수님의 최후 만찬의 그림이었다. 명화라고 붙인 모양이다. 그것을 보는 순간 등골이 싸늘해지고 식은땀이 났다. '이제 나는 참말로 가룟 유다가 되는구나' 생각됐다. 무슨 말을 하기는 했는데 그 때 집에 갈 때는 무슨 말을 했는지 생각이 안 났다. 학업은 열심히 했다. 그러나 해방 후 나의 생활 진로는 또 한번 좌절됐다. 나는 졸업 후도 오래 학교에 남아서 연구생활을 하려고 했었다. 그런데 그 당시 학생들 간에 공산주의가 팽배하였다. 매주 여러 차례 공산주의 토론회가 있었다. 나는 견딜 수 없이 두어 차례 발언했다. 한 번은 "대학은 자유여야 한다. 공산주의를 강요하면 공산주의 자체도 기형이 된다". 또 하루는 "공산주의는 물질면을 해결하자는 것이고 인간에게는 정신적 반면(半面)이 있다…" 했더니 몇 사람이 험상궂은 표정을 하고 "여보시오, 그 정신적인가 뭔가 좀 자세히 말해 보소" 하며 눈을 부라린다. 나는 험악한 공기를 보고 가만 있었다. 그 후 나는 학교에 남아 있을 수가 없게 됐다. 있을 곳을 찾다가 주한미국사절단(AMIK)에서 7,000명의 한국인 종업원의 건강 관리의 임무를 맡고 학교를 떠났다. 그 후 굉장히 많은 돈을 벌었다가 6.25사변으로 다시 무로 돌아왔다. 나의 한국인 동기 동창 15명 중 반은 이북에 가 있고 나머지 중 공산주의 토론 때 침묵을 지키고 가만 있었던 사람들은 지금도 모두 각 의대 교수가 됐다. 서울의대에만도 중견교수 3명이 나의 동기 동창이다. 나는 모든 것이 다 깨지고 지금은 개업의로서 소수의 나를 찾는 환자를 진료하는 것을 나의 사명으로 하고 있다. 나같이 약한 사람이 그 정도나마 고난을 견디어 내고 참고 살게 된 것은 김선생과 여러 선배들의 덕분이요, 하나님이 힘을 준 탓이라고 생각한다. 나는 현재까지도 조물주를 경외하고 내가 세상에 태어난 것부터 먹고 살고 무엇을 할 수 있다는 데 진정으로 감사를 느끼고 있는 것만은 틀림없는 사실이다. 그러나 성경 속의 미신 같은 대목에는 회의를 느낀다는 것도 솔직히 고백한다. 김선생의 나에 대한 지극한 사랑이 소기(所期)의 결실을 못한 것 참으로 죄송하다.

김선생이 가신 지도 어언 30년이 되었다. 김선생은 육신의 결실도 잘 되어서 자녀들이 혹은 한국에서 혹은 미국에서 탐스러운 꽃을 피웠다고 들린다. 그보다도 『김교신과 한국』(본권)이라는 책을 보니 참말로 아름다운 정신적 결실이 되어 있다. 그 책에 수록되지 못한 사람들까지 합치면 실로 헤아릴 수 없이 많은 순진한 사람들의 마음속에 김선생이 심은 씨가 자라 찬란한 결실을 한 것을 볼 때 많은 백양(白羊)들 중 한 마리 흑양(黑羊) 같은 나마저 그 잔치에 참여하여 흐뭇한 마음 금할 길이 없다.

김교신과 민족기독교

민경배(閔庚培) | 연세대 명예교수(교회사), 전 연세대 연합신학대학원장, 한국교회사학회장

1

한국 교회에는 일찍부터 반(反)선교사적인 민족교회를 표방하는 운동이 줄기차게 계속되고 있었다. 그것이 표면화되기 시작한 것이 1900년 초기의 일이고 1905년에 이르러서는 선교사들의 내면적이고 경건주의적 신앙이 교회의 민족적 에너지 동원을 견제하여 비민족화시키려 할 때에는 그 절정에 이르고 있었다. 도산이 평양 거리에서 선교사들을 구타하는 변이 이런 상황에서 진행되고 있었다. 한데 그것은 교회 전체의 북받치는 감정을 다만 대변하고 있는 데 불과했다.

계속해서 특히 일제 치하에서 이런 경향이 실제로 교회 안에서의 분열로

까지 끌고 갈 때 선교사 주도의 한국 교회는 한결같이 이들을 이단 분파로 정죄하여 갔고, 따라서 역사상 이들은 종파사(宗派史)에서 관찰하도록 되어 있었다.

그런데 1930년대에 이르면 선교사들의 영향력 감소 현상과 함께 모진 일제의 박해가 잇달아 반선교사적 민족신앙운동이 그 역학(力學)상 자연히 친일로 기울어지던 일이 있었다. 따라서 이왕에 철저한 반선교사적 민족교회 지향의 신앙 운동가들도 이 친일에의 함수적 연결이 마땅치 않아 차라리 침묵하는 편법을 썼고, 다른 한편 시세에 거역할 길 없이 친일 속에서 계속 언필칭 동양적 내지는 일본적 기독교의 허울 좋은 토착화의 희극에 말려 들고 있었다.

이 때 김교신이란 인물이 나타난 것이다. 그는 선교사 주도의 경건한 피안적(彼岸的) 신앙의 보수주의적 본거지인 '황평(黃平), 영남(嶺南)'의 교권자들을 공격하면서 소위 반(反)구미적 기독교의 조선화에 힘썼고 아울러 철저한 애국적 신앙으로 시종 반일(反日)의 반골(反骨)로 남아, 알알이 민족기독교의 찬란한 이미지를 굳히고 그 수확을 보면서 해방을 몇 달 앞두고 세상을 떠났던 것이다. 반일 때문에 친(親)선교사 한 일도 없이 그리고 반대로 반(反)선교사로 친일(親日)의 불가피한 시대의 현상에서 헤어 나와 희망을 거의 둘 수 없을 정도로 일제에 말려 들리라 해서 다들 소위 전향하던 날에도, 영구한 민족의 운명과 거기 주어진 하나님의 섭리 그 소재에 불멸의 희망을 빛나도록 밝히고 떠난 김교신은 민족기독교사의 정상에 서 마땅한 신실한 성도(聖徒)였다.

2

김교신이 물론 일본의 우치무라에게서 결정적으로 영향을 받아 스스로 "나는 스승을 가진 사람이라"고 고백했고 동경대학 총장을 지낸 바 있었던 야나이하라도 김교신을 가리켜, 최선의 무교회주의자라 했다고 한 것을 보면, 어김없이 그는 무교회주의자임에 틀림 없었다.

하지만 이런 형태의 그에 대한 표현이 그의 신앙을 하나의 부정적(否定的) 자세, 아니면 프로테스트의 소극성에서 주견 없이 출발한 어떤 투사적 인상을 주기가 쉽다. 이것을 그 스스로도 고심한 흔적이 있다. 그의 신앙의 구형(構形)과 그 매니페스토(manifesto)가 소위 non-으로 시작하는 소극성에서 제한되어서는 그의 모진 생애에서 겪어 간 숱한 기도와 찬미가 바르게 이해될 리는 없다. 오히려 그에게 짙게 풍기는 적극적인 출발 그 발자국을 한 거보(巨步)로 보는 신앙의 투시가 거기 있지 않으면 안 될 것이다. 그것이 바로 그의 『성서조선』이라는 정기간행물의 표제요, 그리고 그의 정신이었다. 성서와 조선, 아니 접속사 '와'까지를 빼낸 '성서조선' 그것밖에 김교신을 그 얼의 깊은 지층에서 더듬어 볼 단서는 없을 것이다. 『성서조선』 창간사에서 "아무리 한대도 너는 조선인이다"고 떨리듯 외고, "다소의 경험과 확신으로써 금일의 조선에 줄 바 최진최미(最珍最美)의 선물은 신기치도 않은 신구약성서 한 권이 있는 줄 알 뿐이로다" 하고 있었다.

그런데 그의 신앙에서 이 겨레에 대한 사랑은 그 선후가 판별이 어려울 만큼 엉켜 있었다. 그의 창간사에서 울려 퍼진 이 얼의 찌르는 듯한 감동은 파급이 크다. "'성서조선'아, 너는 소위 기독신자보다도 조선혼을 가진 조선사람에게 가라"(1927. 7) 하지만 이 어엿한 민족애는 벌써 일제의 기독교 박해가 모질던 1935년 4월에 용솟음치는 찬미의 시정(詩情)으로 그 감격을 더해 갔다.

"오직 우리는 조선에 성서를 주어 그 골근을 세우며 그 혈액을 만들고자 한다. … 우리는 오직 성서를 배워 성서를 조선에 주고자 한다. 우리는 다만 성서를 주고자 미력을 다하는 자이다. …구형적(具形的) 조선 밑에 영구한 기초를 넣어야 할 것이니 그 지하의 기초공사가 곧 성서적 진리를 이 백성에게 소유시키는 일이다. 넓게 깊게 조선을 연구하여 영원한 새로운 조선을 성서 위에 세우라."

만일 이것이 그의 신앙 유형 이해의 단서가 된다고 하면, 그의 소위 무교회주의도 다만 교회 체제 부정의 항종(抗宗)만으로 해석하는 오류를 범할 수 없다. 그것은 1900년대 초기의 민족 교회자들이 외쳤던 단일 민족교회, 다시 말하면 교파적 다양성을 이식(移植)하는 한국 교회 단편화의 선교사들 획책에 반대하던 정신의 유형(類型)으로 구태여 비교한다면 비교할 수 있을 것이다. 무교회가 교회 밖에 구원이 있다고 주장하고, 교직 제도의 속화(俗化)에 대한 반발이었다고 한다면, 교파(敎派) 교회의 생태인 독선과 그 구원 통로의 유일성 고집에 대한 김교신의 프로테스트는 실상 교회 구조 문제보다는 민족기독교 형성을 향한 단일 교회의 이상에 대한 적극적 자세였다고 봄이 마땅할 것이다. 물론 이 때 교회라는 말은 그 자신도 원형으로 삼았던 코이노니아(우애)다. 곧 구원의 민족공동체를 두고 하는 말이다. 이런 사실이 뚜렷이 밝혀질 때가 온다. 일제 말기 김교신은 실상 이런 점을 분명히 고백하는 계기를 경과했던 것이다. 이 점은 곧 상술하겠다.

3

그렇다면 무교회주의자라는 것 자체가 의미한 것은 무엇인가? 그것은 우선 신학에 대한 냉소요, 교권에 대한 반발이다. 하지만 그는 스스로 무교회주의에서 배운 것이 무교회주의 그것이 아니요, 성서와 복음이라고 하였다. "무교회주의의 본령은 소극적으로 대립 항쟁함에 있지 않고 적극적으로 진리를 천명하며 복음을 생활화하는 데 있다"는 것이다.

"구원은 그리스도에게 있다는 것을 명백히 하는 것이 무교회주의의 사명이다. 이 복음을 명백히 하는 결과 자연히 할례와 교회와 성직이 무용하게 되는 것이지 그 제도와 해소를 목적하는 것이 아니다. 그건 본말전도요 최대의 곡해다. 무교회주의는 환언하면 그리스도의 정신이요, 세인(世人)이 생각하는 이상 훨씬 적극적이요, 고귀 심원한 정신이다. 이는 기독교라고 부르는 외에 적당한 칭호가 없다."(1937. 6)

여기 흐르는 논조는 기성 교회가 한마디로 복음의 진수(眞髓)에서 떠났다는 의식이다. 여기 역사적 기독교에 대한 불신이 있고, 그것이 요컨대 섹트적 생리(生理)에 연결된다.

만일 김교신에게서 이 역사성에 대한 다른 차원의 신학이 있었다면 '민족교회'를 말하였을 것이다. 그런데 섹트(sect)는 항상 현실감과 생생함이 지속되는 한 존재의 의의가 있기 마련이다.

이 생생함의 체험과 보존은 그에게서는 두 군데서 왔다. 하나는 일제 말의 긴장된 위기 의식에서였다. "누구의 말인가, 성서는 지옥 대문 앞에서 읽어야 잘 이해된다고. … 공습의 위험이 처마 끝에 다다른 것이 분명할진대 하필 구구한 살림을 오늘도 계속하랴"(1937. 10). 그런데 다른 하나가 그의 이념 이해에 필수적인 요소가 된 근거이다. 곧 그는 직인(職人) 근성에 대한 혹독한 혐오를 느끼고 있었다. '세상에 추악한 것이 전문가의 심술'이란 말을 그는 거침없이 내뱉고 있었다. 그것을 종교의 교권적 근성에서 찾아볼 수 있다고 그는 보았던 것이다. 만일 교회에 잘못이 있다면 요컨대 이 직업적 타성과 그 명맥을 체제의 강화에 두는 모순에 있다고 단언했던 것이다. 이런 의미에서 무교회라는 말에 함축된 의미가 호소력을 가진다.

하지만 이 근성이 무교회 자체에 없으라는 법은 없다. 그가 자신 무교회를 비판하기 시작하는 심정의 변화는 둘 있었다. 그 하나는 뒤에 가서 언급하겠지만, 또 다른 하나는 무교회 그것까지도 기성화할 것을 두려워하였기 때문이다. "대체 우리는 의식적으로 계획적으로 조직적으로 신학적으로 나는 기성 교회를 공격하는 데 우리의 사명이 있다고 하는 생각을 품고서는 하룻밤도 안면할 수 없는 성격의 소유자다. … 우리는 무교회주의자라는 범주 안에 우리를 구류(拘留)하려는 모든 세력과 유혹에서 자신을 해방하여야 할 것을 절감하였다."(1937. 2)

이런 정신이 바로 직업 근성에 대한 야무진 비판이었다. 여기에 김교신이 그 자신의 신앙 운동을 가리켜 「서생의 유희」임을 시인하게 된 까닭이 있다. 놀라운 사실은 최근의 신학자 하아비 콕스가 말하는 '노름의 신학'이 벌써 그에게 뚜렷한 모습으로 부각되어 표현되어 있었다는 사실이다.

"유희란 것처럼 유쾌한 것은 다시 없다. 유희는 체조가 아니요, 경기가 아니요, 물론 직업도 아니다. 유희에 의하여 이(利)를 탐하고자 함이 아니요, 당세(黨勢)를 확장하고자 함도 아니다. 도리어 신체의 피로를 초래하는 수 있고 피복(被服)의 손상을 받을 수 있을지라도 무아중에 일심 열중하여 마지않는다."(1935. 5)

콕스의 신학이 이 이상 더 정묘하였다고는 보지 않는다. 그러나 우리의 가슴을 치는 까닭이 그 정묘 때문이 아니라, 신앙이 모름지기 이런 것이라는 통회에서다. "과연 본지(本誌)는 교권에 속한 자격도 없이, 문필의 재질(才質)에 확신도 없이, 자원(資源)에 보장도 없이 시작해서 이 일로써 의식(衣食)의 자(資)를 보태 쓰지 못했을 뿐더러 다달이 나는 결손도 괘념치 않고서 그저 하고 싶어서, 하지 않고는 견딜 수 없어서 제 150호까지 발간하였다. …유희 만 14주년."(1941. 7).

심골(心骨)이 신앙에 흠뻑 젖어서 그것이 살아 태동해 이사야처럼 외치지 않을 수 없었던 불 같은 신앙 그것을 김교신은 왠지 무교회라 표현해 버리고 말았던 것이다. 평신도성의 강조 그리고 길가의 돌로 외치고 싶다는 그의 열정이 이런 말의 구사(驅使)에 끌고 갔을 뿐이었다.

4

김교신에게는 살아 있는 샘 같은 복음의 구원을 이 겨레에다 임하게 하려는 사명으로 차 있었다. 그것은 천박한 정치적 해방의 현실적 구제(救濟)도 아니었고, 기독교를 현세 살림에 이용하여 윤택을 가하려는 것도 아니었다. 그리스도에 있어 자기 백성을 사랑하고 그리스도를 전하며 그 복음신앙에 의해 한국인의 영혼을 신생시키고 이를 자유와 평화와 정의의 백성으로 키워 나가는 데 있었다. 민족의 깊은 영적 도덕적 구원을 기원하는 순 영적 민족구원의 신앙이 그에게 호흡처럼 억세었다. '조선 형제여, 우선 회개합시다'. 이것은 민족의 회개와 구원에 대한 그의 사무치는 소원이었다. 그러나 그는 기독교가 민족주의적인 운동이나 그 의식의 개발에 에너지를 제공하는 하나의 도체(導體)로 이용되는 오류에 한사코 반대하였다. 이것이 여운형이나 이동휘 등과 김교신이 달랐던 것이 아닐까 생각한다. 그는 민족의식 고취라고 한다면 "가장 실제적인 보천교나 천도교에 한 걸음 양보하는 것이 온당"하다고 단언하고 있었다. "내가 예수교를 믿는 것은 천당 가는 것만이 목적이다"(1932. 12) 했을 때 그의 진심은 피력된 것이다. 그런 의미에서 그는 소위 기독교적인 민족주의자는 결코 아니었다. 다만 기독교로 이 겨레를 구원하자고 한 민족기독교의 거대한 예언자였다.

민족기독교의 구현을 위한 길은 우선 반(反)선교사의 토착적 노력에서 그 향방(向方)을 잡았다. 그는 한국에 기독교가 전래한 지 반세기를 거쳐 있음에도 불구하고 구미 선교사들의 유풍(遺風)을 모방하는 지경을 벗어나지 못함을 유감으로 알아 순수한 조선산(産) 기독교를 창달하고자 전력하였던 것이다. 이것은 한국 교회 구미 의존의 정도가 그리스도를 예배하는 데 버금가는 모습을 두고 한 말이었으나 선교사의 지표 아래 있는 교회에 대한 반발은 모질었다.

하지만 앞서 말한 바도 있지만 일제하의 민족교회가 그 반서구적 토착화의 노력에서 항상 용일(容日)의 함수(函數)에 말려 들어가는 비운에 있었는데도 불구하고 그의 민족기독교의 의지는 더욱 반일(反日)의 기치를 높이

들 수 있었다.

1939년 11월 신사참배가 한국 유수의 교회에 의해 공식 결의되어 그 준행이 계속되던 날 김교신은 이런 말을 남기고 있었다.

"사상(思想)은 유동하고 주의(主義)는 변전되어 석일(昔日)에 사자 같던 저들도 이제는 너나없이 앞을 다투어 전향하여 사상 보국의 제1선에 나서서 방가(邦家)를 위하여 분투하게 되었다 하니 실로 경하할 일이다! 이렇게 우편에 천인(千人) 좌편에 만인(萬人)이 거꾸러지는 동안 본지『성서조선』은 창간호부터 130호에 이르기까지 시종일관하여 주 그리스도와 그 십자가의 복음을 증거하고 있으니, 이는 사상 유희는 아닌 것이 분명하다."

이러한 그의 애국과 신앙이 일제 말의 시련을 극복하는 꽃다운 신앙의 향기를 영원히 우리 민족기독교사에 남겼다. 피할 길 없었던 창씨개명의 강요를 끝내 거절하고 '김교신'으로 그대로 살았으며, 그의 목숨처럼 함께 살아온『성서조선』에서도 "만일 신사참배 문제, 현실 총독정치를 성서로써 증명 찬동하는 등을 강요당할 경우가 온다면 옥쇄(玉碎)하겠노라"고 일본인 친구 가타야마(片山)에게 편지한 일도 있었다(1938. 1). 더구나 그는 관리들을 가리켜 '극악불충(極惡不忠)'하다는 글을 같은 날짜의 편지에 싣고 있을 정도였다.

5

김교신이 나라나 겨레에 대해서 품었던 사랑은 그가 박물 교사였다는 범주에서 찾아보아야 한다. 그는 지리 시간을 통하여 학생들에게 이 금수강산의 줄기찬 산과 내 그리고 꽃 피는 들과 아름다운 계절들을 애착과 시정(詩情)으로 감동 깊이 설명해 주고 있었다. 곁들여 이순신이나 세종대왕의 위업과 애국심을 그 때 생생하게 일러 주어 학생들에게 씻을 수 없는 막강한 민족애를 심어 주었던 것이 그였다. 그에게는 우리 반도가 섬약한 지정학적

함지(陷地)로 보이지 않았고 오히려 대륙과 대양을 잇는 무한한 발전의 곶로 유망하게만 보였던 것이다. 정릉 산골짜기를 산보하면서 그는 거의 흐느끼는 심정으로 '산곡(山谷)에 자약(自若)한 일지(一枝)의 백합화에 무한한 생명의 경이와 애착'을 느껴 부둥켜안고 싶은 내 땅을 길이길이 사랑해 파묻혀 갔던 것이다. 그가 호암 문일평 님의 서거에 대해 품었던 통절한 심정은 이러한 민족사가의 나라사랑에 더 깊은 접촉을 못했던 한에서 연유되었던 것이다. 호암은 한국의 산수(山水)에 대해서 얼마나 내 품처럼 곱게 아껴 썼던가. 김교신이 일본 동경의 고등사범학교에 다닐 때 처음 영문과에 다니다가 박물학과로 옮긴 데 이런 깊은 곡절이 앞서 있었던 것이다. 이러한 그의 나라사랑은 헤아릴 수 없는 일제의 간악한 박해 속에서 조금도 변하지 않고 곱게 빛나 솟아 올라오고 있었다. 그에게는 이상하게 십자가의 쓰라림과 고난에 관한 언급이 비교적 적게, 아니 거의 찾아볼 수 없을 정도로 언급된 점을 간과할 수 없다. 아픔에 대한 의미나 고난의 민족사적 의미에 대한 의식은 오히려 그의 벗이었던 함석헌의 「성서적 입장에서 본 조선역사」에 알알이 새겨져 있다. 하지만 김교신에게는 이 십자가의 피는 언급이 없었다. 오히려 부활에 대한 강한 신앙이 그리스도의 돌아가심을 극복하고 초월했듯이 힘있게 퍼져 있었다. 이것이 그에게는 민족의 불멸한 미래와 그 운명, 그리고 언젠가 다시 넘치는 책임으로 주의 뜻을 지고 가게 할 섭리의 신의(神意)가 이 민족 위에 결정돼 있다는 희망에 불타게 하고 있었다.

『성서조선』은 그 158호(1942. 3)에서 정간을 당하면서 김교신을 비롯하여 함석헌, 류달영 등 제씨가 구금되어 모진 고형(苦刑)을 겪고 나온 일이 있었다. 이 호에는 「부활의 봄」이란 글과 「조와」란 글이 앞에 있는데, 후자의 것이 일경의 의혹을 사서 소위 '성서조선사건'이라는 핍박이 좇아 왔던 것이다. 그 「부활의 봄」이란 글에는 다음과 같은 글귀가 있었다.

"전체가 빙괴 같은 지구 덩어리도 무르녹아 생기가 돌기 시작했다. 만물이 모두 사(死)에서 생(生)으로 동(動)하기 시작했다. 이렇게 확실하게 현저하게 생명으로써 임하는 봄을 어찌하여 영원히 안 올 것으로 알았던고. …

모진 동결(凍結)은 고통과 절망을 심각케 하나 춘양(春陽)의 기쁨을 절대하게 한다. 지금 우리에게 임하는 모든 동상(凍傷)은 춘양의 부활을 확연히 하고자 하는 데 없을 수 없는 과정이다. 우리의 소망은 오직 부활에 있고 부활은 봄과 같이 확실히 임한다."

여기 부활은 물론 우리 몸의 부활이요, 구원의 실현이다. 하지만 여기 뚜렷한 민족사에의 불굴의 내일에 대한 희망이 빛나 있고, 그것은 확실하되 봄처럼 확실했다. 그러나 폐간으로까지 몰고 간 그의 글은 역시 조와였다.

"… 봄비 쏟아지던 날 새벽 이 바위 틈의 빙괴도 드디어 풀리는 날이 왔다. 오래간만에 친구 와군들의 안부를 살피고자 담 속을 구부려 찾았더니 오호라, 개구리의 시체 두세 마리 담 꼬리에 부유하고 있지 않은가!

짐작컨대 지난 겨울의 비상한 혹한에 작은 담수의 밑바닥까지 얼어서 이 참사가 생긴 모양이다. 예년에는 얼지 않았던 데까지 얼어붙은 까닭인 듯 동사한 개구리 시체를 모아 매장하여 주고 보니 담저에 아직 두어 마리 기어다닌다. 아, 전멸은 면했나 보다!"

예년에 없던 추위 탓으로 개구리가 더 많이 죽게 되었다는 이 일제 말의 시련에 대한 비유에서 '전멸은 면했나 보다!' 하는 그의 음성은 겨레의 장래가 반드시 새날을 맞아 다시금 솟아난다는 확고하고도 현저한 신앙과 희망을 반영하고 있었다. 일본 경찰들이 '성서조선사건'으로 수백 명을 검속하고 이들을 향해서 했다는 말이 이것이다. "너희 놈들은 우리가 지금까지 잡은 조선 놈들 가운데서 가장 악질의 부류들이다. 결사니 조국이니 해 가면서 팔딱팔딱 뛰어다니는 놈들은 오히려 좋다. 그러나 너희들은 종교의 허울을 쓰고 조선 민족의 정신을 깊이 심어서 100년 후에라도 아니 500년 후에라도 독립이 될 수 있게 할 터전을 마련해 두려는 고약한 놈들이다."

내선일체(內鮮一體)니 동조동근(同祖同根)을 말하면서 민족말살을 획책하던 일제 앞에서 500년 앞을 내다보며 겨레의 찬란한 발전과 그 회복을 소망으로 가질 수 있었던 한국인들이 결코 많지 않았을 것이다. 그런데 그것이 기독교인들의 부활 신앙에서밖에 그 뿌리를 가질 곳이 없었다면 그 당시 민족에 대한 역사적 의식과 민족사의 기조(基調)에 불변한 희망을 가졌던 유일한 부류의 한국인이 곧 기독교인이었다는 말이 되는데, 현상에서나 역사에서 김교신이 그러한 한국인의 모습을 가장 뚜렷이 보여 주는 인물이었다는 말이다. 신라 문화의 수려함에 놀라면서도 그는 신라인이 위대해서가 아니라, 저들이 가졌던 신앙에 위력이 있었다 하면서 "신앙으로 설 때에만 영구하고 위대한 것이 나온다"고 설파하던 1930년에 벌써 그는 민족사의 동력은 이제 기독교 신앙의 길밖에 없음을 피부에 사무치도록 체험해 이를 위해 소리쳐 호소하고 싶었던 것이다. 확실히 기독교는 우리 민족의 전통적 존재 양식이나 그 계승, 민족 본연의 높은 정신과 겨레 사이의 총화 형성의 원리적 전제 제공 및 정의의 실현과 심판의 확실성에 대한 예언자적 고지(告知)와 고발(告發)에서 결정적인 영향을 남기도록 돼 있는 겨레의 유일한 샘이었던 것이다. 김교신은 이것을 그 골수에서 감지득지(感知得知)하고 정열과 사명감으로 양껏 외쳤던 그 때 가야 했던, 그러나 두고두고 다시 되돌아와 외칠 전형적인 민족기독교이다.

"우리는 오직 믿음에 머물러 살고 있으면 족하다. 그것이 전도도 되고, 사업도 될 것이다. 사방에서 환난이 임하되 궁하지 않고 진퇴유곡인 듯하되 희망을 저버리지 않으며 핍박받되 주님의 저버림이 되지 않고 공격받아도 아주 멸망되지 않고 견디어 나가는 것은 질그릇에서 예수의 생명이 나타나기 위함인 줄로 확신한다."

김교신은 1940년 12월에 이런 글을 남기고 있었다. 질그릇처럼 땅에 내던져 바싹 흩어져 못쓰게 된 이 겨레가 다시 솟아올라 모습을 갖추면서 구형돼 가는 부활의 모습을 무리 없이 표현할 수 있었던 말을 가졌던 김교신만한 신앙인이 그 때 결코 많지 않았다. 그런 의미에서 그는 십자가의 아픔에 흐느끼며 겨레의 고난에 침통해 하던 신비주의자 이용도와는 같은 민족기독교의 창달을 애써 온 이들이었으되, 현격한 대조를 이루고 있었다.

6

민족기독교는 김교신에게 민족인으로서의 한 개성적인 삶의 폼(form)을 구성하고 생성시키는 것을 의미했다. '인간 중의 참 인간(1935. 10) — 이상에 살고 정의를 먹고 진실을 마시는' 숭고한 인품의 고장으로 이 강산을 만들고 싶었다. 그것은 무교회주의자들 일반의 조촐한 섹트적 생성기의 열정과 처녀지다운 생생함 때문에만 설명이 가능했던 모습은 결코 아니다. 엄격한 진실성과 골격에 젖어든 새로 난 자들의 행렬로 이 밝아 오는 여명의 나라 한국을 채우고자 한 원대하나 촉박한 기골(氣骨)들의 설계가 거기 있었다.

그는 신앙과 생활의 성육적(成肉的) 관계를 심각한 전제로 알고 있었다. 한번 그는 문학청년을 향하여 무릇 건전한 생활과 평행할 수 없는 문학은 문학이 아니라고 단언한 일이 있었다. 그래서 신앙에도 신앙인으로 살지 못할 정도의 당당한 여유나 독립적 기상을 못 가진 자, 다시 말하면 현실생활에서 패배한 자들이 신앙 운운하는 데 견디지 못할 분노를 그는 내보이고 있었다.

"30여 세에도 독립생활을 못할 만한 자이거든 다시 성서를 논치 말고 성서를 의(議)치 말라. 논의치 않는 것이 하나님께 대한 최대한 봉사니라." 이 말은 경제적 풍성에 대한 야박한 관심에서 한 말은 천만번 아니다. 생활 속에 살아 있는 자에게는 그 절제와 근로, 하나님 앞에서의 신앙인의 면모의 창조를 위해서도 최소한도의 생활의 긍지가 있어야 하도록 돼 있다고 보았던 것이다. 까닭에 한갓 안일의 방종한 생애를 일삼음으로써 복음의 진수를 파악한 듯이 스스로 자처하고 자위하는 무리가 적지 않은 것을 보고 "실로 한심한 일"(1939. 5)이라고 힐난하고 있었던 것이다.

그가 이런 말을 할 때 가슴에 맺힌 무엇이 있었을 것이다. 나태와 간교의 오랜 겨레의 부덕(不德)을 가슴 아프게 여겨온 까닭에, 민족 구원의 소신을 갱생하는 새 인간의 형성에서 찾으려니, 이런 데 눈을 돌리지 않을 수 없었을 것이다.

여기에 그의 중산층적인 심리의 암암리의 표현을 갈파하지 않을 수 없다. 그는 언필칭 평신도나 길가의 돌로 외치고자 한다 하였으나, 반드시 신사로 처세함에 털끝만큼의 가감이 있을 수 없다고 잘라 말한 일이 있었고(1935. 4), 우리나라의 하류층이나 직공류의 사람들에 대해서 그 진실성의 결여, 책임 불이행, 주정, 나태, 불평 등을 들어 가공가탄(可恐可嘆)이라 왼 일이 있었기 때문이다. 무교회주의자들이 성서연구에 모이면서 찬물을 끼얹어 가며 신앙을 지켜 나간다든가, 부흥회나 전도보다도 연구에 신앙생활의 목표가 있다거나 하는 말들 그리고 학구를 위주한다(1931. 2)든가 하는 말들이 확실히 지적 중산층, 더 정확히 말하면 상당히 고차적인 지식인들의 신앙 집단으로 그 성격을 스스로 형성해 갔다는 인상이 깊다. 여기에 이들이 가지는 시민의식의 철저화가 있겠지만 가장 중요한 것은 이들의 민족 의식의 구체화, 신앙과의 밀접한 인연이다. 부흥회적 정서의 모임에 민족의 운명과 그 실체에 대한 예리한 애착과 판단이 정상적으로 그리고 바람직하게 주어질 리는 만무하다.

그러나 김교신은 한낱 차디찬 지적 기독교의 민족적 주체의식으로 그 신앙을 정립하는 데 끝나지 않았다. 그는 외형적으로는 정진(精進)을 항상 지상 의무로 지워진 것처럼 애쓰고 규범을 지켜 나가는 엄격한 도덕적 품위와 그 정신의 보편화에 진력하였다. 앞서 말한 바와 마찬가지로 민족의 오랜 타성을 일깨워 복음으로 새 인간상을 구축하고자 진력하고 스스로 그런 길에 서 있었다. 가령 새벽기도를 하기 위해 일찍 일어나 정릉산에 올라 무릎 꿇고 기도했다든가, 성서는 반드시 하루도 빼 놓지 않고 읽게 했다든가 하는 것들이 다 그것이다. 그는 『성서조선』에 글을 쓰려고 할 때는 반드시 추우나 더우나 밖에 나가 깨끗한 물에 몸을 씻고 들어와 골방에 정좌하고 오랜 기도와 명상을 거쳐, 자세를 흐트러뜨리지 않은 채 한 자든 두 자든 썼다고 한다. 이렇게 나온 글이 글로서는 매한가지로되, 남달리 힘있고, 깨끗하기가 수정 같아서 범문(凡文)과 다른 강렬한 호소력을 가지지 않을 수가 없었다.

하지만 그의 강한 율법주의적인 기상(氣象)과 엄격성은 성수주일(聖守主日)에 대한 정신에서 더없이 명료하게 나타나 있었다. 주일에 안식한다는 것이 유대교나 안식교에서처럼 형식적 준수나 위선의 오류와 같지 않았다고 하는 것은, 그가 안식교회의 예배에 갔다가 이 안식일 고수(固守)에 주문 외듯 하는 모습을 보고 당장 혐오를 느꼈다는 말에서 입증이 된 셈이었다. 그는 주일은 '영(靈)의 일에, 생명의 일에, 영원한 일에 성별하고자' 했고 그래서 그런 일을 할 수 없으리만큼 일주일 내내 피곤한 일을 했을 경우를 생각해서 "토요일 오후부터 성역으로 정해 놓고 죽기를 한(限)하고라도 속된 일에 물들지 말기를 경계할 것이니라"고 경고하고 있었다. 무교회주의자의 성수주일은 그들 생활의 철저한 준행이 돼 오고 있다. 그는 1940년 거의 주일 예배를 보기가 어려워지던 일제 말의 시련기, 예배당마다 징발되던 형고의 날에 다음과 같은 글을 남긴 일이 있었다.

"의논(議論)은 어찌되었든지 신앙생활에서 일요일은 성별(聖別)이 절대 필요한 날이다. 이는 사수(死守)해야 할 일이다. 신앙에서 타락하는 사람의 십중팔구는 일요일의 속화(俗化)가 그 출발점이다. 그런데 일요일의 성별을 기함에는 토요일의 성별이 꼭 필요조건이다. 토요일이 유흥 사교의 날로 통용되는 우리 불신 사회에서 이를 성별하기는 어려운 일이다. 그래도 토요일이 성별되고라야 일요일이 살아나고 일요일이 살아야 일주간이 살아나고 일생이 살아나고 내생이 확보된다."

7

우리는 이제 김교신이 민족기독교를 가장 높은 그의 신앙의 형태로 삼게 된 가장 중요한 경로를 살펴보는 단계에 이르렀다. 주의나 신봉을 말한다면, 그는 확실히 무교회를 하나의 통로로 생각한 일이 있기는 했으나 무교회주의자 그것은 아니었다. 그러나 처음부터 그랬다는 단언은 하지 못한다. 다만 이러한 그의 생각의 변화는 문서상으로는 1936년 10월경이었던 것으로 보인다. "우리는 예수를 믿는 사람이지 결코 무교회를 신봉하는 자가 아니다. … '무교회' 자체에도 '교회'와 마찬가지로 아무 생명도 없는 것이요, 애착할 것도 없는 바이다. 단순한 그리스도와 그 복음과 성서가 우리의 사모하는 것이다." 이것이 그의 심경의 커다란 변화를 가져왔다는 증거가 될 것이다. 무교회에 대한 그의 주장의 강도를 문제로 했을 때 말이다.

한데 이런 태도가 더 명백해지면서 무교회의 어떤 탈선의 가능성에 대한 모진 경계를 하면서, 적극적으로 그의 민족기독교적인 면목을 현저하게 구형되기 시작하는 것은 그 다음 해부터의 일이다. 옛 동지였던 최태용이 김교신을 가리키며 '괴이한 반성'을 하기 시작했다고 편잔을 줄 때 거기 수긍했던 김교신의 모습은 그 해 나타났던 것이다.

1937년 2월의 『성서조선』은 재출발을 다짐하면서 혁신적인 말을 한다.

"우리는 교회에 대한 일체의 시비 공격을 중지한다."

이것은 그 간행물 창간 10주년에 있은, 과연 180도 전환을 의미한다고 해도 과언이 아니었고, 따라서 그도 동지들 사이에서 야기될지도 모르는 오해를 염려하고 있었다. "무교회자가 못 될 뿐더러 지옥의 형에 처한다 해도 우리는 밤낮 교회를 공격하는 일이 내 사명이라고 관념하면서는 하루도 살 수 없는 자이다"라고 했을 때 그의 심경의 변모는 역력하였다. 더구나 그는 무교회에 대한 실질상의 해소를 의미하고 있었을지도 모른다. 물론 무교회 주의가 무교회로서 함몰할 수 있는 모든 오류와 그것이 실제로 나타났던 모 습을 보고 이런 말을 했을지 모른다고 볼 수 있다. 하지만 여기야말로 그가 민족 신앙인이었느냐, 아니면 무교회주의자였느냐 하는 것을 결정하지 않으 면 안 되는 시간이 온 것을 의미했고, 또 그 때는 불가피하게 김교신 자신 도 이들 중 어느 하나를 선택해야 하는 그야말로 예기치 않았던 시련에 당 면했다고 봄이 옳을 것이다.

"우리는 오늘 또다시 투쟁을 계속할 의무도 흥미도 없다. 우치무라 선생 의 수재자 중에는 밤낮 무교회 무교회를 연창함이 마치 '나무아미타불'을 연 호하는 속승(俗僧)과 같은 분도 보게 되며, 교회 공격을 일삼던 상습(常習) 으로써 무교회자끼리 상극불식(相克不息)하는 모습을 보게 될 때에 우리는 무교회주의자라는 범주 안에 우리를 구류하려는 모든 노력과 유혹에서 자 신을 해방하여야 할 것을 절감하였다."

무교회주의자의 범주 밖에 있겠다고 했을 때, 그 '밖'이 무엇이었을까? 우리는 그것이 그의 민족기독교의 광활한 영토였다고 단언하려고 한다. 민 족 신앙 그것을 위해서라면 무교회주의까지도 떠나야 하겠다는 그의 마음 에는 흐르는 눈물처럼 감격 깊은 나라사랑의 샘이 콸콸 흐르고 있었다.

이런 말을 하는 데 까닭이 있다. 그는 교회 공격에 대한 어떤 깊은 기본 적인 잘못을 깨닫고 있었다. 일제 말 1937년에는 더구나 그럴 수 없다는 것 이었다. 교회 곧 한국의 수난받는 교회 그것이 한국인의 교회가 아니던가. 그는 목이 메는 듯했다. 그는 그 때 교회를 눈앞에 보고 있었다. 흠이 없다 는 것이 아니었다. 오히려 너무 흠이 많아 공격하지 못한다는 그의 심사의 향방 맨 끝에 '민족' 그것이 손에 닿았다. 교회는 그 때 만신창이였다. 대내적으로 적극신앙단의 풍파가 있었고 경중노회(京中老會)의 시련이 있어 한국 교회가 다 분열의 극통(極痛)에 시달리고 있었다. 그런 때에 일격을 가함으로써 그 피해를 더 크게 할 수는 도저히 없고 더구나 '그리스도인 일원으로서 이 교계 혼돈의 책임의 일부를 느끼지 않을 수 없었던' 것이다.

김교신은 겸손하게 하고 싶은 말이 있었다. 무교회 10년에 '사랑의 성숙기'에 이르렀다고 하면서(1937. 1) 이제는 지식보다 사랑이 가슴에 사무쳐 온다고 피력하였다. 밖에서는 일제에게서 받는 굴욕과 수모, 그 생존의 위협을 받고 있는 이 한국의 교회들에 대한 사랑을 그는 느끼기 시작하고 있었다.

10년 전에 그는 외친 일이 있었다. 곧 "아무리 한대도 너는 조선인이다!" 그 말의 뜻이 10년 후에야 들어맞은 셈이 되었다. "어찌 그리스도의 이름에 관련된 개인이나 단체에 대하여 악감(惡感)을 품어 내랴." 그의 민족기독교에 대한 불꽃은 고난의 일제 말에 이렇게 다듬어져 꼿꼿이 뻗어 갔다. 그는 그 해 5월에 다음과 같이 더 분명하게 이런 방향의 전향 이유를 밝히고 있었다.

"무교회인이 대립 항쟁하는 대상이 하나 있다. 그는 무릇 '진리를 거스르는 자를 향하여 선전포고' 하는 일이니 그 대상자는 시대와 장소를 따라 변한다. 오늘날 우리 기독교도의 앞에 진리를 거역하는 구실을 맡고 대립한 자는 심히 강대한 괴물이다. 여호와를 경배하면서 가이사의 것은 가이사에게 주되 하나님의 것은 하나님 아버지께만 바치고자 하는 무리는 모조리 교회의 안에 있거나 밖에 있거나 힘을 다하여 싸워야 할 시대를 당하였다. 순교의 피를 뿌려야만 진리의 종교를 판별하게 된 세태이다."

류달영이 지적한 바와 같이 이 글이야말로 괴물 일제에 대해 한국 기독 신자들이 일치 단결하여 함께 순교의 길을 걸어가자는 비장한 외침이요 부르짖음이었다. 하나님의 것을 가이사에게 바치라고 하는 괴물은 어느 때나

이 민족기독교가 함께 대결해 싸워 나간다는 신앙의 길을 그는 이렇게 보여 주었다.

8

김교신은 무교회주의자로 보기에 앞서 민족기독교인으로 보되, 그 전형의 처음 원형(原型)으로 보아야 한다는 생각이 들었다. 마침내 그는 교회 안에서도 이승훈이나 전계은 혹은 장도원, 김정식 같은 이들의 고덕(高德)에 머리 숙인 흔적을 남긴 위대한 한국 기독신자였다.

강직한 마음과 맑은 신앙, 엄격한 계율적 생활과 수도사적 청빈함이 몸매에 넘치던 예레미야와 같은 눈물의 애국 신앙가 김교신, 그는 민족교회사의 먼 앞날에까지 구름 기둥처럼 높이 희게 솟아 그 노정(路程)을 동행해 갈 것이다. 민족 신앙의 삶과 민족 정신의 도덕적 이상 그리고 닳도록 몸을 담고 싶은 나라사랑의 눈길로 함께 갈 것이다. (외솔회 발간 『나라사랑』 17호 (1974년) 게재분을 재수록)

내가 기억하는 김교신 선생

김용준(金容駿) | 『씨울의 소리』 발행인 겸 편집인. 고려대 명예교수, 수원대 화공과 대우교수

지금 내 머리 속에 떠오르는 김교신 선생님의 모습은 무엇보다도 그 광택 나는 얼굴이다. 그리고 여러 선생님이 계시는 곳에서는 좀체로 뵐 수 없던 좀 이상한 선생님이시라는 느낌을 풍겨 주시던 분이다. 선생님은 늘 별관의 지력(地歷) 교실 준비실에 계셨기 때문이다.

그 때만 해도 내게는 김교신 선생님에 대한 아무런 지식이 없었다. 한마디로 말해서 여간해서 접근하기 어려운, 항상 근엄하신, 그저 무서운 선생

님이라는 생각 밖에는 달리 갖고 있는 것이란 없었다. 그러나 지금도 내 머리 속에 생생히 남아 있는 기억 중의 하나는 50,000분지 1의 지도에다 그 지형의 높이에 따라 색을 칠해 가던 작업 시간이다. 지금 생각하면 그 때 그런 일이 없었던들 아마 내 평생에 50,000분지 1의 지도에다 높이에 따라 농담의 색을 칠해 볼 일은 단 한 번도 없었으리라.

그러나 선생님에게서 지리를 배우던 기간은 매우 짧았다. 나는 그 확실한 영문도 잘 몰랐지만, 그 때 떠돌아다니는 소문에 의하면, 그 선생님을 따르고 있던 2년인가 혹은 3년인가 선배 되는 학생들이 종로서에 붙잡혀 들어갔다는 말과 동시에 선생님이 학교를 그만두셨다는 말이었다. 지금 와서 생각하니 그것이 아마 그 때의 '성서조선사건'이었던 것 같다.

그 후에 해방이 되었다. 나는 어느 날 우연히도 YMCA 앞을 지나다가 '성서강좌'라고 써 붙인 흰 종이에 이끌리어 YMCA 안으로 발을 들여놓은 것이 인연이 되어 옛 스승인 김교신 선생님을 좀더 가까이 느끼고 알 수 있게 된 동기가 되었던 것이다.

이뿐만 아니라 그 당시의 YMCA 강당에서 성서강좌를 하시던 분이 바로 함석헌 선생님이셨다. 그리하여 나는 후에 일요 성서강좌에도 계속 나가게 되었으며 또 노평구 선생님의 『성서연구』지도 구독하면서 이분들과 접촉을 자주 갖게 되었다.

그리하여 내게도 감히 정신사란 말을 사용할 수 있다면, 나는 서슴지 않고 그 당시의 그분들과의 모임이 큰 계기가 되어 내게 커다란 전환점을 이루어 놓았다고 말할 수 있으리라.

그런 후에 점차로 김교신 선생님에 대한 여러 가지의 후문도 들을 수가 있어서 나는 나대로 선생님에 대한 깨달음이 많아졌다. 그저 그 당시 무섭게만 느껴지던 그 선생님에 대하여 점점 여러 가지의 수긍이 가기 시작했다. 그 중에서 가장 선명하게 지금까지도 내 머리 속에 역력히 남아 있는 사건이 하나 있으니 당시 경기중학교 편제는 1학년부터 5학년까지 있었고 각 학년이 4조로 나누어져 있었다. 그래서 지금도 마찬가지겠지만 각 반의 수업시간이 조금씩 차이가 있기는 하였으나 대개는 비슷한 과목으로 짜여져 있었다. 그래서 국어가 2조에 들어 있는 날이면 3조나 1조에도 대개는 국어 시간이 있는 것이 보통이었다.

지금의 기억으로는 당시 배우고 있었던 지리책이 다른 책에 비해 뚜껑이 대단히 두껍고 무거운 편이었는데 지리 시간이 되면 우리가 다른 수업을 받던 우리 교실을 떠나서 별관에 있는 지력 교실로 가서 배우게 되었다.

그날도 마찬가지로 지력 교실로 가서 공부를 하고 있었는데, 우리에게 어떤 문제를 주셨는지 선생님이 우리들 사이로 거니시면서 가르치시고 있었던 것 같다.

그러다가 별안간 "○○ 나오라"는 벼락 같은 호령과 더불어 선생님은 교단에 가서 서셨고 불리운 학생은 교탁 앞에 서 있게 되었다.

그 때 "너도 거짓말 하느냐?"라는 신음소리와도 같은 독특한 액센트 섞인 말씀과 더불어 그 학생 얼굴 전체를 그 선생님의 손바닥이 뒤덮으면서 내리치셨다. 순식간에 그 학생의 코에서 코피가 낭자하게 흘렀고 선생님은 여전히 노하신 채로 동요되어 기색도 없이 여전히 신음에 가까운 소리로 '너도 거짓말을 하느냐?'를 반복하시는 것이었다. 그 후로 그 학생은 어떻게 되었는지, 코피는 어떻게 멎었는지 나는 지금 기억에 남은 것이 없다. 다만 그 때 신음과 같은 소리로 '너도 거짓말을 하느냐?'고 하신 선생의 그 음성만은 아직도 귀에 쟁쟁히 남아 있으며 흐르던 코피와 더불어 몹시도 무서웠던 기억이 떠오른다.

왜 이 일만이 이렇게 내 기억에 생생하게 남아 있는지는 나도 모른다. 그 학생은 지금 누구였는지 나는 잘 모르지만 아마도 당사자는 지금도 잊지 않고 생생하게 그 때를 기억하고 있을 것이다. 그 학생이 그와 같이 호된 꾸지람을 받게 됐던 이유는 다름아니라, 지리 교과서를 잊어버리고 갖고 오지 않아 옆의 반의 학생의 것을 빌려 가지고 와서 선생님께 말씀을 드리지 않은 채 그냥 자기 책인 양 수업을 받다가 그것이 발각된 데 그 원인이 있었던 것이다.

지금 생각하면 단순히 책을 잊어버리고 왔다고 해서 그렇게까지 혹독한 벌을 가해야 하느냐, 아니냐는 별문제로 하고 다만 그 때 그 선생님의 심정이 어떠하였기에 그와 같은 심한 꾸지람을 내려야만 하였겠나 하는 문제로 가끔 생각을 하게 된다. 선생님의 당시의 심정을 내 나름대로 짚어볼 때 과연 그러지 않고는 못 배겼으리라고 수긍이 간다.

선생님은 어질고 착한 이야기를 눈물 없이는 못 들으셨다고 나는 듣고 있다. 그렇게 무서운 선생님의 눈에 눈물이 고이실 때도 있었던가 하는 생각에 놀라움을 느끼지만 그러한 선생님이 교과서를 잊어버리고 옆 반의 것을 빌려 왔다 해서 그 학생이 단순히 미워서 그렇게 심한 벌을 주셨을 리는 만무하다. 지금 생각하면 선생님의 저 유명한 「조와」를 『성서조선』지에 발표하셨을 무렵인 것 같은데 그 글을 발표하셨을 당시의 선생님의 심경은 어떠했을까?

엄동설한이 닥쳐와 연못은 꽁꽁 얼어붙었고 그 연못에 살던 모든 생물은 다 죽은 줄만 알았는데 어느덧 겨울이 지나가고 봄이 돌아오니 그 얼어붙었던 얼음은 씻은 듯이 녹아 버리고 다 죽어 버린 줄 알았던 그 연못의 개구리도 더러 살아 남아 물에서 헤엄치고 있었다는 선생님의 글이 소위 성서조선사건에서 문제가 되었던 것으로 알고 있다.

당시의 한국 상황이 일본 압제하에 엄동설한이 닥쳐와 꽁꽁 얼어붙은 연못과 같은 처지였는데, 그러나 봄이 오면 다 죽은 것 같던 우리 민족도 저 겨울의 개구리같이 다시 거칠 것 없이 헤엄칠 날이 돌아올 것이라는 뜻이 분명하다. 이러한 글을 문제삼은 당시의 일본 경찰의 수준을 높이 평가하고 싶은 맘이 아이러니컬하게 생기기도 하지만 여하튼 당시의 일본인들이 김교신 일파의 민족주의는 보통 세간의 소위 민족주의나 공산주의와는 아주 달리 민족의 100년 500년 후를 계획하는 최악질이라고 말한 것은 적이면서도 훌륭한 판단이었다고 아니할 수 없다.

그러한 겨울이 가고 봄이 오면 다시 재생 부활할 수 있는 그 힘을 선생님은 어디다 두고 이와 같은 글을 쓰셨을까? 선생님의 심중에 이러한 생각이 있으셨던지 그 여부는 내가 알 수 없지만 13도(道)의 정수인 수재들을 뽑아 모아 놓은 천여 명이라는 당시의 경기중학교 학생들에게 선생님은 지리를 가르치시면서 그래도 무엇인가를 바라고 거기에다 정열을 쏟으셨던 것이 아닐까? 그것도 모르는 채 저 철딱서니 없이 소위 황국신민화 되어 가는 어린 학생들에게 당신이 생각하시는 뜻을 내색조차 할 수 없었던 답답함, 그래도 민족의 장래를 걸고 기대할 곳은 저들뿐인데 하는 그와 같은 일념에 사로잡혀 있던 그 선생님 눈에는 비록 조그마한 일이었긴 하지만 거짓말을 천연스럽게 하고 있는 학생이 눈에 띄었을 때 이미 그것은 이모, 김모라는 일개 중학생이 아니라 정신 차리지 못하고 어떻게 되어 가는 줄도 모르고 그저 황국신민서사만 외고 있는 한국의 젊은이들 전체에게 내려지는 울분의 폭발이 아니었던가 싶다.

독특한 어조로 '너도 거짓말을 하느냐?'고 내리치는 그 손은 코피가 터져 절절매고 있는 어린 학생의 그 아픔보다도 몇 갑절 더 심한 고통으로 선생의 가슴을 도려냈을 것이 틀림없었다. 그러나 마치 모세가 가나안 땅을 멀리 바라보면서 목숨을 거두었듯이 그렇게 그리던 해방을 넉 달 앞두고 선생님이 홍남에서 승천하신 지 어언 30년이라는 세월이 흘렀다.

나는 때때로 이런 생각을 해본다. 오늘날 선생님이 경기고등학교에 교편을 잡고 계신다면 지금 저 학생들을 보고는 무슨 말씀을 하실 것인가? 그때보다 오늘의 상태가 과연 선생님 눈에는 어떻게 비칠까?

여전히 그 광택 나는 근엄한 얼굴로 '이놈들, 너희들마저 그렇게 예사로 거짓말을 뱉느냐?'라고 그 울분의 폭발이 터져 나올 것임에 틀림없지 않을까? 다만 내가 기억하는 김교신 선생님, 나의 머리 속에서 영원히 사라지지 않는 김교신 선생님은 그 울부짖는 독특한 음성으로 그 학생 아니 오늘날 한국의 젊은이 전체를 안타깝게 꾸짖고 계실 것만 같다. 이 순간도 선생님의 그 부르짖음이 낭랑히 내 귓전에 들려 오고 있다.

내 눈을 열어주신 은사 김교신 선생

김헌직 | 고교 교사(국어). 작고

내 감히 은사 김교신 선생의 인물을 묘사하려 한다. 그러나 나는 문인도 아니요, 조각가도 아니다. 옛부터 위대한 인물을 묘사할 때 잘난 일면만 추어올려 성화(聖化) 내지 신격화하는 수가 많다. 아름다운 숲도 속에 들어가 보면 별것 아니요, 평범한 산도 원경으로 바라보면 선경(仙境) 같고 그 너머 이상향이 있으리라 동경을 품게 되는 법이다. 무엇을 관찰할 때, 초점을 맞추는 것이 중요하다. 그런데 이렇게 말하는 내 자신의 초점 조준(照準)도 사실은 얼마나 정확하냐가 문제일 것이다. 역시 인물은 인물을 만나야 제값이 드러난다고 할 것이다.

한때 영국 왕조의 역적으로 몰려 역사에 묻혀 버렸던 크롬웰이 후세에 토머스 칼라일을 만나 참다운 영국의 민주주의를 확립시킨 은인으로 드러났듯이 또는 간디의 전기는 로맹 롤랑(Romain Rolland)이 써서 그의 정신과 인물을 분명히 드러냈듯이 위대한 인물은 역시 거장을 만나야 제 모습대로의 초상이 이루어진다고 할 것이다.

물론 김교신 선생을 위의 세계적인 위대한 인물과 비교하여 우열을 다투어 보자는 것은 아니다. 다만 인물을 묘사하기란 그만큼 어렵다는 말이다. 그러나 김선생의 그 신앙의 돈독, 애국의 정열 등 그 질에 있어서는 영국의 밀턴이나 폴란드의 코시치우슈코(Kośćiuszko) 등에 뒤짐이 없을 것이다. 선생은 이렇게 믿음과 애국의 일생을 꾸준히 실천 궁행했다는 데 그야말로 선생의 위대가 있을 것이다. 역사의 전진은 무수한 무명전사의 투쟁과 희생에서 이루어졌다.

이 점 나는 은사 김선생을 무명전사로 본다. 아시아 동북쪽 조그만 나라 그것도 일본 제국에 먹혀 들어가기 시작한 비애의 나라 조선에 태어났다. 선생은 함경도 함흥 유복한 집안에 태어났으나 세 살 때 아버지를 여의고 단 형제분이 편모 슬하에서 외롭게 자라났다. 나는 선생을 안팎으로 뵈옵고, 원근에서 뵈었다 하겠다. 밖이란 5년 동안 담임 선생님으로 모시고 수업을 받았고, 안이란 1학년 2학기부터 3학년까진가 2년 남짓 선생님 댁에 기식을 하였었고 주일이면 성서 집회에 참석하였었다.

가까이란 학원 내 학창 시절 때 뵌 상(像)이요, 멀리란 졸업 후 사회에서 멀리 바라본 선생상(像)이다. 특히 성서조선사건으로 검거되었을 때에 수난의 애국자로서의 상이다. 우선 가정의 가장으로서의 사적(私的) 생활과 교육자로서의 학교생활, 민족의 일원으로서의 사회적 생활, 생장한 시대적 배경, 사회적 환경, 그분의 역사관, 인생관, 정치, 경제적 식견을 외람되지만 내 나름대로 그려보려 한다.

1933년 가을 내 나이 17세, 양정고보 1학년 2학기 때 선생님 댁에 기식하러 들어갔다. 그 동기는 사숙(私淑)하였기 때문이었다. 들어간 첫인상은 선생님 부부간의 나이의 격차가 심한 데 놀랐다. 사모님은 선생의 맏형수가 아닌가 오해를 살 정도였다. 그 다음 따님이 많은데 놀랐다. 더구나 선생 연세 30여 세밖에 안 된 분이 이화여전 다니는 말 같은 따님이 있었다. 그때 따님이 이미 네 분이었다. 따님이 다 미인형이었다. 사모님이 건강하시고 조모님이 고전적인 미인형이셨다. 충청도 태생인 나로서는 함경도 이북 출신들의 체격이 늠름하고 거구(巨軀)인 데 감탄하였다. 이것은 세계적으로 공통 유사한 점이 있다. 구라파에서도 남구 이태리 사람보다 북구 스칸디나비아 사람들이 거구라고 한다. 특히 선생님 자당께서는 전형적인 귀부인 타입으로 우아하게 아름다우셨다. 어느 하루는 사모님이 나를 보시고 "헌직이 장가들었지?" 하고 살짝 물으시기에 묵묵부답 얼굴만 붉히고 있었더니 기혼자로 판정 내리신 모양이다. 그것은 내 이부자리가 명주 연두색으로 신혼 혼수였기 때문에 눈치채신 것이다. 너무도 조혼을 하여 부끄러워 극비로 감추려 하던 것이 그만 탄로 나고 말았다. 내 이미 임자 있는 몸이 되었고 경건한 종교적 가정 분위기에서 강렬한 도덕률에 얽매인 양심에 그 아름다운 따님에게 감불생심으로 동경의 정조차 지니어 보지 못하였던 것이다.

그 때 따님 많은 게 일본 천황 쇼오와(昭和)와 비슷하다고 하며 사모님이 태중이신데 내가 말씀 드리기를 "남동생 많이 본 내가 이 댁에 들어왔기 때문에 아들을 낳으실 것입니다" 하였더니 과연 다섯 번째로 맏아들을 낳으셨다. 바로 장남인 정손 군이다. 그날 밤 김선생 손수 부엌으로 집안으로 들락날락 산고의 뒷바라지를 하시는 것 같았다. 선생은 12세에 네 살 연상(年上)이신 아내를 맞았다 한다. 부부 금실은 신앙적으로 맺은 담담한 편이라고 보았다.

그 어머니와 아들 사이는 부러울 정도로 자애와 공경에 넘쳐 있었다. 한 가지 기호(畿湖) 지방 풍습으로 의아하게 느껴진 것은 자당께서 아드님(선생)한테 거의 존대어에 가까운 말씨를 쓰시는 일이었다. 내 혼자 내심 판단으론 청춘에 홀로 되시어 알뜰히 길러 장한 인물로 출세시키셨으니 너무도 소중하셔서 그러시나 하였다. 그 아드님으로서 그 어머니에 대한 효심은 얼마나 극진하였던가를 우리가 목격한 것을 하나 말하여 보겠다.

1933년 7월 20일경 제1학년 때 여름 방학식 날이었다. 전교생은 다 파하여 집으로 돌아갔는데 우리만이 남아 있어 담임 선생의 훈화를 듣고 있었다. 대부분의 학생들은 첫 객지생활이라 어서 귀향하고 싶은 마음으로 조바심인데 눈물을 좔좔 흘리며 토로하시는 말씀이 "나는 어머니에게 불효 막대한 자식이여!" 내용인즉 당신이 어렸을 때 숙모의 손그릇에서 동전 서 푼을 몰래 꺼내 가졌는데 이것이 도화선이 되어 동서분 사이에 언쟁이 붙어 자당은 내 아들은 절대 그럴 애가 아니라고 내 아들의 정직을 철석같이 믿고 옹호하였는데 그 어머니의 신임을 배반하여 불효 막대하다는 것이었다. 그 당시 평범한 어린 소년인 나로서는 생각하기를 그 정도는 어려선 있을 수 있는 일이지 하였다. 그러나 철이 들고 나이 먹을수록 감탄치 아니할 수 없었다. 어릴 때의 잘못을 위신도 생각 않고 제자 앞에서 참회 고백한다는 그 용감성, 털끝만한 불순도 내 마음속에서 싹 씻어 버리겠다는 그 고아(高雅)한 순결성이 초대 청교도의 정신이 아니겠는가!

한때는 자당의 열녀성(烈女性)을 자랑하시며 우리 선대의 여성들의 정절의 순결성을 찬양하셨다. 내용인즉 노일(露日)전쟁 당시 함경도에 침입했던 아라사 병정이 동네 여인들이 모인 규방의 문을 강제로 열려 하매 자당께서 재빨리 돈지로써 문고리를 잠그고 그것이 헐거워 열릴까봐 당신 손가락을 문빗장 삼아 꽂으시어 출혈이 심하신 데도 저항하시어 일대 위기를 모면하셨다고 하였다. 아, 하나님은 무심도 하도다! 이렇게 사랑하고 아끼시던 아드님을 그 앞에서 앗아 가시다니! 종교적 신앙생활을 안 하셨던들 따라가셨었으리라! 그 후 가 뵈오니 비통에 초췌한 모습 신앙심으로 겨우 끌려 나가시는 것 같았다.

자녀에 대한 사랑은 누구나 본능에서 우러나서 자연스럽게 마련이지만 재래 유교식으로 자녀를 부모의 소유물시하지 않고 하나님의 소유로 인식한 것으로 안다. 선생도 역시 인간인지라 속으로 동일시했었겠지만 자녀 사랑에 편애가 있는 것같이 외관상은 보였다. 꾸중 잘 맞는 것은 둘째 따님이요, 심지어 화 나실 땐 욕을 섞어 가시며 때리는 것도 보았다. 그러나 이 따님 고녀 진학시킬 땐 동경까지 데리고 가 입학시키는 열성을 나타냈다. 가정에 돌아와 선생의 웃음꽃을 피게 하는 것은 아양떠는 셋째 따님 정혜 양이었다. 딸 많이 둔 집 셋째 딸은 선도 보지 말라듯이 제일 예뻤다. 선생께서 "정혜는 우리 집 공주여!" 하고 애칭 하는 소리를 종종 들었다.

큰 따님 진술 양이 여름방학에 부친과 같이 이화여전 재학 시절 식물 채집하러 여행 중 기차 안에서 옆의 부인이 바깥분이냐 묻기에 깜짝 놀라 우리 아버지라 하였더니 주위에서도 놀라며 따님 일찍 두었다고 말하더라고 하며 창피해 다시는 아버지하고는 여행 같이 안 다닐 테여 하고 토로하는 바람에 듣던 가족들이 폭소를 터뜨린 일도 있다. 그 당시 막내 따님 정옥 양은 유아로서 늘 엄마 품에 안겨 보채느라 울기만 하였다. 이분을 작년(1974년) 늦가을 만났더니 벌써 맏사위를 보았다 한다. 세월은 빠르도다. 정옥 씨를 통하여 미국에 가 있는 선생의 유족이 잘 살고 계시다는 소식을 들어 매우 기뻤다.

교단에 선 교사의 모습으로 선생을 그려보겠다. 선생님의 교수 방법은 요새 대학 입시 준비식 수업은 털끝만큼도 안중에 없었고 우선 인생 훈화로 시작된다. 그 훈화도 재래 서당식 관념적 훈화가 아니고 학과(박물)를 통한 과학적인 실감 나는 흥미진진한 훈화 겸 수업이었다. 종교가는 주관적이고 독선적이고 보수적인 면이 강한 법인데, 선생은 비교적 과학적 신학문에 기반을 둔 학자적 종교가라 하겠다. 그 징후로 동경고사 시절 은사인 세계적 생물학자 오카아사 지로(丘淺次郎) 교수의 학설과 유머러스한 그의 생활 태도를 많이 소개하였다. 그는 철저한 진화론자며 따라서 찰스 다윈의 신봉자이며 무신론자였다. 그의 영혼부인론을 소개하시는 데 재미가 있었다. 즉 영혼이 있다면 사람뿐 아니라, 소, 말, 개, 돼지 심지어 미생물 아메바까지 있어야 할 것이다. 그렇다면 지구 생성(生成) 연대가 유구하였는데 지구상의 사멸한 생물의 영혼으로 천국이나 지옥은 초만원이나 폭발할 지경이어서 들어갈 여지가 없을 것이라 했다고. 이러던 교수가 하루는 정부의 명령으로 전교생을 인솔하고 신궁참배를 갔는데 경례를 깍듯이 하더라고. 그 이튿날 강의 시간에 어느 짖궂은 학생이 쏙 일어나 질문하기를 "교수께선 철저한 무신론자로 자처하셨는데 신궁에 웬 참뱁니까?" 교수 시치미를 딱 떼고 대답 왈 "나는 참배한 일이 없다. 허리 운동을 하였을 뿐이다" 하여 강의실에서 폭소가 터졌다고. 또 그의 건강 위생법을 두어 가지 소개하면 그 하나는 이를 닦지 말아라. 모든 동물을 연구해 보면 이를 닦는 동물은 없다. 입 안에는 소화액과 병균 바이러스 같은 것을 막아내는 역할을 하는 요소가 있기 때문에 닦아 낼 필요가 없다. 단 미혼 남녀는 닦아라. 단순호치(丹脣皓齒)는 상대에게 매력을 느끼게 하여 구애(求愛)할 수 있기 때문이라고 했다. 또 하나는 인간은 네 발로 기어다니던 포유동물의 일종이다. 손은 앞발이다. 앞발을 들고 뒷발로만 서서 걸어다닌다. 역사가 네 발로 기어다니던 역사보다 아직도 짧기 때문에 밥통 위치가 기어다니던 위치에 아직도 가깝다. 소화 운동으로선 식후 네 발로 기는 것이 가장 좋다 했다고. 그래서 그분은 자기 신념대로 저녁 식사 후 넓은 다다미 방에서 자기가 식구를 인솔 선두에서 30분 동안 방안을 기어 빙빙 돈다고 했다. 그분은 과연 장수를 하였다. 1950년대 후반 어느 날 일본 신문을 보다 85-86세에 작고한 기사를 나 자신 보았었다.

다 같은 자연 관찰을 하면서 하나는 무신론적 입장에서, 하나는 유신론적 입장에서 관찰한 것을 또 소개했다. 후자는 바로 선생의 신앙의 은사인 우치무라 간조 선생이다. 우치무라 씨가 북해도 삿포로 농학교에 재학시 현미경으로 식물의 세포 조직을 관찰하고 하도 신기하여 하나님의 창조력에 감격한 나머지 뒷산에 올라가 울며 기도를 올리고 할렐루야 찬송가를 불렀다고 했다. 이런 예를 들으면서, 자연계를 탐구해 보면 우주의 모든 존재 극미의 세계에서부터 극대의 세계에까지 조직과 운동이 신비하고 아름다운 조화에 조물주인 하나님을 안 믿을 수가 없다는 선생의 말씀이었다. 과학자가 입신하면 그 신앙이 건전하다고도 하셨다.

  선생은 종교적 신앙을 강요하는 일은 없었다. 나도 학창 시절 이와나미신서(岩波新書)로 출판된 『나의 인생관』이란 제목하에 세계 톱 레벨에 속하는 세계적 학자, 탐험가 등 50여 인의 인생관을 수록한 책(이 책은 권위 있는 런던 타임즈 사에서 발간된 것을 번역한 것이었음)을 탐독한 일이 있다. 그 책의 맨 첫장에 아인슈타인이 나온다. 그는 신의 존재를 인정도 부정도 않고 모르겠노라고 고백한 것같이 기억된다. 노르웨이의 세계적 탐험가 아문젠이나 영국의 유명한 생물학자 헉슬리(최근 90살에 작고)는 신의 존재를 부인했다. 선생의 종교적 신앙생활은 우리 젊은이의 피를 끓게 하고 어트랙션(attraction)이 있었다. 왜냐하면 현실 도피적이 아니요, 현실 참여로 잠자는 민족혼을 깨우치고 불의의 사회를 규탄하는 의기와 정열 때문이었다. 따라서 자기 동족의 구원에 대한 구체적인 그분의 이상을 엿보면 민족 개개인의 인간 개조 곧 과학적 진리를 사랑하는 정직성 그리고 의(義)는 외롭지 않다, 의를 위하여 생명을 바치는 것은 영원한 삶을 얻는 것이 된다는 신념을 이 민족에 심어 참신한 인간이 되게 하며 이 때에 하나의 종교 신앙으로 구심력을 삼아 철석같이 뭉쳐 이 민족의 독립을 달성시키려는 데 원대한 선생의 목적이 있었다고 본다. 이 점에 있어 선생의 신앙은 투사적이었다. 이러니 망국 민족으로서의 울분, 좌절감, 허탈감에 빠진 청소년들이 제 민족의 현실에 눈뜨기 시작할 때 실로 선생의 교훈은 의분을 용솟음 치게 하는 활력소가 되었던 것이다. 하나의 종교로 뭉쳐 나라는 망하였지만 민족은 영구히 생존해 내려오는 유대 민족과 그리고 마호메트 교로 아라비아인들이 단결되는 예를 자주 들었다. 그러나 선생은 일면 종교의 단점도 들었다. 남강 이승훈 선생이 우리 민족에겐 종교의 득보다 해가 많다 하여 한때 종교 입국을 그리 탐탁하게 여기지 않았다고 한다. 구체적으로 그 의견은 듣지 못하였지마는 상상컨대 불교가 너무도 현실 외면으로 완전 도피적이요, 유교래야 시대 사상에 개인 입신 출세만 염원하고, 새로 들어온 기독교는 참신은 하지만 서구 문명에 매혹되어 무비판적으로 열강에 의존하려는 단점만 보고 한 말이 아닌가 싶다. 속국 내지 식민지로만 살아온 민족이라 노예 근성을 뿌리째 뽑기에는 종교의 힘은 미흡하다는 의견인 것 같았다. 3·1 운동 당시 옥중에서 심문을 받을 때 어느 목사, 종교인 몇몇은 자기의 벌을 모면하려고 책임을 전가하고 비겁하게 군 데 비하여 남강 선생은 모든 책임은 내게 있으니 중죄를 내리려면 나에게 그리고 딴 사람은 석방하라고 대담하게 나섰다고 들린다. 선생은 이기적인 사이비 종교 신앙가의 취약성을 개탄 풍자하셨다. 의기에 넘친 젊은 선생님은 불의와 악에 대한 증오도 강렬했었다. 특히 민족적 반역자, 변절자, 친일 주구(走狗)의 매판 자본가에 대해서는 심한 공격과 저주를 퍼부었다. 한때 기미독립선언문을 기초하였던 C씨의 변절을 개탄하면서 "그 사람의 저서는 요새 세 사람만이 읽는데!" 하고 풍자하셨다. 세 사람이란 작자인 본인과 조선총독부 검열관과 인쇄소의 식자공 등을 말한 것이다.

그 당시 친일 재벌인 P씨를 풍자해 왈, "열 손가락에 보석 반지가 번쩍거린대!" 그 백화점이 화염에 싸여 활활 타는 것을 목격하고 하나님의 심판같이 느꼈다고 토로한 일도 있었다. 이것이 어느 개인에 대한 증오라기보다 나라는 망하고 민족마저 지리멸렬, 적에 굴복, 아첨, 동족을 배반하는 매국적 현상에 오장이 터질 듯한 분통과 뼈저리게 느끼는 아픔을 지닌 예언자적 심정이었음은 두말할 것도 없다. 한편 애국 열사를 많이 얘기해 주셨다. 우리는 일제하 식민지 교육을 받아 왔기 때문에 국사 교육은 받지 못하고 역사 담당 선생한테서는 조국의 역사를 듣지 못하고 담임 선생한테 단편적으로 들었을 뿐이다. 책으로 읽은 것은 『성서조선』지에 연재된 함석헌 선생의

「성서적 입장에서 본 조선역사」이다.

애국 지사 가운데서 제일 많이 얘기하신 것이 남강 이승훈 선생이었다. 오산고보를 창설해서 많은 인재를 길러낸 교육자라기보다 독립 투사를 길러낸 민족의 지도자라고 하시며 숭앙했다. 설립 허가 때부터 경영, 사후(死後)의 유언에 이르기까지 선생이 소개한 일화를 대충 들면 다음과 같다. 설립 허가를 일본인 도지사한테 내러 갔더니 도지사 놈이 설립 취지와 의도를 캐묻는 자리에서 남강 선생은 솔직하게 독립 지사를 양성하려고 한다 하고 답하였더니 그 지사가 자리에서 벌떡 일어나 악수를 청하더라고. 경영 방침은 말씀대로 인물 본위, 애국 지사를 기르는 데 주안점을 두었다고 했다. 전국에서 동맹 휴학 등 사상 불온으로 퇴학 맞은 학생을 규합하여 전입학(轉入學)시켰다고 했다. 그러노라면 보좌하는 교직원이 그러다가는 당국의 주시(注視)를 받아 학교가 폐쇄될 위험이 있으니 삼가자고 권하면 선생은 단연코 뿌리치며 하시는 말씀이 감옥엘 가도 내가 갈 터이니 염려 말라하고 초지일관 인물을 많이 배출시켰다고 했다. 사후의 유언인즉 자기의 유해를 인체 골격 표본을 만들어 본교 박물실에 비치하라 부탁, 그를 실행하려고 경성제대 어느 일본인 외과 교수의 내락을 얻어 유해를 경성역(현 서울역)까지 운구하였으나 식민지 통치의 아성인 조선총독부가 내심 두려워하였으니 만약 허락해 주어 남강 골격을 오산고보에 안치시켰다가 그 곳이 조선 독립운동의 메카가 될까봐 끝내 불허하여 되돌려 갔다 했다. 이 때 김선생은 역까지 출영하였다고 했다.

월남(月南) 이상재 선생의 무저항 운동의 일례로 세금불납 실행 일화인즉 청빈 생활에 세리가 차압이라곤 할 것이 없으니까 솥을 떼어 갖고 가면 다시 소환되는 때 그 솥을 도로 사 오며 세금으로선 일제에 안 바쳤다는 것이었다.

이준 열사가 헤이그의 만국평화회의에 참가 조국 독립을 호소하려 하다

소외당하여 울분에 할복 자결하였다는 얘기도 한두 번만 들은 것이 아니다. 위와 같이 선열들의 유업을 가르쳐 준 것은 이루 매거(枚擧)할 수 없다.

　박물 교사로서 동물, 곤충, 식물 등 자연의 이법(理法)을 통하여 인생의 처세술, 민족혼 각성, 약자의 생존 방법, 강자의 완전 제패의 영속이란 있을 수 없고 모든 생물이 상호 견제하면서 자연계가 균형을 잃지 않고 성장하여 적자 생존한다는 법칙을 가르치며 초점을 어디에 두느냐 하면 망국 민족을 어떻게든지 소생시켜 장래 떳떳한 독립국가를 세워 보겠다는 원대한 목적에 두었다. 우선 정복자인 일제가 식민지 교육을 어떻게 시키는가? 선생은 두더지 생태를 곧잘 예로 들었다. 즉 두더지가 지렁이를 잡아 머리부분을 살짝 물었다 놓으면 마취 작용이 되어 살긴 살되 움직이질 못하여 마치 고기를 냉장고에 저장하듯 부패하지 않게 둘 수 있다고. 이와 같이 식민지 백성을 교육시키는 데 머리 속은 깨지 못하게 하고 일어 교육만 시키는데 그것도 종으로 부려먹기 좋을 정도로 시킨다고. 이것은 일본 제국뿐이 아니라 서구 제국주의도 같다고. 방법에 있어 교활의 차이뿐이라고 했다. 지배자로서는 민중이 우매하기를 소원한다. 그러나 우매한 백성을 깨우쳐 주는 것도 전제적 통치자이다. 모순된 이론 같으나 자승자박이라 할까 인과응보라 할까 억압을 가하면 가할수록 민중의 각성의 속도도 빨라지고 단결이 공고해지며 반항력이 강해져 끝내 폭군을 전복시키게 마련이라고. 폭군은 사멸하여도 민중은 불멸이라고. 이것이 역사의 법칙이라고 하셨다.

　일제의 주구가 되지 말라는 암시로는 몽구스 얘기가 유명했다. 19세기 말엽 프랑스가 인도지나(월남)를 정복한 다음 도처에 뱀이 많아 백인이 물려 죽기가 빈번하였다. 심지어 목욕통에 들어갔다가 하수구로 통해 들어 온 뱀에게 물려 죽는 수도 있었다고. 뱀 퇴치 묘안으로 불인(佛人)이 착안한 것이 뱀의 천적(天敵)인 몽구스를 번식시키는 일이었는데, 그래 이것을 남미(南美)로부터 수입을 하여 대량 번식시켜 뱀을 없애니 그 다음 먹이가 없자

닭을 잡아먹으므로 백인이 총으로 몽구스를 퇴치했다. 즉 정복자의 충복(忠僕) 노릇을 하여도 이용이 다 필하면 없애니 피압박자는 공동운명에 처하여 있으니 살 길은 일치 단결, 대항 투쟁하는 수밖에 없다고. 자유와 권리, 독립은 누구한테 부여받는 것이 아니요, 쟁취하는 것으로 이는 인류 역사가 증명한 것이라고 분명히 말씀했다. 일제 말기 1942년 '성서조선사건'으로 검거되었을 때 제자들 노트에서 이런 기록들이 발각되어 우리들은 더욱 많은 고문을 받았다. 이것도 회고해 보면 진리 체득의 시련으로 보고 인생의 가치를 느낀다.

여기서 선생의 역사관을 일별하기로 한다. 물론 유심사관이다. 그렇다고 유물사관을 적대시하거나 사갈(蛇蝎)시하지는 않았다. 학자적 태도였다. 선생의 학창 시절의 시대적 배경을 살펴보면 이해할 수 있다. 당시 러시아 혁명 직후 마르크스주의 사상이 풍미할 때다. 개인적 교우 관계를 보면 ML당 사건 주모급 한림(韓林) 씨가 있다. 이는 같은 고향 함흥 태생으로 선생과 죽마고우이다. 이 두 분의 역사관, 인생행로가 정반대였지만 그 사귐은 관중과 포숙의 사이 같았다. 선생은 늘 그를 아끼고 사랑하는 마음으로 그에 대한 일화를 종종 잘 얘기해 주셨다. 그 일단을 요약해 소개하면, 그는 천재에 가까운 인물이어서 소학교에서부터 대학교까지 수석만 차지하였다고 했다. 대학 시절 공부할 때 차석을 하는 친구가 어떻게 공부를 열심히 하던지 조금 방심하다가는 수석을 빼앗길 것 같아 비결을 썼다고 했다. 그 비결인즉 학교 수업이 끝나는 즉시 자기는 하숙에 돌아가 단시간에 예습 복습을 해 치우고 그 친구 하숙집을 찾아가 정구시합을 하자고 유인하여 서너 시간 죽살이치게 운동을 하여 피로 작전을 써서 그로 하여금 공부 시간을 줄이게 하는 방법이었다고 했다. 선생님께서 껄껄 웃어대며 "그 비결은 좀 비열했어!" 해서 우리도 웃었다. 그가 지하운동하다 검거되어 재판을 받던 공판정에서 그 부친(당시 면장)이 자식 살려 내고 싶은 어버이의 욕심에서 전향

사죄를 권고한즉 대갈(大喝)로 부친께 반항했다 한다. 그 결과 15년형을 언도받고 그대로 장기의 옥고를 치르고 나와서도 변절함이 없이 고향에 가서 사과지게 장사를 하였다고 했다. 사상은 달라도 그이의 지조는 높이 평가 찬양하였다. 그러나 그를 몹시 힐난한 적도 있었다. 그것은 길고 긴 남편의 감옥생활을, 그 괴로움을 견디어 참고 기다렸던 조강지처를 그가 버린 일이었다. 하룻밤이 새도록 친구로서 타이르고 만류했어도 이혼을 단행했다고. 이혼은 성경 말씀대로 선생은 아내가 간음한 외에는 절대 불가하다는 것을 신봉하신 분이다. 그러나 그 두 분의 우의는 그대로 지속되었다. 선생 자당 회갑 때 정릉의 자택에서 멀리 함흥에서 상경한 그가 화기애애리에 선생과 우정을 푸는 장면을 나는 목격하고 감격했다. 나의 인상에도 그는 넓은 이마와 올찬 체격에 철석 같은 강인한 의지의 인물로 비쳤다.

   선생에게는 또 한 분의 외우가 있었으니 바로 그는 현재 『씨을의 소리』를 주간하는 함석헌 선생이다. 함선생님은 다 아는 바와 같이 김선생과 동경고등사범 동창이시요, 『성서조선』 창간 동지요, 이 민족을 기독교로써 회생시켜 보겠다고 굳게 다짐한 독립을 맹세한 문경지우(刎頸之友)라 하겠다. 김선생은 함선생을 늘 존경하는 친구로서 그의 일화를 곧잘 얘기해 주셨다. 동경고사 학창 시절부터의 일화의 몇 편을 소개하면 다음과 같다. 공부를 어떻게 열심히 하였는가 하면 마치 옛날 중국 전국시대 소진(蘇秦)이가 공부하듯 졸리면 4H 연필로 허벅다리를 찌르며 공부하였다고 했다. 물론 성적은 수석을 차지하였다고. 시험 공부를 완전히 다 하고는 시험 당일 아침에 해당 과목 노트를 불사르고 등교하였다고 했다. 동경고사를 졸업하고 모교인 오산고보에 취임하여 교편을 잡았을 때 동맹휴학 사건이 일어나 이를 설득하다 과격한 제자한테 구타까지 당하고도 그 구속된 제자들을 석방시키기 위하여 경찰에 출두하여 "그 학생들이 잘못한 것이 아니라 내가 잘못한 것이니 석방해 주시오" 하고 서장에게 간곡히 호소한즉 구금된 학생 일동이 울음을 터뜨리며 선생에게 감복 사죄하였다고 했다. 이것이 남강 선생의 품안에 안겨 까진 알들이라고 했다. 그 당시 오산학원은 확실히 민족의 요람이었다. 패망한 나라에 자기 동족의 뼈의 아픔을 자신의 아픔으로 여기고 헤매는 겨레의 눈물을 씻어 주려는 동지애적 선생이 나타났으니 더운피가 한데 엉길 수밖에 더 있으랴! 김선생께서 늘 하시는 말씀이 인간은 관뚜껑을 덮은 다음에야 그 값이 나타나는 법이다. 또한 성경에도 쓰여 있기를 코로 숨쉬는 인간은 믿지 말라 했다고 하셨다. 이 두 분 중 한 분은 이미 판정이 내려졌고 한 분은 아직 생존해 계셔 미판정의 부분이 남아 있지만 과거의 인생역정으로 보아 두 분의 우의는 이 민족의 사표(師表)이다. 근자 함선생에 대한 세평이 구구하게 들리는 면도 있지만 그도 인간이다. 물체의 존재에는 명암이 있기 마련이다. 에머슨의 말대로 위대한 인물은 오해를 동반한다. 인물이 크면 클수록 오해도 크다고 하였다. 빛이 밝으면 그림자도 짙듯이. 나는 이분을 은사의 지기지우(知己之友)라고 하여 편견으로 비호, 숭앙하고 싶은 마음은 추호도 없다. 다만 산 인간을 우상화하지 말라고 배웠다. 어느 인물이나 우상화될 때에는 위선의 베일을 써 마귀가 될 수 있다고. 역사에서 그런 예를 많이 본다. 그러나 십유여(有餘) 년 전 일이다. 어느 가족이 그 가장이 실직하여 굶다 못해 어린 자식이 "아버지 빵 좀 사다 주어" 하는 애소(哀訴)에 그 아비 비관의 심연에 빠져 독약을 넣은 빵을 두 자녀에게 먹이고 부부 동반 네 가족이 집단자살한 사건이 있었다. 함선생은 이 소식을 듣고 며칠 단식에 들어갔다는 뉴스를 보고 목석 같은 나도 눈물이 핑 돌았다. 이 두 분을 위대한 역사적 영웅이나 사회의 개혁자로 떠받들 여건(與件)은 없다. 평범한 이 민족의 순결한 씨알이다. 20세기는 씨알의 단결로 역사를 창조하는 시대이다. 역사의 창조를 어느 한 영웅의 출현에 기대하는 것은 옛 묵은 신화에 속한다. 다른 민족에게 굴욕을 당하고 사는 우리 민족의 자칭 지도자로 등장하여 동족을 배반하던 자가 얼마나 많았던가? 우리는 그 때마다 허탈 상태에 빠지곤 하였었다. 우리에게 선악을 식별할 줄 알게 하고 진위를 판별하는 심안을 열어 주어 다소나마 현실에 대한 통찰력을 지니게 해준 참다운 스승이며 잠자는 민족 얼에 불을 당겨준 애국자들이시다.

나는 산골 마을 완고한 봉건적 소지주의 집에서 태어난 몸으로 불화와 반목의 족벌 사회 분위기 속에 자라났기 때문에 어려서 이미 인생에 비관을 느꼈으며, 염세증까지 품게 되었었다. 여기에다 결정타를 가한 것이 민족적 비애에까지 눈뜨게 한 사건이 있었다. 그것은 1932년 보통학교 6학년 16세 되던 해, 예산농고 학생의 일대 검거사건이었다. 우리 운동장에 와서 축구 시합을 곧잘 하던 건장한 청년들이 옥고를 치르고 나온 뒤 창백한 얼굴에 그 초췌했던 모습은 일생 잊을 수 없는 인상이었다. 피압박 민족의 설움을 피부로 느끼고 민족적 감정의 싹이 눈트기 시작하였다. 이 때는 일제가 만주를 침략한 이듬해였다. 어렴풋이 피압박 민족 의식에 눈뜨기 시작하였을 때 이런 애국열에 불타는 젊은 스승을 만났다는 것은 천혜인 줄 안다. 내 일생 행운으로 긍지를 느낀다. 단 청출어람(靑出於藍)을 하지 못한 것이 부끄럽기만 하다.

1936년 가을 내 양정고보 4년 2학기 일이었다. 이 때라면 일본제국주의가 광적인 발호로 들어간 시기요, 중일전쟁 발발 직전인 해이다. 그 때 무슨 책을 소개하시는고 하니 야나이하라 다다오가 지은 『민족과 평화』라는 책이었다. 우선 저자를 소개하기를 현 동경제대 교수이며 진실한 기독신자로, 정치학 계통의 교수이며 일찍이 자기가 동경대학을 졸업하면 조선에 나가 독립운동을 돕겠다고 한 우리에게 동정을 갖는 양심적인 학자라고 했다. 우리는 의아하게 느끼며 놀랐다. 어떻게 일본인이 우리의 독립을 돕다니 '팔이 들이 굽지 내 굽나', 타민족이 어떻게 더구나 지배자의 한 사람이 자기 나라 식민지를 독립시켜 주겠다는 말인가? 세계 역사에 그런 예가 없다.

독립과 해방은 피압박 민족 계급 자신이 투쟁해 얻는 것이 역사의 법칙이다. 물론 직선적으로 받아들일 것은 아니다. 그는 진실한 기독신자로 양심적인 학자이다. 이 때 이 책을 사러 가니 판매 금지되어 구하지는 못하고 선생한테 빌려 하숙에 동숙하고 있는 급우인 박동호 군과 번갈아 같이 읽어가며 대학노트에 필사한 일이 그립다.

나는 이 때부터 야나이하라 씨의 저서를 탐독하였다. 처음에는 선생이 직접 양서(良書)로 소개 알선해 주신 것이 우치무라 씨의 순수 종교서적이었다. 이런 책에서는 아무리 읽어 보아도 평범 둔감한 나에게는 더러는 감격을 느끼는 일도 있지만 그 예민한 양심과 고귀한 심령적 체험에 따라갈 엄두도 못 내려니와 영적 세계의 신비성을 이해하기 힘들었다. 그래 별로 취미를 느끼지 못하던 차에 야나이하라 씨의 국제 정세를 다룬 정치적 논설집인 『민족과 평화』를 읽을 때의 기쁨은 광부가 금맥을 발견한 듯하였다. 솔직히 고백하거니와 새벽마다 성경도 읽고 하였지만 종교적 신앙생활에 열을 올리지 못하였다. 『성서조선』지를 읽어도 권두에 실린 선생의 수필과 후면에 실린 「성서통신」의 선생의 일기만 재미나게 읽었다. 선생이 성서 집회 시간에 신앙이란 뜨겁지도 않고 차지도 않아 미지근하면 입신하기 어렵다고, 하나님의 구원엔 예정설이 있다 하여 실망도 하였다. 역시 인간은 옛 철인이 말한 대로 정치적 동물이라 했다. 현실을 외면하고 살 수 없다. 그래서 그런지 성서강의에도 핵심인 영적 문제를 다룬 부분엔 공감이 안 가는 점이 많았으나 현실을 비판하거나 풍자하거나 분석을 할 때는 귀에 쏙쏙 들어와 잊히지를 않았다.

김선생의 현실 분석은 단편적이요, 주관적인 면이 많았다. 인류 역사의 발전을 신의 섭리로서만 풀이하려는 경향이 많았다. 가령 그 사관의 일단을 소개하면 1차대전에 패망한 나라 셋을 들었다. 제정 러시아, 독일, 오스트리아의 예를 설명하면서, 과거 폴란드를 세 차례씩이나 잔인하게 분할 잠식

(蠶食)한 죄의 대가라고. 그런 설명을 듣는 순간 젊은 학생의 가슴은 통쾌하기 짝이 없었다. 하나님의 심판이 그때그때 즉시 내려 주면 얼마나 시원하리! 그러나 시간이 흘러 배워 보노라면 역사의 심판에 관해 의문이 반사되어 온다. 세계 제일인 대영 제국 악랄한 앵글로색슨족, 인도 다음에 아편으로 중국 대륙을 마춰시켜 동양 전체를 삼키려던 그들, 월남 민족을 잔인하게 살육하고 정복한 불란서 제국, 우리의 적 일본 제국은 왜 심판을 받지 않을까? 왜 멸망하지 않을까? 장래에는 무력전보다 도의(道義) 전쟁이 되리라는 말씀도 하셨다. 인간이 무기를 버리고 양심으로 돌아가 도리(道理)로써 담판을 한다. 약육강식을 되풀이하는 인류 역사에 그 실현이 가능할까? 함축성 있는 말씀이긴 하지만 내심 모순성은 풀리지 않았다. 그러나 우치무라 씨의 비전론을 읽으니 김선생의 역사관도 이해가 가게 되고 그의 단편적인 정치적 식견이 야나이하라 씨의 저서를 통하여 체계화되어서 이해하게 되었다.

우치무라 씨의 '전쟁 폐지론'의 일부를 초역 참조하면 "전쟁의 이익은 그 해독을 보상하기에 부족하다. 전쟁의 이익은 강도의 이익이다. 이것은 훔친 자의 일시의 이익이고(만약 이러한 것을 이익이라고 말할 수 있다면) 그와 도둑맞는 자와의 영구적인 불이익이다. 훔친 자의 도덕은 이로 인하여 타락하고 그 결과로서 그는 드디어 그가 칼을 뽑아 훔쳐 얻은 것보다 수천 배의 값을 가지고 그의 죄악을 보상하지 않으면 안 되기에 이른다. 만약 세상에 대우(大愚)의 극이라고 말할 것이 있다면 그것은 칼을 갖고 국운의 진보를 꾀하려고 하는 것이다" 운운. 이상은 정의와 인도에 입각한 전쟁 절대 폐지를 주장한 이상론이다. 전쟁에는 두 가지 종류가 있다고 보겠다. 불의의 전쟁과 정의의 전쟁이다. 전자는 제국주의적 침략 전쟁이요, 후자는 피침략국이 자기의 영토와 국민을 사수하는 전쟁이다. 이런 전쟁은 찬양 고무함이 마땅하다고 나는 믿는다. 우치무라 씨가 존경받은 것은 강국의 기초를 닦아

놓은 자기 조국이 노일(露日) 개전의 여론이 팽배하고 있을 때 용감하게 비전론을 고창한 점이다. 보통 종교가 같으면 침략전이라 해도 자기 조국을 비호 전승 기원을 드리는 것이 예사가 아니던가?

야나이하라 씨의 『민족과 평화』란 논설의 극소 일부분을 소개해 보면 "제국주의는 그 대척물(對蹠物)로서 식민지 민족운동을 불러일으킨다. 거의 제국주의의 식민정책은 식민지 사회의 자본주의화에 그치기 때문에 아직 민족의 싹이 못 튼 미개 식민지 종족은 강렬한 자본주의화의 요구에 부딪쳐 혹은 자멸하는 자도 있지마는 이미 봉건적 단계에 있는 식민지 원주 사회군(群)은 급속한 자본주의화의 영향 아래 자기의 민족적인 결성과 민족적 의식을 촉진하게 되어 드디어는 스스로 하나의 민족 국가 획득의 요구를 갖게 된다.

식민지 원주자의 민족운동은 제국주의의 불가피의 결론이다. 그 가장 현저한 예는 인도에서 볼 수 있다. 인도 3억의 주민은 여러 종류의 종교 단체, 언어, 풍습, 인종적 관계가 매우 복잡하고 세습적 신분제도가 엄격하여 통일된 인도 민족이란 아직 객관적으로나 주관적으로나 존재하지 않는다. 간디 같은 이의 내셔널리스트 운동은 대내적으로 그와 같이 잡다한 인도 민중을 민족적인 일단으로 결성하여 대외적으로는 '영국의 제국주의적 지배에 저항함으로써 인도 민족 국가를 획득하려고 하는 것이다.

그리하여 인도인에게 이 민족의식과 민족운동의 성립을 이루게 한 것은 영제국주의에 의한 인도 사회의 자본주의화의 결과이다"라고. 그는 학문의 목적은 진리탐구에 있다. 과학적 진리는 국경을 초월한다. 투철한 혜안을 가진 학자의 저술은 인류의 공유물이라고도 했다. 야나이하라 교수는 중일전쟁이 터지니 일본제국의 강도 행위라 갈파했다. 그는 일본열도의 형상을 자루가 달린 면도칼에 비유했다. 이 면도칼의 임무는 동양 민족을 각성시키는 데 있고 특히 중국 민족을 응결시키는 데 있다고. 사명을 다하는 날 이

면도칼은 태평양 한복판에 내던져질 것이라고 예언하였다. 이 예언이 2차대전에 적중했던 것이다.

우치무라가 뿌린 씨알은 일본 민족의 반석 같은 초석들이다. 이 점 일본 민족은 행운의 민족이다. 동경제대 강단에서 내쫓긴 야나이하라 교수가 전도 순회차 조선에 왔을 때 그 강의에 직접 참석하여 참다운 기독신자의 풍모를 보았고 양심적인 학자의 강의를 짧은 시간이지만 들을 수 있었던 것은 내 일생에 다시없는 기쁨의 하나였다. 우리는 은사 김교신 선생은 눈물의 시인이다. 그 글을 읽을 때 두보(杜甫)의 시상(詩想)과 유사한 점을 많이 발견한다. 참다운 종교가와 시인은 불쌍한 천하의 중생을 대할 때 자비를 느낀다.

선생이 한번 눈물에 관하여 토로하기를 성경에 피눈물이란 어구가 나오는데, 내 실제 피눈물을 체험하였노라고. 숙부(叔父)가 작고하여 고향 묘소에 참배할 때 울음이 터져 피눈물이 쏟아지더라고 고백하였다. 나는 어떤 때 종종 김선생이 아까운 나이에 가신 것은 하나님이 장차 우리에게 동족상잔의 참극이 있을 것을 예정하고 그에게 피눈물을 더는 흘리게 하지 않기 위하여 미리 데려가신 것이 아닌가 상상도 하여 보았다. 망국비애의 깊은 계곡에서 헤매는 이 반도에 태어나 선생 같은 애국자를 만나 그 눈물을 머금고 자라났다는 것은 나에겐 일대 행운이었다. 이미 백발이 성성한 나에게 소원이 있다면 조국 통일의 그 날이 어서 와서 북상(北上)하여 은사의 함흥 묘소에 참배하고 기쁨의 피눈물을 실컷 흘려 사랑하는 이 강산 위에 뿌리고 가고 싶은 것뿐이다. 실망하지 않는다. 20세기 인류 역사의 전진은 템포가 빠르다. 밝기만 하다. 이 반도에도 희망의 햇살이 머지않아 비치어 오리라 믿으면서 이 졸문(拙文)을 마치노라. (외솔회 발간 『나라사랑』 17호(1974년) 게재분을 재수록)

김선생 일기 교정 소감

최선근(崔善根) | 한양대 명예교수, 전 한양대 교육대학원장

사람들은 저마다 오래 살기를 원한다. 아니 실은 육(肉)에 사로잡힌 바 되어 이 땅에 주저앉아 있다고나 할까? 아니다, 천하보다 귀한 생명을 주시고, 독생자를 주시기까지 우리를 사랑하시는 하나님의 구원의 은혜에 참여할 기회 주심일 것이다. 사람은 감히 하나님의 깊은 뜻을 헤아릴 수 없으나 호응하여 그 하나님께서 우리에게 주신 사명을 다함으로써 천성(天城)으로 개선하기를 기다리고 계실 것이다.

세례 요한은 선구자의 사명을 완수하고 그 목을 헤로디아의 딸의 소반에 얹었으며, 사도 요한은 100세 가까이서 밧모섬에 갇혀 계시록을 쓰기까지 살았었다. 예수님은 불과 2~3년에 하나님의 영광을 보이셨고, 생명과 진리를 주셨으며, 십자가에 죽으심으로 인류의 구속 사업을 성취하셨다. 예수님은 아주 죽으실 수는 없는 분이시므로 다시 부활하셨고, 마리아가 만지려 했으나 만질 수 없는 영체를 가지신 분으로 승천하셨다. 생명, 진리, 사랑 자체이신 예수님의 지상생활은 실로 압축된 생활이었다. 말씀마다 진리의 폭발이요, 행보마다 사랑의 분화였다. 예수님은 너무도 거룩하시고, 뜻이 높고 사랑이 커서 인간들은 감당할 길이 없었다. 그러므로 베드로는 "주여, 나를 떠나소서. 나는 죄인이로소이다"라고 했으며, 유대인들은 그를 십자가에 달았다. 천재는 요절한다는 말이 있다. 동방박사들이 본 '그 별'과 같이 예수님은 슈퍼스타로서 땅의 어둠을 해같이 비췄다가 승천하셨으나 천재들은 가을 맑은 하늘의 유성이 광조(光條)를 그리면서 잠깐 빛을 내다가 타서 사라지듯이 하늘로 사라진 것이다.

김교신 선생의 45년이란 짧은 생애는 한없이 높이 위로 승화 압축된 생활의 연속이었다. 광망한 우주공간에 방산(放散)된 우주진같이 아주 희미한

생활이 우리들의 것이라면, 선생의 생활은 우주진의 응고체인 천체적(天體的)인 생활이요, 더욱 예수님의 그것은 원자핵적인 농축된 생활이라 할 수 있을 것 같다. 선생의 하나님에 대한 충성, 진리에 대한 열정, 형제에 대한 사랑은 용암처럼 끓어올랐으며, 분출구를 찾지 못하여 항상 눈물로 승화되곤 하였다. 선생은 교단에서, 인쇄소의 교정 탁자에서 눈물을 쏟았으며, 물말이 아닌 눈물말이 도시락을 잡수셨으며, 북한산 기도처에서도 늘 대성통곡하셨다. 선생은 일기에 "아직 울음을 잃지 않은 일이 나의 자랑거리요, 감사요, 소리쳐 울고 싶은 대로 울 만한 장소를 북한산록에 가진 것도 또한 감사"라고 썼다. 나는 교정을 좀 돕느라고 선생의 일기를 읽을 때 언제나 압박감과 아울러 긴장감에 억눌려 질식할 것만 같았다. 나 자신은 도저히 접근할 수 없는 분으로 느껴졌다. 빈틈없는 생활에서 선생은 시간의 부족을 탄하여 '시간에 파산당한 자의 비탄'이라고 하셨다. 선생의 무쇠같이 강건한 육체도 기도와 진리탐구와 복음전도와 교육에 대한 초인간적인 선생의 의욕과 정진과 노력에 대해서는 이를 감당하기 어려웠다. 매일 자정 넘기까지 공부 또는 원고를 쓰셨고, 새벽 3-4시경에 냉수로 몸을 닦고 성경을 읽으신 다음 산상에서 기도, 약사사 스님들의 목탁소리를 들으며 하산하여 5시경 밥솥에 불까지 때곤 하셨다. 그리고 자전거로 출근 도중 거의 매일 인쇄소에 들르셨고 수업이 끝나면 다시 인쇄소로 또 성조지 검열을 위한 도경과 총독부로, 병자 위문으로 잡지 배달까지 그야말로 동분서주하셨다. 주일에는 오전 중에 성경강의 두 시간, 오후에도 또 단 한 사람의 심령을 위해서 일인상대의 성서강의 시간을 갖기도 하셨다. 또 주 1회의 저녁 가정예배도 철칙적으로 가지셨다.

선생은 늘 별을 보시고 하소연하시며 사신 분이시다. 지친 몸으로 자전거를 이끄시며 정릉 고개를 넘으실 때는 뭇 별들을 헤시며 금성, 목성과 대화를 나누셨다. 일제의 민족에 대한 단말마적인 억압과 광태(狂態)에 폭발 직전의 가슴을 움켜잡고 하늘을 쳐다보시고 축승(祝勝)의 노래 행렬이 온 장안을 뒤흔드는 속에서 고독한 선생의 영(靈)은 '천당 그리워 아득한 저쪽에 헤매입니다'라고 하소연하셨다.

선생은 또한 자연을 몹시 사랑하셨다. 멀리 주택을 정릉에 정하신 것도 그 때문이었다. 벌레 소리, 꿩의 날개치는 소리, 시냇물 소리에서 하나님의 음성을 들으시고, 맑은 시내에 몸을 담그고 옥쇄(玉碎)하는 물 속의 달빛에 마음을 씻으며 시정(詩情)에 잠기는 예레미야 같은 선생이기도 하였다. 채소 가꾸기로 땀 흘려 속진(俗塵)을 씻고, 토목공사로써 신경을 안정시켰으며, 농사에서 하나님의 조화의 솜씨를 보셨다. 선생님은 학교 숙직에서 돌아오셨을 때의 소감을 "하룻밤을 시내에서 보내고 귀산(歸山)하니 동구에서부터 생명의 처소인 감이 절실하다. 피로 심했던 심신에 무슨 주사나 맞은 것처럼 원기 소생함을 느끼면서"라고 기록하고 있다.

선생은 실로 기도의 사람 사랑의 사람이었고, 몸으로 하나님께 산 제사를 드리신 분이었다. 북한산록은 선생이 자신의 영혼과 민족의 죄를 위해 방성통곡하는 곳이었고, 몸소 지은 5평여의 서재는 선생의 명상의 처소였다. 그러므로 아무도 그 서재에 출입하지 못하게 했다. 옆집 할머니가 서재를 엿보려고 했을 때 "매맞으려고 그 방에 들어가" 하면서 정손이 금지했다. "이는 평소의 나의 성벽을 말한 것이다. 어른이라도 한번 다녀 나가면 비록 나의 부재중에 다녀 나갔어도… 그 흔적이 실내에 남고 사색(思索)의 조류에 파란을 일으키는 까닭이다. 그러므로 의자 일각(一脚)만 둔 것은 넓은 지구상에 이 5평여의 공간만은 나 1인이 독립하고 독상(獨想)하고자 함이라"고 한 것같이 선생님의 서재는 선생님이 하나님과 대화하시는 거룩한 성전이기도 했다.

선생이 서재에서 얻은 영감과 기도에서 얻은 확신과 생명력은 겨레를 향해 소록도와 산간 벽지를 위시하여 만주, 일본, 중국, 미주에까지 성서조선을 통해 분출되어 갔다. 그리하여 죽어 가는 폐환자로 하여금 '천하에 나는 가장 행복한 자'라고 고백케 했으며, 소록도 문둥이들에게 삶의 보람을 주어 저들로 하여금 찬송이 끊이지 않는 천사로 변화하게 하였다.

선생은 일제 말기에 동족을 구출하기 위해 흥남 질소공장에서 일하다가 마치 모세가 비스가 산상에서 멀리 가나안 복지(福地)를 바라보면서 요단강을 건너지 못한 것처럼 민족 광복의 날을 목전에 두고 천성으로 개선하셨다. 선생의 뜻은 5척여의 몸에 담기에는 너무도 높고, 깊고 크셨다. 그 못다하신 뜻과 사랑을 위해 지금도 아브라함의 품에서 땅 위의 연약한 우리를 생각하시며 주님께 뜨거운 기도를 드리고 계신 줄로 믿는다.

끝으로 나는 선생님이 겨레를 위해 사랑을 쏟으신 생애의 자화상을 몸소 가꾸셨던 늦가을에 서리맞고 쓰러진 가지나무에 대한 선생의 기록에서 그대로 보는 바이다. "약 반년간이나 우리 식탁을 풍성하게 하여 주던 가지나무가 수일래(數日來)의 냉상(冷霜)에 아주 조락(凋落)하여 버렸으니, 그 자태는 바라볼수록 사랑과 희생과 근로와 다산으로 일생을 마친 현부인(賢婦人)의 모양인가 싶다. 그것은 조락이 아니라 완성이요, 쇠퇴가 아니라 탈각(脫却)이요, 개선인 것 같다. 생산 또 생산하다가 추상(秋霜)에 거꾸러짐으로써 그 임무를 종결하는 가지나무 엄숙하기도 하고 부럽기도 하다…".

나의 세례 요한 김선생

박정수(朴晶水) | 집필 당시 주부. 작고

나는 어려서부터 교회에서 자라나 결혼 후에 여러 해 동안 교역(敎役)을 했다. 그런데 1937년경에 인천 내리교회에 부흥회 인도하러 오신 이용도 목사를 통해서 『성서조선』지를 처음 입수하고 계속해서 독자가 되어 진리를 탐구하는 심정으로 정성껏 읽었다. 그 후 일정 말기에 감리교 총리원에서는 총독부 지시에 따라 신사참배하라는 명령에 순응하기로 결의하고, 4월 28일 천장절(天長節, 일본 천황의 생일)에는 전(全)감리교신자가 각각 자기 지방 신사에 가서 참배하게 되었다는 직원회의 발표를 듣고 나는 신사참배 하는 일은 내 신앙 양심에 허락되지 않기에 이 때에 교회를 떠나고 만 것이다. 얼마 동안 혼자 집에서 지내다가 1940년 정월에 김교신 선생 댁에서 열린 겨울 집회에 참석하여 놀라운 진리의 말씀에 그야말로 도취했을 때에 김선생님은 나에게 무서운 책망을 내렸다. 마치 세례 요한이 바리새인들이 세례를 베푸는 자기에게 오는 것을 보고 "독사의 자식들아, 누가 너희를 가리켜 임박한 진노를 피하라 하더냐. 그러므로 회개에 합당한 열매를 맺고 속으로 아브라함이 우리 조상이라 말하지 말라. 하나님은 능히 이 돌들로도 아브라함의 자손이 되게 하시리라"(누가 3.7-8)고 책망한 것과 같이 내게 교만한 위선의 바리새 근성이 가득히 차 있는 것을 심령의 밝은 눈으로 보시고 여지없이 무서운 책망을 내린 것이었다.

과연 나는 성전에서 바리새인이 자기는 세리와 같지 않고 여러 가지 좋은 일을 하게 해주셔서 감사합니다(누가 18.10-12) 하고 기도한 것과 조금도 다름없는 신앙의 교만과 사람 앞에 칭찬과 존경을 받으려는, 하나님께서 가장 미워하시는 위선자인 것을 진리의 밝은 빛 가운데서 아니라고 부정할 수가 없었다. 그러기에 나 같은 어리석고 교만한 자가 지금까지 계속해서 교회에 있었더라면 얼마나 더 무서운 위선자가 되고, 다른 사람의 신앙에까지 많은 해독을 끼치는 범죄를 행하면서도 바른 신앙생활을 하는 줄만 알고 스스로 속아 사탄의 종 노릇을 면치 못했을 것이라고 생각할 때 참으로 두려운 마음을 금할 수 없다.

이런 내가 뜻하지 못한 하나님의 놀라운 은혜의 섭리로 무교회 신앙에 접하게 되고 기독교 진리와 복음을 바르게 증거하시는 주님의 종들을 통해 내 자신이 얼마나 큰 죄인임을 깊이 깨닫게 하시고, 성령의 역사로 회개하게 하셔서 오직 주 예수의 십자가 공로만으로 그 크고 무서운 죄를 용서받고 인위적으로 사람의 노력이나 결심으로는 도저히 얻을 수 없는 새 생명의 은혜를 체험하게 하여 주신 하나님의 크신 사랑의 역사를 진심으로 감사 감격하면서 이상 간단한 추억의 한 토막으로써 먼저 가신 복음의 사도 김교신 선생을 추모하여 마지않는 바이다.

선생님과 나의 믿음

최옥순(崔玉順) | 집필 당시 주부

김선생님의 『성서조선』지가 있음을 안 것은 지금으로부터 27-28년 전 일이다. 내가 17-18세 꽃다운 나이로 이화고녀에 재학하던 때이다. 나는 그때 몹시도 신앙과 애국심에 불타고 있은 듯하다. 제 나름대로 민족을 사랑하고 구해야 한다는 의식을 가졌던 듯하다. 지금의 나는 이 때에 비해 많이 뒷걸음하고 있음을 느낀다.

그 당시 인천 창영교회에 열심히 나갔다. 거기서 나는 박정수 전도부인을 알게 되고 어느 사이에 깊은 사랑을 받게 되었다. 그러는 중 자연히 자택에도 드나들게 되었다. 또 가끔 송두용 선생님을 모셔다가 가정 모임을 하는 데도 참석하였다. 송선생님의 말씀은 퍽 쉬웠다. 송선생님 오류동 자택 모임에도 나가 보았는데 예배 보는 모습이 퍽 진지하여 저절로 고개가 숙여졌다. 또 종종 참석하면 왜 그런지 저절로 자신의 잘못이 뉘우쳐지곤 했다. 그 후 박정수 선생께서는 송선생님과 함께 가끔 서울 김교신 선생 모임에도 나가시는 것을 알게 되었다. 또 김교신 선생 『성서조선』지 독자로서 권정임 언니와 강교안 선생도 알게 되었다.

그러는 중 1942년인가 『성서조선』지로 인해 김선생님을 비롯하여 송선생, 강선생, 그 밖에 전국에서 여러분들이 옥고를 치르고 계심을 알고 슬픔을 금할 수 없었다. 나는 김선생님은 우리나라의 우치무라 선생격이시요, 우리 민족의 루터 격으로 종교 개혁자이요, 우리들의 바울 선생이라고 믿는다. 1960년에 있은 김선생님 15주년 기념강연회 때 송선생님, 노선생님 등 여러 선생님들의 강연을 듣고 나는 가슴이 찢어지는 듯 또 뜨거운 눈물에 젖어 이상하게도 선생님의 깊은 사랑을 마음 가운데 느꼈던 것이다. 나는 이 때에 정말 믿음으로 영과 진리로 부활하신 선생님에 접했던 것이다.

나는 선생님을 생각할 때 열하기 쉬운 한국 사람은 머리에 냉수를 쳐 가며 믿어야 한다고 하신 말씀을 되새기고 더욱 여자로서 깊은 감명을 느낀다. 그리고 저작집을 조금씩 음미하여 읽을 적마다 하나님의 존재와 사랑이 더욱 실감적으로 믿어져 과연 선생님이야말로 이 나라 무교회 신앙의 선구자로서 우리 민족에 진정한 믿음을 남겨 주신 것을 아무리 감사해도 다 감사할 수 없는 심정이다. 그리고 나는 32세 때에 송두용 선생님을 통해 무교회 신앙에 접해 교회에서 완전히 출애굽하여 오늘에 이른 것을 하나님의 크신 섭리로 알고 깊이 감사하는 바이다.

집안에서 들은 이야기

김이희(金俐熙) | 김교신 선생의 7촌 조카. 집필 당시 지리 교사

저는 김선생과 칠촌 숙질간이 됩니다. 또 양정 25회로 제자도 됩니다. 인하여 선생에 대해 어릴 때부터 집안에서 들은 이야기로 제 기억에 남은 것 몇 가지만 적어 보기로 합니다.

선생님은 엄친 김념희 씨가 20 전후에 요절(폐환인 듯하다고 들었음)하셔

서 자당 양(楊)씨의 곧고 엄격한 사랑 가운데서 성장하셨습니다. 우리가 어려서부터 집안에서 들은 가장 두드러진 선생의 성격으로는 단도직입적이어서 부당한 일에는 일호(一毫)의 타협이 없으며, 매사에 엄격하고 강열하고 정진 노력하는 면이 강하셨다고 했습니다. 따라서 어려서부터 일가문(一家門) 중의 큰 기대를 받은 것으로 듣고 있습니다.

  3.1 운동 때에는 그 전 해에 함흥농교를 졸업한 듯한데 태극기를 많이 만들어 집안 소학생들을 시켜 예배당과 보통학교 등에 보내기도 했다고 들었습니다. 그리고 이 함흥에서 있은 기미운동 소동으로 선생 삼촌 숙부 되시는 충희 씨(이 어른은 일제시 중추원 참의로 식산(殖産)은행 감독역도 지낸 분임) 댁 가택 수색에서 구(舊)한국 시대 교과서와 권총 등이 나와서 집안에서 크게 걱정한 일이 있었다는데, 김선생의 이의 관련 여부는 알 수 없습니다. 그런데 이충희 씨 서거에 김선생은 '피눈물로' 슬퍼했다는 이야기가 집안에 전해지고 있습니다.

  김선생은 동경고사 시대 육촌 조부 되시는 김달집 선생의 사진을 늘 책상 위에 놓고 공부에 전념했다고 들립니다. 그런데 이 조부님은 선생님보다 약 20년 연상이시며 함흥 출신의 개화 선구자의 한 사람으로 일찍 일본 명치학원(현 메이지대학 전신) 법과를 졸업하시고 귀국하여 당시 보성의숙(현 고려대 전신)에서 법학을 강의하시다가 약관 27세로 돌아가신 분입니다. 인물도 잘 나시고 머리도 훌륭하여 철저한 개화사상가로 최린 씨 등과도 친교가 깊었다고 하며, 성격이 전면에 나서기보다는 배후에 숨어 일을 만드는 분으로 집안에서도 큰 기대를 일신에 모은 것인데 이분 역시 폐환으로 아깝게 요절하시고 말았습니다. 인하여 김선생이 이 어른을 어릴 때부터 깊이 존경하고 사숙한 것도 당연한 일이라고 하겠으며, 더욱 집안에서는 이제 김선생이 김달집 조부님의 정신을 이어 받을 것이라는 데서 자연 선생에 대해 기대가 컸던 모양입니다.

그런데 김선생은 1927년에 동경고등사범을 졸업하고 함흥에 돌아왔는데 이 때에 문중에는 또 충격적인 사건이 일게 된 모양입니다. 그것은 선생 엄친이 요절하신 후 선생이 상속할 재산(토지 10만 평)을 당시 사업가로 계셨던 5촌숙 보희 씨가 관리하고 계셨는데 이 어른이 그 때 벌써 만주에 과수 묘목을 보내는 엄청난 사업을 벌이다가 실패함으로 선생의 재산 역시 전체 소실되었습니다. 그런데 선생은 이를 고사 졸업 후 귀향하여 비로소 알게 되었는데, 특히 선생 제씨 교량 씨와 숙부 사이에 이 문제로 크게 불상사가 일어나 법적 문제로 확대되어 가문의 체면이 땅에 떨어지게 되었던 모양입니다. 그런데 이 때에 선생이 담당검사를 만나 이 사건을 원만히 해결하셨는데, 그 후 일인 검사들은 젊은 선생의 인격을 격찬하고 또 존경한 것으로 듣고 있습니다. 이 후 선생은 일생 중학 교사로서 많은 자녀를 거느리고 또 『성서조선』 발행으로 청빈한 생활을 하셨습니다.

선생은 1941년경에 10년 동안 몸담아 온 양정을 그만두셨는데, 이 때 집안에서는 선생이 캐나다로 떠나신다고 들었는데, 결국 여권 발급이 안 되어 이는 중지되고 말았습니다.

이 후 선생은 제일고보(현 경기고)에 가셨는데 그 경위로서 집안에서 들은 이야기로는, 선생이 1938년경 식물채집 차 개마고원에 갔을 때 마침 선배로 경기 교장으로 있은 이와무라(전공이 같은 박물이었다고 함) 씨를 만난 것이 인연이 되었다고 들었습니다. 이 선생과의 해후에서 선생의 인격의 비범함과 박학다식, 독학(篤學)의 사(士)임을 인정한 이와무라 교장은 그 후 여러 번 경기에의 부임을 종용해 오던 차 선생의 양정 사직을 알고 경기에 모셔 간 것으로 압니다. 그러나 6개월 만에 선생은 여기를 떠나고 말았는데, 그 직접적인 이유로는 제가 집안에서 들은 대로 하면 선생이 수업시간에 일어를 전적으로 안 쓰고 우리말을 더러 쓴 것과 관계된 것으로 알고 있습니다. 구체적으로는 학생 중에 선생의 우리말 사용에 항의하는 자가 있어

선생은 분연히 이를 그만두었다고 들은 것 같습니다.

  선생의 교육방법에 대해 제가 느낀 대로 한 말씀 올리면, 그것은 담당 과목과는 다소 탈선적인 것으로, 인간 자체의 교육에 중점을 두었으며, 영원한 진리와 참된 사랑을 전달하는 교육이었다고 생각합니다. 이런 면에서 선생님은 30-40년이 지난 오늘까지도 많은 제자들의 밝은 마음의 등불이 되고 있는 것으로 압니다.

  1939년 5월 어느 지리 수업시간이었는데, 선생은 전날 펄벅 여사의 작품 『대지』의 영화를 본 감격을 눈물을 흘리며 이야기하고는 학생들께 한번 가 보라고 권유했습니다. 그러나 그 다음날 크게 문제가 생겼습니다. 즉 많은 학생들이 극장 출입으로 학교 당국의 처벌 대상이 되었던 것입니다. 그러나 이 사건은 선생님의 노력으로 결국 무사히 해결은 되었습니다. 이런 한 가지 사례에서 봐도 선생님은 참된 일이라고 믿는 일에 대해서는 좌우를 돌아보지 않고 소신대로 실천하신 분이었습니다.

  선생님의 교육방침이 크게 인물 교육이었고 또 자유활달한 것이었던 만큼 시험 출제도 아주 이색적이었습니다. 일례로 '몰로카이 섬에 대해 쓰라'는 것 같은 것입니다. 당시 총독부도서관(현 국립도서관)에라도 가서 문헌을 찾아야 될 문제였습니다. 이의 답안으로는 하와이 제도(諸島)의 자연 환경에서부터 미국의 나환자 정책, '성(聖) 다미엔'에서 한국의 소록도의 나환자 정책(당시 총독부의)까지 써야 했습니다. 또 시험이 끝난 후에는 학생들은 소록도에 위문편지까지 보내곤 했습니다. 이렇게 실로 선생의 교육은 철저히 진리를 키워 가고 사랑을 실천시키는 진정한 교육이었습니다.

김교신 선생 연보(年譜)

1901년 (1세)
4월 18일(음력으로는 광무[光武] 5년 3월 30일) 함경남도 함흥 사포(沙浦)리에서 부친 김염희(金念熙)와 모친 양신(楊愼)과의 사이에 장자(長子)로 태어나다. 엄격한 유가(儒家)인 선생의 가문은 참수(斬首)된 함흥 차사 박순(朴淳)과 함께 함흥에 갔다가 요행히 죽음을 면하고 정평(定平)에 정주(定住)하게 되었던 김덕재(金德載)의 후예이다.

1903년 (3세)
어릴 때부터 서울을 오르내려 18세에 이미 정원이 되어 장래가 크게 촉망되었던 엄친(嚴親) 김염희가 폐환으로 21세로 요절하다. 이 해에 계씨(季氏) 김교량(金教良) 태어나다.

1912년 (12세)
함흥 주북(州北) 청주 한씨 가문의 4세 연상인 한매(韓梅)와 결혼하다. 선생의 생애에 한씨 부인과의 사이에 정손(正孫), 정민(正民) 두 아들과 진술(鎭述), 시혜(始惠), 정혜(正惠), 정옥(正玉), 정복(正福), 정애(正愛) 등 6녀를 두었다.

1916년 (16세)
3월 함흥공립보통학교를 졸업하다. 그런데 선생은 보통학교 입학 전에 권문(權門) 댁 서당에서 한학(漢學)을 수학했으나 그 연대와 연수 등은 불명(不明)하다. 이 해 장녀 진술 태어나다.

1919년 (19세)
3월 함흥공립농업학교를 졸업하고 도일(渡日). 3·1 운동 때는 여러 날 집에서 밤을 새워 태극기를 만들어 집안 소년들을 시켜 소학교와 예배당에 보냈다고 함. 이 소동에 이웃에 계셨던 삼촌 숙부 충희 씨 댁이 가택 수색을 받게 되고, 거기서 구(舊) 한국 시대의 불온 서적과 권총 등이 나와 크게 문제되었다고 함. 선생의 도일과 집안의 이런 사건과의 관계 여부는 알려지지 않았다. 일본으로 건너간 선생은 동경 세이소쿠(正則)영어학교에서 당대의 저명한 영(英) 학자 사이토 히사부로(齋藤秀三郎) 밑에서 영어를 수학하다. 선생은 이 때부터 대동아전쟁 말기까지 줄곧 주간 『런던 타임즈』를 애독.

1920년 (20세)
4월 동경 우시코메구(牛込區)에서 성결교회의 노방(路傍) 설교를 듣고 유교를 떠나 기독교에 입신(入信)할 것을 결심, 야라이정(矢來町) 홀리니스(Holiness) 교회에 들어가다. 입신 후 선생은 예수의 산상수훈에 접해 기독교 도덕이 유교 이상 고엄(高嚴)함에 매혹되어 공부자(孔夫子)보다 10년을 단축하여 '육십이종심소욕불유구(六十而從心所欲不踰矩)'를 기약, 일야(日夜) 초심(焦心)했다고 함.
6월 야라이정 성결교회에서 세례 받음.
11월 야라이정 교회의 온모(溫慕)한 시미즈(淸水) 목사가 반대파의 음모와 술책으로 교회에서 축출되는 교회 내분에 접해 깊은 충격을 받고 반년 동안 교회 출석을 끊고 거취(去就)에 고민하다가 당시 무교회주의 기독교의 창시자였던 우치무라 간조 문하에 들어가 그 후 7년간 성서강연에 참석하여 성서를 배우다. 입신과 함께 선생의 진지한 기독교적인 도덕적 노력이 그 후 다시 선생의 한없이 예민한 양심에 의한 죄의 자각과 더불어 내심(內心)에 심각한 이율배반적인 고민을 일으켰으나 우치무라의 성서강연을 통한 철저한 신앙만의 무교회주의의 복음주의에 의해 차츰 깊은 회심(回心)을 체험하게 되다. 이 당시 우치무라 성서연구회에서 열리고 있던 성서 희랍어 반(班)에도 나가다.

1922년 (22세)
4월 동경고등사범학교 영어과 입학했다가 이듬해 지리 박물과로 전과(轉科). 선생은 고등사범학교 시절 언제나 책상 위에 육촌 조부 되시는 김달집(金達集) 선생의 사진을 놓고 열심히 공부했다고 함. 이 어른은 선생보다 약 20년 연상의 함흥 출신 개화 선각자로서 일찍 일본 메이지(明治) 학원(현 메이지 대학) 법과를 나오고 귀국하여 당시 보성의숙(현 고려대)에서 법학을 가르치다가 27세의 젊음으로 역시 폐환에 의해 요절했다고 함.

1927년 (27세)
3월 동경고등사범학교 이과(理科) 제3부(갑조) 졸업.
4월 귀국하여 함흥 영생여자고등보통학교에서 교편을 잡음.
7월 우치무라 문하의 선생을 비롯하여 함석헌(咸錫憲), 송두용(宋斗用), 정상훈(鄭相勳), 류석동(柳錫東), 양인성(楊仁性) 6인 동지(同志)가 조국 구원의 유일의 길로 믿고 『성서조선』지를 창간하다.

1928년 (28세)
3월 서울 양정고등보통학교에서 교직생활하면서, 주간격(主幹格)이었던 정상훈 씨를 도와 『성서조선』 간행에 진력하다.

1929년 (29세)
남강(南岡) 이승훈(李昇薰)과 교유하다. 이 밖에 선생의 교유 관계는 우리나라 기독교계의 원로인 김정식(金貞植)의 남다른 촉망을 받았고, 또 남강의 동지로 일시(一時) 오산학교의 교장을 지냈던 동양학의 석학 류영모(柳永模)와는 지기(知己)로 수어(水魚)의 사이였다. 또 우치무라 사후(死後) 그의 고제(高弟)로서 일본 지성인의 존경을 한몸에 모았고 2차 대전 후 동경대 총장을 지낸 야나이하라 다다오(矢內原忠雄)와는 각별한 신앙 교우를 지속, 그가 전쟁 중 비전론자(非戰論者)로서 동경대(東京大)에서 추방당한 후에는 내한(來韓)하여 서울 정릉 선생 댁에서 성서집회를 가진 일도 있었다. 춘원(春園) 이광수(李光洙)도 신앙 문제로 한때 선생의 가르침을 청한 때도 있었고, 또 『창조의 생활』로 청년들에게 생활개척의 정신을 크게 불러일으켰던 김주항(金周恒)과도 막역한 사이였다.

1930년 (30세)

5월 『성서조선』 제16호부터 선생이 주필로서 책임 편집 간행하다.

6월 5일에 남강이 서거하자 『성서조선』으로 남강 특집호를 내고, 경성에서 성서연구회를 개최하다. 성서연구회는 이후 매년 1주간의 동기(冬期) 성서집회와 함께 10여 년을 계속하다. 무교회주의자로 한국교회의 이단자 취급을 받았던 선생에게 교계가 강단을 빌려 주지 않았음은 물론, 청년회 등에서도 선생에게 장소 제공을 거부한 관계로 선생의 성서집회는 대체로 가정집회의 형식으로 이루어졌으며 회원도 10-20명을 넘지 못했다. 또 집회의 성격도 어디까지나 성서연구에 의한 기독교 진리의 본질 천명, 이의 민족적인 소화에 있었던 만큼 양(量) 같은 것은 안중(眼中)에도 없었다. 한때 북한산록 선생 서재에서는 1인 상대의 성서강의가 수년 계속된 일도 있었다. 선생은 기독교 진리와 신앙의 체득이란 수년에 두세 사람, 10년에 4-5명 있을까 말까 한 것이라고 하며 오로지 성서연구에 몰두하다. 선생의 성서연구는 당시에 벌써 루터, 칼뱅, 벵겔, 마이어, 고오데, 만국비평주해, 슈트라크 빌렐베크 등 고전적인 본격적 주해서와 바우어의 희랍어 대사전, 홀렌베르크의 히브리어 문전(文典) 등까지 동원시킨 것이었다. 함석헌 씨의 유명한 「성서적 입장에서 본 조선 역사」도 선생 주최의 이 동기 집회에서 처음 발표되었고, 일제의 심한 탄압과 검열 속에서 『성서조선』지에 연재되던 것이다.

1933년 (33세)

7월 『산상수훈 연구』 발간하다. 이 책은 1931년 1월부터 1932년 2월까지 13회에 걸쳐 『성서조선』지에 발표되었던 것으로, 기독교의 중심 진리가 깊은 본문 연구를 통해 간결하게 천명된, 기독교 입교(入敎) 후 처음 우리의 손에 의해 쓰여진 고전적인 기독교 저작이다. 더욱이 기독교 사상(史上) 성서 연구의 대가들이 대체로 원숙의 경지에서 비로소 손을 대는 것으로 되어 있는 '산상수훈'에 선생은 겨우 31세의 나이로 손을 댔고, 또 1년 정도로 이의 집필을 끝냈음은 실로 놀라운 일이다. 선생은 연대적으로 또 이 근방에서 수년 동안 소록도의 나환자들에게 『성서조선』을 통해 높은 천적(天的)인 복음과 깊은 동정과 사랑을 쏟아부음으로써 저들의 위대한 신앙을 불러일으켜 그들의 천적인 놀라운 많은 신앙 간증(干證)을 편지와 원고 등 여러 가지 모양으로 『성서조선』 지상에 올리게 되었다.

1939년 (39세)

12월 제자 류달영을 시켜 『최용신(崔用信) 양 소전(小傳)』을 지어 간행케 하다. 선생은 생애 민족의 유산될 만한 모든 사사건건에 대해 깊은 관심을 기울였다. 국토와 자연, 역사와 언어, 문화 그리고 인물, 유적 등에 한없는 외경과 경모, 애고(愛顧)와 애호를 바쳤으며, 양정 시대 초기 수년간에는 '무레사네'(물에 산에)라는 명칭의 서클을 만들어 주일마다 청년 학도들과 서울 근교의 모든 고적과 능묘, 명소를 심방하고 참배했다.

1940년 (40세)

3월 복음 전도에 전념하기 위해 10년 만에 양정고등보통학교를 사임하다.

4월 함석헌과의 공저 『우치무라 간조와 조선』을 출간하다.

9월 제일고등보통학교(현 경기고)에서 교편을 잡게 되나 불온 인물의 낙인이 찍혀 6개월만에 추방되다. 그런데 선생이 경기에 가게 된 것은 동경고등사범학교 선배인 당시 경기 교장 이와무라(岩村)의 호의에 의한 것인데, 이와무라는 후일 선생의 애국적인 심지(心志)와 교육에 대해 근세(近世) 일본의 지사 요시다 쇼인의 쇼카손주쿠(松下村塾)의 사규칠칙(士規七則)을 무색하게 하였다고 회술(懷述)한 것으로 전해지고 있다.

1941년 (41세)
10월 개성 송도고등보통학교에 부임. 선생의 교육 생애는 한마디로 당시의 판에 박은 듯한 소위 정치적인 천박한 민족주의 교육을 지양하고, 민족의 혼을 불러일으켜 도덕의 척골(脊骨)을 세우고, 진리애(愛)를 발동시켜 민족정신의 토대를 놓으려는 진정한 의미의 민족 백년대계를 위한 교육이었다.

1942년 (42세)
3월 30일 『성서조선』 창간 이후 호(號)마다 총독부 검열에 문제되어 매월 폐간의 결의로 임하다가 결국 158호에 이르러 권두문 「조와(弔蛙)」가 발단이 되어 세칭(世稱) '성서조선사건'으로 전국의 수백 지우(誌友) 동지와 더불어 피검(被檢). 그 중 함석헌, 송두용, 류달영 등 12인과 함께 서대문형무소에서 1년간 옥고를 치렀음. 선생은 일제 말까지 끝내 창씨개명을 하지 않았으며 일제의 심한 국어 탄압 정책하에서도 대체로 우리말로 수업했고, 검사의 취조에서도 일본 천황도 신의 피조물에 불과하며 '황국신민서사(皇國臣民誓詞)'는 '망국(亡國)신민서사'가 될 것이며, 일본이 중일전쟁을 일으킨 것은 어린애가 호랑이 탄 격으로 어차피 죽을 수밖에 없을 것이라고 분명히 대답했다고 전한다.

1943년 (43세)
3월 29일 불기소(不起訴)로 출옥. 전국 각지 순회로 신앙동지를 격려하다.

1944년 (44세)
7월 함남 흥남 일본질소비료회사 입사. 서본궁(西本宮) 3,000 조선인 노무자의 복리를 위해 교육, 의료, 주택, 대우 등의 개선에 진력하며 해방을 고대하는 한편 전국의 지우(誌友) 청년들을 모아 질소비료공장에서 전화(戰禍)를 피하게 하다.

1945년 (45세)
4월 25일 발진티푸스에 감염, 급서(急逝)하다. 모세가 가나안을 바라보며 승천하듯 해방 직전에 별세하니 애석, 통절! 8·15 해방 후 선생의 신앙 동지 및 제자들에 의해 선생의 기일(忌日)에 기념 강연회가 해마다 열리다.

1964년
8월 김교신전집간행회(책임 노평구)에 의해 김교신전집 제1권 『신앙과 인생』 상권 출간. 『성서조선』 권두문 중 신앙에 관한 것을 수록.

1965년
8월 김교신전집 제2권 『신앙과 인생』 하권 출간. 『성서조선』 권두문 중 주로 생활에 관한 것을 수록.

1966년
10월 김교신전집 제4권 『성서연구』 출간. 『성서조선』지에 발표된 「산상수훈 연구」와 「골로새서 강의」와 「데살로니가 전서 강의」(단 이는 잡지 폐간으로 완결되지 못함)와 시편 강해 두 편을 수록.

1970년
1월 김교신전집 제3권 『성서개요』 출간.

1972년
2월 선생의 동지, 후배, 제자들 70여 명이 선생의 신앙, 교육, 애국의 생애 등을 추모하여 집필한 추억집 『김교신과 한국』을 출간.

1974년
12월 외솔회 간행 『나라사랑』 제17집이 김교신 특집호로 발간.

1975년
4월 선생 사후 30주년을 맞아 1930년 6월부터 1941년 2월까지 10여 년 동안 『성서조선』 지상에 발표된 선생의 일기를 상하 두 권으로 출간하여 전집 전(全) 6권을 완성, 출판. 또 위 『김교신과 한국』에 10여 인의 글을 추가하여 기념판으로 재판 발간.